经管核心课程系列

公司金融
Corporate Finance

第五版

朱叶 编著

复旦大学出版社

前　言

在我国,公司金融(corporate finance)自2000年开始流行以来,学界对公司金融的知识点、基本理论和方法渐渐达成了共识。相比于20年前,公司金融的研究边界已大大扩展,目前流行的看法是,公司金融的主要内容至少包括公司融资决策、投资决策、营运资本管理、公司金融特殊领域(例如重组、公司治理、国际化等)四个部分。本教材的内容安排正是基于这一看法和认知。

如何选择和编撰公司金融的知识点、基本理论和方法,是困扰《公司金融》教材编写者的一个棘手问题,我深有体会。在撰写本书前四个版本时,本人始终恪守两个理念:第一,以NPV法则为主线,将公司金融各部分的知识点、基本理论和方法串联起来。理由是公司的所有行为(包括投资、融资、营运资本管理)都要实现价值增值目标,从这个意义上讲,公司金融的核心内容就是估值,我们可以借助NPV法则来判断公司的金融行为是否能产生价值增值。第二,在内容的选择和编撰上,强调公司各种金融行为的逻辑和理论解释。事实上,我们对公司金融的认识还非常有限,仍有许多未解之"迷"。因此,给出可能的逻辑和理论解释远比给出答案更妥当。本书的第五版仍坚持这些理念。

如何在《公司金融》教材中揉入中国元素,一直是本人想做的,但在撰写本书的前四个版本时,一直没有勇气尝试。经过多年准备,此次改版进行了这方面的尝试,形成了《公司金融》第五版。本次改版的主要特点有:

第一,试图将更多中国元素揉入教材中。教材有其基本属性,大体有工具性、系统性、科学性和教育性四个属性,因此,在保全教材基本属性的大前提下,新版教材在相关概念界定、基本理论、基本方法以及运用场景等方面都随处可见中国元素。

第二,努力将中国元素自然地嵌入教材内容中。可以说,几乎所有的公司金融领域都能找到精彩的中国故事或案例。然而,嵌入什么样的中国故事、嵌入在何处、嵌入方式等都颇费思量。

尝试一:新版教材在公司融资决策、投资决策、营运资本管理、公司金融特殊领域(如并购、公司治理)等主要的公司金融领域,读者都能够看到中国公司的做法或应用场景。

尝试二：在概念界定、基本理论和基本方法的介绍和阐述中,读者会发现,这些内容都有合适的中国故事作为背景。

尝试三：每章设计了篇幅不大但嵌入了中国元素的小案例以及习题,有助于读者基于中国故事来思考公司金融的相关问题,同时,避免了传统案例过于冗长的不足。

第三,调整了部分内容。保留了第四版的基本结构,但在两处做了较大的内容调整：一是按分子策略和分母策略两个维度重新梳理了第六章的内容；二是分拆了资本结构的内容,将其拆分成两章,即"债务、税收和资本结构"(第八章)和"破产、管理者动机、信息和资本结构"(第九章),便于读者能够更好地理解资本配置创造财富的基本逻辑和路径。

第四,补充和修订了全书。对第四版进行了全面的、大幅的修改和补充,覆盖了本书全部的章节。其中,补充和修改幅度较大的部分有：导论(第一章)、现值和价值评估原理(第二章)、资本成本(第四章)、财务报表分析(第十三章)、公司价值评估(第十四章)和收购与兼并(第十五章)。

本书在改版过程中,得到了复旦大学出版社鲍雯妍老师的大力支持,在此深表感谢。同时,也感谢2006年初版以来,一直支持和帮助我的姜波克教授、徐惠平老师、刘红忠教授以及其他同事和朋友。

朱　叶
2021年3月于复旦园

目 录

第一章 导论 … 1
【学习要点】/ 1
- 第一节 公司制企业 / 1
- 第二节 公司的主要金融活动 / 5
- 第三节 公司的价值创造和目标冲突 / 11
- 第四节 公司金融的重要原则 / 16
- 第五节 公司金融的理论脉络 / 20

本章小结 / 25
关键词 / 26
习题 / 26
重要文献 / 27

第二章 现值和价值评估原理 … 28
【学习要点】/ 28
- 第一节 现值与贴现率 / 28
- 第二节 现金流形态和现值计算方法 / 33
- 第三节 不同计息方式下的现值 / 37
- 第四节 公司债券定价原理 / 40
- 第五节 普通股定价原理 / 44

本章小结 / 50
关键词 / 51
习题 / 51
重要文献 / 53

第三章 风险、收益和贴现率 … 54
【学习要点】/ 54
- 第一节 如何定义和度量收益与风险 / 54

第二节　投资组合风险和收益的特点 / 63

第三节　资本资产定价模型和贴现率 / 75

本章小结 / 80

关键词 / 81

习题 / 81

重要文献 / 83

第四章　资本成本 ……… 85

【学习要点】/ 85

第一节　资本成本概述 / 85

第二节　普通股成本 / 90

第三节　债务成本 / 95

第四节　加权平均资本成本 / 100

本章小结 / 106

关键词 / 107

习题 / 107

重要文献 / 109

第五章　资本预算的基本方法和技术 ……… 110

【学习要点】/ 110

第一节　资本预算的基本方法 / 110

第二节　资本预算方法比较 / 114

第三节　净现值法的基本技术 / 120

本章小结 / 131

关键词 / 131

习题 / 132

重要文献 / 134

第六章　投资风险调整方法 ……… 135

【学习要点】/ 135

第一节　项目风险处置的基本原理 / 135

第二节　分子策略 / 138

第三节　分母策略 / 146

本章小结 / 148

关键词 / 149

习题 / 149

重要文献 / 151

第七章 期权定价和实物期权 ······ 153
【学习要点】/ 153
第一节 实物期权的基本理念 / 153
第二节 金融期权的定价原理 / 155
第三节 实物期权和资本预算 / 163
本章小结 / 172
关键词 / 172
习题 / 172
重要文献 / 174

第八章 债务、税收和资本结构 ······ 175
【学习要点】/ 175
第一节 债务融资和股权融资 / 175
第二节 完美市场中的资本结构 / 178
第三节 税收和资本结构 / 182
本章小结 / 191
关键词 / 191
习题 / 191
重要文献 / 192

第九章 破产、管理者动机、信息和资本结构 ······ 194
【学习要点】/ 194
第一节 破产成本和资本结构 / 194
第二节 管理者动机、信息不对称和资本结构 / 200
本章小结 / 210
关键词 / 211
习题 / 211
重要文献 / 212

第十章 融资决策与投资决策的关系 ······ 214
【学习要点】/ 214
第一节 加权平均资本成本法 / 214
第二节 调整现值法 / 218

第三节　目标资本结构 / 223

本章小结 / 231

关键词 / 232

习题 / 232

重要文献 / 233

第十一章　股利政策 …………………………………………………… 234

【学习要点】/ 234

第一节　股利发放方式和程序 / 234

第二节　税、管理者动机、信号和股利政策 / 237

第三节　股利政策决定和类型 / 248

本章小结 / 256

关键词 / 256

习题 / 256

重要文献 / 258

第十二章　营运资本管理 ……………………………………………… 260

【学习要点】/ 260

第一节　营运资本政策 / 260

第二节　现金和有价证券管理 / 266

第三节　应收账款管理 / 274

第四节　短期融资方式、原则和策略 / 281

本章小结 / 295

关键词 / 296

习题 / 296

重要文献 / 297

第十三章　财务报表分析 ……………………………………………… 298

【学习要点】/ 298

第一节　会计信息的阅读和理解 / 298

第二节　会计噪声和会计分析 / 303

第三节　财务报表分析方法 / 308

本章小结 / 323

关键词 / 324

习题 / 324

重要文献 / 327

第十四章　公司价值评估 …… 328

【学习要点】/ 328

第一节　公司背景分析 / 328

第二节　公司财务预测 / 339

第三节　贴现现金流量法 / 348

第四节　市场法 / 353

本章小结 / 356

关键词 / 356

习题 / 356

重要文献 / 357

第十五章　收购与兼并 …… 358

【学习要点】/ 358

第一节　并购创造价值的源泉 / 358

第二节　并购过程中的公司金融问题 / 362

第三节　杠杆收购 / 374

第四节　并购的理论解释 / 381

本章小结 / 384

关键词 / 385

习题 / 385

重要文献 / 386

第十六章　公司治理 …… 387

【学习要点】/ 387

第一节　代理问题 / 387

第二节　剥夺问题 / 391

第三节　公司治理机制 / 395

本章小结 / 405

关键词 / 406

习题 / 406

值得参考的网站 / 407

重要文献 / 407

附录　部分习题参考答案 …… 408

第一章 导 论

> 【学习要点】
> 1. 为什么大企业和转型企业会选择公司制?
> 2. 股东至上、企业社会责任和价值创造过程。
> 3. 究竟是谁在控制公司?
> 4. 公司金融的重要规则和理论脉络。

公司金融(corporate finance)是金融学的一个重要分支学科①,它是关于公司如何在未来收益和当前收益之间进行取舍的一门学科。在一定财务目标条件下(如股东财富最大化)的投资决策、融资决策和营运资本管理构成了公司金融的基本内容。本章立足于公司这一特定的企业组织形式,介绍其财务目标、价值创造过程以及所面临的代理冲突,并梳理了公司金融的重要规则以及公司金融理论的发展脉络。

第一节 公司制企业

企业多如牛毛,但不是所有的企业都是公司。个体业主制(sole proprietorship)、合伙制(partnership)和公司制(corporation)是三种基本的企业合法形式(或称为三种企业组织形式),其中公司制企业才是公司。公司金融的主体是公司,因此,对公司制企业的了解和认识可以作为学习和研究公司金融的起点。

一、个体业主制企业

个体业主制企业是指一个自然人拥有的企业,独享企业全部利润,独自承担所有风险,但不具备法人资格。这类企业规模小、雇员不多,创造的财富也少,但从数量上讲,这类企业是最多的。

个体业主制企业的主要优点:设立程序简单,无需正式的章程,退出程序也简单易行;在大多数行业中需要遵守的政府规定极少;无需缴纳公司所得税,企业的所有利润均按个人所得税的相关规定纳税;经营者和所有者合一,两者利益完全重合。

个体业主制企业的主要缺点:承担无限债务责任,个人资产和企业资产之间没有界限;企业的寿命有限,企业存续期受制于业主本人的生命期;企业的规模有限,企业筹集的权益资本仅限于业主个人财富。

---

① 公司金融与投资学、金融市场学等金融学其他分支学科具有血缘关系,它们遵循共同的基本概念和方法。

值得注意的是,在细节上,个体业主制企业存在国别差异。在中国,个体业主制企业包括个体工商户和个人独资企业两类。两者主要存在以下差别:

第一,适用的法律不同。个体工商户依据《民法通则》和《乡镇个体工商户暂行条例》等规则建立和运行;个人独资企业依照《个体独资企业法》建立和运行。它们在设立、权利、税负等方面存在差异,感兴趣的读者可以查阅《民法通则》《乡镇个体工商户暂行条例》和《个体独资企业法》的相关规定。

第二,设立的方式不同。个体工商户既可以由一个自然人出资设立,也可以由家庭出资设立,比如"夫妻老婆店";个人独资企业只能由个人出资设立。

第三,债务承担的表述不同。个体工商户可以由个人经营,也可以由家庭经营,因此,前者的债务由个人财产承担无限责任,后者的债务由家庭财产承担无限责任。个人独资企业的投资者以其个人财产对企业债务承担无限责任,只有在企业设立登记时明确以家庭共有财产作为个人出资的,才依法以家庭共有财产对企业债务承担无限责任。

二、合伙制企业

合伙制企业是指两个或两个以上的人(自然人、法人和其他组织)创办的按协议投资、共同经营、共担风险的企业。合伙制企业一般没有法人资格。一般(普通)合伙制和有限合伙制是这类企业的两种形式。

(一) 一般合伙制企业(general partnership)

在一般合伙制企业中,由2人以上的普通合伙人(没有上限规定)组成,所有合伙人按协议规定的比例提供资金和工作,并分享相应的利润或承担相应的亏损,承担相应的债务。协议可以是口头的,也可以是书面的。一般合伙企业创办费用较低,企业利润按合伙人征收个人所得税。

会计师事务所、律师事务所、咨询公司、医师事务所、设计师事务所等采用一般合伙制,由于它们是以专门知识和技能为客户提供有偿服务的专业服务机构,因此,又被称为特殊的一般合伙制企业,以区别于其他一般合伙制企业[①]。一般合伙制企业的主要缺点有:

第一,一般合伙人对所有债务负有无限连带责任。债权人可以要求任何一个一般合伙人偿还企业未履行债务。

第二,企业寿命有限。当一个一般合伙人死亡或撤资时,一般合伙制企业终结(也就是说,一般合伙人不能出售其在企业中的利益)。若合伙协议另有规定,例如,其他合伙人如果全部买下撤资或死亡合伙人的股份,企业则可避免此结局。

第三,合伙制企业通常难以筹集大量资金。

第四,产权转让比较困难。

(二) 有限合伙制企业(limited partnership)

在有限合伙制企业中,由一般合伙人和有限合伙人两类合伙人组成。根据《中华人民共

[①] 之所以称其为特殊,主要表现在其经营范围以及合伙人对合伙企业债务的承担上。在债务承担责任方面,特殊的一般合伙制企业的特点是:若因故意或过失,相关合伙人将承担无限责任,其他合伙人以其在合伙企业中的财产份额为限承担责任;若因非故意或过失,全体合伙人须承担无限连带责任。

和国合伙企业法》，有限合伙企业由2人以上50人以下的一般合伙人和有限合伙人组成，其中一般合伙人和有限合伙人都至少有1人。当有限合伙企业只剩下普通合伙人时，应当转为一般合伙制企业，如果只剩下有限合伙人时，应当解散。并购基金、风险投资基金通常采用有限合伙制。这类企业有别于一般合伙制企业的特征为：

第一，只有企业中的一般合伙人承担无限责任，但他们通常拥有企业的管理控制权。

第二，有限合伙人不参与管理，仅仅负有与其出资额相称的责任，其私人财产不会被强制用于清偿企业未履行的债务。

第三，有限合伙人死亡或撤资不会导致企业散伙，他们可以出售所持有的权益份额。

三、公司制企业

公司制企业是一个独立的法人，是以公司身份出现的法人，是最重要的一种企业组织形式。它是世界各国大企业(如雀巢公司、中国移动)首选的企业组织形式，也深受转型企业(如苹果公司、高盛公司，它们均由合伙制企业转制而来)青睐。股份有限公司(corporation)和有限责任公司(limited liability company，简称LLC)是公司制企业的两种基本形式。

(一) 股份有限公司

股份有限公司(简称股份公司)，是指公司全部资本分为等额的股份，股东以其所认购的股份为限对公司承担责任，公司以其全部财产对公司的债务承担责任的企业法人。上市公司都是股份有限公司，比如，阿里巴巴集团控股有限公司、腾讯控股有限公司、小米集团。

股份有限公司设立的方式有发起设立和募集设立两种：发起设立，是指由发起人认购公司应发行的全部股份而设立公司。根据中国《公司法》，发起设立股份有限公司应当有2人以上，200人以下为发起人，其中须有半数以上的发起人在中国境内有住所。一般认为，超过200人就应该公开募集，具有公众色彩。募集设立，是指由发起人认购公司应发行股份的一部分，其余股份向社会公开募集(也称公募)或者向特定对象募集(也称私募)而设立公司。募集设立的股份有限公司的股东底线人数为2人，没有上限。

股份有限公司必须制定章程，章程通常应当载明下列事项：公司名称和住所；公司经营范围；公司设立方式；公司股份总数、每股金额和注册资本；发起人的姓名或者名称、认购的股份数、出资方式和出资时间；董事会的组成、职权和议事规则；公司法定代表人；监事会的组成、职权和议事规则；公司利润分配办法；公司的解散事由与清算办法；公司的通知和公告办法；股东大会会议认为需要规定的其他事项。公司章程必须符合公司注册地的法律法规。

股份有限公司的所有权被分割成等额股份，为筹集更多资金，公司可以向外部投资者(非发起人)出售股份，因此，任何人缴纳了股款之后都可成为公司股东，股东无需具备特殊专长或资格条件。股东人数有下限但没有上限，股份有限公司有许多小股东，小股东可能仅拥有很小一部分公司股份。股份有限公司的股东有权分得股利、自由交易和转让其所持股票等。

股份有限公司的股权通常很分散，因此，公司的所有权和经营权存在不同程度的分离，股东无法直接参与公司经营管理。为此，股东选择由若干个董事组成的董事会，由董事会代其主张权利。董事会选聘高层管理人员，并要求高层管理人员以股东利益为重，对公司的经营活动进行有效管理。

股份有限公司很复杂，在股权较为集中或股权结构复杂的公司中，存在终极控股股东

（如大股东），终极控股股东拥有公司的控制权。而在股权比较分散的公司里，股东、董事会成员以及公司高层管理人员可能代表不同的利益集团，他们之间存在比较激烈的代理权争斗。

股份有限公司有着与个体业主制企业和合伙制企业不同的特征。

第一，公司所有权的流动性强。公司所有权（或称股权）可以自由让渡给其他所有者或投资者。

第二，公司无限存续。公司永续经营，公司所有权和经营权分离的特征使得公司不会因所有者或股东撤资而终止经营。

第三，股东承担有限债务责任。股东所承担的债务责任仅仅限于其所投资的额度，因此，股东客观上存在违约的意愿。

第四，双重课税。公司股东通常面临双重纳税的窘境：首先，公司需根据实现的利润交纳公司所得税；其次，公司股东必须为其所获得的股利缴纳个人所得税。

第五，公司面临多重代理冲突。公司存在股东和管理者、股东和债权人以及终极控股股东与非控股股东等多重代理冲突。

（二）有限责任公司

1. 普通的有限责任公司

严格来说，有限责任公司有普通和特殊之分，但大多有限责任公司属于普通的有限责任公司。普通的有限责任公司是一种特殊的有限合伙制企业，但有两点重要差别：一个差别是有限责任公司不存在一般合伙人，企业全部所有者均承担有限责任；另一个差别是有限责任公司所有者可以参与企业经营管理。例如，腾讯控股有限公司是一家在中国香港联交所上市的股份公司，其发起公司——腾讯计算机系统有限公司则是一家有限责任公司。

在中国，有限责任公司是指根据《中华人民共和国公司登记管理条例》规定登记注册，由2个以上、50个以下的股东共同出资，每个股东以其出资额对公司承担有限责任，公司以其全部资产对其债务承担责任的经济组织。

有限责任公司同样需订立公司章程，章程应当载明下列事项：公司名称和住所；公司经营范围；公司注册资本；股东的姓名或者名称；股东的出资方式、出资额和出资时间；公司的机构及其产生办法、职权和议事规则；公司法定代表人；股东大会会议认为需要规定的其他事项。股东应当在公司章程上签名、盖章。

尽管有限责任公司是公司制的一种形式，拥有公司制的基本特质，但是，它还有着与股份有限公司不同的特点。

第一，公司所有权不能划分成等额股份。股东的股权以其出资比例来表示，股东按出资比例享有权利和承担责任。

第二，由发起人集资设立。有限责任公司不得向社会公开募集资金，不能发行股票，也不得挂牌上市。

第三，股东人数有限。股东人数有上限，例如股东人数不得超过50人。

第四，股权流动性差。有限责任公司股东之间可以转让股份，但若向外部投资者转让股份，须经半数以上股东同意。

第五，组织结构简单灵活。有限责任公司既可按章程来构建规范的公司治理架构，例如设立公司董事会、监事会，也可以简单处理，例如只设董事、监事各一名，不设董事会和监事会。

2. 特殊的有限责任公司

有限责任公司还有一种特殊形式,即一人有限责任公司(简称"一人公司"或"独股公司"),它是指只有一个自然人股东或者一个法人股东的有限责任公司。在中国,《公司法》允许设立一个自然人股东或者一个法人股东的有限责任公司。例如,全资子公司、国有独资公司的性质就是"一人公司"。

一人有限责任公司有两个基本法律特征:一是股东人数的唯一性;二是股东责任的有限性。股东责任的有限性是一人有限公司有别于个体独资企业的重要特征之一[①]。

四、大企业以及转制企业的选择偏好

纵观整个世界,尽管公司制企业在绝对数量上不占上风,但在资产规模、创造的财富上则占有优势。几乎所有耳熟能详的知名大企业均采用公司制,例如,微软公司、中国移动、中国石化、丰田公司、苹果公司、西门子公司等。这些大公司或在创设时直接采用公司制,或由其他企业组织形式转成公司制。那么,究竟是什么在引导企业尤其是高成长性的企业更多地采用公司制这一组织形式呢?可能的理由有三项。

第一,个体业主制或合伙制存在先天不足。个体业主制与合伙制这两种组织形式具有无限债务责任、有限企业寿命和产权转让困难三个重大的缺陷,因此,无限债务责任使得企业所有者举债意愿不强、有限寿命使得债权人惜贷、产权流动性差使得投资者投资意愿不足。也就是说,这些先天缺陷决定了这两类企业难以筹集大量资金。显然,渴求资金的高成长性企业若采取这两种企业组织形式,将难以为继。

第二,公司制企业具有得天独厚的融资灵活性。高成长性企业潜在的增长机会需要资金支持,包括权益资本和债务资本。个体业主制企业和合伙制企业的权益资本融资能力非常有限,而公司制企业永续经营、有限债务责任、产权转让便利等特点使其在资本市场上能够左右逢源,尽显融资优势。例如,投行高盛于1999年由合伙制转型为公司制,并最终成为一家上市公司的主要原因有三点:一是便于利用资本市场缓解扩充资本金的压力,增强融资灵活性;二是缓解承担无限责任的风险和压力;三是有助于摆脱激励机制的掣肘,利用基于股票的激励机制来吸引人才。

第三,公司制企业拥有更大和更灵活的收益处置权。公司制企业比合伙制企业和个体业主制企业更容易留存企业的当期收益,因此,公司尤其是成长性公司更易获得内源资金,既可以满足其成长之需,又不错失稍纵即逝的投资机会。

第二节 公司的主要金融活动

资产负债表是反映公司金融活动结果和公司财务状况的载体,因此,我们可以借助资产负债表(见表1-1)来理解公司的主要金融活动。

[①] 在中国,《公司法》规定:"一个自然人只能投资设立一个一人有限责任公司。该一人有限责任公司不能投资设立新的一人有限责任公司。一人有限责任公司不设股东会;一人有限责任公司应当在每一会计年度终了时编制财务会计报告,并经会计师事务所审计。一人有限责任公司的股东不能证明公司财产独立于股东自己的财产的,应当对公司债务承担连带责任。"

表 1-1　公司资本负债表基本架构

资　　产	负债和股东权益
净营运资本	长期负债
长期资产	所有者权益
资产总价值	公司投资者的总价值

资产负债表的左边是公司的净营运资本(流动资产和流动负债之差)和长期资产(包括长期投资、固定资产、无形资产等),公司的资产状况反映了公司营运资本管理水平以及固定资产、无形资产等长期资产的投资状况。资产负债表的右边显示公司的资金来源,反映了公司长期融资的结构和状况。公司的负债结构和所有者权益结构可以传递出其在融资方式、融资结构方面的偏好或无奈的信息。

一、公司的金融活动

(一) 投资决策

1. 长期经营资产投资

公司在创立之初以及面对未来成长机会时,增加经营场所、引进设备、购置专利商标、获得土地使用权等长期经营资产投资便成了它们最基本的金融活动。比如,为生产新产品,公司决定引进新设备。由于引进新设备是公司一项固定资产投资,它往往具有不可逆的特征(即设备一旦购置便不易变现),因此,公司需谨慎地使用资本预算(capital budget)来描述新设备的投资和管理过程。在投资之前,结合新产品的市场预期,对新设备引进之后可能产生的现金流入(产出)进行预测和估算,并据此与购置新设备所发生的现金流出(投入)进行比较,来决定是否进行此类投资。也就是说,如果此类投资的现金流入大于现金流出,则说明投资有利可图。可见,资本预算是长期资产投资决策的重要依据之一。

事实上,成功的长期经营资产投资决策并非易事。未来是不可预知的,因此,长期投资的未来现金流入具有不确定性,建立在资本预算上的长期投资决策并不完全可靠。在现实经济生活中,尽管存在一些识别和判断投资项目是否有价值的原则和经验,但是,要真正发现有价值的长期经营资产投资项目并非是件易事。事实上,真正有价值的长期经营资产投资项目并非比比皆是。

20世纪70年代以来,实物期权或真实期权(real options)从观念上对传统资本预算产生了冲击。按照实物期权思想,长期经营资产嵌入了诸如放弃期权、延迟期权、扩张期权等实物期权,它们是以长期经营资产(即实物资产)为标的物的期权[1],这些期权归标的物投资者所有,为投资者带来了经营灵活性。比如,引进新设备后,若能够生产出适销对路的产品,那么,公司可以考虑扩大生产规模,甚至加大引进设备的力度;若无法达到预期目标,公司可以考虑终止新产品生产,并出售该设备来止损。由于实物期权(灵活性)具有价值,因此,长期经营资产的投资价值还应该包括持有长期资产(实物资产)所拥有的实物期权的价值[2],

---

[1] 与金融期权的标的物(金融资产)不同,实物期权以实物资产为标的物,故称"实物期权"。
[2] 读者可参见本书第七章"期权定价和实物期权"中实物期权的相关内容。

其结果可能使传统视角下的无价值项目成为炙手可热的好项目。尽管实物期权为我们提供了一个识别有价值项目的新视角,但是,实物期权使得长期经营资产投资决策变得更加复杂难懂。

2. 长期金融资产投资

公司同时又是金融市场的主要参与者。一方面,它们会以理财产品投资者的身份出现,会用富余现金被动地购置理财产品,为富余现金建造了"现金蓄水池",最大化股东价值。另一方面,它们会通过主动持有其他公司一定数量的股份,或扮演财务投资者,谋求高额回报,或扮演战略投资者,调整或重新谋划公司竞争战略。比如,为打造全品类家电龙头企业,2016年3月30日,美的集团股份有限公司受让日本东芝有限公司80.10%股权,作价4.73亿美元。公司长期金融资产投资与公司的主观意愿大小、金融市场的发达程度等直接相关,可以肯定的是,公司长期金融资产投资活动越来越频繁,且呈现出常态化。

由于金融市场充满竞争,套利机会难觅,因此,与长期经营资产投资相比,能够为股东带来财富增值的长期金融资产投资机会非常少。

(二) 长期融资决策

融资由公司的投资引发,公司在初创以及成长过程中需要大量资本(包括债务资本和权益资本),因此,如何筹集所需资本将是公司面临的第二个公司金融问题。公司长期融资的目标就是尽可能地选择合理的融资方式,既能够满足公司融资需要,又能够提升公司价值。前者相对较易,而后者非常不易。

1. 解决资金缺口

公司生命周期包括起步期、成长期、成熟期和衰退期四个阶段,公司在不同阶段的融资需求和融资偏好存在差异。

第一,起步期。公司增长非常快,需大量支出,但经营风险非常高,公司的盈利和现金流均为负值,因此,为不增加公司整体风险,公司应该引入乐于接受高风险的风险资本(VC)和私募资本(PE)。比如,使用A轮和B轮融资[1]。事实上,几乎很少有债权人愿意为处于起步期的公司提供信用。

第二,成长期。公司高速增长,资本性支出需求大,公司的经营风险依然很高,公司的利润和现金流可能很小,因此,举债仍然不是一种很好的融资选择,公司应该借助资本市场筹集权益资本。比如,使用C轮和C轮升级版融资[2]。

第三,成熟期。公司增长缓慢,资本性支出需求降低,盈利和现金流稳定和充裕,公司经营风险处于一个相对较低的水平,此时,公司的还款和支付能力强,可以选择更加便宜的债务资本。

第四,衰退期。公司没有增长,没有投资机会,经营风险很低,此时,公司可以适度提高一些财务风险,因此,公司可考虑配置更多的债务资本。

---

[1] A轮融资:有团队,有以产品和数据支撑的商业模式,业内拥有领先地位;B轮融资:商业模式已经充分被验证,公司业务快速扩张。

[2] C轮融资:商业模式成熟,拥有大量用户,在行业内有主导或领导地位,为上市做准备。

2. 创造财富

公司可以通过举债(即加杠杆)或权益融资(即降杠杆)来解决资金缺口,于是,两种不同的资本配置方式形成了不同的融资结构(也称资本结构,是指公司的各种资本在总资本中所占的比重,也可简单表示为企业长期负债和股东权益之间的比例,或表示为资产负债率)。那么,通过加杠杆即举债的方式来为公司配置资本,公司的价值是否会存在差异呢?

美国金融学家默顿·米勒(Merton Miller)解释了融资与公司价值之间的关系。他曾生动地将公司价值视为一张圆饼,圆饼的大小基于公司在金融市场上的价值。根据米勒的观点,若市场是完善的(即在无税、无交易成本等一系列严格假设下),公司的融资决策与公司价值无关。设公司的价值为 V,则 V 可以写为

$$V = B + S \tag{1-1}$$

式(1-1)中,B 表示债权或债务资本的价值,S 表示所有者权益或权益资本的价值。在解决资金缺口时,既可以用债务融资,也可以用权益融资,虽然债务资本和权益资本的相对价值发生了变化,但公司价值(B 和 S 之和)不变。因此,圆饼的大小与投资决策无关,也与融资或资本配置(资本结构)无关。

事实上,市场是不完善的,因此,融资和资本配置会影响公司价值。米勒认为,在有税环境下(且仅仅考虑有税),公司选择债务融资还是权益融资是有差别的。由于债务资本成本(利息)可以在税前列支,而权益资本成本(股利)用税后利润支付,因此,债务融资拥有债务税盾(省税)效应,可以据此提升公司价值,债务融资优于股权融资。在有税环境下,公司价值为

$$V = B + S + T \tag{1-2}$$

式(1-2)中,B 表示债权或债务资本的价值,S 表示所有者权益或权益资本的价值,T 表示应缴纳的公司所得税。

根据米勒的观点,在有税环境下(且仅仅考虑有税),举债具有省税效应,T 相对较小,因此,与权益融资相比,举债后税后公司价值(B 和 S 之和)相对较大。因此,圆饼的大小与投资决策有关,也与融资或资本配置(资本结构)有关。

值得注意的是,长期融资的现实世界远比"米勒世界"复杂得多。在判断融资和资本配置是否能够创造财富时,除了考虑税,还需要考虑破产风险、管理者动机、信息不对称等诸多因素。我们通过查阅报表很容易得到一家公司的杠杆水平,比如,格力电器 2019 年 9 月 30 日的资产负债率为 64.9%,但是,我们却很难识别这家公司的杠杆究竟是高了还是低了。

(三) 营运资本[①]管理

为了满足公司正常运作,公司需要保持一定数量的现金、应收账款、存货等流动资产。那么,公司究竟需要配置多少流动资产以及需要筹集多少短期资金呢?这是公司的营运资本管理问题。营运资本管理包括流动资产管理和短期融资决策。

[①] 广义的营运资本是指对流动资产的投资,狭义的营运资本是指流动资产和流动负债的差量,即净营运资本。此处专指广义的营运资本概念。

1. 流动资产管理

流动资产管理包括各类流动资产的存量管理和流量管理,前者是为了提高流动资产的使用效率,后者是为了增强流动资产的流动性。

从流动资产存量管理要求看,流动资产中的每一类流动资产(比如现金、应收账款、存货等)都需要保持一个合理的规模,比如,2018年12月31日,格力电器的流动资产为2 371.48亿元,其中,货币资金为1 362.33亿元,应收账款为83.26亿元,存货为195.25亿元。它们的规模是否合理?我们可以基于成本—收益法来进行评价。比如,公司持有现金的目的是为了满足经营和安全需要(不考虑投机需要),因此,为最大化股东价值,公司应该根据企业战略和财务战略,确定公司合理的现金储备,并将超过经营和安全需要以上部分投放在短期国债、商业票据、大面额存单等现金等价物上,或进行其他合适的投资。从流动资产流量管理要求看,流量管理的目的是增强各类流动资产的流动性,确保它们的变现能力。比如,格力电器2018年12月31日的应收账款为83.26亿元。该公司的管理目标是,在既定的收款(信用)政策下,须确保应收账款按时、足额回收。为此,公司须进行全过程管理。第一,在销售之前,对购货者的信用历史和现状进行调查;第二,根据购货者的信用状况进行销售,并提供对应的销售条件;第三,跟踪和了解购货者财务状况和信用的变化;第四,对到期应收账款做好收款工作。

2. 短期融资决策

公司流动资产由临时性流动资产和永久性流动资产组成,存货可以分为正常需要和安全需要的存货,其中,满足正常需要的存货属于公司临时性流动资产,而安全需要的存货是为防止销售脱节而储备的存货,这部分存货常年保持一定规模,我们将此类存货称为公司的永久性流动资产。

临时性和永久性流动资产的资金配置方式不同。临时性流动资产所需资金可用商业信用、短期银行借款、商业票据等短期融资方式予以解决。2018年12月31日,格力电器的流动负债为1 885.12亿元,占流动资产的比重为79.5%,即公司临时性流动资产占比79.5%,所需资金通过流动负债予以解决。永久性流动资产所需资金可以用长期银行借款、公司债券、股票等长期融资方式加以解决。

在短期融资决策中,融资顺序依次为:首先,以融资成本最小化原则选择短期融资方式,商业信用成为首选;其次,公司应参照可得性原则选择其他短期资金,低融资成本的商业信用是有限的,因此,在用足商业信用之后,按融资成本由低到高的原则选择融资成本稍高的次优短期资金,比如商业票据、抵押短期银行借款、非抵押短期银行借款。

值得一提的是,公司金融活动远不止上文提及的三类活动,还包括兼并收购、分拆、公司治理、国际化等活动。但不可否认的是,投资、融资和营运资本管理的诸多决策是公司金融的重要内容,并且,这些内容和内在逻辑为公司金融提供了一个基本框架。

二、公司和金融市场的关系

公司在产品或商品市场上互相竞争,这种竞争同样发生在金融市场上。公司越来越多地依赖金融市场。一方面,它们需要在金融市场上寻求资金;另一方面,它们会在金融市场上寻求更多的投资回报。因此,对公司来说,了解变化无常的金融市场有助于它们进行有效的投融资决策。

(一) 金融市场的功能

金融市场可以进行细分,划分的标准主要有三种。一是按照金融要求权划分为债券市场和股票市场;二是按照金融要求权的期限划分为货币市场和资本市场;三是按照金融要求权是否首次发行划分为一级市场和二级市场。金融市场为公司提供了三种经济功能。

第一,价格[①]发现过程。公司获取资金的能力取决于投资者所要求的回报率,若公司盈利无法达到投资者的期望收益率,就不能筹集到资金。金融市场的这一特点引导着社会稀缺资金进行合理分配,使资金流向高效率的公司和部门,帮助其更好成长,实现资源有效配置。

第二,金融市场提供了一种流动性[②]。金融市场为投资者出售金融资产提供了一种机制,它对被迫或主动出售金融资产的投资者具有很大的吸引力。若金融市场缺乏流动性,公司债权人将被迫持有债务工具直至到期,公司股东将持有权益工具直至公司破产清算。

第三,金融市场减少了交易的搜寻成本和信息成本。搜寻成本包括显性成本和隐性成本,前者如为引发交易双方交易而花费的广告费,后者如为确定交易对象所花费的时间。信息成本是指与评估金融资产投资价值相关的成本。若搜寻成本和信息成本很大,那么,交易双方将不堪重负。有组织的金融市场的出现降低了搜寻成本和信息成本。在有效的金融市场上,一方面,金融中介可以有效地撮合买卖双方进行交易;另一方面,价格反映了所有市场参与者收集到的总信息。

(二) 公司金融活动依赖金融市场

中央政府、中央政府的代理机构、地方政府、国际机构、公司、金融中介机构等成了金融市场的主要参与者。其中,金融中介机构为公司提供了与融资和投资有关的金融服务,它们或向公司提供资金,或为公司提供与融资和投资有关的专业金融服务。

作为金融市场的主力,公司以投资者和融资者的身份在金融市场上完成投资以及实现资金融通。随着金融市场的发展,公司与金融市场的关系更加紧密。

金融市场为公司提供了众多可以选择的融资品种,越来越多的公司融资活动是在金融市场上完成的。公司可以在债务市场上举债,截至2020年1月17日,上交所公司债发行总数为969只,市价总值为3.91万亿元。公司也可以在股票市场上发新股,截至2019年年底,中国已有3 700多家公司分别在主板、中小板、创业板和科创板上市,其中,深交所上市公司总数2 205家,总市值23.7万亿元,上交所上市公司总数1 502家,总市值34.68万亿元。公司在营运资本、固定资产投资等方面存在的资金缺口都可以借助金融市场来加以解决。

金融市场又为公司提供了投资的场所,公司大量的投资活动发生在金融市场上。债券市场和股票市场为公司长期投资提供了新的场所,随着金融市场的发展,证券投资在公司长期投资中所占的比重不断上升,证券投资收益也成了公司收益的重要来源。比如,2018年年底,格力电器长期股权投资为22.51亿元,占总资产的比重接近10%,投资收益超过1亿元。

金融市场还为公司金融活动提供了进行风险管理的工具。公司的投资和融资活动会面

---

① 至于这些价格信号是否正确则应该视金融市场效率而定。
② 虽然所有的金融市场均提供某种形式的流动性,但是,流动性的程度却是决定不同市场特点的因素之一。

临金融风险,公司可以借助金融衍生品,采用套期保值等风险管理策略来规避投资风险和融资风险。

在金融市场上,寻找资金的公司很多,提供资金的公司也不少。因此,金融市场上充满了竞争,市场的不完全程度相对较低。值得注意的是,金融市场有时会失灵,20世纪末以及21世纪初美国金融危机就是源于金融市场失灵。

第三节 公司的价值创造和目标冲突

从逻辑上讲,股东拥有并控制公司,因此,管理者均会以实现股东财富最大化为目标来实施自己的行为,公司的任何决策均基于"股东至上"。但是,许多公司的所有权和经营权是分离的,为寻求私人利益,拥有经营权的公司管理者可能不按照股东意愿行事,两权分离使我们有必要重新审视究竟是谁在控制公司。我们将从公司的价值创造过程入手来理解。

一、公司金融活动的价值创造

(一) 价值创造过程

如何测度价值创造?价值创造是指公司创造的现金流入量超过了它所支付的现金流出量,即产生了现金增量,这个增量可以理解为是现金收付制下的收益或利益。公司可以通过投资、融资和营运资本管理等金融活动来为公司创造价值。为了揭示公司金融活动的价值创造过程,下文通过公司和金融市场之间的相互作用来说明公司价值创造是如何实现的。

假如公司的金融活动始于融资活动,那么,公司现金流量的流动方向和过程为:

第一,公司在金融市场上向投资者发售公司债券或普通股股票或优先股股票筹措资金,也可以向商业银行举借资金,或利用私募基金(PE)或风险投资基金(VC)来募集资金;

第二,用所募集资金购置流动资产或长期资产,进行目标项目投资;

第三,当目标投资项目运转并开始生产之后,公司便可以通过销售产品获得现金性收入;

第四,公司用现金性收入向债权人支付利息,最终将偿还本金;

第五,在缴纳所得税后,向股东支付现金股利;

第六,公司留存一部分收益,用于公司未来发展。

以上投资活动所形成的现金流的流动过程循环往复。如果公司支付给债权人和股东的现金超过从金融市场上筹集到的资金,公司便创造了价值。公司成长、股东财富最大化源于公司的价值创造。

(二) 现金流量

我们在上文用现金流量描述了价值创造的过程。鉴于未来现金流产生的时间存在差异,以及未来现金流具有不确定性,为此,在评估公司价值创造大小时,我们可以基于以下两个关于现金流量的假设,来降低或消除未来现金流产生的时间不一致以及未来现金流不确定所造成的影响。

第一,假设任何人都偏好尽早获得现金流入。今天的一元钱比明天的一元钱更有价值。

明天的一元钱中含有时间价值,若剔除时间价值,明天的一元钱小于今天的一元钱。根据这一时效性假设,对投资期限、投资额相同的两个投资项目的取舍除了取决于投资项目所产生的现金流入量之外,同时需视现金流入量产生的时间而定。

第二,假设大多数投资者厌恶风险。无风险的一元钱比有风险的一元钱更有价值。风险增加了现金流量的不确定性,使得现金流量的数额和时间难以确切知晓。也就是说,明天的一元钱中含有风险价值,若剔除风险的影响,明天的一元钱小于今天的一元钱。根据这一假设,在对投资期限、投资额相同的两个投资项目进行取舍时,还需视现金流入量的不确定性而定。

在公司金融乃至在整个金融学中,现金流量是一个非常重要的概念,金融资产价值、股东价值乃至整个公司价值都需要用未来预期现金流量来进行估算。

现金流量在价值评估方面的作用无可替代,基于现金流量的估价方法(比如,贴现现金流量法、市盈率法和市净率法)仍然是目前投资银行等金融机构主要的价值评估方法。然而,公司的现金流量不易被观测,尤其是公司未来的现金流量。通常,我们可以借助公司财务报表获得大量信息,因此,财务分析的重要内容就是从历史和预计财务报表中获得公司有关现金流量的信息。

二、公司目标

(一) 股东财富最大化目标

在所有权和经营权分离状况下,若公司经营者能够增加股东所持股票的价值,那么,不管股东处于何种财务状况,也不管其年轻与否,都会认同公司决策者"股东至上"的做法,这种做法能增加所有股东的财富。因此,公司的单一目标就是实现股东财富最大化。

就单一目标而言,公司目标有多种测度方法。利润最大化、收入最大化、股东财富最大化是最重要的几种。

学界和业界更愿意用股东财富最大化(也称股东价值最大化)来表述或描述公司财务目标,理由是:股东财富用未来现金流来估算,因此,股东财富最大化目标避免了利润最大化或收入最大化目标的缺陷。

首先,股东财富基于流向股东的未来预期现金流量,内涵明确。利润或收入的内涵模糊,且易被人操纵。

其次,股东财富明确地取决于现金流量的时效性,即股东财富考虑了货币时间价值。然而,我们无法识别利润和收入中的货币时间价值。

最后,股东财富的计量过程考虑了未来现金流量的风险差异,即股东财富须剔除风险价值。然而,我们无法从利润和收入中分离出风险价值。

可见,股东财富最大化是信奉"股东至上"理念的公司最合适的财务目标测度法。

股东财富最大化目标为公司的金融决策提供了依据,公司股利政策的制定、融资方式的选用、投资项目的选择等具体的决策行为都依赖于公司财务目标。在股东财富最大化这一单一目标体系下,对公司的任何金融决策而言,只要是能提高或至少保持股东财富的,就被视为"好"决策,所有降低公司价值的决策均被视为"坏"决策。

对于上市公司(listed company)而言,股东财富最大化往往可以表现为股票价格最大化。在有效资本市场上,股票价格是一个客观、明确且易于观测的指标。

(二) 社会责任

股东财富最大化仅为目标之一,而非全部,其财务目标还会兼顾公司客户、供应商、员工等公司其他利益相关者的利益,即公司需要承担企业社会责任(corporate social responsibility,简称CSR)。所谓企业社会责任是指企业在其商业运作过程中,对其利益相关者应负的责任,利益相关者是指所有可以影响、或会被企业的决策和行动所影响的个体或群体,包括员工、顾客、供应商、社区团体、母公司或附属公司、合作伙伴、投资者和股东。

在商业运作中,如果公司在增加股东财富以及改善股东处境的同时,并未以牺牲或损害公司其他利益相关者的利益为代价,那么,"股东至上"的公司目标是可行的。然而,若公司最大化股东价值的决策致使整个社会承担了昂贵的成本,那么,公司也会惹上大麻烦。比如,某公司新产品项目能够为股东创造数目可观的超额收益,但新产品的生产会严重污染环境。当公司的这种投资行为损害到了经济中的其他主体时,政府会出台公共政策以及实施监管手段来约束该公司的投资行为,让公司为此付出代价,以确保股东利益与社会利益得以协调。从这个意义上讲,公司目标应该是多元的,应该表述为以造福(至少不损害)整个社会的方式实现股东财富最大化。

与发达国家上市公司一样,从2006年开始,中国上市公司也开始定期披露"社会责任报告",就其经营活动对经济、环境、社会等领域造成的直接和间接影响、取得的成绩及不足等信息,进行系统的梳理和总结。

案例 1-1

阿里巴巴的"绿色行动"

阿里巴巴发布的《2019财年社会责任报告》显示,阿里在绿色供应链、绿色物流、绿色计算、绿色回收等方面率先形成了可持续的绿色发展模式,并持续带动生态伙伴及公众参与绿色行动,力图形成一个"阿里巴巴绿色星球"。

第一,绿色供应链:筷子可以吃,外卖下单"无需餐具"成潮流。

来自北京朝阳区的郑先生通过饿了么"无需餐具"功能,曾经在半年多时间里节约了300多副一次性餐具,成为饿了么"无需餐具"单王。饿了么特地将他半年产生的绿色订单全部免单,以资鼓励。

截至2019年3月,饿了么送出的无需餐具订单累计超7 400万单,以每个订单节约一双筷子算,相当于为地球减少了1 184吨二氧化碳排放,也相当于种植了6.6万棵梭梭树。

饿了么还推出"可以吃的筷子",用面粉、黄油、冰糖、牛奶和水做调配,让一次性餐具消解在用户的胃里。

第二,绿色物流:5万个回收箱让快递纸箱循环起来。

本着"把纸箱留在驿站,让资源循环利用"的理念,菜鸟驿站在全国设立了5 000多个绿色回收箱。菜鸟"回箱计划"自2017年启动以来,已经成为中国最大的快递纸箱共享行动,累计回收利用上亿个纸箱,覆盖线上线下 5 000 多万人。

在阿里巴巴的带动下,平台上的商家也在逐步参与绿色环保。天猫商家从 2016 年开始不再使用胶带包装快递纸箱,替换为拉链纸箱,据统计,2018 年店铺共使用拉链纸箱 130 万个,相当于减少使用 189 万米胶带。

第三,看不见的绿色:计算、办公也环保。

阿里巴巴数据中心每天要处理上万亿笔订单,阿里巴巴的年轻人算过一笔账,十年前 10 笔电商交易要消耗的能源可以煮熟 4 个鸡蛋,现在这个能耗已经下降到只能煮一个鹌鹑蛋了。

钉钉推广无纸化绿色办公,电子审批、电话会议、视频会议等在线办公方式渐成潮流。截至 2019 年 3 月底,钉钉的无纸化办公节省了 2.27 亿千克碳排放,相当于种植了 1 270 万棵树。

人人参与才是可持续的环保,阿里巴巴坚信"唯有唤醒人的意识,才能真正留住中国的碧水蓝天"。

问:你觉得阿里巴巴为何要花大力气做这件事情?它有什么示范效应?

资料来源:"阿里巴巴发布 2019 财年社会责任报告——绿色经济体形成可持续环保模式",新浪财经,2019 年 6 月 5 日。

三、代理冲突

股东与管理者、大股东与小股东、股东与债权人之间的利益冲突是公司最重要的几类代理问题,它们会损害公司价值。因此,在实现财务目标的过程中,如何降低或减缓这些代理冲突带来的损害是公司必须面对的棘手问题。

(一)股东和管理者的冲突

在英国和美国,公司尤其是传统公司的重要特点是,公司股权结构分散,公司由管理团队来运营,所有权和经营权分离。大公司股东过于分散,因而股东难以真正有效控制公司管理者行为,也就是说,股东与管理者的冲突是英美等成熟市场国家公司最典型、最突出的代理问题。因此,若股东利益和管理者利益发生冲突,管理者就无法为最大化股东价值尽心尽力,损害股东利益的行为就有可能发生。那么,管理者所要追求的基于自身利益最大化的目标是什么?

额外消费偏好是管理者的目标之一。除了获取可观的薪酬、奖金(bonus)等货币性资源之外,管理者可能以额外津贴方式侵占公司大量资源,满足个人消费。比如,他们享用公司提供的豪华小汽车、豪华办公家具以及拥有自主决定的资源。因此,公司留存收益或自由现金流常常被视为管理者的"免费午餐"。

避免个人成本和焦虑是管理者的目标之二。管理者寻找新的盈利项目需要付出巨大努力(比如,管理者将为之付出大量的学习成本),同时需要承担巨大的风险(比如,管理者将承受高风险带来的极度焦虑)。为了避免个人成本和焦虑,管理者寻求高收益、高风险项目的激情和意愿将会下降,转而享受更多的特权。

管理者的目标偏离公司目标之后,公司所有者的利益将受到损害,管理者的目标之二对公司的危害更大,公司可能因此失去很多成长机会。

(二) 股东能否控制管理者行为

所有权和经营权分离后,股东与管理者的冲突是必然的。当冲突发生时,究竟是谁控制了公司?股权集中度较高的公司中毫无疑问是股东占上风,股权分散的大公司则不好说。那么,如何减缓公司股东和管理者之间相互冲突呢?

根据委托—代理理论,股东是委托人,管理者是代理人。管理者应该替股东创造公司价值,增加股东财富,实现福利最大化,但是,管理者可能不顾及股东利益,追求更多的闲暇、享乐,挥霍股东的资源。为此,股东必须监督和约束管理者,努力使管理者的行为符合股东的意愿。于是,就产生了代理成本(agency cost)。代理成本是解决管理者和股东利益冲突的费用,主要包括监督成本、实施控制方法的成本以及因管理者懈怠而使公司价值遭受的损失。

为使管理者的行为符合股东的意愿,公司推出了诸多公司治理措施。公司治理有内部治理和外部治理两类。

在众多公司内部治理方法中,薪酬激励制度就是其中之一。薪酬激励制度是解决公司两权分离后股东目标和管理者目标不一致的方法。这种方法将管理者的报酬分为薪水、奖金和股票期权三部分,其中薪水是对管理者当下工作的补偿,而奖金和股票期权是对管理者工作绩效的补偿,其中股票期权只能在未来视公司业绩好坏行权或弃权。因此,管理者在服务于现有股东的同时,也在为身为潜在股东的自己工作。管理者潜在股东的身份使得其目标更加能够与现有股东的目标相一致。

在外部治理方式中,并购市场(控制权市场)产生的负向激励是效果较为明显的一种方式。并购的威胁会激励管理者采取能使股东财富最大化的行动。当公司的业绩因为管理者的经营不善而一路下滑时,公司的股票价格会大幅下跌,致使公司价值被严重低估,公司可能就此成为其他股东集团、公司或个人的收购目标或目标公司。一旦被收购,目标公司的高管层可能遭清洗。因此,被收购的威胁对管理者是否以股东利益为重进行决策形成了一种压力或激励。

从公司治理的实践看,通过监督和约束,或设计合理的激励制度,或借助控制权市场的力量,在一定程度上能够纠正公司管理者的行为,使其采取的行动以股东利益为重,但是,股东与管理者之间的目标冲突仍然无法完美地得到解决。

(三) 多重代理冲突和缓解之道

与美英"股东至上"的理念不同的是,德国和日本的公司主张"利益相关者至上",公司的财务目标是同时最大化这些利益相关者的利益。因此,德国和日本的公司的代理冲突和缓解之道必然带有浓重的国别特征。

第一,多重代理冲突。德国和日本的公司具有特点鲜明的多重代理冲突,既有股东与管理者之间的冲突,又有股东与顾客、雇员和供应商之间的冲突。前者的代理冲突具有共性,而后者的代理冲突带有很强的国别差异。

第二，终极控制者和非控股股东之间存在冲突。公司终极控制者可以是大股东，大股东可能是国家或家族或大银行。比如，梅赛德斯—奔驰公司的大股东是德意志银行，后者通过直接和间接持股方式成为最大股东或控制者。公司终极控股股东也可以是小股东。小股东控制的特点是，公司终极控股股东持有不多的现金流权或股权（比如5%），但却拥有不对称的控制权（比如50%以上的投票权）。以京东集团为例，其CEO持有15.4%的股份（截至2019年2月），但其拥有79%的投票权，即拥有对京东集团的绝对控制权。

由于终极控股股东存在"私人利益"，为此，它们可能为了"私人利益"最大化而做出"次优"甚至"非优"决策，损害了其他股东（非控股股东）的利益。

为化解代理冲突，需要行之有效的治理。比如，为了减缓或降低终极控股股东对非控股股东的侵害，可以通过改革现有董事会选举制度的办法或规则（比如由累积投票制度替代传统的一股一票制度），确保非控股股东可以选出心仪的董事，以增强非控股股东在董事会中的话语权，对大股东产生抗衡和制约作用。

第四节　公司金融的重要原则

公司的金融活动和决策基于一系列原则，这些原则建立在逻辑和经验基础上。尽管它们未必放之四海而皆准，但却是所有公司金融决策者都能接受的规则，也是公司的行为准则。

一、竞争经济环境的原则

（一）自利行为原则

自利行为原则是指人们在从事商业交易时总是为了满足自己利益做出选择和决定，否则他们就不必进行商业交易。大部分商业交易是非人格化的，从交易中获得最大利益是决策者最先需要考虑的。依据自利行为原则，我们可以推断，在其他条件相同的情况下，所有公司均选择利益最大化的行为方式。公司股东愿意接受所有能够最大化其财富或最大化公司价值的公司投融资决策，并拒绝所有不增加股东财富的公司金融行为和决策。自利行为原则有两个重要应用。

首先，自利行为原则运用于委托代理理论。公司涉及的利益相关者众多，包括管理者、债权人、供应商、客户、员工等，这些利益相关者都是按照自利行为原则行事的。公司和各种利益相关者之间的关系，大部分属于委托代理关系。于是，在委托代理关系中，便会存在一个道德风险问题，即代理人为了其个人利益最大化采取秘密行动，使委托人蒙受巨大损失。自利行为原则有助于公司委托人正确面对代理冲突，通过契约来协调利益相关者之间的关系，从而降低利益冲突，减少风险。

其次，自利行为原则可运用于机会成本。决策者采取一种行动时，常常是以终止其他行动为代价的。为此，决策者必须判断该行为是否对自己更有利，所使用的决策依据是机会成本。何谓机会成本？采用一个方案而放弃另一个方案时，被放弃方案的收益就是被采用方案的机会成本，也称择机代价。机会成本是决策时必须考虑的依据之一。

（二）双方交易原则

当交易一方遵循自利行为原则进行决策时，交易对手也在按自利行为原则行事，谁都想赢。此时，一方的获利只能以另一方的付出为基础，双方的收益之和为"零"。

双方交易原则要求在交易时不能一味以我为中心，在谋求自身利益的同时要注意对方的存在，以及对方也在按自利行为原则行事。因此，在决策时不仅要考虑自利行为原则，还要正确预见对方的反应，让对方也有利可图，否则交易就无法实现。

每项交易都至少存在两方，处于另一方的交易对手和你一样精明能干。因此，如果交易者过于强调自利行为原则而忽视双方交易原则，他们会因不尊重交易对手而付出代价，导致决策失误。

（三）信号传递原则

信号传递原则是自利行为原则的延伸，是指行动可以传递信息。根据自利行为原则，在信息不对称条件下，公司的一项交易或决策能释放出有关决策者对未来预期看法的信号。比如，一个医药公司决定进入食品行业，这一行动传递出了公司管理者对公司实力的信赖和对未来的前景充满信心。再比如，当公司举债融资或宣布发放股利时，这些举动可能预示着公司未来收益状况良好，公司有较好的未来预期。

值得注意的是，在有些情况下，一些"好公司"的行为可能会被"坏公司"模仿，从而释放出不实的信号。此外，公司也可能做出一些错误的决策，从而释放并非他们真正要传递的信息[①]。

（四）行为原则

信号传递原则是指行动可以传递信息，而行为原则是指如何使用信息，它是信号传递原则的一种运用。比如，公司正面临着一项重大投资决策，该投资决策有多条实现路径，但必须从中择其一。此时，一个合理的方法是从经营特征或财务特征相类似的比照公司中寻找答案，参考它们当前的做法，或者模仿你认为最好的那些比照公司的做法。

在现实经济中，行为原则被典型地运用于两类情况。第一，在某些情况下，理论不能为实践提供一个明确的解决方法，如目标公司选择股利政策时所面临的困惑。第二，尽管理论能够提供明确的解决方法，但是收集必要信息的成本超过了潜在的利益时，如目标公司进行股票定价时的左右为难。应对上述两类情况的做法是，选择一个或一组经营特征和财务特征相似的比照公司，以比照公司股利政策和股票价格作为目标公司实施股利政策和股票定价的参考。

值得一提的是，行为原则是一个次优原则。它的最好结果就是得出与比照公司近似的结论，最糟糕的情况是模仿或复制了比照公司的错误。

在许多竞争的环境中，行为原则会引发跟风。这类情形屡见不鲜。比如，一个行业"领头羊"花巨资获得了一个最佳的行动方案，而跟风者随后仅仅通过模仿就可以获得支出上的好处。

---

① 不严格地说，如果提供的是一个负面的信号，逆向选择就会发生。

二、价值和经济效率原则

(一) 有价值的创意①原则

有价值的创意原则是指新创意能够获得意外和额外的报酬,它具有唯一性和排他性。大多数有价值的创意出现在实物资产市场上,实物资产比金融资产更具有唯一性和排他性。重复别人过去或者别人已有的做法,最多只能取得平均的收益率,维持而不是增加股东财富。

新创意迟早会被别人效仿,只有不断创新,不断维持产品的差异化,才能营造更多的短期优势,从而不断增加股东财富。因此,创造和保持产品差异化的公司,其产品溢价一旦超过了为产品的独特性而附加的成本,就能获得超额利润。比如,可口可乐公司拥有生产可乐的特殊配方(即专有技术),它是唯一能生产该特殊产品的公司而深受消费者追捧,由此产生了消费者更多的重复购买。

新创意也可以在改善商业实践或营销方面起到重要作用。比如,B2C 电子商务销售模式产生的巨大交易量。

(二) 期权原则

期权原则是指不附带义务的权利,也就是说,期权持有人能够要求期权出售者履行期权合同上载明的交易,但期权出售者不能要求期权持有人去做任何事情。在公司金融中,一个明确的期权合约经常是指按照约定价格买卖一项资产的权利。

按照期权原则的基本逻辑,对期权持有者而言,期权不会产生负价值,因为持有者只有在对己有利的情况下行权。如果期权交易永远不会产生正价值的话,期权可能毫无意义。

期权是广泛存在的,许多资产都存在隐含或"嵌入"的期权②,只是它们常常不易被察觉而已。按标的资产分类,期权有金融期权和实物期权两类。

期权是有经济价值的,但是,金融期权价值的计量过程复杂,实物期权价值估价尤甚。不可否认,期权原则丰富了资产估价、投资决策、融资决策的理念和手段。

(三) 净增效益原则

净增效益原则是指财务决策建立在净增效益的基础上,一项决策的价值取决于它和替代方案相比所增加的净收益。

在许多决策中,净增效益表现为净现金流量,净现金流量是指公司实施一项金融决策后的预期现金流入量减去为实施这项决策所发生的现金流出量之差。我们可以根据净增效益原则来判断决策的优劣。比如,某公司原来不做广告时的年现金净流入为 2 000 万元,做了广告后的年现金净流入为 3 000 万元(设已扣除广告支出),那么,做广告后的现金净流入量大于不做广告时的现金净流入量,因此,做广告是个好主意。

净增效益原则认为,沉没成本(sunk cost)是已发生且不会被以后决策改变的成本,因此,公司当下以及未来决策都与净增效益有关,但与沉没成本无关。然而,当决策者面临数

---

① 创意可以转化为自己"额外的价值"。
② 这种期权不仅包括金融期权,还包括实物期权(real option)。

额巨大的沉没成本时,这一原则难以被接受和运用。正确的做法是:一方面,他们应该将其持有的已确认无法全部收回投资额的资产或项目通过折价方式变现,尽可能减少损失;另一方面,不放过转瞬即逝的优质投资机会。若还沉浸在沉没成本的得失之中,那么,其所付出的代价是继续承受高昂的机会成本。

三、公司金融交易原则

(一) 风险收益均衡原则

风险收益均衡原则是指在获得巨大收益的同时,必须为此承受可能出现的巨大不确定性的风险。风险和收益具有对称性。如果决策者不敢面对风险,就不能期望得到高收益。

根据前文提及的自利行为原则的运作思路:在一项公司交易中,我们假定当其他一切条件相同时,人们倾向于高报酬和低风险。这种偏好实际上包含有"风险厌恶",即风险是有害的,交易者要求为承担风险获得相应的补偿。人们进行决策时通常对风险表现出反感,但是,几乎所有的决策均存在风险。如果人们倾向于高报酬和低风险,而且他们都在按照自利原则行事,那么,竞争的结果就产生了风险收益均衡。竞争迫使人们在他们的投资报酬和风险之间进行权衡,为了获得高报酬,你必须冒更大的风险。

(二) 资本市场效率原则

资本市场效率原则是指交易的金融资产价格反映了所有的可获得的信息,而且面对新信息完全能迅速地做出调整。在一个证券市场中,如果证券价格完全反映了所有可获得的信息,并且面对"新"信息能完全迅速地做出调整,那么,这样的市场就是有效率的。根据有关信息融入证券价格的速度和完全程度,尤金·法玛(Eugene Fama)作了三种有效市场的定义:弱式、半强式和强式。

运转良好的资本市场使交易成本降低,买卖金融资产往往比买卖实物资产更容易、快捷和便宜。除了提供便宜、便捷和高变现能力外,资本市场的深度和广度是难以想象的。当影响一项金融资产价值的原因出现时,众多投资者会密切关注,他们可能在几分钟甚至几秒钟内出手买卖该金融资产。这也就是为什么交易成本和操作效率在决定信息效率[①]的程度中起重要作用。交易成本越低,交易障碍越小,市场参与者对新信息的反应就越快,金融资产的价格调整也就越迅速。

在一个没有交易障碍的有效市场中,除非在非均衡时期会出现暂时性的差异,在市场中的任何地方,同等风险资产的价格均相同。在这样的市场环境中,如果存在价格差异,交易者将会马上进行套利。套利是一种同时买卖一项资产的行为,当售价高于买价时,这种差异就提供了一项无风险利润。套利力量很强大,很快将实现无套利均衡。

资本市场效率原则是最容易被接受的,但是,它也是所有原则中最不易被理解的。

(三) 商业道德原则

商业道德原则是指在商业活动中应遵循的行为准则和规范。任何公司都存在诸多利益

---

① 此处的信息效率专指价格完全反映新信息的速度和准确性。

相关者,比如,股东、管理者、债权人、客户、供应商、员工等。由于利益相关者之间的关系复杂,存在多重代理问题,因此,需明确利益相关者的行为准则,要求每个利益相关者均必须持诚实、公正的态度。

根据商业道德原则最基本的要求,公司利益相关者必须完全遵守规范和规定。否则,将会受到严惩,包括来自规章制定机构的罚款或法庭判决的监禁。然而,公司承受的财务后果常远远超过这些惩罚。

尽管在人们眼中,商业从一开始就存在腐败和不道德,正所谓"无商不奸",但是,高标准的行为准则对公司的生存和盈利是极为重要的。可以说,行为准则在商业中的地位比社会其他部门都高。理由有:第一,遵守行为准则可以避免罚款和承受法律费用;第二,有助于与客户建立起相互信任的营销关系;第三,有助于保持高质量的雇佣关系;第四,有助于公司树立在公众中的形象;第五,一个好的声誉和品牌可以增进公司与投资者的联系。

(四) 分散化原则

分散化原则最基本的内涵就是"不将所有的鸡蛋放在一个篮子里"。在经济生活中,广泛意义上的分布投资具有分散化效应。明智的投资者不会将其所有的财富都投资在同一个公司或项目上,他们通过组合投资来规避风险。由于所有公司均倒闭或所有项目均失败的可能性很小,因此,分散化原则能够使投资者避免失去全部投资。

分散化原则具有普遍性,既适用于股票和债券投资,也适用于公司其他决策。对公司而言,但凡有风险的事项或活动,都要遵循分散化原则,以降低风险。然而,分散化效应是有限的,它只能减少或消除非系统性风险,但无法消除系统性风险。

第五节 公司金融的理论脉络[①]

公司金融实践历史悠远,但是,公司金融理论较晚才出现。自20世纪30年代费雪的"完美资本市场下的储蓄和投资"理论诞生后,公司金融理论的发展开始提速。一方面,我们得以运用这些理论对公司金融行为的逻辑及其后果进行解读;另一方面,我们可以借助这些理论来评价和判断公司投融资决策、营运资本管理的合理性。

一、投资组合理论

投资组合理论是指,若干种证券组成的投资组合,其收益是这些证券收益的加权平均数,但是其风险小于这些证券风险的加权平均风险,理由是投资组合具有风险分散效应,能降低非系统性风险。投资组合理论由马柯维茨(H. Markowitz)于1952年提出。该理论的主要内容有三点。

第一,投资者选择充分多元化投资组合的原因。投资者是厌恶风险的投资者,厌恶风险的人回避任何不必要的风险,例如某种股票的非系统性风险。分散风险是合理投资组合设计的核心。

[①] 由于这部分内容与《投资学》有交叉,因此,建议尚未修读《投资学》的读者暂时跳过这部分内容。

第二，资产组合的选择原则。投资组合的选择原则是：在一定风险下收益最大或者在一定收益下风险最小。据此可以得到资产组合的有效集合，这个集合也称为资产组合的有效集。一旦确定了有效集之后，在不考虑投资者风险耐受程度的前提下，投资者就可以在这个有效集上选出更适合自己的资产组合。

第三，资产组合分散风险的效果。当增加投资组合中的资产数量时，投资组合风险（用组合方差表示）将不断下降。当投资组合中资产数量趋于无穷大时，非系统性风险对投资组合的影响变得很弱，只剩下系统性风险。

投资组合理论为价值评估中的贴现率估算提供了理论基础，也是资本资产定价模型（CAPM）的理论原点。由于我们能够从该理论中看到"无套利均衡分析法"（即现代金融学的分析方法）的雏形，因此，该理论被誉为现代微观金融学的发端之一。

二、资本资产定价模型

资本资产定价模型是在投资组合理论和资本市场理论基础上形成发展起来的，主要研究证券市场中资产的期望收益率与风险之间的关系，以及均衡价格是如何形成的。资本资产定价理论首先由夏普（William F. Sharp）于1964年提出。

首先，夏普引入无风险资产。他假设投资者可以按照无风险利率借入或贷出资金，于是，形成了有别于马柯维茨投资组合的新的投资组合，该组合由无风险资产和风险资产组合构成。这个新投资组合的有效集就变成了衡量风险和收益的斜线，即资本市场线。若投资者的投资组合位于资本市场线的上方，表明市场存在套利机会，该组合未实现资源最优配置；若投资者的投资组合位于资本市场线的下方，表明该组合没有实现最优化。只有当投资者的投资组合位于资本市场线上时，投资者才实现最优投资，市场达到均衡。

其次，夏普提出了衡量单一证券期望收益率的模型。风险分散化消除了非系统性风险，但无法消除系统性风险。若投资者持有投资组合，那么，组合中某单一证券的不确定性会部分得到分散，因此，投资者不再关心该证券收益的方差，他感兴趣的是组合中该证券对组合方差的贡献和作用，或对投资价值变化的敏感度。该敏感度可以用贝塔系数刻画。夏普认为，在均衡条件下，组合中某单一证券的期望收益率应当与它和市场投资组合的期望收益的协方差（β）呈线性关系。单一证券期望收益率等于无风险利率（r_f）和该证券的风险溢酬 $[\beta_i(\bar{r}_M - r_f)]$。

资本资产定价模型为贴现率提供了一个分析框架。贴现率是资本的机会成本，也是同等风险项目下可接受的最大期望收益率。贴现率估计是价值评估的主要技术之一，资本资产定价理论最恰当地揭示了贴现率的构成和内涵。

三、资本结构理论

资本结构是指各种资本的构成和比例关系，这种比例关系会随着公司再融资而发生改变。资本结构是公司融资决策的核心问题，它有两个基本问题。

第一，资本结构是否与公司价值有关？能否通过改变负债和权益的比率来增加或减少该公司的市场价值？莫迪利亚尼（Modigliani）和米勒（Merton Miller）于1958年提出无税MM理论，该理论认为，在完善市场条件下，企业价值与公司盈利能力以及公司风险水平有关，但与融资决策没有关系。无税MM理论之后，资本结构理论逐渐成为公司金融领域中的核心内容之一。在逐步释放无税 MM 理论的假设条件之后,发现公司价值与融资决策有关,负债和权益比率的改变会从不同的角度影响公司价值。

第二,如果资本结构与公司价值有关,那么,是什么因素决定了负债和权益的最佳比率,进而影响公司的市场价值?可能的影响因素可以分成两大类:一是公司外部因素,比如税收、破产风险等;二是公司的内部因素,比如代理成本、管理者动机、信息等。

资本结构理论为公司的融资决策提供了理论依据,我们可以用资本结构理论来解释公司追求和坚守目标资本结构的原因。由于无套利均衡分析方法直接源自无税 MM 理论,因此,无税 MM 理论被誉为现代金融学的另一个发端。

四、有效资本市场假说

有效资本市场假说由尤金·法玛于 1970 年提出。他认为,若股价变动是可预测的,那么,市场是无效的。股价变动具有随机性,若定价是理性的,那么,股价变化是由新信息引起。金融市场的竞争性确保了股价应处于一个适当的水平,以反映现有信息。他从统计上对有效资本市场(ECM)进行了界定,即资本市场的有效性是指资本市场将有关信息融入证券价格的速度和完全程度,并根据信息融入价格的速度和程度作了三种有效市场的定义,即弱式、半强式、强式。也就是说,作了三种程度的定义。

尽管强式有效市场在现实中并不存在,但法玛的有效资本市场假说还是改变了人们对金融市场运作的看法。因为证券市场竞争激烈,证券价格能够反映所有相关的信息,市场价格值得相信。因此,投资者应当信任市场,无需担心他人因掌握更多信息而获得超额收益;上市公司发行新股时,无需担心其股票价格会因新股发行而被低估或高估。投资者可以赢得一时,但无法赢得一世。投资者之所以能够获得高收益,是因为其承受了高风险。

有效资本市场假说能够解释许多公司财务异象。比如,有效资本市场假说可以解释会计方法的变化是否影响公司股票价格。如果以下两个条件成立,会计方法的变化不应该影响股票价格。第一,年度财务报告提供了足够的信息,从而使得公司分析师能采用不同的会计方法测算盈利,知晓公司真实的盈利水平。第二,市场必须是半强式有效,市场必须恰当地使用所有会计信息来确定股票的市场价格。因此,公司会计师选择不同会计政策和方法的行为不应备受质疑。

五、股利政策理论

股利政策是关于公司是否发放股利、发放现金股利还是股票股利、高派现还是高送转,以及何时发放股利等方面的方针和策略,其本质是公司对其收益进行分配,即公司在留存和再投资之间进行权衡的策略问题。

1963 年,米勒和莫迪利亚尼首次基于无套利均衡分析方法提出了股利政策理论,该理论认为,在完善市场条件下,企业价值与获利能力和投资有关,与公司股利政策(即收益分配策略)无关。之后,主流股利政策研究的核心内容有两项。

第一,股利发放是否能够增加公司价值?在不完善的市场条件下,公司价值会受股利政策影响,比如,若个人所得税税率高于资本利得税税率,那么,提高现金股利发放力度对股东是不利的,这增加了股东的税负,使其税后财富缩水。

第二,如果股利政策影响公司价值,那么,股利政策由什么因素决定?传统上,税负是决定股利政策的重要因素,具体说来,个人所得税税率与资本利得税税率之间的税差、股东所处的税级等影响公司的股利政策偏好。随着新的经济学分析方法的引入,股利政策理论得到发展,并且也越来越具有现实解释功能。比如,可以用代理成本、信号等内部因素来解释公司股利政策以及对公司价值的影响路径。

在现实经济中,股利政策具体是指股利发放比例和发放方式。事实上,股利政策的拿捏非常困难。为什么股利政策是"黏性"的,即不易受当年盈利水平影响?为什么成长性公司常常实施低股利政策?为什么股利宣告会影响公司股价?为什么公司采用股票回购方式变相发放现金股利?所有这些问题都需要运用股利政策理论进行解释。

六、期权定价理论

期权定价理论的最大贡献者是布莱克(Fisher Black)和斯科尔斯(Myron S. Scholes),他们于1972年提出了布莱克—斯科尔斯模型。该模型提供了金融期权定价的简单方法,即只需考虑五个可观察变量,分别是期权的执行价格、基础(标的)资产价格、合约的剩余有效期、风险程度和无风险利率。1973年芝加哥期权交易委员会成立后,这一模型立即被投入使用,并经受了严格的市场检验。

1977年,迈尔斯(Stewart C. Myers)首次提出应该将期权引入实物投资决策,并用实物期权(real option)这个术语来区别金融期权。当公司在考虑投资项目时,它通常必须考虑在未来时期这些项目所带来的开发新市场或扩张旧市场的机会或灵活性。因此,实物期权嵌入在这些项目中。如果嵌入在项目中的实物期权属于扩张旧市场的机会,那么,该实物期权可观的价值将增加实施该项目的可能性。

期权定价理论解决了期权定价问题,它对公司的金融活动产生了深刻的影响。

第一,对项目投资而言,它改变了传统资本预算的价值观。投资项目的价值不仅要考虑传统的净现值,还应该考虑嵌入在项目上的实物期权的价值。如果实物期权价值足够大,那么,一些净现值为负值(传统观念认为没有投资价值)的项目将会变得炙手可热。

第二,对薪酬激励而言,它改变了传统激励的形式。在经营权和所有权两权分离条件下,为了保证管理者与股东的目标一致,将管理者的薪酬设计成工资、奖金和股票期权三部分,突出股票期权的激励作用。目前,几乎所有大公司都对高级管理人员采用以业绩为基础的股票期权激励合同。期权定价理论为股票期权激励机制的广泛实施提供了可能。

第三,对公司系统性风险而言,它增加了规避此类风险的选项。期权定价理论使公司选用恰当的期权合约来规避利率、汇率等金融风险成为可能。

七、代理成本理论

代理成本理论最早由詹森(Michael C. Jason)和麦克林(William Meckling)于1976年提出。他们认为,股票融资会产生代理成本,这类代理成本源于股东与管理者之间的冲突。在经营权和所有权两权分离情况下,股东(委托人)聘用管理者(代理人)代为行使一些公司决策权。如果委托人和代理人都是效用最大化者,那么,代理人不会一味地根据委托人的最大利益行事。为了制止代理人的行为偏差,委托人必须付出高工资、奖金等现金性资源(监督成本)来纠正代理人的行为,或者付给代理人一定的消费资源(约束成本)使代理人的目标与委托人一致。此外,代理人的决策与最大化委托人福利的决策之间存在分歧,这种分歧会导致代理人不愿承担风险,不愿积极搜寻好项目,致使委托人福利减少,即发生"剩余损失"。

詹森和麦克林还发现,公司引入债务融资之后,债务融资可以抑制管理者寻求私利的动机,有助于降低普通股融资所产生的代理成本。理由是,债务融资具有还本付息这一硬约束的特质,为此,管理者在举债后不敢懈怠。但是,债务融资引发了另外一类代理问题,即股东与债权人的冲突,由此产生另一种代理成本。为避免被股东转移财富,债权人会通过债务契约的方式来保全债权,股东的行为将受到一定范围和不同程度的约束。

该理论在股利政策、公司控制权之争、股票期权激励等方面具有极强的解释力。比如,为什么拥有超额现金留存的公司不易被收购?合理的解读为:为了防止因失去对公司的控制权而使其私人利益受损,公司管理者可以使用超额现金留存布防反收购。再比如,为什么公司会实施高派现?该理论给出的解读是留存收益被视为管理者的"免费午餐",高派现可以降低留存收益,进而减少管理者侵占留存收益的动机和可能。

八、信号理论

在信息不对称条件下,公司的高级职员、董事等内部人比外部投资者(外部人)了解更多的有关公司经营状况、发展前景等信息。处于信息弱势地位的外部投资者对所有公司的股价做出平均且较低的评价。因此,业绩良好的公司("好"公司)希望能向外部投资者证实,公司拥有良好的前景,其公司价值应当得到更高评价。可取的方法是"好"公司向外部投资者传递信号。比如,提高债务融资比例是一种有效的、积极的信号,向外界传递了公司有良好未来预期的信息。

1977年,斯蒂芬·罗斯(Stephen A. Ross)提出了基于资本结构的信号理论。罗斯认为,公司可以通过调整杠杆水平向外部传递信号,高杠杆意味着公司未来预期良好,低杠杆则传递出相反的信息。为了防止这种方式被业绩差的公司("坏"公司)模仿,信号是否有用必须符合如下检验:向投资者传递信号对公司来说代价昂贵,昂贵的代价迫使"坏"公司无法效仿。如果不是为了向投资者传递正确信息,公司不会采用这种信号传递方式。也就是说,传递信号本身被视作一种净现值为负的策略。

之后,其他信号理论相继出现,比如,基于股利政策的信号理论。该理论认为,高股利政策意味着公司拥有良好的未来预期,低股利政策则传递出相反的信息。值得注意的是,该信号理论对股利政策实践的解释有时会出现悖论。比如,迅速成长中的公司尽管拥有良好的未来预期,但它们往往因急需大量资金而少发甚至根本不派发现金股利。

九、现代公司控制理论

20世纪80年代,出现了一种"小鱼吃大鱼"式的全新并购方式,这种并购方式就是杠杆收购(leveraged buy-out,简称LBO)。伴随着以杠杆收购为特征的第四次并购浪潮,现代公司控制理论在此期间产生并逐步发展起来。

现代公司控制理论的代表人物是布拉德利(Michael Bradlley,1980)。他观察了目标公司(即被收购公司)被宣布收购后股价的变动情况,揭示了并购与公司价值之间的关系。他的研究发现,一旦收购要约(tender offer)发出后,目标公司的股价大约立刻上涨30%,然后维持该水平,直到收购结束或要约被取消。布拉德利给出的合理解释为:目标公司的管理水平低下,公司未达到最优化,股价被低估甚至严重低估,但目标公司的股东无力更换其无效率的管理者。收购公司对目标公司管理当局发动要约收购,主要目的是为了获得目标公司资产控制权和管理权。通过并购,目标公司无效率的管理者将被收购企业撤换,收购方将向目标公司移植其管理经验,实施有效的经营战略,提升目标公司的价值。

之后,现代控制权理论主要涉及如何运用并购市场(外部接管)解决目标公司代理成本、如何运用基于并购的信号理论来解释目标公司的价值发现等领域。

从公司金融的角度看,并购尤其是杠杆收购,它首先是一项复杂的投资。如何发掘价值被低估的目标公司是投资成功的关键,管理者效率低下、严重代理冲突等都是目标公司价值被低估的原因。同时,杠杆收购伴随着复杂的融资。如何利用权益资本、夹层债务、高级债务来为杠杆收购融资是重中之重。现代公司控制理论能够对公司的并购行为给出可能的解读,也能够为投资者是否进行并购以及如何进行并购提供基本的逻辑判断。

十、金融中介理论

金融中介理论有"旧论"和"新论"之分。"新论"始于20世纪60年代之后,运用信息经济学和交易成本经济学的最新成果,以降低金融交易成本为主线,对金融中介提供的各种服务进行了深入的分析,探讨了金融中介如何利用自身优势克服不对称信息、降低交易成本,从而以比市场更低的成本提供服务。

利兰(Hayne E. Leland)和派尔(David H. Pyle)是较早(1977年)描述金融中介信息优势的学者。他们认为,金融中介更具信息优势。比如,在长期的业务往来中,商业银行与公司管理当局建立了经常性联系,银行能够成为公司真正的内幕人,无需解决通过资本市场公开发行证券进行融资所产生的信息不对称问题。正是源于上述竞争优势,商业银行垄断着除美国[源于遭人诟病的公共政策,即1927年《麦克法登法案》(McFadden Act)禁止银行跨州开展业务、1933年《葛斯法案》(Glass-Steagall Act)禁止混业经营]之外几乎全部发达国家和发展中国家的公司融资。在中小规模融资上,商业银行比资本市场更具竞争力。在大规模融资上,银团贷款等方式的开展和发展,也为商业银行既简便又迅速地筹措大量资金提供了可能。

乔治·本森(Benston George,1976)和尤金·法玛(Fama,1980)是较早描述金融交易成本的学者。他们认为,金融中介存在的理由在于交易成本优势,金融中介降低交易成本的主要方法是利用规模经济和范围经济。若存在与任何金融资产交易相关的固定交易成本,那么,和直接融资情况下借贷双方一对一的交易相比,通过金融中介的交易就可以利用规模经济降低交易成本。事实上,商业银行能够低成本积聚资金,提供各类贷款,提供广泛的其他金融服务。与通过商业银行或其他金融中介融资相比较,直接从资本市场筹集公司日常资金的成本高得多。

本章小结

公司金融与投资学等金融学其他分支学科遵循共同的基本概念和方法,这些基本概念和方法构建了金融经济学。就研究对象而言,实现股东财富最大化目标条件下的投资决策、融资决策和营运资本管理组成了公司金融的基本内容。

个体业主制(sole proprietorship)、合伙制(partnership)和公司制(corporation)是三种基本的企业合法形式,其中公司制企业(俗称公司)是公司金融的研究主体。

公司金融的内容包括公司如何进行流动资产管理、如何进行长期资产投资、公司短期融资如何有效组合、如何进行融资方式和融资结构选择。这些公司金融行为和决策基于一定的公司金融原则。

公司的金融行为和决策基于一系列原则,这些原则建立在逻辑推理和观察试验的基础上。尽管它们不是在所有环境中均能使用的原则,然而,它们却是所有公司金融决策的实践者都能接受的原则。

公司金融实践历史悠远,公司金融活动都能找到相应的公司金融理论依据。自20世纪30年代费雪的"完美资本市场下的储蓄和投资"理论诞生后,公司金融理论得到了很好的发展,20世纪50年代至70年代尤甚。

关键词

个体业主制企业、合伙制企业、公司制企业、投资决策、融资决策、营运资本、价值创造、财务目标、代理冲突、自利行为原则、双方交易原则、信号传递原则、行为原则、有价值创意原则、期权原则、净增效益原则、风险收益均衡原则、资本市场效率原则、商业道德原则、分散化原则

习 题

1. 大公司选择公司这一企业组织形式的主要理由有哪些?
2. 公司有哪些重要的活动或行为?
3. 公司的哪些活动或行为可以在金融市场上进行?
4. 请举例说明公司的价值创造过程。
5. 现金流量与利润(或收入)存在哪些主要区别?
6. 公司的财务目标是什么?
7. 公司存在哪些代理冲突?并据此说明公司制企业的主要缺陷。
8. 公司管理者应该为公司股东的利益而非其个人利益来制定决策,但往往事与愿违。你认为,公司股东应该采取什么策略来确保和激励管理者按股东意愿行事?
9. 公司在进行财务决策时不考虑沉没成本,这主要体现了公司金融原则中的哪一条?
10. 张三是一家公司的CEO,正打算收购一家公司,但目标公司出价过高。考虑到收购后,公司的规模和声望将大幅提升,张三也将成为一家大公司的CEO,个人收益和地位也将大幅提高。因此,张三最终决定启动收购程序。你认为,该公司引发了怎样的代理冲突?
11. "股价可以综合反映公司的业绩""投资者只能获得与投资风险相称的报酬",这样的表述可以用公司金融理论中的哪个理论来解释?
12. 恶意收购是指收购者以获取被收购公司(目标公司)控制权为目的的一种收购行为。

你认为,对被收购公司或其股东而言,恶意收购是否一无是处?

13. 如果你想了解一家公司,那么,你觉得公司的哪些特质(比如所属行业、主要产品和服务、竞争优势、管理者和股东、融资便利性、内部控制等)是无法回避的?

重要文献

1. Copeland, Thomas E. and J. Fred Weston. *Financial Theory and Corporate Policy* (3rd Edition)[M]. Reading, Massachusetts：Addison-Wesley Publishing Company, 1988.

2. Stephen, Ross A., Randolph W. Westerfield and Bradford D. Jordon. *Fundamentals of Corporate Finance* (7th Edition)[M]. Boston：Irwin-McGraw-Hill, 2004.

3. 理查德·布雷利,斯图尔特·迈尔斯.公司财务原理(第6版)[M].北京：McGraw-Hill Irwin,机械工业出版社,2002.

4. 道格拉斯·爱默瑞等.公司财务管理[M].荆新等译.北京：中国人民大学出版社,2000.

第二章
现值和价值评估原理

【学习要点】

1. 现值和贴现率的含义。
2. 未来现金流的形态和现值计算方法。
3. 资产价值与资产未来存续期内现金流之间的关系。
4. 净现值法则。
5. 贴现率的内涵以及困惑。

按"股东至上"理念，公司的所有活动都要为股东创造价值。比如，投资决策就是选择价值超过成本的资产的过程，显然，投资决策的关键在于对拟投资资产进行估值。因此，价值评估是公司金融的核心内容。在金融学中，所谓资产价值就是其未来存续期内所能产生的现金流量的贴现值（也称现值），也就是说，价值评估的过程就是将资产在未来存续期内所产生的现金流"还原"或"贴现"的过程。在本章中，我们在介绍现值、贴现与净现值（net present value，简称 NPV）等基本概念和计算方法之后，以债券与股票为对象，介绍其估值的基本原理。

第一节 现值与贴现率

在对资产进行价值评估中，对资产未来存续期内现金流还原的过程被称为贴现（discounting），而将未来时点上的现金流（终值）还原至当前时点上的价值称为现值（present value），表示是现在的价值。那么，为什么必须用现值衡量资产价值呢？

一、终值与现值

（一）终值

终值（future value，简称 FV）是指在未来时点上现金流的价值，也称未来值、将来值或本利之和。比如，张先生现存入银行 1 万元，1 年期，设 1 年期存款年利率为 3%，那么，1 年后的本金和利息之和（1.03 万元）就是该存款的终值。也就是说，终值是当前时刻的现金流 CF_0，按照期望收益率 $\bar{r}_t$ 进行投资后，在未来 t 时点上所具有的价值。根据这一定义，终值 $FV(CF_0)$ 可用下式表示：

$$FV(CF_0) = CF_0 \times (1+\bar{r}_t)^t \qquad (2-1)$$

式（2-1）中，$(1+\bar{r}_t)^t$ 是终值因子（future value factor）。

例 2-1 崇德公司决定将一笔富余现金（超过正常经营需要的现金）存入银行，共计

1 000万元,存期1年,1年期存款利率为3%。

根据式(2-1)计算,崇德公司1年后可获得1 030万元,该1 030万元就是当前1 000万元1年后的终值,包括存款本金1 000万元以及一年期利息收入30万元。也就是说,1年后的1 030万元(终值)和当前的1 000万元(现值)是等价的。

可见,未来现金流入和流出都是终值。然而,未来不同时刻的终值没有可比性,也不具有可加性。为此,需要将其还原为当前时刻的价值(即现值)。

(二) 现值

现值(present value,简称PV)是指未来时点上产生的现金流在当前时点上的价值,或是指对未来现金流量以恰当的贴现率进行贴现后的价值。在上文中,张先生存款1年后1.03万元的现值就是1万元。设在未来t时点上的现金流为CF_t[即$FV(CF_0)$],那么其现值$PV(CF_t)$(即CF_0)可根据式(2-1)转换而来:

$$PV(CF_t) = CF_0 = \frac{FV(CF_0)}{(1+\overline{r_t})^t} = \frac{CF_t}{(1+\overline{r_t})^t} \tag{2-2}$$

式(2-2)中,$\overline{r_t}$表示对应于未来t时点的贴现率(discount rate),$\frac{1}{(1+\overline{r_t})^t}$是贴现因子(present value factor)。为便于讨论,我们设$\overline{r_t}=r$,r可以理解为平均贴现率。

例2-2 崇德公司预期1年后从银行获得1 030万元现金,设1年期存款利率为3%,为此,公司现在需存入多少现金?

显然,一年后的1 030万元是终值,其中包含了一年利息收入,因此,将1 030万元中的利息剔除之后,便是公司目前需存入的现金数(即现值)。根据式(2-2)计算,崇德公司当前需存入1 000万元。这1 000万元就是1 030万元的现值,它们是等价的。

(三) 终值和现值的关系式

在公司金融学中,有两条基本原则。一是今天的1元钱比明天的1元钱值钱;二是无风险的1元钱比有风险的1元钱值钱。因此,终值和现值之间关系可以表示为:

$$终值 = 现值 + 时间价值 + 风险溢酬 \tag{2-3}$$

式(2-3)中,时间价值是指无风险的条件下由时间的流逝带来的收益,也可以理解为对投资者递延消费(即放弃现时消费)的补偿,风险溢酬是指资本在承担风险时要求的投资回报,也可以理解为对承担风险的补偿。

将式(2-3)变换后,得式(2-4):

$$现值 = 终值 - 时间价值 - 风险溢酬 \tag{2-4}$$

由式(2-4)可知,贴现的过程就是将终值中所含有的时间价值和风险溢酬剔除的过程。

例2-3 设1年期国债为零息债券,面值为100元/张,不考虑交易成本,国债投资者的年期望收益率为3%。

对债券投资者而言,1年后可以获得100元,100元的面值就是终值。由于国债通常被视为无风险资产,因此,国债终值由现值和时间价值两部分构成(如果该债券为有风险的零息公司债券,那么,该债券的面值由现值、时间价值和风险溢酬三部分组成)。剔除时间价值之后,该国债的现值约等于97.1元≈100/(1+3%)。在这个例子中,现值97.1元和终值100元是等价的。

(四) 一个有用的结论

若有A、B两种国债:A是期限为1年的国债,面值为100元/张,零息债券,期望收益率为3%;B是期限为2年的国债,面值100元/张,零息债券,期望收益率为3%。对投资者来说,虽然两种国债的终值都是100元,但它们的价值是不同的。理由是A国债的终值中只含有1年的时间价值,而B国债的终值中含有两年的时间价值,在期望收益率相同的情况下,A国债的现值$[97.1≈100/(1+3\%)]$大于B国债的现值$[94.3≈100/(1+3\%)^2]$。至此,我们就能理解用现值而非终值衡量资产价值的理由了。终值中含有时间价值和风险价值,并且,不同时刻终值中所含的时间价值和风险价值不同。因此,若使用终值衡量资产价值,投资者无法比较各种资产的价值,而现值能够使各种资产的价值具有可比性。

案例 2-1

负利率背景下的终值和现值

负利率概念由德国经济学家西尔沃·格塞尔(Silvio Gesell)在100年前提出。他认为,在经济危机期间,出于避险需要,人们会主动囤积现金,但这将导致信用收缩,经济下行压力陡增。凯恩斯据此做了进一步说明,认为消费的减少会导致流动性陷阱,因此,需要实施负利率对现金征税,刺激投资和消费,减少对经济产生的不利影响。

所谓"实施负利率对现金征税",就是指你把钱存银行,银行不但不给你利息,还要扣一部分钱。你倒贴的这部分钱,就相当于凯恩斯所说的"现金税"。

事实上,负利率分为两种,一种是投资理财产品的负收益率,比如名义利率(平均收益率)小于通胀率时,那么实际利率为负;另一种是货币当局实行负利率政策,直接将基准利率设为负值,以刺激经济。一般来说,负利率的出现往往在经济危机爆发后。比如日本在2008年金融危机后,为了防止通缩,于2016年开始实施负利率。

一旦实施负利率,可能会颠覆人们对"终值"和"现值"的理解。于是,大家就会想一个问题:今天的1元钱是否比明天的1元钱更值钱呢?比如,设1年期存款利率为-1%,若某储户一笔1年期存款到期时的终值为10 000元。

问:这笔存款的现值为多少?在负利率时代,终值是否一定大于现值?

二、贴现率

(一) 定义

贴现率是计算现值的重要变量。从经济含义上讲,贴现率由资本在资本市场上的机会成本决定。该机会成本是指投资者在无套利的资本市场中,在同等的投资风险条件下可以获得的最大期望收益率。

例 2-4 崇德公司拟投资 D 公司债券,投资额为 100 万元,假如投资期为 1 年(为便于理解,仅以单期为例)。假如 1 年后,该投资机会的现金流入预计为 120 万元。

为了评价该项债券投资的价值,需对 1 年后的预期现金流入 120 万元进行贴现,那么,这个投资机会的贴现率为多少呢?

在资本市场尤其是运转良好的资本市场上,存在许多与该投资机会具有同等风险的金融资产,只是不易识别而已。假设资本市场上存在三只与 D 公司债券风险相等的公司债券。它们的期望收益率见表 2-1。

表 2-1 同风险公司债券的期望收益率

公司债券名称	期望收益率
A 公司债券	11%
B 公司债券	12%
C 公司债券	9%

由表 2-1 可知,崇德公司投资 D 公司债券的期望收益率不应低于 12%,否则,崇德公司会改投 B 公司债券。显然,12% 是同等风险条件下可以获得的最大期望收益率,是崇德公司投资 D 公司债券的最大的机会成本,因此,崇德公司应该选取 B 公司债券的期望收益率作为贴现率。根据式(2-2),可以求得崇德公司投资 D 公司债券的现值,即

$$120/(1+12\%)=107.1(万元)$$

D 公司债券的价值为 107.1 万元,超过了投资额 100 万元,因此,这是一项划算的投资。

(二)贴现率的构成

贴现率通常由两个要素构成,即资本的时间价值(time value)和资本的风险溢酬(risk premium)。

$$贴现率＝时间价值＋风险溢酬 \tag{2-5}$$

时间价值是无风险的条件下由时间的流逝带来的收益,也可以理解为对投资者递延消费的补偿,体现的是今天的 1 元钱比明天的 1 元钱更有价值的基本原则。比如,国债是无风险债券,它的期望收益率就是国债利率,仅仅体现时间价值。

风险溢酬是资本在承担风险时要求的投资回报,也可以理解为对承担风险的补偿,体现的是无风险的 1 元钱比有风险的 1 元钱更有价值的基本原则。比如,公司债券是有风险债券,因此,债券利率会高于同期国债利率,高出部分可以理解为风险溢酬。

用公式表示是:

$$r_t = r_{f,t} + (r_t - r_{f,t}) \tag{2-6}$$

式(2-6)中,r_t 表示对应于未来 t 时点的贴现率,$r_{f,t}$ 表示对应于未来 t 时点的无风险收益率,$r_t - r_{f,t}$ 表示对应于未来 t 时点的风险溢酬回报率[①]。

我们知道,利率是一种跨期转换率,它能将今天的钱转换成明天的钱。事实上,贴现率

---

① 朱叶,王伟.公司财务学[M].上海:上海人民出版社,2003:19.

也是一种跨期转换率,它能够将一个时点的现金流转换成另一个时点的现金流,告诉我们未来的现金流在今天的市场价值。

虽然我们可以根据定义去选择贴现率,但是,这个选择过程非常不易。因此,我们需要借助其他方法来求解合适的贴现率。有关贴现率的计算方法,将在第三章和第四章进行讨论。为便于讨论,我们暂将贴现率假定为给定的或已知的。

三、净现值

(一) 净现值测度

投资者可以通过贴现对目标投资项目的价值进行评估,然后,与初始投资额进行比较,其差额就是净现值(net present value,简称为NPV)。从严格定义看,净现值是目标项目在未来存续期内所产生的现金流入现值与现金流出现值的差量,该差量表示目标投资项目预计能够为公司带来多少新增价值。在完美市场条件下,若NPV预计为1 000万元,则说明目标投资项目可以为公司新增1 000万元的价值。当现金流入现值的总和等于或超过期初的资本投入时,表明目标项目可以收回期初的投资以及相关的资本成本,是一个净现值为正值的好项目,应该予以实施。反之,则是一个净现值为负值的坏项目,应该放弃。

例2-5 崇德公司某项目的初始投资10万元,第一年年末现金收入11万元,假如该项目有效期为1年,贴现率为7.8%。

我们首先可以评估该目标项目的价值,即

$$目标项目的价值(PV)=11/(1+7.8\%)=10.2(万元)$$

扣除目标项目初始投资额,我们可以得到该目标项目的净现值(NPV),即

$$目标项目的 NPV=10.2-10=0.2(万元)$$

显然,目标项目的净现值为正值,意味着该投资机会的价值比成本高0.2万元。该投资机会能够为投资者带来财富增值,是一个值得投资的"好"项目,应该接受。

因此,投资者在进行投资决策时,应该选择净现值最高的项目。假设市场是完美的,投资者选择这样的项目相当于当下就能够获得与目标项目净现值相等的财富。

(二) 为什么股东均愿意接受NPV法则?

在现实经济中,公司股东众多,有年轻和年老之分,也有财务投资者和战略投资者之别等。那么,为什么公司股东会无一例外地接受净现值法则呢?即接受NPV大于零的项目,摒弃NPV小于零的项目?

承例2-5,崇德公司在进行项目投资前,至少有两种可供选择的策略。

策略一:将10万元全部以股利形式回馈股东。

策略二:将10万元进行项目投资,1年以后,再将11万元的现金性收入以股利形式回馈股东。

如果公司股东选择策略一,那么,他们有两种处置10万元现金股利的方式。

第一,满足现时消费,即不进行投资,直接消费10万元。

第二,将10万元自行投资(设股东投资收益率为7.8%,可以获得的同等风险的最高期

望收益率也是 7.8%)。

如果公司股东选择策略二,那么,情况会有什么不同呢?

从满足股东当下消费看,由于 1 年后有 11 万元的收入预期,因此,根据策略二,如果 1 年期银行贷款利率为 6%,那么,股东可以基于 1 年后 11 万元的收入预期向银行借款 10.37 万元[10.38=11/(1+6%)]。与策略一相比,股东当前可多消费 0.37 万元。

从未来收入预期看,公司将 10 万元进行投资,1 年后可以获得 11 万元的收入,超过股东自行投资收入,它是一个净现值大于零的好项目,公司股价或价值将会提升。相比于策略一,既可以满足部分股东当下更多的消费,又可以使公司获得更大的回报。

可见,股东会无一例外地接受 NPV 大于零的策略二。事实上,只要存在运转良好的金融市场,股东都会接受 NPV 大于零的项目,接受同等风险且 NPV 最大的项目。一方面,股东的财富能够实现最大化;另一方面,股东还能够获得更多的当前消费。

第二节 现金流形态和现值计算方法

公司的金融活动所产生的现金流大多是跨期的,因此,在进行现值计算前,我们必须了解预计现金流的形态。年金和非年金是两种主要的未来现金流形态,年金是指每隔相等的时间流入或流出相等的现金流量,非年金是指在时间和数量上没有规律的现金流量。针对不同形态的现金流,我们可选择匹配的方法计算现值。

一、多期复利现值

我们在上一节介绍了现值的概念,并结合一些例子介绍了如何对单期现金流进行贴现。事实上,现金流大多是跨期的,且往往是以一组独立的现金流序列 $\{CF_1, CF_2, \cdots, CF_T\}$ 出现,因此,我们须将单期现值计算方法推广到多期的情况下。在对跨期现金流进行贴现时,不同之处在于,我们须剔除多期的时间价值和风险溢酬。

例 2-6 崇德公司预期 2 年后从银行获得 1 210 万元现金,设 2 年期存款利率为 10%(假如按复利计息),为此,公司现在需存入多少现金?

银行存款可视为无风险投资,两年后 1 210 万元的终值中仅包含了两年利息收入(时间价值),因此,使用公式(2-2),我们可以将 1 210 万元中的两年时间价值剔除之后,得到 1 210 万元对应的现值 1 000 万元 $[1\,000=1\,210/(1+10\%)^2]$,即公司目前需存入的金额。

根据价值可加性原理(value additivity),如果现金流之间是相互独立的,不存在相互关联的话,那么多期现金流的现值等于各期现金流现值之和。即

$$PV(CF_1, CF_2, \cdots, CF_T) = PV(CF_1) + PV(CF_2) + \cdots + PV(CF_T) \quad (2-7)$$

式(2-7)中,CF_1 表示第 1 期期末的现金流,CF_T 表示第 T 期期末的现金流。

式(2-7)也可以表示为

$$PV(CF_1, CF_2, \cdots, CF_T) = \sum_{t=1}^{T} \frac{CF_t}{(1+r_t)^t} \quad (2-8)$$

式(2-8)中,r_t 是对应于未来 t 时点的贴现率,T 表示资金投资所持续的时期数,CF_t 表

示 t 时期的现金流量。如果设 $r_t = r$，式(2-7)可改为

$$PV(CF_1, CF_2, \cdots, CF_T) = \sum_{t=1}^{T} \frac{CF_t}{(1+r)^t} \quad (2-9)$$

例 2-7 崇德公司投资一个目标项目，初始投资额为 1 000 万元，项目存续期为 5 年，每年年底的现金流入分别为 200 万元、300 万元、400 万元、500 万元、600 万元。设平均贴现率为 10%。该目标项目的价值有多大？

根据式(2-9)，分别对未来 5 年的现金流入进行贴现，相加后即可得到目标项目的价值。

$$PV = 200/(1+10\%) + 300/(1+10\%)^2 + 400/(1+10\%)^3$$
$$+ 500/(1+10\%)^4 + 600/(1+10\%)^5$$
$$= 1\,444.3(万元)$$

通过与目标项目的初始投资(1 000 万元)进行比较，我们可知这是一个净现值为正值的"好"项目。

二、年金现值

（一）永续年金现值

永续年金(perpetuity)是指一组没有止境的恒定的现金流，不仅每期现金流入或流出的金额是相等的，而且现金流入或流出无限持续。比如，汇丰银行在 2010 年发行了 34 亿美元的永续债券（也称金边债券），该债券承诺向投资者支付固定的收益，且没有到期日，该债券每年支付的固定收益就是一种永续年金。永续年金现金流可以表示为 $(C, C, \cdots, C, \cdots)$，其中 C 是每期期末现金流入或流出的金额。假如贴现率 $r_t = r$，则永续年金的现值公式为

$$PV = \sum_{t=1}^{\infty} \frac{C}{(1+r)^t} \quad (2-10)$$

当 t 趋于无穷大时，永续年金公式可简便地表示为

$$PV = \sum_{t=1}^{\infty} \frac{C}{(1+r)^t} = \frac{C}{r} \quad (2-11)$$

例 2-8 崇德公司对某一目标项目进行投资，初始投资 1 000 万元，该目标项目为永续经营，公司预计每年年底可以获得恒定的 200 万元现金流。设平均贴现率为 10%。

由于公司未来每年年底获得的 200 万元为年金，因此，在永续经营假设下，该目标项目的价值可用式(2-11)计算。即

$$PV = \frac{200}{10\%} = 2\,000(万元)$$

我们可以用一个简单例子来推导出公式(2-11)。假如某储户当前永久性地存入银行 1 000 元，存款年利率假设为 3%，每年支付利息。根据题意，该储户可以年复一年地在每年年末获得 30 元利息，于是，我们"自制"了一个 30 元的永续年金。我们知道，在无套利均衡条件下，在所有市场上，同样的商品必然具有同样的价格。否则，存在无风险套利机会，市场

力量很强大,会很快实现无套利均衡。由于银行愿意用 1 000 元的价格将 30 元永续年金"卖"给储户,那么,30 元永续年金的现值就是"自制"这一永续年金所发生的成本。据此,我们可以得到一般化的结论。假设储户存入银行的存款可以理解为向银行进行的投资(P),年利率为 r,那么,每年储户可赚取利息($C=r\times P$),将本金继续留在银行中,可以逐年获得利息 C。储户收到的永续年金 C 的现值就是存款的初始成本(价值) $P=C/r$。

(二) 永续增长年金现值

如果永续年金中每期期末的现金流不是等额的 C,而是在 C 的基础上以一个固定的增长率(g)匀速增长,而且这种增长趋势会永远持续下去的话,那么,此类永续年金称为永续增长年金(growing perpetuity)。永续增长年金现值公式为

$$PV=\sum_{t=1}^{\infty}\frac{C\times(1+g)^{t-1}}{(1+r)^t} \qquad (2-12)$$

式(2-12)中,g 表示每期增长率,r 表示适用的贴现率,C 为第一期期末所产生的现金流量。

当 t 趋于无穷大,且 r 大于 g 时,永续增长年金现值公式可以简便地表示为

$$PV=\frac{C}{r-g} \qquad (2-13)$$

例 2-9 承例 2-8,假设目标项目所产生的现金流可按 2% 的固定增长率增长。那么,该目标项目的价值可以根据式(2-13)计算。即

$$PV=\frac{200}{10\%-2\%}=2\,500(万元)$$

(三) 年金现值

年金(annuity)是指一组期限为 T 期的现金流序列,每期期末的现金流入或流出金额是相等的。年金现金流可以表示为 $(C,C,\cdots,C)$,显然,它不是一组无限持续的现金流。比如,赵女士向银行申请房贷,贷款 20 万元,期限为 10 年,贷款年利率为 6%,还款方式为每月等额还本付息。那么,她未来 10 年每月等额还本付息额度就是年金。如果贴现率 $r_t=r$,那么,年金的现值等于每期现金流 C 的现值之和,用公式表示为

$$PV=\sum_{t=1}^{T}\frac{C}{(1+r)^t} \qquad (2-14)$$

为便于计算,我们可以借助式(2-11)得到简便的算法。

将式(2-14)展开,得到式(2-15):

$$PV=\sum_{t=1}^{T}\frac{C}{(1+r)^t}=\sum_{t=1}^{\infty}\frac{C}{(1+r)^t}-\sum_{t=T+1}^{\infty}\frac{C}{(1+r)^t} \qquad (2-15)$$

由式(2-15)可知,年金现值可以看作是一组时刻 1 开始的永续年金现值与另一组从未来 $T+1$ 时刻开始的永续年金现值之间的差额。根据永续年金公式(2-11),年金现值等于

时刻 1 开始的永续年金现值 $\dfrac{C}{r}$，减去另外一组从未来 $T+1$ 时刻开始的永续年金现值 $\dfrac{1}{(1+r)^T} \times \dfrac{C}{r}$ 后的余额。于是，式(2-15)可以进一步扩展至式(2-16)。

$$PV = \dfrac{C}{r} - \dfrac{1}{(1+r)^T} \times \sum_{t=T+1}^{\infty} \dfrac{C}{(1+r)^t}$$

$$= \dfrac{C}{r} - \dfrac{1}{(1+r)^T} \times \dfrac{C}{r}$$

$$= C \times \dfrac{1}{r} \times \left[1 - \dfrac{1}{(1+r)^T}\right] \tag{2-16}$$

同理，我们可以计算年金终值，其计算过程为

$$FV = PV \times (1+r)^T$$

$$= C \times \dfrac{1}{r} \times \left[1 - \dfrac{1}{(1+r)^T}\right] \times (1+r)^T$$

$$= C \times \dfrac{1}{r} \times \left[(1+r)^T - 1\right] \tag{2-17}$$

例 2-10 承例 2-8，崇德公司对某一目标项目进行投资，初始投资 1 000 万元，该目标项目的存续期为 10 年，公司预计每年年底可以获得 200 万元现金流。设平均贴现率为 10%。

由于该项目的存续期为 10 年，属非永续经营项目，因此，我们可以使用式(2-16)计算其价值。即

$$PV = 200 \times \dfrac{1}{10\%} \times \left[1 - \dfrac{1}{(1+10\%)^{10}}\right] = 1\,229 \text{（万元）}$$

（四）增长年金现值

增长年金（growing annuity）与永续增长年金不同。增长年金的特点是，每期的现金流是在 C 的基础上以一个固定的增长率（g）匀速增长，但这种增长趋势不会永远持续下去。也就是说，增长年金是在一个有限时期（T）内以固定速度增长的一组现金流序列。其现值公式为

$$PV = \sum_{t=1}^{T} \dfrac{C \times (1+g)^{t-1}}{(1+r)^t} \tag{2-18}$$

增长年金现值可以看作是一组从时刻 1 开始的永续增长年金现值与另一组从未来 $T+1$ 时刻开始的永续增长年金现值之间的差额。因此，增长年金的现值等于时刻 1 开始的永续增长年金现值 $\dfrac{C}{r-g}$，减去另外一组从未来 $T+1$ 时刻开始的永续增长年金现值 $\dfrac{1}{(1+r)^T} \times \dfrac{C \times (1+g)^T}{r-g}$ 后的余额。于是，我们可以得到增长年金的简便公式：

$$PV = C \times \dfrac{1}{r-g} \times \left[1 - \dfrac{(1+g)^T}{(1+r)^T}\right] \tag{2-19}$$

增长年金在 T 期末的终值公式为

$$FV = C \times \frac{1}{r-g} \times \left[1 - \frac{(1+g)^T}{(1+r)^T}\right] \times (1+r)^T$$

$$= C \times \frac{1}{r-g} \times [(1+r)^T - (1+g)^T] \tag{2-20}$$

例 2-11 承例 2-8,崇德公司对某一目标项目进行投资,初始投资 1000 万元,该目标项目的存续期为 10 年,公司预计第一年年底可以获得 200 万元现金流,之后每年年底的现金流按 2% 固定增长率增长。设平均贴现率为 10%。

由于该项目为非永续经营项目,且未来现金流按 2% 固定增长率增长,因此,我们可以使用式(2-19)计算其价值:

$$PV = 200 \times \frac{1}{10\% - 2\%}\left[1 - \frac{(1+2\%)^{10}}{(1+10\%)^{10}}\right] = 1\,325(万元)$$

第三节 不同计息方式下的现值[①]

贴现率是投资者的期望收益率或要求收益率。收益率通常是一种"年度化"的收益率 (annualized rate of return),表示一年的投资可以获得的回报。收益率的表达方式有多种形式,既可以按是否"利滚利"分为单利收益率和复利收益率,也可以按期间长短分为 2 年期收益率、季度收益率、月度收益率,甚至日收益率。因此,相对于不同形式的收益率,贴现的方式和相应的现值将会不同。

一、单利和现值

单利计息法(simple interest)计算收益的依据是期初的期初投资 C_0。以存款为例,单利计息是指只对本金求利息,其隐含的假定条件是不将前期获得的利息转作新增存款,即不对投资期内产生的收益进行再投资。如果用 r_H 表示期间(T 年)的持有期收益率(holding period return),i 表示年度单利利率,则 T 年后终值为

$$FV = C_0 \times (1 + r_H) = C_0 \times (1 + T \times i) \tag{2-21}$$

例 2-12 某投资者投资一项资产,投资额为 100 元,在未来两年中,每年年底可产生 10.5 元投资收益,第 2 年年底,按 100 元收回初始投资。设该投资者不对第 1 年年底获得的投资收益进行再投资。

显然,该项投资两年期收益率以及单利利率分别为

$$r_H = \frac{10.5 + 10.5}{100} = 21\%$$

$$i = 21\%/2 = 10.5\%$$

[①] 朱叶,王伟.公司财务学[M].上海:上海人民出版社,2003:29-32.

第 2 年年底的终值为

$$FV = 100(1+21\%) = 100 + 2 \times 10.5\% = 121(元)$$

对于未来 T 时刻的现金流 CF_T，我们在贴现时，可以用持有期收益率 r_H 贴现，即

$$PV = \frac{CF_T}{1+r_H} \tag{2-22}$$

在单利计息方式下，如果用"年度化"收益率进行贴现，那么式(2-22)相应地变化为

$$PV = \frac{CF_T}{1+i \times T} \tag{2-23}$$

二、复利和现值

复利计息法(compound interest)的投资收益计算不仅依据期初投资 C_0，同时还要加上投资期内新产生的再投资收益。以存款为例，复利计息法是指除了对本金求利息，还要对前期获得的已转为新增存款的利息求利息，俗称"利滚利"。其隐含的假定条件是对投资期内产生的收益进行再投资。

如果用 r_H 表示期间（T 年）的持有期收益率(holding period return)，r 表示年度复利利率，则 T 年后终值为

$$FV = C_0 \times (1+r_H) = C_0 \times (1+r)^T \tag{2-24}$$

例 2-13 某投资者投资一项资产，投资额为 100 元，在未来两年中，每年年底可产生 10 元投资收益，第 2 年年底，按 100 元收回初始投资。设该投资者对第 1 年年底获得的投资收益按预期收益率 10% 进行再投资。

根据题意，该项投资两年期收益率以及复利利率分别为

$$r_H = \frac{10+10 \times 10\% + 10}{100} = 21\%$$

$$r = \sqrt[2]{1+21\%} - 1 = 10\%$$

第 2 年年底的终值为

$$FV = 100(1+21\%) = 100 \times (1+10\%)^2 = 121(元)$$

在复利计息方式下，如果用"年度化"收益率贴现，那么式(2-24)相应地变化为

$$PV = \frac{CF_T}{(1+r)^T} \tag{2-25}$$

三、单利利率和复利利率之间的关系

在终值一定的情形下，式(2-21)与式(2-24)相等，则有 $C_0 \times (1+r)^T = C_0 \times (1+T \times i)$，我们可以据此得到单利利率（$i$）和复利利率（$r$）的关系，即

$$r = \sqrt[T]{1+T \times i} - 1 \tag{2-26}$$

由式(2-26)可知,在终值一定的情形下,复利利率小于单利利率。因此,简单比较单利利率和复利利率的大小是没有意义的,切不可仅凭单利利率和复利利率的高低来区分投资价值的高下。

如果回看例2-12和例2-13,我们会发现,两种资产的终值都是121元。因此,例2-12中的年单利利率10.5%和例2-13中的年复利利率10%其实是等价的。在现实生活中,存款使用复利利率,而债券使用单利利率。

四、多频复利

在上文讨论复利现值时,我们仅讨论一年复利一次的情形。如果一年内出现多频复利的情形,情况会有什么不同呢?

以 T 年期存款为例,如果逐月复利(即每月复利一次)计息,设一年内计息期 N 为12,那么,T 年后存款本利总和为

$$FV = C_0 \times \left(1 + \frac{r}{12}\right)^{T \times 12} \tag{2-27}$$

如果逐日复利(即每天复利一次)计息,设一年内计息期 N 为365,有:

$$FV = C_0 \times \left(1 + \frac{r}{365}\right)^{T \times 365} \tag{2-28}$$

由式(2-27)和(2-28)可知,在多频复利时,选用的贴现率与期限必须匹配。比如,每月复利一次时,期限采用月度数,贴现率选用月利率。以此类推。

比较式(2-27)和(2-28),我们会发现:在年利率一定的情形下,既定存款(C_0)在某一期限内复利次数越多,该存款在 T 年后的终值(本利之和)越大,投资收益也越大。也就是说,一年复利多次的情形下,投资者的实际有效年利率高于一年仅复利一次的年利率。

如果按照复利方式计息,且一年内计息期有 N 期,那么未来 T 时刻现金流 CF_T 的现值为

$$PV = \frac{CF_T}{\left(1 + \frac{r}{N}\right)^{T \times N}} \tag{2-29}$$

显然,某一期限内复利次数(N)越多,未来 T 时刻既定现金流 CF_T 的现值越小。这意味着,为实现既定的目标,投资者只需付出较少的初始投资。比如,假定一年期存款利率为3%,一年复利一次,某储户预计1年后从银行获取10 000元,那么,他目前至少需存入9 708.7元[9 708.7=10 000/(1+3%)]。若半年复利一次,他目前仅需存入9 706.6元[9 706.6=10 000/(1+1.5%)^2]。显然,在多频复利情形下,储户可以少存入2元。

五、连续复利

当一年内计息期 $N \to \infty$ 时,表示每时每刻都在计息并进行复利,我们称此时的计息为连续复利计息(continuous compound interest),此时有

$$FV = C_0 \lim_{N \to \infty} \left(1 + \frac{r}{N}\right)^{T \times N} = C_0 \times e^{r \times T} \tag{2-30}$$

式(2-30)中，e 是自然对数的底数，T 年后的终值是 $C_0 \times e^{r \times T}$。

当 $N \to \infty$，则未来 T 时刻现金流的现值为

$$PV = CF_T \times e^{-r \times T} \tag{2-31}$$

在期权定价时会使用式(2-31)。在本书中，除非特别说明，我们在贴现时都是采用式(2-25)计算现值，表明投资者的期望收益率是按照逐年复利的方式计算。

第四节 公司债券定价原理

价值评估(valuation)是确定一项实物资产或金融资产内在经济价值(intrinsic economic value)或价值的过程。所谓价值是指目标资产在未来存续期内所产生的预期现金流的现值。在知晓了现值计算方法之后，下文分两节讨论基于现值计算的估值原理，本节先聚焦无套利市场上公司债券的定价原理。

一、价值评估原则[1]

任何资产都可以为其持有人带来现金流，比如公司债券可以为其持有人带来利息和本金，股票可以为股东带来现金股利等。目标资产在未来存续期内所产生的预期现金流的现值就是该资产的价值或"内在经济价值"。因此，一旦确定了目标资产的内在经济价值，也就完成了对该资产的价值评估，并据此判断公司债券是否被低估。

(一) 价值评估的基本流程

根据定价原理，价值评估的基本做法是：

第一，确定目标资产的存续期或寿命。

第二，预测目标资产存续期内各期产生的现金流。

第三，决定各期现金流适用的贴现率。

第四，根据现金流贴现公式，可以计算出目标资产所产生的未来预期现金流的现值。

如果目标资产的现值是 PV，当前的市场价格是 P_0，同时将投资者购买目标资产的行为看作是一项投资，那么这一投资的净现值(NPV)是 $(PV - P_0)$。目标资产的 NPV 有三种结果。

第一，如果 NPV 大于零，意味着目标资产价值被低估，表明按当前市场价格 P_0 购买目标资产可以为投资者带来价值增值，投资者会踊跃购买，促使目标资产的市场价格上扬。

第二，如果 NPV 小于零，则意味着目标资产价值被高估，投资者不仅不会按当前的市场价格购买目标资产，反而会以市场价格出售已经拥有的目标资产，以避免损失。

第三，如果市场上存在卖空机制，投资者还可以进行卖空交易，从中牟利。比如，当债券价格被高估并预计将下跌时，投资者可借入债券卖出，再在债券价格下跌后由低位买入还给债券借出方平仓来获利。

---

[1] 朱叶，王伟.公司财务学[M].上海：上海人民出版社，2003：33-34.

(二) 无套利均衡

如果同一种资产在不同的竞争市场上交易,那么,其在所有市场上的交易价格必然是相同的。否则,会出现无风险套利机会,投资者将会竞相利用它获利,市场力量很强大,价格很快做出反应,直至套利机会消失。

当 NPV 等于零时,目标资产的市场价格才能达到无套利均衡,即

$$P_0 = PV = \sum_{t=1}^{T} \frac{CF_t}{(1+r_t)^t} \tag{2-32}$$

由式(2-32)可知,在无套利的市场中,资产的现值等同于资产的内在经济价值,资产的市场均衡价格(即无套利价格)等于资产的现值,即等于资产的内在经济价值。当 $P_0 = PV$ 时,就不可能出现无风险套利机会。

无套利均衡是资产定价的基础,比如,投资银行在确定公司债券或股票发行价格时,应该以无套利均衡原则进行定价。只有这样,才能够体现出其对投资者和融资者不偏不倚的立场。

值得注意的是,在市场经济中,当市场上的投资者可以自由交易且充分竞争时,无套利的市场均衡条件才会使式(2-32)成立。如果市场不完善,存在诸多的摩擦,或者市场是被操纵的,那么,资产的市场价格不是无套利价格,式(2-32)是不成立的。

在下文及后文介绍公司债券与股票的定价原理时,都假设市场是无套利的均衡市场,即我们可以用竞争市场的公司债券价格或股票价格来确定它们的内在经济价值。

二、公司债券价格的决定因素和定价的基本模型

公司债券是公司向外借款的债务凭证,并且是标准化的债务凭证,是一种证券。以平息债券为例,债券的基本要素包括面值(face value)、票面利率(coupon rate)和期限(maturity)等。

(一) 债券面值

公司债券面值是发债公司在债券到期时将要归还给债券持有人(bondholder)的本金,债券面值大小没有特殊意义,往往基于投资者对面值的偏好。债券发行价可以等于或大于或小于面值。若将市场利率当作贴现率,那么,可得出以下诸多结论:当市场利率高于票面利率时,债券折价发行;当市场利率低于票面利率时,债券溢价发行;当市场利率等于票面利率时,债券按面值发行。因此,公司发行债券所募集的资金并不一定等于债券面值总额。

(二) 票面利率

公司债券的票面利率决定债券持有人可以获得的票面利息额(coupon),即债券持有人最重要的投资收益。债券的票面利息按照单利计息,利息可以在债券到期之时一次性支付,也可以在债券存续期内逐期支付。由于债券持有人在获得利息后,可以进行再投资,因此,债券票面利息支付方式的不同,必然会直接影响债券投资者的实际收益率。比如,与一次性支付利息的公司债券相比,在其他条件相等的情况下,逐期支付利息的债券的实际收益率可

能更高。但是,在利率市场化条件下,利息再投资收益具有不确定性,也就是说,逐期支付利息的公司债券会面临利息再投资风险。

(三) 债券期限

债券期限是指公司债券的存续期,各国对债券期限的长短有不同的规定。公司债券价值与存续期长短有很大关系。对平息公司债券而言,债券的利息再投资风险和债券期限的长短有关,存续期越长,未来越不确定,利息再投资风险就越大。

(四) 公司债券定价的基本模型

对投资者而言,公司债券提供两类现金流:一是定期支付的利息;二是到期支付的本金。因此,可以选用合适的贴现率对这两类现金流进行贴现,加总后即可得到公司债券的价值。下面,我们从平息债券定价原理说起。

1. 平息债券定价的基本模型

平息债券是最常见的传统债券种类,比如,1年期以上的国债大多是平息债券。对平息债券而言,债券期限、债券票面利率以及债券面值决定了公司债券未来预期现金流的分布和数量,只要能够确定债券各期现金流适用的贴现率,就可以计算出债券的价值。

在无套利的市场上,这意味着同时可以确定债券的市场均衡价格:

$$P_0 = \sum_{t=1}^{T} \frac{CF_t}{(1+r_t)^t} = \sum_{t=1}^{T} \frac{I}{(1+r_t)^t} + \frac{Par}{(1+r_T)^T} \tag{2-33}$$

式(2-33)中,P_0 表示债券的当前市场均衡价格,I 表示债券每期支付的票面利息,它等于债券的面值乘以债券的票面利息率(对平息债券而言,逐期支付的利息呈年金形态;对零息债券而言,I 为零)。Par 表示债券的面值,r_t 表示对应于未来 t 时点的贴现率,T 表示债券的期限。

假设债券存续期内各期的贴现率相等,即 $r_t = r$,根据年金现值公式,式(2-33)可以用下式表示:

$$\begin{aligned} P_0 &= \sum_{t=1}^{T} \frac{I}{(1+r)^t} + \frac{Par}{(1+r)^T} \\ &= \frac{I}{r} \times \left(1 - \frac{1}{(1+r)^T}\right) + \frac{Par}{(1+r)^T} \\ &= \frac{I}{r} + \frac{Par - I/r}{(1+r)^T} \end{aligned} \tag{2-34}$$

由式(2-34)可知,债券的价值(等式右边)等于价格(等式左边),此时的贴现率 r 被称为到期收益率,它是指 $NPV = 0$ 时的平均贴现率。由于债券品种各异,还本付息条款不同,因此,债券票面利率与到期收益率并不一定相同。

例 2-14 崇德公司发行的债券,面值为 100 元,票面利息率为 10%,期限为 2 年,逐年支付利息。此时,设适用于崇德公司债券的平均贴现率为 4%。债券的当前市场价格是多少?

在无套利均衡条件下,债券的市场价格为

$$P_0 = \sum_{t=1}^{T} \frac{I}{(1+r)^t} + \frac{Par}{(1+r)^T} = \frac{10}{1.04} + \frac{110}{1.04^2} = 111.32(元)$$

如果该债券是崇德公司新发行的债券,那么崇德公司每发行100元面值的债券,在不考虑交易成本的情形下,该债券的价值为111.32元/张,公司可以在市场上募集到111.32元/张的资金。

2. 其他债券定价的基本模型

除平息债券外,公司还可以发行其他形式的债券,如零息债券、金边债券、延迟支付债券等。那么,这些债券的定价有何特点呢?下文基于平息债券定价的基本模型来分析。

(1) 零息债券定价原理。

顾名思义,零息债券就是没有票面利率的债券,但不是不付利息的债券。事实上,该债券的面值就是发债公司在债券到期时将要偿还的本金和利息之和,债券投资者的利息收益等于面值和发行价之间的差额,差额越大,利息收益越大。由于零息债券的面值中包含利息,因此,零息债券一定是折价发行。

在无套利的市场上,零息债券的市场均衡价格为

$$P_0 = \frac{Par}{(1+r)^T} \tag{2-35}$$

式(2-35)中,P_0表示债券的当前市场均衡价格,Par表示债券的面值,r表示平均贴现率,T表示债券的期限。

(2) 金边债券定价原理。

债券通常有期限,但也有例外,比如金边债券。金边债券没有期限,债券发行人无须偿付本金,债券持有人可以永续地获取利息收入。

金边债券的利息收入具有永续年金特点,因此,在无套利的市场上,金边债券的市场均衡价格为

$$P_0 = \frac{I}{r} \tag{2-36}$$

式(2-36)中,P_0表示债券的当前市场均衡价格,I表示债券每期支付的票面利息,r表示平均贴现率。

(3) 延迟支付债券。

延迟支付债券是公司发行的一种特殊平息债券,其特殊性在于延迟支付利息。比如,公司发行T期的债券,但公司在未来某个时刻(比如第5年年底)开始连续支付利息,所需支付的利息总额不变。这种债券既满足了公司的融资需要,同时又减轻了公司近期支付压力。

在无套利的市场上,该类债券的市场均衡价格为

$$P_0 = \sum_{t=5}^{T} \frac{D}{(1+r)^t} + \frac{Par}{(1+r)^T} \tag{2-37}$$

式(2-37)中,P_0表示债券的当前市场均衡价格,D表示债券从第5期(也可假定第6期)开始每期支付的利息,Par表示债券的面值,r表示平均贴现率,T表示债券的期限。

第五节　普通股定价原理

如同公司债券定价一样,我们也可以运用现值原理对普通股进行估值。在无套利的资本市场上,股票的定价原理又有什么特点呢?

一、普通股价格的决定因素

普通股提供两种形式的现金流:一是公司向股东支付的现金股利(dividend);二是股票持有者出售股票时的变现收入。因此,在确定普通股股票的价格时,可以根据股票未来期望现金流,运用现金流贴现公式计算出股票的内在经济价值或价值。

假设投资者只持有股票一年,那么,股票给他带来的现金流是一年后公司发放的现金股利和出售股票时的变现收入,即:

$$P = \sum_{t=1}^{T} \frac{CF_t}{(1+r_t)^t} = \frac{DIV_1}{1+r_1} + \frac{P_1}{1+r_1} \tag{2-38}$$

式(2-38)中,P 表示股票的当前市场价格,DIV_1 表示在当前时刻预期的一年后(第 1 年末)发放的每股现金股利,P_1 表示在当前时刻预期的一年后(第 1 年末)的每股股价,r_1 表示第 1 年的股票贴现率。

这种价值评估的方式同样适用于投资者跨期持有股票 T 年时的股票定价,即

$$P = \sum_{t=1}^{T} \frac{DIV_t}{(1+r_t)^t} + \frac{P_T}{(1+r_T)^T} \tag{2-39}$$

式(2-39)中,P 表示股票的当前市场价格,DIV_t 表示第 t 年年末发放的每股现金股利,P_T 表示在当前时刻预期的 T 年后(第 T 年年末)的每股股价,r_t 表示第 t 年的股票贴现率。

二、普通股定价的理论模型

(一) 股利零增长模型

在公司永续经营的假设下,T 趋于无穷大,式(2-39)可以表示为

$$P = \sum_{t=1}^{\infty} \frac{DIV_t}{(1+r_t)^t} + \lim_{T \to \infty} \frac{P_T}{(1+r_T)^T} \tag{2-40}$$

当 T 趋于无穷大时,股票变现收入的现值趋于零,即

$$\lim_{T \to \infty} \frac{P_T}{(1+r_T)^T} = 0 \tag{2-41}$$

随着时间推移,现金股利流在股票价值中所占比例越来越大。当 T 趋于无穷大时,股票价值由现金股利流决定。在无套利均衡条件下,公司股票的当前市场价格为

$$P = \sum_{t=1}^{\infty} \frac{DIV_t}{(1+r_t)^t} \tag{2-42}$$

如果各期的贴现率是相等的,即 $r_t = r$,或者将 r 视作股票的平均贴现率,同时,假定现金股利流以年金形式出现,则式(2-42)可以表示为

$$P = \sum_{t=1}^{\infty} \frac{DIV_1}{(1+r)^t} = \frac{DIV_1}{r} \tag{2-43}$$

处于成熟期的公司通常具有投资机会不多、利润稳定以及现金流充沛的特点,这类公司会采取黏性的股利政策,即发放相对稳定的现金股利。从长远看,此类公司每年发放的每股股利具有相对稳定性,可视为年金,其股票价值可以用股利零增长模型予以描述。

优先股的股利常常是固定不变的,具有年金特征。因此,在公司永续经营的假设下,优先股的股利相当于一个永续年金,优先股的内在价值可以参照股利零增长模型计算。

(二)股利持续增长模型

假设公司的股利是按照一个固定的增长率 g 匀速增长(由于公司都有一个成长过程,因此,现金股利会随利润的增长而增发,这种假定更符合现实状况),即

$$DIV_t = DIV_1 \times (1+g)^{t-1} \tag{2-44}$$

那么,根据永续增长年金现值的计算公式,当 $t \to \infty$,$r > g$ 时,可以得到股利持续增长模型:

$$P = \frac{DIV_1}{r-g} = \frac{DIV_0 \times (1+g)}{r-g} \tag{2-45}$$

式(2-45)中,DIV_0 是在当前时刻(上一年末)发放的每股现金股利。

成长型公司往往具有投资机会多、留存利润多、销售收入和利润增长快、现金股利发放少且随着时间推移逐年增加的特点。显然,此类公司价值用股利持续增长模型来刻画会比股利零增长模型更加合适。

(三)股利持续增长模型的参数估计

1. 公司增长率和股利增长率

如果公司在支付股利之后,还保留一些留存收益的话,那么下一年的投入(假定新增投资仅限于当年新增留存收益,不向外融资)将超过今年,下一年的盈利水平为

$$NI_1 = NI_0 + RE \times ROE \tag{2-46}$$

式(2-46)中,NI_1 表示下一年度预计的盈利水平,NI_0 表示本年度盈利水平,RE 表示本年度留存收益(若新增留存收益全部用于再投资,那么,RE 也称再投资额),ROE 表示净资产收益率(由于留存收益的预期回报率很难估计,因此,可以用历史净资产收益率替代)。

在式(2-46)两边同除以本年盈利,式(2-46)变成式(2-47):

$$\frac{NI_1}{NI_0} = \frac{NI_0}{NI_0} + \frac{RE \times ROE}{NI_0} \tag{2-47}$$

设 b 为留存收益比率(也称再投资比率),g 为盈利增长率,式(2-47)两边可进一步简化为

$$1+g=1+b\times ROE \tag{2-48}$$

若以盈利来衡量,公司增长率可表述为

$$g=b\times ROE \tag{2-49}$$

若股利增长率盯住公司增长率,那么,可以将公司增长率视为股利增长率。

2. 贴现率估计

股利增长率估计出来后,我们就可以根据股利持续增长模型(式2-45),计算投资者的期望收益率 r。这个期望收益率是股票投资的平均贴现率,即

$$r=\frac{DIV_1}{P}+g=\frac{DIV_0}{P}\times(1+g)+g \tag{2-50}$$

值得注意的是,股利增长率和贴现率这两个参数估计建立在一系列假设基础上。首先,假设股利发放率随盈利水平的增长而增长,但是,从短期看,将盈利增长率视为股利增长率的近似有悖常理。其次,假设股利增长率能永远持续下去,但是,股利持续增长事实上不可持续。

三、股票定价原理的另一个视角:增长机会

(一) 没有增长机会的情景:现金牛公司的股票估价

当公司按照平均增长率 g 持续发展时,公司每股股利也是按照 g 增长,公司普通股股票的现值为

$$P=\frac{DIV_1}{r-g}=\frac{EPS_1\times(1-b)}{r-g} \tag{2-51}$$

式(2-51)中,EPS_1 表示公司在第1期(第1年)期末的每股净收益。

公司的留存比率 b 是决定公司股票价格的一个因素。若公司缺乏成长机会,那么,公司留存比率 b 等于零(即公司将税后利润全部作为现金股利发放给股东),公司也不会向外融通资金。于是,公司本期就不会有新增投资,公司下一期的 g 等于零,公司的资产、销售额、税后利润、每股净收益和每股股利均维持不变。如果公司循环往复,以这样一个"恒定"的状态一直持续下去,那么,我们可以认定该公司采取的是无增长发展策略(non-growth policy),即公司缺乏成长机会。这类100%发放现金股利的公司被称为现金牛公司。在无套利均衡条件下,它们的股价为

$$P^{NG}=\frac{EPS_1}{r} \tag{2-52}$$

式(2-52)中,P^{NG} 表示现金牛公司的价格。

例2-15 崇德公司为无杠杆公司(即无负债公司),第1年年底每股净收益为5元,留存比率为0,公司利润年增长率为0,股利发放率为100%,贴现率为10%。

该公司是一个典型的现金牛公司,其股票价值为

$$P^{NG}=\frac{5}{10\%}=50(元/股)$$

在现实经济中,处于成熟阶段的公司增长机会不多,但利润和现金流稳定,它们在现实经济中应该扮演现金牛公司的角色。因此,从最大化股东财富的角度看,它们应该采取减少留存利润、更多地向股东派发股利(甚至100%派送股利)的政策。

(二) 有增长机会的情景:NPVGO公司的股票估价

如果公司拥有许多有利可图的投资机会,那么,公司将大部分净利润甚至所有净利润作为现金股利派送掉的做法是不明智的,尤其是在无法通过举债或发新股筹集资金的情况下。

如果公司将税后利润留存一部分作为发展资金,而只将部分税后利润作为现金股利发放给股东,那么,公司每期都有新增投资,公司下一期的资产、销售额、税后利润、每股净收益和每股股利都会按一定增长率持续增长。我们将这类公司称为增长机会公司(也称NPVGO公司)。

例2-16 全家公司为无杠杆公司(即无负债公司),第1年年底每股净收益为5元,留存比率为40%,股利发放率为60%,公司年增长率为5%,贴现率为10%,净资产收益率(ROE)为12.5%。

根据股利持续增长模型(式2-51),全家公司股票价值为

$$P^G = \frac{5 \times (1-40\%)}{10\% - 5\%} = 60(元/股)$$

可见,全家公司与崇德公司(例2-15)的股票价值存在差异,即

$$P^G - P^{NG} = 60 - 50 = 10(元/股)$$

显然,全家公司股票价值高出10元/股,那么,为什么全家公司股票价值高于崇德公司呢?主要原因是:全家公司采取了增长发展策略(growth policy),其每股股票价值中包含了增长机会所带来的新增价值。我们可以将全家公司的股票定价模型改变为NPVGO模型,即

$$P^G = \frac{EPS_1}{r} + NPVGO \tag{2-53}$$

式(2-53)中,P^G表示公司股票在增长发展策略下的内在价值,NPVGO表示公司将新增留存收益进行投资后新增的股票价值,全家公司股票价值高出崇德公司股票价值的那部分就源于此。

根据NPVGO模型,全家公司每股股票价值由两部分组成:一是没有增长机会的价值(现金牛公司价值);二是增长机会的价值(NPVGO)。

回看例2-16,现金牛公司价值=5/0.1=50(元/股)。但NPVGO价值的计算较为复杂,它由公司将每年留存收益进行再投资后所产生的新增价值构成。

第1年年末,公司每股净收益为5元,在将其中的60%作为现金股利发放给股东后,将40%税后利润进行再投资,即第1年年末新增投资2元。从第2年年末开始,每年都将产生每股0.25元的投资回报(可视为永续年金)。这笔投资在$t=1$时刻的净现值为

$$NPV_1 = -2 + 0.25/0.1 = 0.5(元)$$

第2年年末,公司每股净收益为5.25元,在将其中的60%作为现金股利发放给股东后,将40%税后利润进行再投资,即第2年年末又新增投资2.1元。从第3年年末开始,每年都

将产生每股 0.262 5 元的投资回报（同样可视为永续年金）。这笔投资在 $t=2$ 时刻的净现值为

$$NPV_2 = -2.1 + 0.262\ 5/0.1 = 0.525(元)$$

同理，我们可以计算出第 3 年、第 4 年甚至第 n 年的再投资额以及净现值，但工作量极大。为此，我们需要寻找简便的计算方法。通过对例 2-16 进行仔细观察后发现，每年追加投资所产生的净现值具有如下特点：

第一，追加投资所产生的净现值呈递增态势，年增长率为 5%；

第二，每年的再投资将永续进行；

第三，贴现率为 10%。

于是，我们可以借助股利持续增长模型将每年追加投资所产生的净现值进行贴现，计算 $NPVGO$，即所有成长机会的现值 $(NPVGO) = NPV_1/(r-g) = 0.5/(0.1-0.05) = 10(元)$。

根据式 2-53，我们可以计算全家公司的每股价值，即

$$P^G = \frac{EPS_1}{r} + NPVGO = 50 + 10 = 60(元)$$

NPVGO 模型（式 2-53）和股利持续增长模型（式 2-45）的计算结果是一样的。我们可以这样理解，NPVGO 模型是从股利持续增长模型变换过来的，即

$$P^G = \frac{DIV_1}{r-g} = \frac{EPS_1 \times (1-b)}{r - b \times ROE} = \frac{EPS_1}{r} + NPVGO \quad (2-54)$$

（三）现金牛公司和 NPVGO 公司比较[①]

有增长机会公司（NPVGO 公司）的价值是否一定会大于没有增长机会公司（现金牛公司）的价值呢？事实上，未来是不确定的，将部分税后利润留存下来，进行再投资不一定会为公司股东创造出新的价值，或者说不一定能够提高公司股票的当前市场价格。分析如下：

我们可以对公司股票在不同增长策略下的价格进行比较来加以判断。将式（2-52）式和式（2-54）进行比较，得到式（2-55）：

$$P^G - P^{NG} = \frac{EPS_1 \times (1-b)}{r - b \times ROE} - \frac{EPS_1}{r} = \frac{EPS_1}{r} \times b \times \frac{(ROE-r)}{(r-b \times ROE)} \quad (2-55)$$

式（2-55）中，$(P^G - P^{NG})$ 就是增长机会可能带来的价值增值（NPVGO）。但是，NPVGO 有正值、负值和零三种结果，它们传递出了完全不同的信息。下文以一个无杠杆公司为例予以说明。

1. 寻求增长机会的公司更有价值

回看式（2-55），当 $ROE > r$ 时，表明追加投资的收益率高于贴现率，留存收益在未来为股东创造出的价值的现值大于当前的留存收益金额，当前的追加投资是一个 NPV 为正值的投资项目。因此，将税后利润留存在公司里可以增加公司的价值。当 $r > g$，即 $r > b \times$

[①] 朱叶，王伟.公司财务学[M].上海：上海人民出版社，2003：45-46.

ROE,此时有 $P^G > P^{NG}$。公司应该采用增长发展策略,少发现金股利,加大利润留存比例。

大凡成长型企业就是典型的 NPVGO 公司,比如,微软公司具有极强的科研开发和创新能力,具有较高的 ROE,它是成长型公司。因此,该公司在 20 世纪 80 年代中期成功上市之后的十多年时间里,公司没有发放过现金股利,而是将利润全部留存下来,用于公司未来的发展。可见,NPVGO 公司的股东,其投资回报更多的是来自公司股票价格的上涨,获取的是资本利得(capital gain),放弃的是股利收入。

2. NPVGO 公司和现金牛公司等价

如果 $ROE=r$,则意味着追加投资的收益率等于贴现率。此时,留存收益在未来为股东创造出的价值的现值等于当前的留存收益金额,当前的追加投资是一个 NPV 为零的投资项目,留存税后利润并进行再投资不会改变公司的当前价值,因此有 $P^G = P^{NG}$。

此时,公司若采用增长发展策略,虽然可以扩大公司的资产规模,提高公司的销售业绩,增加公司利润,但公司股票价值没有改变,此举无法为公司的股东创造出价值增值,但也无害。

3. 现金牛公司更有价值

如果 $ROE < r$,则意味着追加投资的收益率低于贴现率。此时,留存收益在未来为股东创造出的价值的现值小于当前的留存利润金额,当前的追加投资是一个 NPV 为负值的投资项目。因此,将税后利润留存在公司里、不向股东派发现金股利只会降低公司的价值,损害股东的利益,无法最大化股东财富,因而有 $P^G < P^{NG}$。此时,公司不应采用增长发展策略,相反,应该向股东派发现金股利,此举更能够最大化股东财富。

在资本市场上,有一些上市公司是典型的现金牛公司,这些公司正处于成熟期,利润和现金流充沛,但缺乏投资机会或成长机会,因此,为了最大化股东财富,这些公司应该将更多的税后利润以股利形式回馈给股东。

案例 2-2

苹果公司现金股利与市值变化

2012 年 7 月,苹果公司开始每季发放 2.65 美元/股的现金股利(2012 会计年度发放了第三和第四季度现金股利,全年共派发 24.88 亿美元的现金股利),这是自 1995 年以来苹果公司的首次派现。

苹果公司自 2012 年开始派发现金股利以来,便一发不可收拾。不仅连续派发了季度股息,而且从 2014 年第三季度开始企稳,并呈现出逐渐增加趋势。

此外,苹果公司还不定期进行股票回购,截至 2016 年,苹果已花费约 1 330 亿美元在股票回购上。

值得关注的是,恢复派发现金红利之后,苹果公司股价和市值发生了巨大变化。2012 年 7 月 2 日收盘价为 84.65 美元/股,总市值约 3 800 亿美元。2020 年 7 月 7 日,苹果公司收盘价为 372.69 美元/股,总市值为 16 154 亿美元。显然,短短 8 年里,苹果公司价值增加了 4 倍多。

表 2-2　苹果公司 2012 年 7 月至 2020 年 6 月的现金股利

单位：美元/股

时　间	第一季度派现	第二季度派现	第三季度派现	第四季度派现
2020 年	0.77	0.82	0.82	0.82
2019 年	0.73	0.77	0.77	0.77
2018 年	0.63	0.73	0.73	0.73
2017 年	0.57	0.63	0.63	0.63
2016 年	0.52	0.57	0.57	0.57
2015 年	0.47	0.52	0.52	0.52
2014 年	3.05	3.29	0.47	0.47
2013 年	2.65	3.05	3.05	3.05
2012 年			2.65	2.65

资料来源：老虎证券。

众所周知，苹果公司是一家成长型企业，具有显著的差异化竞争优势。2012 年以来，每年会支付大量资本性支出，力保每年都能推出几个新品或新款，以满足用户特殊的消费体验，并获得高价格溢价和超额利润。

问：请你分别使用股利永续增长模型和 NPVGO 模型来解释苹果公司价值增加的原因。

本章小结

项目价值乃至整个金融资产的价值，其实都是这些资产未来所能产生的现金流量的贴现值，可见，现值是金融学中一个重要的基本概念。

公司在对目标投资项目进行价值评估时，净现值法则（net prevent value rule）是首选的评价标准。按照该法则，对目标项目在未来产生的现金流入进行贴现，计算出这些现金流现值的总和。当现金流现值的总和等于或超过期初的资本投入时，表明目标项目可以收回期初的投资以及有关投资的资本成本，是一个具有正净现值的好项目，应该予以实施；当现金流的现值小于期初的资本投入时，表明目标项目产生的收益不足以收回期初的投资以及有关投资的资本成本，是一个负净现值的项目，应该摒弃。

为了获得净现值，需要估算目标项目或金融资产的现金流，年金和非年金是金融资产和项目的两种主要的未来现金流形态，年金是指每隔相等的时间流入或流出相等的现金流量，非年金是指在时间和数量上没有规律的现金流量。年金复利现值、复利现值以及连续复利现值等是针对不同现金流形态的现值计算方法。

价值评估(valuation)是确定一项资产(包括实物资产和金融资产)内在经济价值(intrinsic economic value)的过程。在一个无套利的市场上,资产的市场价格应该等于资产的内在经济价值,实现无套利均衡。在这一假设条件下,我们可以知晓债券和股票的定价原理。

关键词

现值、贴现率、终值、时间价值、风险溢酬、年金、永续年金、增长年金、单利、复利、多频复利、连续复利、价值评估、内在价值、无套利均衡、净现值法则、股利零增长模型、股利持续增长模型、公司增长率、现金牛公司、增长机会公司

习 题

1. 什么是现值?什么是终值?它们之间有何联系?
2. 什么是贴现率?它的经济含义是什么?
3. 什么是净现值?什么是净现值准则?
4. 什么是年金和永续年金?
5. 在无套利均衡条件下,资产的内在经济价值和其市场价格存在怎样的关系?
6. 什么是现金牛公司?公司发放高额现金股利的可能原因是什么?
7. 你有投资经验,因此,有一朋友委托你做长期投资。你朋友将在今年年底付给你 20 000 元,下一年年末付给你 40 000 元,再下一年年末(从现在起的 3 年后)付给你 80 000 元。投资收益率为 10%,贴现率是 8%。
  (1) 若投资收益是永续的,你朋友的投资收入的现值是多少?
  (2) 3 年后(即最后一笔支付的日期),投资收入的终值是多少?
8. 某公司正在研发一种新药。药品的专利保护期是 10 年。你预期这种产品的利润第 1 年底将会是 100 万元,在未来的 10 年里,利润会以每年 5% 的固定增长率逐年增长。一旦专利到期,竞争的加剧很可能使利润下降至零。如果贴现率是 10%,新药的现值是多少?
9. 你正在考虑购买一套房子,预计花费 400 万元。你手头有 20 万元现金,可以用来交首付。其余房款申请贷款。银行可提供给你 10 年期的按揭贷款,要求按年偿还,年利率为 10%。如果你签了合同,每年将要等额偿付多少?
10. 李勇经过多年打拼,积累了一大笔资金,共计 500 万元。最近,发生了几件有趣的事情:
  (1) 李勇的侄儿想创业,但缺乏资金,李勇慷慨相助,借出 50 万元,双方商定的借款年利率为 5%,银行同期贷款年利率为 8%。
  (2) 李勇计划投资 100 万元某股票,该股票投资与房地产投资风险相当,房地产投资期望收益率为 20%。
  (3) 李勇将剩余的 350 万元投资短期国债,国债利率为 3%。
  问:李勇在衡量上述三种投资机会的价值时,所使用的贴现率分别是多少?

11. 张明大学毕业后工作了5年,现考虑投资一套小型公寓。设该公寓每年年底能够产生20 000元的现金性收入,张明的期望收益率为10%。

(1) 若现金性收入是永续的,在不考虑公寓占有的地产价值的情况下,张明愿意为购置该套公寓支付多少?

(2) 若现金性收入将在30年后停止,但目前公寓占有的地产价值届时为600万元,张明愿意为购置该套公寓支付多少?

12. 某公司职员今年年初正好40岁。预计今年年底的年终奖为10 000元。在60岁退休之前,他的年终奖将以5%的速度逐年增长。问:

(1) 若年贴现率为10%,该职员未来年终奖的现值为多少?

(2) 若他每年拿出50%的年终奖,以4%的年利率存款,到他60岁时,他的存款将为多少?

(3) 若他打算在退休后的20年里等额消费这笔存款,他每年可消费多少?

13. 设公司拟投资一目标项目,期初预计投资额是200万元,项目的寿命(存续期)是7年,每年年底预期产生的现金流分别是30万元、40万元、50万元、40万元、60万元、50万元和80万元。设年贴现率是6%。问:

(1) 每年预期产生的现金流的现值是多少?

(2) 7年内预期产生的现金流的总现值又是多少?

(3) 该目标项目的净现值是多少?

(4) 是否该接受这一目标项目?

14. 设年贴现率为5%,5年后的终值为100元。在单利计息式贴现、逐年复利计息式贴现、逐月复利计息式贴现、逐日复利计息式贴现和连续复利计息式贴现下,它的现值分别是多少?

15. 某三年期债券,面值为1 000元/张,票面年利率为5%,每年付息一次。若该债券发行价为980元/张,该债券到期收益率是多少?

16. 假设某公司发行4年期、票面利率为10%、每半年付息一次、面值为1 000元/张的债券,年贴现率为8%。问:

(1) 债券当前是以折价、平价还是溢价交易?请解释。

(2) 如果年贴现率上升至11%,债券的价格将是多少?

17. 考虑下列3种股票:

A股票:预期股利永远保持在每股4元。

B股票:今年年底预期派发2元/股的股利,此后股利将以10%的年增长速度持续增长。

C股票:今年年底预期派发2元/股的股利,此后5年(至第6年为止)股利将以15%的年增长速度增长,此后不再增长。问:

(1) 若年贴现率为12%,哪一种股票的价值最高?

(2) 若年贴现率为8%,结果又将如何?

18. 设某公司为无杠杆公司(即无负债公司),第1年年底每股净收益为6元,留存比率为40%,股利发放率为60%,贴现率10%,净资产收益率(ROE)为20%。

要求:

(1) 计算该公司每股股票价值。

(2) 若该公司净资产收益率(ROE)为6%,则该公司每股股票价值为多少?

19. 从在上海证券交易挂牌的公司中任选一家最近三年均发放现金股利的上市公司。

(1) 观察该公司最近3年每股现金股利,请描述该公司现金股利的变化。

(2) 对现金股利的变动趋势做出可能的解释。

20. 从在上海证券交易挂牌的公司债券中,任选一只公司债券。

(1) 该债券的面值、票面利率和期限分别是多少?

(2) 该债券目前的价格是多少?你认为是否被高估?

21. 每年4月30日(中国上市公司年报披露截止日)之前,我国上市公司会陆续披露年报,可谓有喜有忧。有些公司尽管收益和现金流都有不同程度提高,但由于未达到预期,公司股价止不住下跌。请根据估值原理,来解释这一有趣的现象。

重要文献

1. Zvi, B., Kane, A., and Marcus, A. J. *Investments* (5th Edition)[M]. Boston: McGraw-Hill Irwin, 2002.

2. Copeland, T. E. and Weston, J. F. *Financial Theory and Corporate Policy* (3rd Edition)[M]. Reading, Massachusetts: Addison-Wesley Publishing Company, 1988.

3. Grinblatt, Mark and Sheridan Titman. *Financial Markets and Corporate Strategy* (2nd Edition)[M]. Boston: McGraw-Hill Irwin, 2002.

4. 朱叶,王伟.公司财务学[M].上海:上海人民出版社,2003.

5. 斯蒂芬·罗斯.公司理财[M].北京:机械工业出版社,2010.

6. 理查德·布雷利,斯图尔特·迈尔斯.公司财务原理[M].北京:McGraw-Hill Irwin、机械工业出版社,2002.

第三章
风险、收益和贴现率

> 【学习要点】
> 1. 风险的计量。
> 2. 风险和收益之间的关系。
> 3. 贴现率的架构。
> 4. 项目贴现率如何认定?

上文在介绍现值计算方法和证券定价原理时,我们假定贴现率(期望收益率)是已知的或给定的。然而,贴现率是不确定的或未知的。那么,如何确定和估计贴现率呢?我们需要在分析目标资产风险与收益之间的关系之后,才能找到答案。本章主要讨论收益与风险的定义和度量,单个资产的风险和收益之间的关系,投资组合风险和收益的特点,投资组合中单个资产的风险和收益之间的关系,以及如何利用 CAPM 模型来估计贴现率。

第一节 如何定义和度量收益与风险

在现实经济中,有两类资产或投资项目的贴现率相对来说较易认定,一是无风险资产或无风险项目,二是具有市场平均风险的资产或项目。前者可以用同期国债利率作为贴现率,后者可以使用市场组合(比如标准普尔 500 指数、沪深 300 指数)的历史平均收益率作为贴现率[①]。但绝大部分资产和项目的风险介于国债风险和市场组合风险之间,或大于市场组合的风险。因此,我们在估计这些资产或项目的贴现率之前,必须学会如何度量风险,以及了解风险与承担风险所要求的补偿(风险溢酬)之间的关系。下面,我们先从收益和风险的定义以及各种度量指标说起。

一、收益的定义和测度

(一) 收益和收益率的常用计量指标

资产的投资收益通常有两种表达形式:一是投资收益额(return);另一个则是投资收益率(rate of return,也称投资回报率)。投资收益额描述的是投资收益的绝对额,投资收益率表达的是投资收益相对于期初(或初始)投资的百分比。

[①] 如果市场组合存在一个标准的、稳定的风险溢酬,则可以这样认定。

1. 收益的测度

假如某项投资的期初投资额为 CF_0,期末收回的投资额为 CF,投资年限为 N 年,在项目存续期内共获得 N 次投资收益,记为 $\sum_{i=1}^{N} C_i$。则项目在投资期间实现的投资收益额为

$$R = CF + \sum_{i=1}^{N} C_i - CF_0 \tag{3-1}$$

由式(3-1)可知,收益由 N 年累计投资收益 $\sum_{i=1}^{N} C_i$ 和资本利得 ($CF - CF_0$) 两部分组成。

例 3-1 假如某投资者购买了 1 万张公司债券。该债券存续期 2 年,面值 100 元/张,票面利率 10%,每年付息一次,债券按面值发行。未来 2 年相关现金流的估计值见表 3-1。

表 3-1 未来现金流的估计值

时 刻	0	1	2
现金流	−100 元/张	10 元/张	110 元/张

如果投资者不对第 1 年获得的利息进行再投资,而将利息留在手中或消费掉,则投资期内所产生的现金流和期末资产价值(包括投资者持有的债券期末市值和累积现金利息)如表 3-2 所示。

表 3-2 投资期内现金流和期末资产价值

时 刻	0	1	2
利息总额	0	10 万元	10 万元
期末债券持有数	1 万张	1 万张	1 万张
期末公司债券价值	100 万元	100 万元①	100 万元

由表 3-2 可知,为期两年的投资收益共计 20 万元(其中:累计利息收益为 20 万元,资本利得为零)。

值得注意的是,式(3-1)实际上隐含一个重要的假设,即对项目投资期内所获得的各期投资收益不进行再投资。如果将项目投资期内所获得的收益进行再投资,那么,持有期收益应改为

$$R = CF + \sum_{i=1}^{N} FV(C_i) - CF_0 \tag{3-2}$$

例 3-2 承例 3-1,假如投资者将第 1 年年底所获得利息收入按 15% 年利率进行为期 1 年的再投资。

该投资者未来 2 年的投资收益合计数将提升至 21.5 万元,其中:第 1 年年底利息收入 10 万元,第二年年底利息收入 10 万元,以及第 1 年利息收入再投资的回报 1.5 万元。

---

① 由于债券每年付息一次,因此,在利息支付之前,债券价格逐渐上升,在利息支付之前,债券价格逐渐接近 110 元/张。而当利息支付之后,价格又将回落至 100 元/张。在债券有效期内,这个过程将不断重复。

2. 收益率的测度

承上文,若某项投资的期初投资额为 CF_0,期末收回的投资额为 CF,投资年限为 N 年,在项目存续期内共获得 N 次投资收益,记为 $\sum_{i=1}^{N} C_i$。则项目在投资期间实现的投资收益率为

$$r_H = \frac{CF + \sum_{i=1}^{N} C_i - CF_0}{CF_0} \tag{3-3}$$

在式(3-3)中,投资收益率是指投资者在 N 年的投资期间获得的投资收益率,该收益率又称为持有期收益率(holding period return)。

承例 3-1,投资期内持有期收益率为

$$r_H = (100 + 20 - 100)/100 = 20\%$$

该数据的含义是,投资者为期 2 年的投资收益率为 20%。

值得注意的是,式(3-3)实际上隐含一个重要的假设,即对项目投资期内所获得的各期投资收益不进行再投资。如果将项目投资期内所获得的现金流进行再投资,则持有期收益率应改为

$$r_H = \frac{CF + \sum_{i=1}^{N} FV(C_i) - CF_0}{CF_0} \tag{3-4}$$

承例 3-2,投资期内持有期(即为期 2 年)收益率为

$$r_H = (100 + 21.5 - 100)/100 = 21.5\%$$

(二) 单项资产的年收益率

1. 年化收益率

为了使不同投资期间的投资收益率具有可比性,就有必要对投资收益率代表的投资期间规定统一的时间长度。在实际操作中,通常以 1 年为一个标准的时间单位,计算相应的年化投资收益率。为此,我们可以将持有期收益率换算成年投资收益率。持有期收益率与各年投资收益率的关系为

$$1 + r_H = (1 + r_1)(1 + r_2) \cdots (1 + r_N) \tag{3-5}$$

式(3-5)表明,在投资期间内预期实现的持有期收益率,是投资期间内各期(年)预计实现的收益率的乘积。

承例 3-1,投资期内持有期收益率以及第 1 年和第 2 年的投资收益率分别为

$$r = (100 + 20 - 100)/100 = 20\%$$

$$r_1 = (110 - 100)/100 = 10\%$$

$$r_2 = (120 - 110)/110 = 9.09\%$$

r_2 也根据式(3-5)进行推算,即

$$r_2=(1+20\%)/(1+10\%)-1=9.09\%$$

2. 算术平均和几何平均收益率

为简单起见,我们还可以用年平均收益率(average rate of return)表示投资收益状况。平均收益率通常有两种计算方法。一种是算术平均法(arithmetic averaging),另一种是几何平均法(geometric averaging)。

如果投资期内所获得的现金流入不进行再投资,则年均收益率可以用算术平均法计算,即

$$r_{AA}=\frac{\sum_{t=1}^{N}r_t}{N} \tag{3-6}$$

式(3-6)中,r_{AA} 表示按算术平均法计算出的年平均收益率,N 表示投资的期限数,r_t 表示第 t 期的收益率。

承例 3-1,按算术平均法计算的年平均收益率为

$$r_{AA}=(10\%+9.09\%)/2=9.545\%$$

如果将投资期内所获得的现金流量进行再投资,则年均收益率可以用几何平均法计算,即

$$r_{GA}=\sqrt[N]{(1+r_1)(1+r_2)\cdots(1+r_N)}-1=\sqrt[N]{1+r_H}-1 \tag{3-7}$$

式(3-7)中,r_{GA} 表示按几何平均法计算出的年平均收益率,r_H 表示持续期收益率。

承例 3-1,按几何平均法计算的年平均收益率为

$$r_{GA}=\sqrt[2]{1+20\%}-1=9.545\%$$

究竟哪种方法估计出来的年平均收益率更接近公允的贴现率?经验显示,如果贴现率是基于历史收益或历史风险溢酬数据估计出来的话,则算术平均法更合适。

(三) 期望收益率[①]

1. 定义

在第二章的第一节中,我们对贴现率进行了界定,所谓贴现率是指同风险条件下可以获得的最大的期望收益率。因此,估算贴现率就是一个寻找合适期望收益率的过程。

期望收益率(expected rate of return)是指人们对未来投资所产生的投资收益率的预期。根据上文对收益的定义,预期收益包括预期投资收益和预期资本利得两部分。在未来的经营中,存在着诸多不确定性因素,资产或目标项目的投资收益率并不会是一个确定的值。因此,我们在当前时刻考察未来 t 时刻的投资收益率时,实际上观察的是一个随机变量,即

$$\tilde{r}_t=\frac{\tilde{P}_t+\tilde{C}_t-P_{t-1}}{P_{t-1}} \tag{3-8}$$

---

① 朱叶,王伟.公司财务学[M].上海:上海人民出版社,2003:57-58.

式(3-8)中,有关变量上的"~"表示该变量是一个随机变量。

2. 估算方法

(1) 基于预期收益

如何计算期望收益率？第一种方法是基于预期收益,但是,未来投资收益率具有不确定性,因此,我们只能用在未来平均状态下可以获得的收益率,即目标项目未来投资收益率的均值,作为该项目的期望收益率。即

$$E(\tilde{r}_t) = \sum_{i=1}^{N} P_{ti} r_{ti} \tag{3-9}$$

式(3-9)中,P_{ti}表示t时刻各种状态发生的概率,r_{ti}表示t时刻各种状态下$\tilde{r}$的实现值。

例 3-3 假如崇德公司分析师坚信宏观经济将出现三种情况：衰退、正常、繁荣,每种情况出现的概率相同。现有A、B两只股票,A股期望收益情形与宏观经济情况基本一致,而B股期望收益情形与宏观经济情况不太吻合。对两只股票的收益预测如下：

表 3-3　A、B 股票收益预测

经济情况	A 股票	B 股票	发生概率
衰　退	−10%	4%	1/3
正　常	20%	−10%	1/3
繁　荣	30%	15%	1/3

根据式(3-9),我们可以得到A、B股票的期望收益率分别为

$$A 股票期望收益率 = \frac{-10\% + 20\% + 30\%}{3} = 13.33\%$$

$$B 股票期望收益率 = \frac{4\% - 10\% + 15\%}{3} = 3\%$$

值得注意的是,在大多数情况下,我们无法准确预知未来,不知道收益率明确的概率分布。面对这样的困惑,我们该如何估计期望收益率呢？退而求其次的做法是,从历史收益数据中推断。

(2) 基于历史收益

如果未来投资收益率与已实现的投资收益率分布于同一个概率空间,并且是独立同分布的,那么可以用观察到的已实现投资收益率(即历史投资收益率)的样本均值,作为未来投资期望收益率的无偏估计值,即

$$\hat{E}(\tilde{r}_t) = \frac{\sum_{i=1}^{N} r_{t-i}}{N} \tag{3-10}$$

式(3-10)中,$\hat{E}(\tilde{r}_t)$表示未来投资收益率$\tilde{r}_t$期望值$E(\tilde{r}_t)$的无偏估计值,r_{t-i}表示t时刻之前第i年的已实现的投资收益率,N表示可以观察到的历史数据的年份数。

例 3-4 设C公司是一家三年前上市的公司,其股票前三年的收益率分别是：20%、

16%和—18%。

根据式(3-10),股东期望收益率为 6%[6%=(20%+16%—18%)/3]。

为何优先使用历史算术平均收益率,而非几何平均收益率呢?理由是:几何平均收益率表示的仅仅是历史的、已经实现的、以复利计算为基础的年平均收益率,并不是历史投资收益率的样本均值。

案例 3-1

该如何计算股票的历史收益率?

股票的历史收益率可以使用式(3-3)和式(3-4)计算,在计算股票历史收益率时,需要考虑的因素很多,如现金股利、送股、股票分割等。

设一家在上交所挂牌的上市公司,近三年相关信息如下:2018 年年初股价 25 元/股,2018 年 5 月份派发现金股利 0.3 元/股,2018 年年底股价 25.3 元/股;2019 年 6 月派发现金股利 0.4 元/股,2019 年年底股价为 26 元/股;2020 年 5 月派现金股利 0.5 元/股,2020 年年底股价为 26.4 元/股。假如公司股东不考虑用所获现金股利购买本公司股票,那么,我们可以用式(3-3)计算该公司 2018 年、2019 年和 2020 年三年的历史收益率,分别是 2.4%、4.3%和 3.5%。

如果公司在 2020 年 5 月同时实施了送股,比如 10 送 10,那么,除权后,公司股票市价将下跌 1 半。此时,我们就不能直接用除权后的价格来计算 2020 年该股票的资本利得。显然,股票历史收益率计算并非是件易事。幸运的是,我们通过查阅 Wind、国泰安等数据库就能获得上市公司股票的历史收益率数据。

问:如果该公司 2020 年既派现又送股,我们该如何计算这家公司 2020 年股票的历史收益率?

(四)要求收益率

要求收益率(required rate of return)是指投资者在进行某一项投资时所要求的回报率。要求收益率是投资者在主观上提出并要求的,因而具有主观性。而期望收益率是由市场的客观交易条件决定的,具有客观性。

投资者的要求收益率可能高于或低于或等于期望收益率,如果投资者的要求收益率高于期望收益率,则说明投资者认为期望收益率不能补偿其持有该证券时所要求的时间价值和风险溢酬。

要求收益率与期望收益率不一致时,便存在套利的空间和可能。假如资本市场是完善的,套利活动很快会消除这种不一致,要求收益率(r_R)与期望收益率(r_E)相等,即有 $r_R = r_E$。

以例 3-3 为例,A 股票的期望收益率为 13.33%,设目前股价为 10 元/股。假如投资者的要求收益率为 15%,则在投资者眼里,10 元/股的 A 股票价格被高估,只有当 A 股票价格低于每股 10 元才能满足投资者的要求。此时,A 股票存在套利机会,该股票将被抛售,价格下跌,直至 A 股票的期望收益率与要求收益率相同时才跌停。

值得注意的是,从本质上讲,贴现率是期望收益率,而非要求收益率。但在无套利均衡下,期望收益率与要求收益率相等,此时,贴现率既是期望收益率,又是要求收益率。

二、风险的界定及其度量

(一) 风险的定义

风险(risk)是指未来状态或结果的不确定性,但不包括该不确定性所造成的后果。在进行项目投资时,我们该如何来确认目标项目是否存在风险呢? 如果当下能够获知未来投资回报的确切金额,而且在未来获得该投资回报时没有任何的不确定因素,那么,我们就可以称该目标项目是无风险的投资项目。比如,国债就是一种典型的无风险资产。反之,如果当下只能获知未来投资收益的期望值,且在未来获得该投资回报时存在不确定性,那么,该目标项目便是一项有风险的投资项目。

(二) 单一资产的风险度量

1. 如何计算方差和标准差

在度量投资风险时,人们常常是依据投资收益率的最终可能实现值偏离期望值的程度来判断投资风险的大小。度量风险的方法很多,方差和标准差是最常见的量度工具。方差和标准差有两种计算方法:一种是基于预期收益的计算方法;另一种是基于历史收益的计算方法。

方法一:基于预期收益的计算方法。

设未来的收益率为 $\tilde{r}$,其各种状态发生的概率为 P_i,则方差 $\sigma^2(\tilde{r})$ 与标准差 $\sigma(\tilde{r})$ 的计算公式分别是:

$$Var(\tilde{r}) = \sigma^2(\tilde{r}) = E\{[\tilde{r} - E(\tilde{r})]^2\} = \sum_{i=1}^{N} P_i [r_i - E(\tilde{r})]^2 \tag{3-11}$$

$$\sigma(\tilde{r}) = \sqrt{Var(\tilde{r})} \tag{3-12}$$

式(3-11)和式(3-12)中,$E(\tilde{r})$(或用 $\bar{r}$ 表示)代表期望收益率,$\sigma^2(\tilde{r})$ 表示方差,$\sigma(\tilde{r})$ 表示标准差,N 表示未来收益率可能出现的各种可能性的数量。

承例 3-3,A、B 股票收益率的方差分别为

$$\sigma_A^2 = \frac{(-10\% - 13.33\%)^2 + (20\% - 13.33\%)^2 + (30\% - 13.33\%)^2}{3} = 0.0289$$

$$\sigma_B^2 = \frac{(4\% - 3\%)^2 + (-10\% - 3\%)^2 + (15\% - 3\%)^2}{3} = 0.01047$$

A、B 股票的方差和标准差的计算过程见表 3-4 和表 3-5。

表 3-4 A 股票标准差的计算过程

$r_i - E(\tilde{r})$	$[r_i - E(\tilde{r})]^2$	$[r_i - E(\tilde{r})]^2 \times P_i$
$-10\% - 13.33\%$	0.0544	$0.0544 \times 0.333 = 0.018133$
$20\% - 13.33\%$	0.00445	$0.00444 \times 0.333 = 0.00147$

续表

$r_i - E(\tilde{r})$	$[r_i - E(\tilde{r})]^2$	$[r_i - E(\tilde{r})]^2 \times P_i$
30%−13.33%	0.027 78	0.027 78×0.333=0.009 25
方差		0.028 8
标准差		0.169 8

表 3-5　B 股票标准差的计算过程

$r_i - E(\tilde{r})$	$[r_i - E(\tilde{r})]^2$	$[r_i - E(\tilde{r})]^2 \times P_i$
4%−3%	0.000 1	0.000 1×0.333=0.000 033 3
−10%−3%	0.016 9	0.016 9×0.333=0.005 63
15%−3%	0.014 4	0.014 4×0.333=0.004 795 2
方差		0.010 46
标准差		0.102 27

方法二：基于历史收益的计算方法。

值得注意的是，在投资决策中，我们不易观测到未来收益率的概率分布，因而很难据此计算期望收益率及度量相应的风险（方差）。假如未来投资收益率与历史投资收益率（过去已实现的投资收益率）分布于同一个概率空间，并且是独立同分布的，那么，我们可将观察到的历史投资收益率的样本均值作为未来投资期望收益率 $\tilde{r}$ 的无偏估计值，并用调整后的样本方差作为 $\tilde{r}$ 的方差 $\sigma^2(\tilde{r})$ 的无偏估计值。式(3-11)可变换为

$$\hat{Var}(\tilde{r}) = \hat{\sigma}^2(\tilde{r}) = \frac{\sum_{i=1}^{N}[r_{N-i} - \hat{E}(\tilde{r})]^2}{(N-1)} \tag{3-13}$$

式(3-13)中，$\hat{\sigma}^2(\tilde{r})$ 表示未来投资收益率 $\tilde{r}$ 方差 $\sigma^2(\tilde{r})$ 的无偏估计值，$\hat{E}(\tilde{r})$ 表示未来投资收益率 $\tilde{r}$ 期望值的估计，r_{N-i} 表示当前时刻之前第 i 年的已实现的收益率，N 表示可以观察到的历史数据的年份数。如果为全样本，则用 N 替代式(3-13)中的分母 $(N-1)$。

承例 3-4，C 公司股票的期望收益率为 6%，前三年的历史收益率分别是：20%、16% 和 −18%。

根据基于历史收益数据计算，公司股票的期望收益率为 6%，因此，该公司股票收益率的方差为：

$$\sigma_C^2 = \frac{(20\% - 6\%)^2 + (16\% - 6\%)^2 + (-18\% - 6\%)^2}{3} = 0.029\ 07$$

如果式(3-13)中使用的收益率不是年度收益率，那么，通常将其乘以每年中的时期数，将方差转变成年度方差。比如，在使用季度收益率时，将方差乘以 4，相应的，将标准差乘以 2。

2. 如何解读方差和标准差

由表 3-4 和表 3-5 可知，A、B 两只股票的方差和标准差都大于零，说明它们未来投资收

益率的实际值与期望值之间存在差异,有一定的偏离度,存在不确定性。$\sigma^2(\tilde{r})$ 越大,表明投资收益率的不确定性越大,投资的风险也就越大。如果方差 $\sigma^2(\tilde{r})$ 等于 0,则表示目标项目未来所实现的投资收益率与期望收益率始终一致,不存在任何的不确定性,因而可以认为该目标资产或项目是无风险的。

A 股票的标准差大于 B 股票的标准差,是否说明 A 股票的风险更大呢?不能简单下此定论。理由是:A 股票的期望收益率大,其变化系数(标准差/期望收益率)仅为 1.27 倍,而 B 股票的期望收益率虽小,但其变化系数却为 3.4 倍。因此,更合理的解读是 A 股票绝对风险较大,而相对风险较小。

三、基于算术平均历史收益率估计期望收益率的局限性

(一)估计误差

上文已述,鉴于我们无法知道未来收益率明确的概率分布,为此,我们在估计风险和收益时应该基于历史数据来推断。但是,使用这种方法时存在两大困惑。

第一,即便算出历史收益率的均值,也并不意味着我们真正知晓了过去投资者的期望收益率。也就是说,历史收益率均值仅仅是我们所能观察到的已实现收益的均值,该均值并非就是过去投资者的期望收益率。

事实上,我们可以轻易地计算出 2006—2020 年标准普尔 500 指数的历史收益率均值,比如历史收益率均值为 12%。由于 2008 年(全球金融危机)超低的实际年收益率(−37%)远远偏离了投资者当年的预期,因此,从长期看,若不剔除 2008 年的负面影响,基于这段时期计算的历史收益率均值一定低估了投资者过去的期望收益率。

显然,我们在用历史收益率均值推断投资者期望收益率时,有一个前提假设条件,即投资者既不过度乐观,也不过度悲观。

第二,历史收益率均值充其量只是过去投资者真实期望收益率的估计值,存在估计误差。

同样,我们也可以容易地得到 2006—2020 年标准普尔 500 指数的标准差,比如标准差为 22%,我们据此计算标准误,并用标准误来描述样本均值偏离期望收益率的程度,即

$$标准误 = \frac{标准差}{\sqrt{样本数}} = \frac{22\%}{\sqrt{15}} = 5.68\%$$

由于收益率均值落在真实期望收益率左右两个标准差之间的概率大约为 95%,因此,可以用标准误来确定真实期望收益率的合理范围,标准普尔 500 指数期望收益率的置信区间为

$$12\% \pm \frac{22\%}{\sqrt{15}} \times 2 = 12\% \pm 11.36\%$$

显然,0.64%—23.36% 的区间不小,我们无法准确估计出标准普尔 500 指数的期望收益率。给定证券收益率的标准差,即使有多年数据,估计误差可能也会很大。

(二)我们应有的态度

既然无法将过去投资者的历史收益率均值作为期望收益率的可靠估计,那么,我们该持怎样的态度呢?

我们的困惑可能远不止于此。假如投资者风险厌恶,那么,他们持有标准差较高的资产,就意味着该投资具有较高的风险溢酬,因而有较高的收益率。在基于历史收益数据评估大的投资组合(如标准普尔500指数、沪深300指数、小盘股)时,这条原理是适用的,但是,它并不完全适用于单一资产。比如,我们看不出个股的标准差和收益率之间存在任何明确的关系,有时单个股票(尤其是小公司股票)的标准差很高,但收益率却很低,因此,我们无法用标准差来解释为何投资者对于高标准差的股票不要求较高的收益率。

我们的基本态度应该是:既然方差、标准差不足以解释个股的收益率,那么,就需要重新审视风险的度量,然后,利用风险和收益之间的内在关系,找到一种不同于以往用算术平均历史收益率来估计期望收益率的方法。

值得庆幸的是,马柯维茨、夏普等金融学家为我们提供了更为可靠的估计期望收益率的方法。下文,我们将介绍这些金融学家提供给我们的方法和逻辑。

第二节 投资组合风险和收益的特点

大部分资产和投资项目的风险介于国债风险和市场组合风险之间,以及大于市场组合风险。因此,我们在估计这些资产或投资项目的贴现率之前,应该重点了解投资者承受的风险和其要求的风险溢酬之间的关系。20世纪50年代,马柯维茨提出了投资组合理论,解释了这一关系。本节介绍投资组合的期望收益和风险、投资组合的有效集以及投资组合的分散化效应。

一、投资组合的收益率与风险

(一)投资组合的收益率

资产投资组合理论建立在完善市场假说(perfect market assumptions)的基础之上,该假说的主要内容为:

第一,市场是无摩擦的假设。即无税、无交易成本等;

第二,理性投资者假说;

第三,平等的市场准入价格;

第四,获得免费信息的平等机会。

当投资者的投资目标是多个金融资产或一组金融资产时,表示投资者在进行组合投资,投资者所拥有的金融资产称为投资组合(portfolio)。由于风险是有害的,投资者厌恶风险。因此,在期望收益率一定的情况下,投资者偏好风险最低的投资组合;或者在风险一定的情况下,偏好期望收益率最大的投资组合。

设有一个由n种资产构成的投资组合,其中,在第i种金融资产上的投资额占总投资额的权重为ω_i,每种金融资产的期望收益率、投资权重、方差以及协方差见表3-6和表3-7,则该投资组合的收益率$\tilde{r}_P$为

$$\tilde{r}_P = \omega_1 \tilde{r}_1 + \omega_2 \tilde{r}_2 + \cdots + \omega_n \tilde{r}_n = \sum_{i=1}^{n} \omega_i \tilde{r}_i. \tag{3-14}$$

表 3-6 投资组合中各种资产的期望收益率和投资权重

金融资产：i	1	2	...	n
期望收益率：$E(\tilde{r}_i)=\bar{r}_i$	$\bar{r}_1$	$\bar{r}_2$	...	$\bar{r}_n$
投资权重：$\omega_i,\sum_{i=1}^{n}\omega_i=1$	ω_1	ω_2	...	ω_n

表 3-7 投资组合中各种资产的方差以及协方差

	$\tilde{r}_1$	$\tilde{r}_2$	...	$\tilde{r}_n$
$\tilde{r}_1$	σ_1^2	σ_{12}	...	σ_{1n}
$\tilde{r}_2$	σ_{21}	σ_2^2	...	σ_{2n}
...	...	...	...	...
$\tilde{r}_n$	σ_{n1}	σ_{n2}	...	σ_n^2

例3-5 承例3-3，崇德公司现在准备按下列要求进行组合投资，即将100万元按50%：50%的投资比例购买股票A和股票B。

由表3-3可知，A股票和B股票的期望收益率分别是13.33%和3%。根据式(3-14)，这一投资组合的期望收益率为

$$\bar{r}_P = 13.33\% \times 50\% + 3\% \times 50\% = 8.165\%$$

显然，投资组合的期望收益率等于组合中每项资产期望收益率的加权平均值。

（二）投资组合的风险

1. 投资组合的方差

与投资组合期望收益率的算法不同，投资组合的方差不是组合中各种资产方差的加权平均值，投资组合的方差为

$$\sigma_P^2 = Var(\tilde{r}) = \sum_{i=1}^{n}\sum_{j=1}^{n}\omega_i\omega_j\sigma_{ij} \qquad (3-15)$$

式(3-15)中，ω_i 表示组合中第 i 种资产的投资比例，ω_j 表示组合中第 j 种资产投资比例，σ_{ij} 表示组合中第 i 种资产和第 j 种资产的协方差。

该投资组合的标准差为

$$\sigma_P = \sqrt{Var(\tilde{r})} \qquad (3-16)$$

根据式(3-15)，我们用表3-8可以更直观地表明，在一个由 n 种金融资产构成的投资组合中，每种金融资产的方差以及协方差在整个组合方差中所占的比例。表3-8中所有项相加后，便是该组合的方差。那么，在组合方差的计算过程中，什么是协方差？该如何计算呢？

表 3-8 投资组合的方差组合

	$\omega_1 \tilde{r}_1$	$\omega_2 \tilde{r}_2$	...	$\omega_n \tilde{r}_n$
$\omega_1 \tilde{r}_1$	$\omega_1^2 \sigma_1^2$	$\omega_1 \omega_2 \sigma_{12}$	...	$\omega_1 \omega_n \sigma_{1n}$
$\omega_2 \tilde{r}_2$	$\omega_2 \omega_1 \sigma_{21}$	$\omega_2^2 \sigma_2^2$	...	$\omega_2 \omega_n \sigma_{2n}$
...	...	...	...	...
$\omega_n \tilde{r}_n$	$\omega_n \omega_1 \sigma_{n1}$	$\omega_n \omega_2 \sigma_{n2}$	...	$\omega_n^2 \sigma_n^2$

2. 投资组合的协方差和相关系数

(1) 协方差

由式(3-15)可知,在投资组合方差和标准差的计算过程中,需要用到协方差,那么,何为协方差以及如何计算呢?协方差(covariance)是度量一种证券收益和另一种证券收益之间相互关系的指标,其计算公式为

$$\sigma_{ij} = \sum_{t=1}^{n} (\tilde{r}_i - \bar{r}_i)(\tilde{r}_j - \bar{r}_j) P_t \tag{3-17}$$

式(3-17)中,$\tilde{r}_i$ 和 $\tilde{r}_j$ 分别表示 i 种证券和 j 种证券的未来收益率,$\bar{r}_i$ 和 $\bar{r}_j$ 分别表示 i 种证券和 j 种证券的期望收益率,P_t 表示各种状态的概率。

协方差是衡量两个证券收益一起变动程度的统计量,正值协方差表明,平均而言,两个变量朝同一方向变动,负值则表明朝相反方向变动,零协方差表明两个变量不一起变动。证券收益率间协方差使投资组合的方差计算变得复杂。

例 3-6 承例 3-3,A、B 两只股票收益率之间的协方差 σ_{AB} 为 0.003(计算过程见表 3-9)。

表 3-9 协方差的计算过程

$r_i - \bar{r}_i$	$r_j - \bar{r}_j$	$(r_i - \bar{r}_i)(r_j - \bar{r}_j) \times P_i$
4%−3%	−10%−13.33%	−0.000 776
−10%−3%	20%−13.33%	−0.002 887
15%−3%	30%−13.33%	0.006 66
协方差		0.003

A、B 两只股票的协方差为正值,表明 A、B 两只股票同方向变化。

(2) 相关系数

相关系数(correlation)表示两种证券收益率的相关性。可用公式表示为

$$\rho_{ij} = \frac{\sigma_{ij}}{\sigma_i \times \sigma_j} \tag{3-18}$$

式(3-18)中,σ_{ij} 表示 i 种和 j 种证券的协方差,σ_i 表示 i 种证券的标准差,σ_j 表示 j 种证券的标准差。ρ_{ij} 为第 i 种资产与第 j 种资产间的相关系数。若 $\rho_{ij}=1$,表示两种资产收益率在变动时,呈现出完全正相关的关系;$\rho_{ij}=-1$,表示两种资产收益率之间是完全的负相关变动关系;$\rho_{ij}=0$,表示两种资产收益率不相关。

由式(3-18)可知,相关系数是一种特殊协方差,它可以准确刻画两个变量在变化过程中的相似程度。

承例 3-3,A、B 两只股票收益率之间的相关系数为

$$\rho_{AB} = \frac{0.003}{0.1697 \times 0.1023} = 17.3\%$$

表明同向变化的 A、B 两只股票的相似度为 17.3%。

在弄清了协方差、相关系数的含义和度量之后,我们就能够运用式(3-15),方便地计算投资组合的方差。

承例 3-3,A 和 B 两只股票的方差分别为 0.0288 和 0.01046。由于崇德公司在 A、B 股票上各投入 50%,因此,根据式(3-15),我们可以得到该投资组合的方差,即

$$\sigma_P^2 = \omega_1^2 \sigma_1^2 + \omega_2^2 \sigma_2^2 + 2\omega_1\omega_2\sigma_{12}$$
$$= 0.5^2 \times 0.0288 + 0.5^2 \times 0.01046 + 2 \times 0.5 \times 0.5 \times 0.003$$
$$= 0.011315$$

显然,投资组合方差(0.011315)小于投资组合中两种资产方差的加权平均值(0.01963)。理由是投资组合具有风险分散效应。

(3) 协方差和相关系数的特例

在现实经济中,协方差和相关系数会出现一些不寻常的情形,现分述之。

第一,资产与自身的协方差和相关系数。资产与它自身的协方差等于它的方差,由表 3-7 可知,第 1 种资产与第 1 种资产的协方差就是第 1 种资产的方差,$\sigma_{11} = \sigma_1^2$,因此,方差是协方差的一种特殊情况。表 3-7 中,$\sigma_2^2 \cdots \sigma_n^2$ 均属于资产与其自身协方差的特殊情况。资产与它自身的相关系数为 1,比如,第 1 种资产与其自身的相关系数 $\rho_{11} = \frac{\sigma_{11}}{\sigma_1 \times \sigma_1} = \frac{\sigma_1^2}{\sigma_1^2} = 1$。

第二,风险资产与无风险资产的协方差和相关系数。风险资产与无风险资产的协方差等于零,风险资产与无风险资产的相关系数为零。

例 3-7 设无风险利率为 3%,市场组合的期望收益率为 12%,标准差为 15%。崇德公司股票的标准差为 25%,它与市场组合的相关系数为 0.2。若将资金按 41.7% 和 58.3% 的比例分别投资于市场组合和无风险资产,构建一个新组合。该新组合与市场组合的协方差和相关系数分别是多少?

由于无风险资产的方差和标准差为零,因此,新组合的标准差为 41.7%×15%。

由于新组合是市场组合与无风险资产构成的组合,因此,新组合与市场组合的协方差可理解为市场组合与自身的协方差,考虑到新组合的投资比例,新组合与市场组合的协方差为 41.7%×15%²。

新组合与市场组合的相关系数为 41.7%×15%²/15%×41.7%×15%=1。

3. 为什么投资组合的风险和组合中各种资产的平均风险不同?

由例 3-3 可知,由 A、B 两只股票构成的组合的方差(0.011315)小于两只股票方差的加权平均值(0.01963),因此,组合具有分散风险的效应。那么,这是为什么呢?

例 3-8 设有两家银行,甲银行有 100 笔尚未收回的贷款,每笔价值 1 万元,银行预计今天会收回贷款。每笔贷款有 1% 的违约率,违约时,银行损失 100%。设所有贷款的违约概率是相互独立的。乙银行只有 1 笔 100 万元的贷款尚未收回,预计也在今天收回。但它也有 1% 的违约率,一旦违约,损失 100%。

对乙银行来说,贷款违约率是 1%。也就是说,一旦出现违约,银行的损失将高达 100 万元。

反观甲银行,银行的 100 笔贷款可以视同一个组合。尽管违约率也是 1%,但是,银行 100 笔贷款中大约只有 1 笔可能违约。由于各笔贷款的风险没有相关性,在贷款组合中这种独立风险具有相互抵消效应(即分散化效应),因此,一旦违约,银行仅损失 1 万元。这就是风险分散效应。

二、如何构建投资组合

在进行投资组合时,将所有可供选择的金融资产均视为投资对象,并将投资金额合理地分配在各个可供选择的金融资产上,目标是为了获得一个最优的投资组合(optimal portfolio)。如何构建投资组合呢?通常的做法是,运用期望收益—方差分析法(mean-variance analysis)评价投资组合,选择那些在期望收益率一定时标准差(风险)最小的投资组合,或者选择标准差(风险)一定时期望收益率最大的投资组合。因此,若不考虑投资者的风险耐受程度,那么,事实上存在许多有效投资组合,它们的集合被称为投资组合有效集。下面,我们先从仅由两种资产构成的组合谈起。

(一) 两种资产组合的有效集

设一投资组合仅包括两种金融资产 x 和 y,它们的期望收益率、方差、协方差和投资比例等相关信息见表 3-10。该投资组合的期望收益率和方差为

$$\bar{r}_P = \omega \bar{r}_x + (1-\omega) \bar{r}_y \tag{3-19}$$

$$\sigma_P^2 = \omega^2 \sigma_x^2 + (1-\omega)^2 \sigma_y^2 + 2\omega(1-\omega)\sigma_{xy} \tag{3-20}$$

表 3-10 金融资产 x 和 y 的相关信息

	期望收益率	方 差	协方差	投资比例: $\omega_x + \omega_y = 1$
金融资产 x: $\tilde{r}_x$	$\bar{r}_x$	σ_x^2	σ_{xy}	$\omega_x = \omega$
金融资产 y: $\tilde{r}_y$	$\bar{r}_y$	σ_y^2	σ_{yx}	$\omega_y = 1-\omega$

两种资产组合下,期望收益率和标准差之间的关系见图 3-1。点 1 至点 2 之间的弧线表示组合投资的可行集,它表示投资者投资于 x 资产和 y 资产所构成的各种可能的组合。弧线上的点表示投资者按某一比例投资于资产 x 和 y 所形成的特定组合。观察图 3-1,我们可以做如下解读。

第一,投资比例和可行集。弧线上有 1、2 和 MV 三个点,点 1 表示投资者将资金全部投资于 x 资产,点 2 表示投资者将资金全部投资于 y 资产。显然,由于点 2 的位置高于点 1,因此,与 x 资产相比较,y 资产的期望收益率和方差都较大。点 1 表示对 x 资产进行了

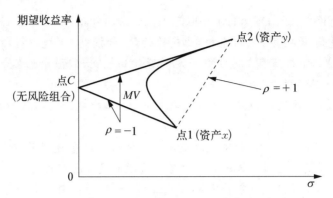

图 3-1　不同相关系数下两种金融资产的可行集

100%投资,随着对资产 y 投资比例的增加,投资组合在可行集上的位置会越来越处于高位,最高位是点 2,表示对 y 资产进行了 100%投资。点 MV(即弧线的垂直切点)代表具有最小方差的投资组合,该组合也具有最小标准差。

第二,投资组合的有效集。点 MV 将整条弧线分成两段,其中点 MV(即弧线的垂直切点)至点 2 之间的弧线称为投资组合的有效集。在不考虑投资者风险承受能力的情况下,这段弧线上的任意组合都能够使投资者在既定风险下实现期望收益率最大化。点 1 至点 MV(不包括点 MV)之间是一段"弓形曲线",这是投资组合的无效集,它表明,当投资收益上升时,相应的标准差下降,这种情形一直到投资者持有点 MV 组合时消失。由于点 MV 是最小方差的投资组合,对比该最小方差组合,点 1 至点 MV(不包括点 MV)之间"弓形曲线"上的任何组合,其期望收益率较低,但标准差较高。因此,投资者只考虑点 MV(最小方差组合)至点 2 之间的弧线上的投资组合。

第三,相关性和风险。可行集曲线随相关系数的变化而变化,当两种资产的相关系数介于+1 和−1 之间时,可行集是一条处于 C、1、2 三个点组成的三角形区域内的弧线,相关系数越小,投资可行集曲线越向左弯曲,组合风险越小。

当两种金融资产完全正相关,即 $\rho=1$ 时,此时的可行集是经过点 1($\bar{r}_x$,σ_x)和点 2($\bar{r}_y$,σ_y)的一条直线。组合的标准差等于这两种资产加权平均标准差,即没有产生风险分散效应。

当两种金融资产完全负相关,即 $\rho=-1$ 时,那么,在特定的投资比例下,两条线可以相交于纵坐标 C 点,构造出一个无风险的投资组合。

第四,分散化效应。由资产相关性和风险之间的关系可知,只要两种资产的相关系数小于 1,组合的标准差就小于两种资产各自的标准差的加权平均数。随着相关系数的降低,投资组合的标准差逐渐下降。这正是投资组合所要追求的目标,即分散化效应。

(二) 多种资产组合的有效集

在现实生活中,人们同时投资的证券或资产往往不止两种。当 n 种资产(泛指两种以上资产)构成投资组合时,所有可能的投资组合都处于一个破鸡蛋壳的区域内(见图 3-2)。对于两种以上资产构成的组合,构造最优投资组合的原则是相同的,即在组合的期望收益率既定的条件下,如何在 n 种资产上进行资金配置,以寻找到一个最佳的投资权重 $\{\omega_1,\cdots,\omega_n\}$,使该组合的风险最小。其目标函数为

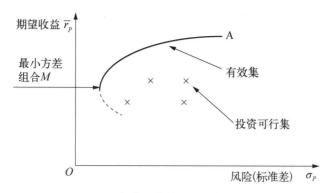

图 3-2 投资组合的可行集与有效集

$$\sigma_P^2 = \sum_{i=1}^n \sum_{j=1}^n \omega_i \omega_j \sigma_{ij} \to \min \quad (3\text{-}21)$$

约束条件是：

(1) $$\sum_{i=1}^n \omega_i = 1 \quad (3\text{-}22)$$

(2) $$\sum_{i=1}^n \omega_i \bar{r}_i = \bar{r}_P \quad (3\text{-}23)$$

多种资产组合的可行集由一个区域构成，它是投资者投资于 n 种资产所形成的各种可能的投资组合的集合。区域内的点表示投资者按某一比例投资于 n 种资产所形成的特定组合。观察图 3-2，我们可以解读出如下信息。

第一，最小方差组合。图中 M 点称作最小方差组合(minimum variance portfolio)。它是可行集区域的垂直切点，位于区域最左端的点，具有最小组合标准差。

第二，投资组合的有效集。多种资产组合的有效集是位于区域上方从点 M 至点 A 的边缘或边界(图 3-2 中的黑色实心弧线)。如果不考虑投资者风险耐受能力，在这边界上，投资者可以寻找到在一定风险下获得最大投资期望收益率的投资组合。而任何位于点 M 至点 A 的边缘(或边界)下方的点，其期望收益率都小于有效集上的点，而标准差却相等。

三、投资组合的风险分散化效应

(一) 投资组合的风险类别

投资组合的风险有两类：非系统性风险(unsystematic risk)和系统性风险(specific risk)。

1. 系统性风险

系统性风险是指由市场的消息引起的资产收益率的波动，是一种共同风险(common risk)，如通胀、经济衰退、宏观经济政策等宏观经济因素的非预期变动。它也称为市场风险(market risk)或不可分散风险。此类风险是由整个经济系统或市场的综合因素决定的，它们产生的风险会波及所有企业的经营，形成了系统性风险。因此，系统性风险是指投资组合无法消除的风险，投资者无法通过分散投资来消除由这些综合因素带来的风险。

例3-9 假设有10家A类公司,它们仅受经济预期波动(即系统性风险)的影响,未来经济强劲和疲软的概率分别是50%和50%,在两种经济情形下,该类公司预计收益率分别是30%和-10%。

根据式(3-9)和式(3-12),A类公司的期望收益率和标准差分别为

$$50\% \times 30\% + (-10\%) \times 50\% = 10\%$$

$$\sqrt{50\%(30\%-10\%)^2 + 50\%(-10\%-10\%)^2} = 20\%$$

由于A类公司仅仅受系统性风险影响,所有A类公司都同时获得高或低的收益率。因此,一方面,这10家A类公司的平均收益率也是30%或-10%,即平均期望收益率为10%;另一方面,投资组合无法消除系统性风险,A类公司平均期望收益率的标准差与投资组合中A类公司的数量无关,即标准差仍为20%。

2. 非系统性风险

非系统性风险是指发生于个别公司的特有事件(比如罢工、新产品开发失败、诉讼失败等)造成的风险,它是可以经分散化投资减少甚至消除的风险(diversifiable risk),被称为独立风险(independent risk)。这类风险由公司特有消息而引起的资产收益率的波动,它与企业自身的经营特性紧密相关,取决于投资者对公司特定事项所做出的反应,是一种独立风险。分散化组合投资可以使这些风险相互抵消,直至消除。

例3-10 假设有10家B类公司,它们仅受公司特有风险(即非系统性风险)影响,未来出现"好"和"坏"两种情形的公司数分别占50%和50%,预期收益率分别是40%和-20%。

根据式(3-9)和式(3-12),B类公司的期望收益率和标准差分别为

$$50\% \times 40\% + (-20\%) \times 50\% = 10\%$$

$$\sqrt{50\%(40\%-10\%)^2 + 50\%(-20\%-10\%)^2} = 30\%$$

由于B类公司仅受非系统性风险影响,其投资收益是独立的,因此,虽然这10家B类公司的平均期望收益率为10%,但组合可以消除非系统性风险,受益于风险分散效应,B类公司平均期望收益率的标准差与组合中B类公司的数量有关,10家B公司平均收益率的标准差仅为9.5%(9.5%=30%/$\sqrt{10}$)[用标准误(即样本均值的标准差)表示],远低于30%。

案例3-2

为什么投资者对于高标准差的股票不要求较高的收益率?

股票的风险有两类,系统性风险和非系统性风险,其中,非系统性风险可以通过构建组合分散掉。因此,不是所有风险都会影响投资者所要求的风险溢酬,这也是投资者持有标准差较高的股票但不要求较高收益率的理由。

假如某公司面临如下风险:

(1) 公司CEO被竞争对手挖走的风险;

(2) 公司面临经济增速放缓的风险;

(3) 公司面临财政政策变动引发的风险；

(4) 公司管理层激励不足的风险。

问：以上哪些风险是可分散风险？哪些是系统性风险？它们是否会影响投资者所要求的风险溢酬？

（二）投资组合的分散化效应

1. 分散化效应基本原理

根据式(3-21)，多种资产组合方差取决于每种资产的方差和资产之间的协方差。如果投资组合由3种资产组成，根据组合方差矩阵计算表，就有3个方差和6个协方差。如果投资组合由10种资产组成，就有10个方差和90个协方差。因此，如果投资组合由N种资产组成，就有N个方差和N(N-1)个协方差。

为了便于讨论多种资产组合的效应，假设资产组合由N种资产组成，组合中所有的资产具有相同的方差($\overline{Var}$)，所有的协方差都相同($\overline{Cov}$)，每种资产具有相同的投资比重(1/N)。投资组合的方差为

$$\sigma_P^2 = N(1/N^2)\overline{Var} + N(N-1)(1/N^2)\overline{Cov}$$
$$= (1/N)\overline{Var} + [1-(1/N)]\overline{Cov}$$

据此可得到两个基本结论。

第一，组合风险不仅与组合中单个资产收益率的标准差有关，还跟各资产收益率之间的协方差有关。当N趋于无穷大时，组合中各种资产的平均方差的权重(1/N)趋向于零，而组合中各对资产平均协方差的权重趋于1。因此，在投资组合中，随着N的增加，投资组合的方差渐渐逼近平均协方差，投资组合的方差事实上成为组合中各对资产的平均协方差。

第二，金融资产的涨跌往往是同方向的，平均协方差不可能为零，而是以正数出现。因此，投资组合存在剩余风险。剩余风险也称系统风险或市场风险。经过分散化的作用，平均协方差构成了剩余风险或系统性风险的基础。

2. 投资组合分散化效应的局限性

投资组合的效应是降低投资风险，即降低整个投资组合的风险(方差)。投资组合中选取的资产数量越多，意味着分散化投资程度越大，投资组合风险降低的程度也就越大。但是，投资组合的风险分散化有其局限性，投资组合不能分散或化解所有的风险。那么，投资组合无法分散何种风险呢？

由图3-3可知，随着组合中资产数量的增加，组合的平均方差渐渐趋于零，但组合的平均协方差不可能为零。因此，无论采取怎样的分散化投资策略，也不可能将投资组合的风险降为零，风险在降低到一定程度后就渐进地趋于平均协方差。

投资组合分散化策略只能规避由单个金融资产价格剧烈波动所形成的风险。但是，由于系统性风险是无法通过分散化效应来消除的，因此，经济整体的走低还是会使投资组合蒙受相应的损失。

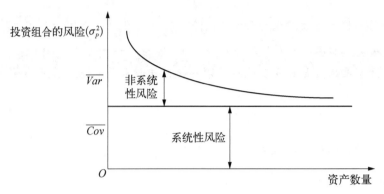

图 3-3 分散化投资组合的风险

四、在投资组合中引入无风险资产

(一) 无风险借和贷

1. 投资组合的标准差

上文所讨论的投资组合中,其资产均假定为风险性资产。20世纪60年代,夏普首先发现,如果投资者可以按照某一种无风险利率借入或贷出资金,那么,投资者就有可能将部分资金投资于无风险资产(如国债),而将另一部分资金投资于由风险资产构成的投资组合。也可以借入无风险资金,连同原有的资金一起投资于由风险资产构成的投资组合。因此,资金的无风险借贷拓展了投资组合的可能范围。那么,引入无风险借贷究竟会对马柯维茨的投资组合有效集产生什么样的影响呢?

当投资组合中既包含风险性金融资产又包含无风险性金融资产时,投资组合的有效集将会发生变化。我们可以将投资组合看作是由两项资产构成的,一种是无风险资产,另一种是由 n 种风险性资产构成的风险性资产组合。由于无风险资产的名义回报率是确定的(即无风险资产的标准差 $\sigma_F=0$),因此,无风险资产与马柯维茨投资组合可行集中的任何一种风险资产组合 A 的协方差或相关系数均为零 ($\sigma_{F,A}=\rho_{F,A}=0$)。因此,由无风险资产和任何一种风险资产构成的一个投资组合的标准差为 $\sigma_P=\sqrt{[x_A\sigma_A]^2}=x_A\sigma_A$。组合标准差与风险资产组合 A 的投资百分比呈线性关系,于是形成了新的可行集,即通过点 F 向马柯维茨可行集所做的射线,有无数条投资组合的可行集。但是,投资组合的有效集只有一条,即从无风险资产所在的点 F 出发,向马柯维茨风险资产组合所做的切线(见图 3-4)。

例 3-11 设某投资者 A 拥有 1 万元,以无风险利率借出 4 000 元,另 6 000 元投资于风险资产组合(假如为图 3-4 中切点 T 的风险资产组合)。设切点 T 风险资产组合期望收益率为 12%,切点 T 风险资产组合的标准差为 20%。设无风险利率为 3%。

投资者 A 构建的组合的期望收益率为

$$r_A = 40\% \times 3\% + 60\% \times 12\% = 8.4\%$$

由于无风险资产的方差和标准差为零,因此,投资者 A 构建的组合的方差为

$$\sigma_A^2 = 0.6^2 \times 20\%^2 + 0.4^2 \times 0^2 + 2 \times 0.4 \times 0.6 \times 0 = 12\%^2$$

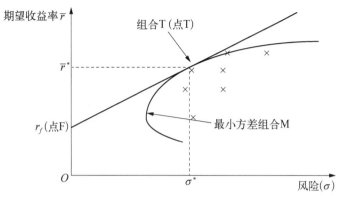

图 3-4 无风险资产与切点组合 T

尽管在风险一定(即组合标准差为12%)的情形下,基于其他的风险资产组合(即切点 T 之外的风险资产组合),投资者构建的组合有很多种可能性,但是,构建由无风险资产与切点 T 风险资产构成的组合无疑是最佳的。

2. 有效集的解读

观察图 3-4,如果从无风险资产所在的点 F 出发,向马柯维茨风险资产组合的有效集作切线。我们可以得到切点 T,其对应的风险资产组合被称为切点组合 T(tangent portfolio T)。根据资产组合选择原则,这个切点投资组合提供了每单位标准差的最高收益率,它是这条切线成为投资组合有效集的逻辑起点。

可见,当市场上存在无风险金融资产时,投资组合的有效集就是由无风险资产和风险资产组合中的切点组合 T 构成的所有投资组合的集合。这条有效集由两段组成。

第一,如果没有卖空机制,有效集为 F、T 两点之间的直线段。也就是说,由无风险资产和风险资产组合构造的投资组合,其有效集为连接无风险资产$(0, r_f)$和风险资产组合$(\sigma^*, \bar{r}^*)$的一条直线。

投资者构建的组合 A 只是有效集 FT 线段上更靠近 T 点的一个投资组合。若将更多的资金以无风险利率借出,那么,投资者构建的组合 A 只是有效集 FT 线段上更靠近点 F 的一个投资组合。

第二,如果存在卖空机制,投资者按照无风险利率借入资金,连同原有资金一起投资于风险切点组合 T,那么,有效集还应该包括 FT 直线段的向上延伸段。

例 3-12 设某投资者 B 拥有 1 万元,以无风险利率借入 4 000 元,并全部投资于切点 T 风险资产组合。设切点 T 风险资产组合期望收益率为 12%,切点 T 风险资产组合的标准差为 20%。设无风险利率为 3%。

投资者 B 构建的组合的期望收益率为

$$r_A = 140\% \times 12\% - 40\% \times 3\% = 15.6\%$$

投资者 B 构建的组合的方差为

$$\sigma_B^2 = 1.4^2 \times 20\%^2 = 28\%^2$$

可见，投资者构建的组合 B 只是有效集 T 点向上延伸段上的一个投资组合。

我们为什么没有理由去持有其他的风险资产组合呢？夏普认为，根据"共同期望"（即信息对称）假设，由于信息对称，投资者不比竞争对手掌握更多的信息，任何奇思妙想都不可能由投资者独享。因此，投资者没有理由与其他投资者持有不同的风险投资组合。

可见，在这个有效集上，投资者根据各自的期望效用，通过调整无风险资产与风险资产组合（组合 T）的投资比率，将风险控制在一定水平上，并获得最高的期望收益率。

（二）切点投资组合与市场组合的关系

如果市场上所有的投资者均有着"共同期望"（即信息对称），那么，不同的投资者都会选择相同的风险资产组合 T，并根据其偏好在切点组合 T 和无风险资产之间配置不同比例的资金。于是，切点组合 T 不再被视为一个简单的风险资产组合，而是被称为市场组合（market portfolio）。在实践中，沪深 300、标准普尔 500、日经指数、恒生指数等就是市场组合的近似。根据图 3-4 中的切线，投资组合的期望收益和风险的关系为

$$\bar{r}_P = r_f + \frac{\sigma_P}{\sigma_M}(\bar{r}_M - r_f) \tag{3-24}$$

式（3-24）中，$\bar{r}_M$ 表示市场组合的期望收益率，σ_M 表示市场组合的标准差，$\frac{(\bar{r}_M - r_f)}{\sigma_M}$ 表示投资组合期望收益率和风险之间的斜率，它被称为投资组合的夏普比率，可以衡量投资组合提供的风险收益率。

例 3-13 设切点组合（即市场组合）期望收益率和标准差分别为 16% 和 15%，组合 A 的期望收益率和标准差分别为 8% 和 10%。无风险利率为 5%。某投资者拟投资 2 万元于组合 A。请给该投资者提供一个新的投资组合建议，在风险既定（标准差为 10%）的情形下，实现收益最大化。

设将 X 比例资金投资切点组合，构建一个由切点组合和无风险资产构成的投资组合，该新组合的期望收益率和标准差分别为

$$新组合期望收益率 = 5\%(1-X) + 16\% \times X$$

$$新组合标准差 = X \times 切点组合标准差 = 15\% \times X$$

若设该新组合的标准差为 10%，X = 66.7%。在这种投资比例下，新组合的期望收益率为

$$新组合期望收益率 = 5\%(1-X) + 16\% \times X = 5\% \times 33.3\% + 16\% \times 66.7\% = 12.34\%$$

显然，新组合的风险与组合 A 一致，但期望收益率却高出 4.34%（4.34% = 12.34% − 8%）。

由式（3-24）可知，由无风险资产与切点 T 构成的投资组合的收益和风险呈线性关系，该直线被称为资本市场线（capital market line）。观察图 3-5，它表示当市场上存在无风险资产，市场达到均衡后，投资者最优的投资组合（同时含有无风险资产与风险资产）与市场组合在期望收益率与风险上所存在的联系。

如果投资者的投资组合位于资本市场线上方时，表明市场上存在套利机会，市场没有实现最优的资源配置，此时的市场价格关系是无法维持下去的。而当投资者的投资组合位于资本市场线下方时，表明此时投资者的投资组合没有实现最优化，投资者可以继续买卖以建

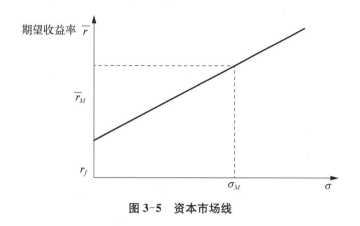

图 3-5 资本市场线

立更优的投资组合。只有当投资者的投资组合位于资本市场线上时,投资者才实现最优化投资,同时市场也达到均衡[①]。

第三节 资本资产定价模型和贴现率

式(3-24)为我们提供了投资组合的期望收益率和风险(标准差)之间的关系式,我们可以据此求出组合的贴现率,但无法用来计算组合中单个资产的贴现率。威廉·夏普、约翰·林特纳(John Lintner)和杰克·特雷诺(Jack Treynor)等金融经济学家在投资组合理论基础之上创建了资本资产定价模型(Capital Asset Pricing Model,简称 CAPM)。由于资本资产定价模型研究最优投资组合中单个风险性金融资产与市场组合的关系,因此,资本资产定价模型使计算单个资产贴现率成为可能。

一、投资组合中单个资产的风险和期望收益率

(一) 风险分散的局限性和单个资产(证券)的风险

在上文关于马柯维茨投资组合风险分散的论述中,我们认识到了风险分散的效应,也体会过了风险分散的局限性。组合中的资产数量越多,分散化效果越好,直至将组合中的非系统性风险消除,仅留下系统性风险。

投资组合的分散风险效应给我们的启示是:任何投资都可视为一种组合投资,当某种资产(证券)和其他资产(证券)构成组合时,该资产的不确定性会部分地得到分散和对冲。因此,在描述和度量该资产的风险时,投资者不该关心该资产的方差,否则会高估组合中该资产的风险。那么,该用什么办法来度量组合中单个资产的风险呢?

应该用投资组合的风险来衡量,即考察组合中单个资产对投资组合方差的贡献和作用,或对投资组合风险变化的敏感度。

这种敏感度就是贝塔值或贝塔系数。单个资产的贝塔系数衡量的是由市场风险(系

---

① 朱叶,王伟.公司财务学[M].上海:上海人民出版社,2003:76.

统性风险)引起的,该单个资产相对于市场整体风险的波动率,它刻画了该单个资产对市场风险的敏感度。比如,组合的收益率变动 1 个百分点,组合中某一单个资产收益率会变动多少百分点,变动越大,说明该资产对组合风险的贡献越大。若变动超过 1%,则说明该资产风险高于组合风险。事实上,贝塔系数很好地度量了一种资产的风险对投资组合风险的作用。

(二)组合中单个资产的贝塔系数

1. 贝塔系数(β)的度量

若将投资组合定义为市场组合,我们就能够确认组合中单个资产相对于市场组合的贝塔系数,即在计算单个资产收益与市场组合收益的协方差、市场组合收益的方差以后,确认单个资产收益相对于市场组合收益的贝塔值。市场组合中第 i 种资产的贝塔系数为

$$\beta_i = \frac{\sigma_{iM}}{\sigma_M^2} \tag{3-25}$$

式(3-25)中,σ_{iM} 表示第 i 种资产的收益与市场组合收益的协方差,σ_M^2 表示市场组合收益的方差。在一个有效分散风险的市场组合中,每种资产的风险与其贝塔系数呈正相关关系,市场组合的贝塔系数与组合中资产各自贝塔系数的平均值相等。单个资产相对于市场组合的贝塔系数如何计算呢?

例 3-14 为便于说明,假设市场组合仅由证券甲和证券乙两种证券构成。投资者对证券甲和证券乙的投资比例分别为 65% 和 35%。证券甲和证券乙的期望收益率分别是 10% 和 20%。证券甲和证券乙的标准差分别是 31.5% 和 58.5%。两种证券的相关系数为 0.2。

根据式(3-21),该投资组合的方差为

$$0.65^2 \times 0.315^2 + 0.35^2 \times 0.585^2 + 2 \times (0.65 \times 0.35 \times 0.2 \times 0.315 \times 0.585) = 10.061\%$$

又假如证券甲与组合的协方差和证券乙与组合的协方差分别为 7.74% 和 14.373%。则甲、乙证券相对于组合的贝塔值为

$$\beta_{甲} = \frac{0.0774}{0.10061} = 0.77$$

$$\beta_{乙} = \frac{0.14373}{0.10061} = 1.43$$

贝塔值可以做如下解读,当投资组合的收益率变动 1%,甲证券和乙证券的收益率分别变动 0.77% 和 1.43%。显然,甲证券的风险小于组合风险,其对组合风险的贡献小于乙证券。

2. 特殊资产的贝塔系数

在众多资产中,国库券和市场组合是两种特殊的资产。它们的贝塔系数有何特点呢?

第一,国库券。国库券是无风险的资产,国库券的收益确定,不受市场事件影响,也就是说,国库券的贝塔系数为零。

第二,市场组合。市场组合的风险为平均市场风险,其贝塔系数为 1。因此,投资者对市

场组合的要求收益率（$\bar{r}_M$）会远高于对国库券的要求收益率（r_f）。市场组合的贝塔系数与组合中单个资产贝塔系数的平均值相等。以例3-15为例，甲证券和乙证券的平均贝塔系数（0.769 3×65%＋1.43×35%）等于组合的贝塔系数（1）。

市场组合收益率和国库券利率之间的差额就是市场风险溢酬，由于国库券的贝塔系数为零，其风险溢酬为零，而市场组合的贝塔系数为1，其风险溢酬为（$\bar{r}_M-r_f$）。

如果组合中某单项资产的贝塔系数介于0和1之间或大于1，那么，该资产的期望风险溢酬又该是多少呢？

（三）用CAPM模型来刻画组合中单个资产的期望收益率和风险的关系

20世纪60年代，夏普等金融学家用资本资产定价模型（简称CAPM模型）为上面的问题提供了答案。资本资产定价模型有五个假设条件。

第一，投资者厌恶风险假设。

第二，投资者可以按竞争性的市场价格买入或卖出所有证券，可以按无风险利率借入或贷出资金。

第三，共同期望假设[①]。对于证券的标准差、相关系数和期望收益，投资者具有共同期望。

第四，考虑单个资产对投资组合风险的贡献。因为当某资产（证券）和其他资产（证券）构成组合时，该证券收益的不确定性部分地被分散。

第五，用贝塔系数描述单个资产对投资组合价值变化的敏感度。

根据CAPM假设，在竞争性市场中，承担相似风险的投资应该有相同的期望收益率。由于信息对称，任何选择风险资产的投资者都将会持有市场组合，投资者通过分散化投资组合来消除公司特有风险（非系统性风险），因此，测度单个资产风险的指标应该是该单个资产相对于市场组合的贝塔系数，即单个资产的系统性风险可根据其收益率与市场组合收益率的共同变化情况来计量。在市场均衡条件下，单个风险性资产与市场组合在期望收益率与风险上存在以下关系[②]：

$$\bar{r}_i = r_f + \beta_i(\bar{r}_M - r_f) \tag{3-26}$$

式（3-26）中，β_i表示组合中风险性资产（证券）i的β系数，$\bar{r}_i$表示组合中风险性资产（证券）i的期望收益率，$\bar{r}_M$表示市场组合M的期望收益率，r_f表示无风险资产的收益率。组合中风险资产i的期望收益率由两部分组合：一是时间价值（r_f）；二是期望风险溢价（溢酬）$\beta_i(\bar{r}_M-r_f)$。

例3-15 承例3-14，投资者对证券甲和乙的投资比例分别为65%和35%，证券甲和证券乙的期望收益率分别是10%和20%。设无风险资产收益率为3%，组合中甲证券和乙证券的贝塔系数分别为0.769 3和1.43。

根据资本资产定价模型，组合中甲证券的期望收益率为

$$\bar{r}_甲 = r_f + \beta_甲(\bar{r}_M - r_f) = 3\% + 0.769\ 3(13.5\% - 3\%) = 11.08\%$$

[①] 在信息对称条件下，投资者对期望收益、标准差和相关系数估计是一致的，也就是说，人人都会持有市场组合投资。

[②] 建议读者结合下文的证券市场线来理解式（3-26），其推导过程可参见相关投资学教材。

组合中乙证券的期望收益率为

$$\bar{r}_z = r_f + \beta_z(\bar{r}_M - r_f) = 3\% + 1.43(13.5\% - 3\%) = 18.02\%$$

根据式(3-26),我们可以得到单个资产期望收益率与其贝塔系数之间关系的更为一般的结论。如果某资产(证券)的贝塔系数为0.3,该资产(证券)的期望风险溢酬等于市场组合期望风险溢酬($\bar{r}_M - r_f$)的30%;如果某资产(证券)的贝塔系数为2,则该资产(证券)的期望风险溢酬将是市场组合风险溢酬的200%。此外,我们还可以就以下几种特殊情况进行解释。

第一,如果某风险性资产的贝塔系数为0,表明该资产不存在系统性风险,而完全是由非系统风险组成,这类风险可以通过分散化投资予以消除。因此,投资者在投资该风险性资产时,可将其视作无风险资产,所要求的收益率仅仅为无风险收益率 r_f。

第二,如果风险性资产的贝塔系数等于1,表明在该风险性资产的总风险中,系统性风险与市场组合风险在度量上完全相等,投资者投资该风险性资产时所要求的风险溢酬与投资市场组合时所要求的风险溢酬是相同的。

第三,如果风险性资产的贝塔系数小于0,表明在该风险性资产的总风险中,相应的系统性风险与市场组合风险呈反向的变化关系。市场收益好时,该风险性资产的收益较差;市场收益差时,风险资产的收益又会较好。此时,投资者投资该风险性资产时所要求的风险溢酬 $\beta_i(\bar{r}_M - r_f)$ 是一个负值[①]。

(四) 基于资本市场线的视角

重新审视图3-4中的资本市场线,我们会发现,在同等风险水平下,单个资产的期望收益率其实应该与同风险资本市场线组合的期望收益率相匹配。因此,我们可以通过寻找与单个资产等价的组合(即由市场组合和无风险资产构成的新组合),来确立单个资产的期望收益率。

例3-16 设无风险利率为3%,市场组合的期望收益率为12%,标准差为12%。崇德公司股票的标准差为25%,它与市场组合的相关系数为0.2。

根据题意,崇德公司的贝塔系数为

$$25\% \times 12\% \times 0.2/12\%^2 = 0.417$$

崇德公司的贝塔系数表明,市场组合收益率变动1%,崇德公司收益率变动0.417%。若将资金按41.7%和58.3%的比例分别投资于市场组合和无风险资产,那么,该新组合的标准差为 $41.7\% \times 12\%$,新组合与市场组合的相关系数为1,协方差为 $41.7\% \times 12\%^2$,新组合的贝塔系数为

贝塔系数 = 新组合标准差 × 市场组合标准差 × 新组合与市场组合相关系数 / 市场组合方差

$$= (41.7\% \times 12\%) \times 12\% \times 1/12\%^2 = 41.7\%$$

新组合期望收益率为

$$3\% \times (1 - 41.7\%) + 41.7\% \times 12\% = 6.753\%$$

该新组合与崇德公司股票具有相同的贝塔系数,即具有同样的市场风险,因此,崇德公

[①] 朱叶,王伟.公司财务学[M].上海:上海人民出版社,2003:80.

司的期望收益率与新组合的期望收益率相同。

崇德公司期望收益率＝新组合期望收益率＝3%＋0.417(12%－3%)＝6.753%

二、证券市场线

CAPM模型揭示了在市场均衡状态下,单一风险性资产(也可以是风险性资产的组合)与市场组合在期望收益率与风险(系统风险或贝塔系数)上所存在的关系。证券市场线(security market line)是CAPM模型的图形形式,图3-6中的斜线就是证券市场线。

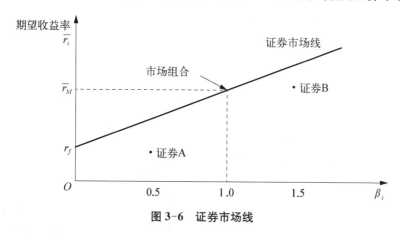

图 3-6 证券市场线

图3-6的主要含义如下:

第一,纵轴为期望收益率,横轴设为风险系数,用β_i表示。

第二,无风险资产的贝塔系数为零,因此,r_f成为证券市场线在纵轴上的截距。

第三,由于β_i表明了风险性资产i的风险中与市场组合风险σ_M(市场风险)相关的部分占市场风险的比重,或者是以市场组合风险σ_M(市场风险)为基准衡量单位,测算出的风险性资产i具有的系统性风险。因此,β_i越大,表明在风险性资产i的总风险中,系统性风险越大,投资者所要求的风险溢酬越大。

第四,证券市场线的斜率是$(\bar{r}_M-r_f)/1$。于是,我们可以得到风险性资产i的期望收益率与贝塔系数之间的函数关系,即$\bar{r}_i=r_f+\beta_i(\bar{r}_M-r_f)$。

第五,在一个完善市场中,资产被正确定价,因此,任何投资的预期净现值为零,套利机会消失,这意味着所有的投资都将位于证券市场线上。

投资者是否愿意投资证券市场线下方的证券A和证券B呢(见图3-6)?答案是都不会。首先,有比购买证券A更好的投资。投资者可以将资金按5∶5分别投资于无风险资产和市场组合,为此,在风险(贝塔系数0.5)一定的情况下,可以得到更高的期望收益。其次,也有比购买证券B更好的投资,投资者可以按自有资金的1/2借入资金,连同自己原有的资金,全部投资于市场组合,就能在风险(贝塔系数1.5)一定的情况下,得到更高的期望收益。因此,如果投资者购买位于证券市场线下方的证券,就意味着他们持有的证券的期望风险溢酬低于$\beta_i(\bar{r}_M-r_f)$。在信息对称条件下,不可能存在位于证券市场线下方的证券投资。

三、用CAPM模型计算单一风险性资产期望收益率的基本原理

资本资产定价模型明确给出了单个风险性资产的期望收益率与其风险之间的关系,但

是,在使用资本资产定价模型对单一风险性资产期望收益率进行实际测算中,应注意以下四个问题。

第一,如何选择市场组合?在现实经济中,要找到这样一个具有代表性的投资组合非常困难,充其量只能寻找市场组合的"替代"。最常用的就是股票市场上各类具有代表性的股票指数,比如,美国的标准普尔500(S&P 500)指数、纽约股票交易所综合指数、日本的日经225指数、英国伦敦金融时报指数、法国CAC股票指数、德国法兰克福DAX股票指数以及中国的上证综合指数等。它们都可以成为投资者在相应国家中投资时参考和选择的市场组合的"替代"。

第二,如何选择和计算无风险收益率 r_f?如果债券市场上存在国库券交易,那么,可以将同期国库券的到期收益率(yield to maturity)视为目标项目当前的无风险收益率。然而,1年期以上的国库券并非都是零息债券,1年期以上的国库券大多是平息债券,尽管它们没有信用风险,但存在利息再投资风险。因此,将同期国债利率作为无风险利率也仅仅是一个近似。

第三,如何确定市场组合的风险溢价 $(\bar{r}_M - r_f)$?由于我们无法在当下获知市场组合未来收益率 $\tilde{r}_M$ 的分布,因此,几乎无法计算出市场组合的期望收益率 $\bar{r}_M$。如果我们以股票指数作为市场组合的替代,那么,股票指数的历史收益率数据就可以用来估计市场组合的风险溢酬 $(\bar{r}_M - r_f)$。

第四,如何确定风险性资产 i 的贝塔系数?同样由于我们在当下无法获悉风险性资产 i 未来收益率 $\tilde{r}_i$ 和市场组合未来收益率 $\tilde{r}_M$ 的分布,因此,只能用它们已经发生的历史数据,进行线性回归,估计出 β_i。

资本资产定价模型为投资者确定资产的交易价格提供了一种非常简便易行的方法。由于资本资产定价模型建立在非常严格的假设前提下,而在现实中,这些假设是难以成立的,资本资产定价模型的有效性也就成为人们研究与关注的对象,对该模型的争议一直没有停止过。金融理论界一直在研究与寻找新的可以解释风险性资产价格确定机制的理论与模型,为此,也形成了很多著名的理论,比如套利定价理论、动态资本资产定价模型、消费型资本资产定价理论等。美国麻省理工学院(MIT)金融学教授迈尔斯给出了很好的总结:"资本资产定价模型成立的依据并不像学者们曾经想到的那样牢靠,但是,否认资本资产定价模型也会产生很多疑惑。"事实上,在投资者对要求收益和要求收益率的估计中,资本资产定价理论得到了广泛的运用[①]。

本章小结

1. 我们在绝大多数情况下都假定贴现率是给定的(外生的),但是,在现实的价值评估中,这种假设是无法成立的。因此,分析人员需要明确项目或资产风险与贴现率的关系,确定相应的贴现率。

2. 在公司金融实践中,无风险资产和具有市场平均风险资产的贴现率较易找到,前者是

[①] 朱叶,王伟.公司财务学[M].上海:上海人民出版社,2003:81.

同期国债利率,后者为市场组合的历史平均收益率。但是,介于这两类资产之间的众多资产的贴现率则需在研究了其风险和收益的关系后才能予以确认。

3. 马柯维茨的贡献在于,他提出了选择投资组合时衡量期望收益、标准差、相关系数等的基本方法。在投资者厌恶风险的假设下,提出了投资者在风险一定时追求期望收益率最大化的投资组合,或在期望收益率一定时追求风险最小的投资组合的理念。提出了投资有效集,论证了当某项资产在投资组合中的比重下降时,该项资产收益的非系统性风险对组合的影响变得非常有限。当投资组合中的资产分散到一定程度后,唯一的风险只剩下全部资产的系统性风险。

4. 威廉·夏普等金融经济学家在投资组合理论基础之上创建了资本资产定价模型。该理论模型具有革命性意义,使描述和量化资本市场的风险程度并对之进行定价成为可能。该理论认为,在市场均衡条件下,每项资产所能提供的收益率应该和其与市场组合的期望收益率的协方差呈线性关系。因此,资本资产定价模型是贴现率的理论基础。

5. 资本资产定价模型提供了两个很少有争议的共识:一是投资者对其所承担的风险总会要求额外的补偿,因此,投资者对风险较高的项目要求较高的收益;二是投资者主要关心其无法通过分散化投资消除的风险。因此,在公司金融实践中,资本资产定价理论得到了广泛的运用,很多公司就是利用资本资产定价理论来估计投资项目的期望收益率。

6. 当项目风险和公司承受的风险一样,且公司100%权益融资时,公司的资本机会成本就是投资项目的贴现率。如果公司引入债务融资,则公司的贝塔系数有可能发生变化。

关键词

期间收益率、年化收益率、期望收益率、要求收益率、风险、方差、标准差、协方差、相关系数、贝塔系数、投资组合、有效集、风险分散效应、资本市场线、市场组合、资本资产定价模型、证券市场线

习 题

1. 什么是期望收益率和要求收益率?它们在什么情况下是相同的?
2. 什么是风险?如何度量与估计风险?
3. 什么是投资组合?分散化局限性是指什么?
4. 在单个风险性金融资产风险—收益分析中,为什么用贝塔系数取代方差?
5. 什么是到期收益率?为什么无风险利率要用到期收益率表示?
6. 资本市场线和证券市场线的差别是什么?
7. 有一只股票最近4年的回报率如下:

年	1	2	3	4
回报率	−4%	24%	10%	4%

(1) 该股票的年均回报率是多少？
(2) 该股票回报率的方差是多少？
(3) 该股票回报率的标准差是多少？

8. 设有 A、B 两只股票，A 股票收益率估计 10%，标准差为 6%，B 股票收益率估计 7%，标准差为 4%。两只股票的相关系数为 0.1。又假如投资者拟同时投资 A、B 股票，投资比例分别为 20% 和 80%。
(1) 请作图，并在图中标出该投资组合的点；
(2) 请结合不同的可能投资比例，画出投资组合的有效集。

9. 设 C 公司股票的期望收益率为 18%，标准差是 30%。D 公司股票的期望收益率为 8%，标准差是 20%。假设这两只股票不相关。问：
(1) 由这两只股票构成的等权重投资组合的期望收益率和标准差分别是多少？
(2) 如果把所有资金都投资于 D 公司股票，该组合有效吗？

10. 设 E 公司股票标准差为 50%，F 公司股票的标准差是 30%，假如这两只股票不相关。问：
(1) 怎样用这两只股票构造出标准差等于 E 公司股票标准差的组合？
(2) 怎样用这两只股票构造标准差最低的组合？

11. 股票 G 与市场组合的信息见下表。

经济状况	概 率	股票 A 的收益率	市场组合收益率
很好	10%	25%	18%
好	20%	10%	20%
一般	50%	15%	4%
差	20%	−12%	0%

要求：
(1) G 的期望收益率是多少？市场组合的期望收益率为多少？
(2) 股票 G 和市场组合的标准差分别是多少？
(3) 股票 G 与市场组合之间的协方差是多少？相关系数是多少？
(4) 计算股票 G 的贝塔系数。

12. H 公司股票的年标准差为 40%，贝塔系数为 +0.10，I 公司股票的年标准差为 30%，贝塔系数为 +0.63。试说明为什么对一个分散化的投资者来说，H 公司是一项更安全的投资。

13. 假如国库券年利率为 3%，市场组合的期望收益率为 15%。根据资本资产定价理论解释：
(1) 市场风险溢酬为多少？
(2) 贝塔系数为 0.7 时，投资者要求的收益率为多少？
(3) 如果投资者希望股票的期望收益率为 12%，则其贝塔系数为多少？

14. 识别下列风险是系统性还是非系统性风险：
(1) 因经济衰退，公司产品需求下降的风险。

(2) 公司老资格 CFO 被竞争对手挖走的风险。

15. 一个等权重的投资组合,该组合内每只股票的标准差都是 20%,每一对股票之间的相关系数为 0.1。问:

(1) 当组合中的股票种类非常多时,该组合的标准差是多少?

(2) 每只股票和这个大投资组合的平均相关系数是多少?

16. 假定无风险利率是 3%,市场组合的期望收益率为 12%,标准差是 15%。K 公司股票标准差是 18%,它与市场组合的相关系数为 0.08。

(1) K 公司股票相对于市场的贝塔系数是多少?

(2) 在 CAPM 假设下,公司股票的期望收益率为多少?

17. 假如海飞公司 100% 权益融资。海飞公司在过去半年中,每月的收益率和市场组合收益率如下表所示。

时 间	海飞公司收益率	市场组合收益率
第 1 个月	−1%	2%
第 2 个月	−0.9%	3%
第 3 个月	1.1%	4%
第 4 个月	0.7%	4%
第 5 个月	−0.8%	5%
第 6 个月	1.2%	3%

(1) 计算海飞公司与市场组合的协方差。

(2) 计算市场组合的方差。

(3) 计算海飞公司股票贝塔系数。

(4) 如果海飞公司引入债务融资,那么,其股票贝塔系数是高了还是低了?

18. 请任选一家中国上市公司,根据该公司过去五年历史收益率数据计算:

(1) 该公司历史平均收益率。

(2) 以沪深 300 为市场组合,计算该公司的贝塔系数。

19. 有一家公司,出于规避风险的考虑,进行了多元化经营。你认为该公司真的能够实现风险分散的效应吗?

重要文献

1. Zvi, B., Kane, A., and Marcus, A.J. *Investments* (5th Edition)[M]. Boston: McGraw-Hill/Irwin, 2002.

2. Copeland, T. E. and Weston, J.F. *Financial Theory and Corporate Policy* (3rd Edition)[M]. Reading, Massachusetts: Addison-Wesley Publishing Company, 1988.

3. Fama, E. F. and French, K.R. The Cross-Section of Expected Stock Returns[J].

Journal of Finance, 1992(47), 427-465.

4. Markowitz, H. M. Portfolio Selection[J]. *Journal of Finance*, 1952(7), 77-91.

5. Markowitz, H. M. *Portfolio Selection: Efficient Diversification of Investments*[M]. New York: John Wiley & Sons, 1959.

6. Ross, S. A. The arbitrage Theory of Capital Asset Pricing[J]. *Journal of Economic Theory*, 1976(13), 341-360.

7. Sharpe, W. F. Capital Asset Prices: A Theory of Market Equilibrium under Conditions of Risk[J]. *Journal of Finance*, 1964(19), 425-442.

8. Sharpe, W. F. Factor Models, CAPMs, and the APT[J]. *Journal of Portfolio Management*, 1984(11), 21-25.

9. 朱叶,王伟.公司财务学[M].上海:上海人民出版社,2003.

第四章 资本成本

【学习要点】

1. 资本成本两面性。
2. 如何用资本资产定价模型计算普通股成本?
3. 如何计算债务资本成本?
4. 加权平均资本成本的含义和计算。
5. 如何选择项目贴现率?

在理解了单个资产风险和收益之间的关系之后,我们就可以着手计算特定资产的贴现率。从投资者的视角看,贴现率是资本机会成本,或视为同等风险条件下可获得的最大期望收益率。前文(本书第二章和第三章)关于贴现率的定义主要基于投资者视角,但从融资者的视角看,投资者的期望收益率其实就是融资者的资金使用成本,或视为使用资本的代价。比如,债权人的期望收益率(期望利率)就是债务人的资金使用成本。因此,贴现率应该用资本成本来定义,既可以界定为资本机会成本,也可以理解为资金使用成本。可见,资本成本具有两面性。本章介绍资本成本的定义、相应的测度方法,以及特定资产贴现率的计算。

第一节 资本成本概述

资本成本是公司金融一个很重要的概念,是估值的重要基石。尽管其不易估算,但它却是公司投资决策和融资决策的重要基础。

一、资本成本的定义

(一)资本成本两面性

上文提到,资本成本具有两面性。下面,我们话分两头说。

1. 资本机会成本

从投资者来说,资本成本是投入资本的机会成本,是指投资者在同等风险投资中所能获得的最大的期望收益率。

例 4-1 崇德公司拟购买中国银行股票,设与中国银行具有相同风险水平的上市银行还有三家,它们分别是中国工商银行、中国农业银行和中国建设银行,投资者对这三家上市银行的平均期望收益率分别为 10%、8% 和 9%。

显然,中国工商银行是崇德公司的另一个最佳投资选项,因此,中国工商银行的期望收益率就是崇德公司投资中国银行的机会成本,是崇德公司投资中国银行所放弃的其他投资机会中的最大预期收益。也就是说,崇德公司对中国银行投资的期望收益率不应低于10%,否则,它会舍弃中国银行而改投中国工商银行。从这个意义上说,中国工商银行的期望收益率可以视为崇德公司最低可接受的回报率。

2. 资金使用成本

从融资者来说,资本成本是资金的使用成本。融资者或举债融资,或发新股融资,前者须支付利息,后者须发放股息,利息和股息均为融资者使用资本的代价。

例 4-2 崇德公司为解决资金缺口,决定分别使用发放公司债券和发行新股的方式进行融资。设公司债券年利息率为10%,股利发放率为20%(预计每股净收益为2元)。

简单来说,10%的利息率可视为崇德公司使用债务资本的代价,每股支付0.4元现金股利可视为崇德公司使用权益资本的代价。如果崇德公司新增资金的预计投资收益(或期望收益)不能超过资金使用成本,那么,就不值得进行新增投资。

可见,资本成本既是投资者的机会成本,同时又是融资者的资金使用成本。资本的两面性给投资决策和融资决策提供了决策基础和决策依据。

(二) 公司资本成本

根据资本成本两面性,公司资本成本也有两种:一是指公司投资者的平均期望收益率;二是指公司应承担的平均资本使用成本。

1. 基于公司投资者的视角

(1) 公司资本的来源

公司资本或由债权人投入,或由股东投入,债权人和股东都是公司的投资者。但是,公司债权人和股东的要求收益率或期望收益率各不相同。

第一,债权投资者的期望收益率。商业银行和公司债券投资者是公司最主要的债权投资者,前者是公司贷款的供给者,后者是公司债券的购买者。他们以规定利率或约定利率向公司提出收益要求,其要求收益或期望收益与公司风险水平和债务期限长短有关。由于利率事先通过签订契约的方式约定,因此,债权投资者的要求收益率或期望收益率相对易于观察和估算。

第二,股东的期望收益率。股东的期望收益通常由股利和资本利得两部分组成,股利与公司盈利高低以及公司未来投资机会大小有关,资本利得与股票价格上升幅度有关。由于公司股价的波动性大,公司盈利状况也具有不可预见性,因此,股东的期望收益具有不确定性。根据收益与风险匹配原则以及债权人求偿权优先原则,股东的期望收益率应该高于债权投资者的期望收益率。

(2) 平均期望收益率

公司投资者由债权投资者和权益投资者(股东)组成,他们有各自不同的期望收益率或要求收益率。因此,公司资本成本就可以理解为两类投资者对公司的平均期望收益率或平均要求收益率。

一般来说,我们可以先分别估计出债权投资者和股东对公司的要求收益率或期望收益率,然后,以各类资本在总资本中所占比例作为权重,计算出平均要求收益率或期望收益率。在无套利均衡条件下,投资者的平均要求收益率就是该公司的平均期望收益率或平均资本机会成本。

例 4-3 设崇德公司目前总资本 1 亿元,其来源见表 4-1。公司债券票面利率为 10%(设为债权人的期望收益率),股东的期望收益率为 15%。不考虑税收等因素。

表 4-1 崇德公司资本来源

单位:亿元

资 本 来 源	金 额
公司债券	0.5
普 通 股	0.5
合 计	1

根据题意,崇德公司债权投资者和股东的期望收益率分别为 10% 和 15%,又由于公司债务资本和权益资本各占 50%,因此,公司资本成本可以理解为投资者对公司的加权平均期望收益率。

$$公司资本成本 = 10\% \times 50\% + 15\% \times 50\% = 12.5\%$$

2. 基于公司融资者视角

鉴于债权人让渡资本使用权的期望收益是利息,权益人让渡资本使用权的期望收益主要是现金股利,为此,债权投资者的期望收益率和股东的期望收益率便是公司使用债务资本和权益资本的代价或成本。

由于公司的融资偏好不同,因此,公司的杠杆不同,即债务融资水平或在总资本中的占比不一。根据资本成本的两面性,所谓公司资本成本其实就是公司加权平均资本成本,我们通常将公司投资者的加权平均要求收益率或期望收益率视为公司的加权平均资本成本。

(三) 公司资本成本和估值

根据价值定义,公司价值可以理解为未来存续期内公司所能产生的现金流入的贴现值。显然,公司估值有两大难点:一是估算未来现金流;二是选择合适的贴现率。因此,若知晓了公司的资本成本,我们就找到了公司估值所需要的贴现率[①]。

此外,公司资本成本还可以用作公司特定资产——目标投资项目(比如沃尔玛准备开设一家新的门店)的贴现率。由于沃尔玛拟开设的新门店没有历史数据,因此,直接计算新门店的资本成本难度很大。如何应对呢? 我们可以从目标投资项目与项目持有公司的风险是否一致入手。

第一,一致性情形。如果公司新项目的风险与公司现有资产的整体风险一致,比如,沃尔玛公司拟开设一家新店,开设新店可以视为公司现有业务的拓展,新店风险与沃尔玛现有资产的整体风险基本一致。这样,我们就可以简单地将公司的资本成本视作开设新店项目

[①] 关于公司估值的详细内容,读者可阅读本书第十三章。

的资本机会成本或期望收益率。

第二,非一致性情形。如果公司新项目的风险与公司现有资产整体风险差异很大,比如,格力电器公司拟涉足风险较高的芯片业,那么,新项目的期望收益率就不宜采用格力电器公司的资本成本,否则将低估新项目的期望收益率。如果格力电器拟投资风险较小的连锁便利店,那么,新项目的期望收益率也不便采用公司资本成本,否则将高估新项目的期望收益率。在这种情况下,软件开发项目的资本成本应该以芯片公司(具有相同风险的芯片公司,例如高通公司和华为海思)的资本成本为参考,而开设新店项目的资本成本应该以零售企业(具有相同风险的连锁便利店,比如全家便利、盒马鲜生)的资本成本为参照。

为此,任何新项目的价值都应该根据其自身的资本成本来进行估计。从本质上讲,目标项目的资本成本由其自身风险决定,而不是由持有项目的公司的风险决定。因此,对任何目标项目来说,草率地选用项目持有公司的资本成本,并据此进行投资决策,其结果可能会拒绝一些好项目,而接受一些坏项目。

二、公司决策、估值和资本成本

资本成本可以用于投资决策、融资决策、单一资产估值、企业价值评估等几乎所有的公司金融领域。

(一) 资本成本与投资决策

投资项目有好坏之分。投资项目好坏的评判标准有两个:一个是投资项目的净现值(简称NPV)是否大于零;另一个是投资项目的内含报酬率(简称IRR)[①]是否大于资金使用成本。

评判一:投资者在测算投资项目的NPV时,预测未来现金流以及选用合适的贴现率是两个难点。贴现率就是目标项目的资本成本,它是相同风险条件下投资者可以获得的最大的期望收益率。我们可以用资本成本对目标项目未来现金流进行贴现,在减去初始投资后得到NPV。如果NPV大于零,则表示目标项目是个"好"项目,能够为公司股东带来新增财富。

评判二:如果投资项目的内含报酬率大于资本成本(资金使用成本),那么,该项目就是一个"好"项目,可以为公司创造新财富,为股东带来价值增值。

可见,资本成本为投资项目的正确评判提供了基础,为投资决策提供了决策手段。

(二) 资本成本与融资决策

公司的融资偏好决定了其资本配置(即不同的杠杆水平,也称资本结构),并将对公司价值和资本成本产生实质影响。最佳资本结构能使公司价值(股票价格)最大化或使公司的资本成本最小化,能够使公司价值最大化的资本结构就是公司加权平均资本成本最小化的资本结构。因此,融资决策的过程其实就是寻找最佳资本结构或最小加权平均资本成本的过程。

在理论上,基于最佳资本结构的融资决策有两条路径:一是估算资本结构对公司价值

---

① 内含报酬率是指NPV等于零时的贴现率,也可以理解为目标项目保本(即不亏不赢)时的贴现率。

（股票价格）的影响，并据此为融资决策提供依据；二是测算资本结构对公司加权平均资本成本的影响，并据此为融资决策提供依据。

在实践中，鉴于估算资本结构对公司价值（股票价格）的影响非常困难，而测算资本结构对公司加权平均资本成本的影响相对容易，为此，公司资本成本更能为融资决策提供决策依据。

（三）资本成本与价值评估

资产估值乃至企业价值评估是公司金融的核心内容，价值评估常见于投资、并购、重组等领域。资产评估的方法有很多，主要有收益法、市场法和基础资产法三大类。其中，收益法包括贴现现金流量法、市盈率法、市净率法等。

以公司价值评估为例，金融界普遍采用贴现现金流量法（简称 DCF）进行公司估值（尽管 DCF 存在很大争议，但该方法仍旧是业界主要的价值评估方法）。DCF 法的主要思路是选用合适的贴现率，对公司在存续期内预计产生的现金流进行贴现。在实践中，公司加权平均资本成本是贴现率的不二之选。

三、资本成本的估算原理

（一）股票和债务资本成本的估算原理

普通股融资和债务融资是公司最重要的两类融资方式，事实上，它们各有不同的资本成本估算办法。

普通股资本成本可用资本资产定价模型（CAPM 模型）、股利增长模型等方法进行估算。其中，资本资产定价模型的使用更为广泛。尽管 CAPM 模型备受争议，但是，该定价模型提供了两个很少有争议的共识：一是投资者对其所承担的风险总会要求额外的补偿，因此，投资者对风险较高的项目要求较高的收益率；二是投资者主要关心其无法通过分散化投资消除的风险。因此，在实践中，资本资产定价模型还是得到了广泛的运用，目前，业界普遍采用资本资产定价模型来估计权益资本的成本。

债务资本成本可使用到期收益率法、CAPM 模型、风险调整法等方法进行估算。债务成本估算方法较多，选择性更大。理论上讲，我们可以根据债务风险大小程度，用 CAPM 模型来计算债务资本成本。但是，债务的贝塔系数不易计算，基于此，到期收益率法是业界最常用的计算方法。

（二）加权平均资本成本的估算

鉴于公司或目标项目常常同时使用多种融资方式进行融资，因此，在估算资本成本时，首先需要估算单一资本（比如权益资本和债务资本）的成本，然后根据各类资本在总资本中所占比例作为权重，算出加权资本成本平均值，即

$$\text{WACC} = \sum_{j=1}^{N} \omega_j k_j \tag{4-1}$$

式(4-1)中，k_j 表示第 j 种资本的成本，ω_j 表示第 j 种资本占总资本的比重。

第二节 普通股成本

普通股成本也称股权资本成本或权益资本成本,它是指股票投资者的期望收益率,或是指公司发放普通股融资所需承担的成本。为便于讨论,我们在计算普通股成本时,不考虑发行费等交易成本。普通股成本的估算办法不少,资本资产定价模型、股利增长模型和税前债务成本加风险溢价法是最常见的估算办法。

一、资本资产定价模型

在实践中,资本资产定价模型(CAPM 模型)使用最为广泛。无风险利率选取、贝塔值估算和风险溢酬度量是 CAPM 定价法的三个关键内容。下面,详细介绍资本资产定价模型的运用。

(一) 无风险利率估算

无风险利率是估算普通股成本的基础,普通股成本就是在无风险利率上追加一个风险溢酬。在现实经济中,我们不难找到无风险资产的替代品,国债或政府债券就是合适的无风险资产的替代品。国债通常被视为没有违约风险的资产,其利率可以视为无风险利率。但是,为慎重起见,还需权衡国债期限、收益率和通胀等因素。

1. 如何选择国债期限

国债有短期和长期之分,那么,究竟选择多长期限的国债利率作为无风险利率呢?理论上讲,应该选择同期国债利率作为无风险利率。也就是说,1 年期投资应该选择 1 年期国债利率,5 年期投资应该选择 5 年期国债利率。

股票投资一般来说是一种长期投资,显然,应选择长期国债(比如 10—30 年期)利率作为无风险利率。然而,国债品种其实很有限,无法满足投资者对特定年份的无风险利率的要求。那么,我们该选择怎样的无风险利率呢?在成熟经济体国家或地区的实践中,由于标准普尔 500 指数的久期[①]约为 8—9 年,10 年期国债(票面利率 4%)的久期约为 8 年,因此,根据久期匹配策略(duration matching)原理[②],选用 10 年期国债利率作为无风险利率[③]。

2. 如何选择收益率

国债有平息债券和零息债券两种形式,通常,短期国债采用零息债券形式,而 1 年期(不包括 1 年期)以上的国债采用平息债券形式。

---

① 股权久期 $= \dfrac{1}{(股权成本 - g)(1 - \Delta g / \sigma r)}$

② 为消除利率风险,将资产的平均久期和负债的平均久期进行匹配,这样当利率变动后,其对资产和负债的影响是一样的,但方向相反,从而起到风险规避的效果。

③ 在成熟市场国家和地区的实践中,对所有现金流均采用 10 年期国债利率作为无风险利率。除非是创建初期现金流为负数的初创企业,其股权久期可能高达 20—25 年,根据久期匹配策略,应选用期限为 30 年国债利率为无风险利率。

第一,票面利率。既然长期国债大多采用平息债券形式,其计息期、付息方式等就会存在很大差异,致使同风险、同期国债的票面利率有高有低,具有多种可能性。因此,将长期国债的票面利率作为无风险利率是不合适的。

第二,到期收益率。到期收益率是指国债的内含报酬率,即无套利均衡条件下(即 NPV=0时)的贴现率。以上市国债为例,同风险、同期国债的票面利率可能存在较大的差异,但是,到期收益率是一致的,具有唯一性。因此,应该选用已上市交易的长期国债到期收益率作为无风险利率。

例 4-4 设 2 年期国债票面利率为 10%,面值为 100 元/张。若发行价为 100 元/张。该国债的到期收益率为多少?

设到期收益率为 r,根据无套利均衡原理,国债价格等于其价值,可得下式:

$$100 = 10/(1+r) + 110/(1+r)^2$$

运用内插法计算,该国债的到期收益率为 10%。可见,如果发行价低于面值,则票面利率会低于 10%,反之,则高于 10%。显然,同一种国债的票面利率至少有三个,但到期收益率只有一个。

3. 如何对待通胀

我们将含通胀的利率称为名义利率,将不含通胀的利率称为实际利率。那么,究竟应该使用名义利率还是实际利率呢?

事实上,我们在生活中遇到的利率都是名义利率,比如,国债票面利率、存款利率等,而实际利率是需要通过换算才能得到的。那么,名义利率和实际利率之间存在怎样的关系呢?名义利率和实际利率存在下列关系:

$$1 + r_{名义} = (1 + r_{实际}) \times (1 + 通胀率) \tag{4-2}$$

根据估值原则,贴现率需与现金流匹配。含通胀的现金流应该使用名义利率进行贴现,而不含通胀的现金流(也称实际现金流)则应该使用实际利率进行贴现。在实践中,我们通常按含有通胀的名义货币进行预测,并据此确定未来现金流。国债的未来现金流,也按照含通胀的货币支付,到期收益率其实是含通胀的利率。因此,在实践中,无风险利率一般采用名义利率。

值得注意的是,在估值时,学界和业界对名义利率和实际利率孰优孰劣的争论一直没有停止过。但有一点可以肯定,即当存在恶性通胀等情况时,应使用实际现金流和实际利率为妥。

(二) 贝塔值的估算

贝塔值是指公司的权益收益率对股票市场收益率变动的敏感性,它是权益收益率对股票市场收益率的协方差与市场收益率(通常用某一股票指数或市场指数收益率表达,比如沪深 300 指数收益率)方差的比值。

1. 基于未来收益的估算

如果能够获知公司未来的权益收益率以及未来市场组合收益的分布,那么,我们就可以基于未来收益来估算普通股成本的贝塔值。

第一,如何选择预测期的长度。理论上讲,预测期越长,公司因风险特征的变化所造成的影响就越小。但是,未来是不确定的。受预测能力所限,在估计贝塔值时,大多数机构投资者一般使用未来5年的预测数据。

第二,如何确定收益计量的时间间隔。收益可以用年、季表示,也可以用月甚至天表示,但在实践中,它们是有区别的。如果股票交易是活跃的或是连续的,那么,收益计量的时间间隔长短就不是问题。如果股票交易不活跃或不连续,那么,选择较短时间间隔来计量收益就不合适了,可能会遇到没有交易数据或交易数据少的尴尬。

2. 基于历史收益的估算

事实上,我们在当下无法获悉股票 i 未来收益率($\tilde{r}_i$)和股票市场未来收益率($\tilde{r}_M$)的分布,因此,只能用它们已经发生的历史收益数据(假设未来是公司过去的延续),进行线性回归,估计出 β_i。

根据线性回归,股票 i 的超额收益率可表示为

$$(R_i - r_f) = \alpha_i + \beta_i (R_M - r_f) + \varepsilon_i \tag{4-3}$$

式(4-3)中,α_i 是回归的常数项或截距项,表示股票的平均收益率高于或低于证券市场线的距离,$\beta_i(R_M - r_f)$ 是股票 i 对市场风险的敏感度,ε_i 是误差项,表示实际观测数据与回归直线上的对应点值之差,误差项的均值为零。

在式(4-3)两边同时取期望值,由于平均误差项为零,因此,经整理后得到

$$\bar{R}_i = r_f + \beta_i(\bar{R}_M - r_f) + \alpha_i \tag{4-4}$$

式(4-4)中,$r_f + \beta_i(\bar{R}_M - r_f)$ 表示从证券市场线得到的证券 i 的期望收益率,α_i 表示股票的平均收益率高于或低于证券市场线的距离。例如,若从回归中估计的某公司股票的 α 为 0.3%,那么,这意味着在给定的贝塔值下,公司股票的平均收益率比证券市场线所要求的必要收益率高出 0.3%。

如何获取股票 i 和股票市场的历史收益率数据呢?

公司股票的历史收益率数据不难获取,可以通过一些数据库(比如 Wind 数据库、国泰安数据库)获得该股票过去几年的周或月或年收益率数据。

用股票指数(比如沪深 300 指数)作为市场组合,并将股票指数的历史收益率当作股票市场的历史收益率。

第一,计算股票指数(比如沪深 300 指数)的市盈率,然后用其倒数表示股票市场的历史收益率。股票指数市盈率可以计算求得,例如,沪深 300 指数市盈率=300 只成分股票市值之和/300 只成分股票净利润之和。

第二,运用公式"(年底股票指数-上年底股票指数)/上年底股票指数"计算股票市场的年度历史收益率。股票指数有多种选择,既可以选用沪深 300 指数,也可以选用上证指数,这些指数可以通过东方财富、同花顺等媒介查阅。

借助数据分析工具(比如 Excel 的回归数据分析工具),我们就可以对股票 i 的历史收益率(周或月收益率)进行回归分析,估计出该股票的贝塔值。

例如,我们运用回归数据分析工具,对 2010—2020 年中国某上市公司的月收益率进行

回归分析,估计出的贝塔值为1.2,估计贝塔值的95%的置信区间为1.1—1.3。若无风险利率为5%,市场风险溢酬为8%,那么,我们就能够根据CAPM模型获得该公司股权成本的区间或范围,即13.8%—15.4%。

值得注意的是,如果未来与过去和当下存在本质区别,那么,基于历史收益的贝塔值估算是不可取的。那么,如何判断未来与过去和当下存在重大区别呢？可能的方法是,了解公司未来的经营特征和财务特征是否会发生根本性变化。比如,在可预见的未来2年内,如果公司大概率将发生重大重组,那么,基于历史收益计算的贝塔值就不足取。

(三) 市场风险溢酬的估算

市场风险溢酬是指股票市场期望收益率与无风险利率之间的差额。上文已述,我们无法在当下获知股票市场未来收益率$\tilde{r}_M$的分布,因此,几乎无法计算出股票市场的期望收益率$\bar{r}_M$。如果我们以股票指数作为市场组合的替代,那么股票指数的历史收益率数据就可以用来估计市场的风险溢酬($\bar{r}_M - r_f$)。因此,股票市场期望收益率最常见的估算方法是对历史数据进行分析和求解。

1. 如何选取历史时间跨度

为避免干扰因素的影响,应选择较长历史时间跨度,以真实反映一般投资者的预期投资收益率水平。比如,在中国大陆,可选择1990年(即中国恢复设立股票市场的年份)以来的历史数据来计算股票市场平均收益率;在美国,可以选择1928年以来的历史数据计算股票市场平均收益率。

然而,需要注意一个问题。在新兴市场国家,股票市场的历史不长,投机气氛浓厚。股票市场的历史平均收益率(尤其是起步阶段)往往很高,因此,根据全时段计算出的股票市场期望收益率就会偏高甚至很高,大大超出了目前股票投资者一般的预期投资收益率水平。于是乎,市场风险溢酬将会被高估。显然,对新兴市场的投资者而言,股票市场早期尤其是起步阶段的历史数据反而和他们对市场风险溢酬的预期关系不大。

可见,从对期望收益率进行适度准确估计的角度看,我们确实无法给出一个关于多长时间跨度合适的结论。

2. 平均收益率的计算方法

在获取股票市场历史收益率之后,我们可以运用算术平均或几何平均方法计算股票市场平均收益率。那么,究竟哪种方法估计出来的年平均收益率更接近合理的股票市场期望收益率呢？经验显示,如果资本成本是从历史收益或历史风险溢酬中估计出来的话,则算术平均法更合适。

二、股利贴现模型法

在第二章,我们介绍了股票定价原理,给出了股利零增长模型、股利持续增长模型等多种股票定价的理论模型。现以股利持续增长模型为例介绍如何计算普通股成本。

根据股利持续增长模型,公司股票价格取决于未来各期现金股利。如果我们能够准确预测未来各期的现金股利,那么,在无套利均衡条件下计算未来股利现值与股票价格相等时的贴现率并不困难。但是,未来各期现金股利无法直接观察,预测增长率非常不易,其预测结果并不靠谱。因此,我们可采取如下变通办法:

第一,了解、分析和计算公司过去现金股利的增长情况;
第二,假设公司股利增长趋势可持续;
第三,运用股利持续增长模型推算权益资本成本。

$$k_s = D_1/P_0 + g \qquad (4-5)$$

式(4-5)中,D_1表示第1年年底每股股利,P_0表示股票目前价格,g表示股利期望年均增长率。

例4-5 设某企业目前(设为2021年年初)股价为100元/股,过去5年的股利发放情况如表4-2所示。

表4-2 股利发放情况一览表

年 份	2016	2017	2018	2019	2020
发放水平	1.1元/股	1.2元/股	1.3元/股	1.4元/股	1.5元/股

该公司现金股利发放逐年增加,过去5年内,累计增长为

$$累计增长率 = \frac{1.5-1.1}{1.1} = 36.36\%$$

$$算术平均增长率 = 36.36\%/4 = 9.09\%$$

根据式(4-5),股票资本成本为

$$k_s = 1.5(1+9.09\%)/10 + 9.09\% = 25.45\%$$

事实上,这种方法是存在缺陷的。由于公司未来收益增长率具有不可预知性,公司经营战略、投资策略和融资策略都存在变数。因此,公司未来股利增长率是很难测算的,未来股利增长率的不确定性将对权益成本的估算产生巨大影响。

案例4-1

如何选用资产定价方法?

2001年,约翰·格雷厄姆和坎贝尔·哈维在对392名CFO进行调查后发现,公司在使用资产定价方法时,有不少选项(多项选择),比如,CAPM模型、算术平均历史回报率法、多因素模型、股利贴现模型等。不少受访公司同时使用多种资产定价方法,其中,73.5%受访公司使用CAPM模型、40%受访公司使用算术平均历史回报率法、1/3受访公司使用多因素模型、16%受访公司使用股利贴现模型。并且,大公司更青睐CAPM模型。事实上,在中国业界,CAPM模型也颇受青睐,比如,卖方分析师最喜欢使用CAPM模型来估计权益资本成本。

显然,在实践中,究竟用何种方法来衡量风险,尚没有明确的、一致的看法和答案。但为什么受访公司相对而言更青睐CAPM模型呢?可能的原因有两个。

> 第一,CAPM模型出错概率相对较小,可靠性较强。使用简单的算术平均历史回报率法、股利贴现模型来估计资本成本,很可能会出现较大的误差,而相对复杂的CAPM模型以及更复杂的多因素模型则提高了资本成本的估算精度。
>
> 第二,CAPM模型简洁易用。一方面,CAPM模型的参数估计客观,若严格按既定程序估算,可以避免算术平均历史回报率法和股利贴现模型的重要参数被管理者人为操纵的窘境。另一方面,CAPM的主要参数易得,若采用更复杂的多因素模型估算资本成本,将付出较大的代价和精力去估计参数。
>
> 问:方便、可靠是CAPM模型的两大优点,你同意这种看法吗?

第三节 债务成本

为防止借款人利用信息优势侵害债权人利益以及实现财富转移,债权人通常以契约(合同)的方式对债务人在未来某一特定日期归还本金,以及利息的支付数量和支付方式等进行约定。因此,债权人具有本息优先求偿权,其期望收益仅限于契约规定的利息。

一、债务成本的特点

债务成本是指债权人的期望收益率,或是指债务人的借款利息(假如不考虑发行费等交易成本)。在计算债务成本时,需要了解债务成本的几个特点。

(一) 承诺收益和违约风险

1. 承诺收益

鉴于本息偿还是债务人的契约义务,因此,债权人的期望收益是事前约定的,或者说是债务人承诺的。比如,格力电器在2018年10月22日发行了5年期公司债券,发行总规模为5亿元,票面利率为4.24%,每年付息一次,在上海证券交易所挂牌(债券简称及代码:18格力01,143 869)。该债券的票面利率4.24%是约定的,具有法律效力,它是该公司债券投资者的约定或承诺收益率。在不考虑违约风险的情况下,债权人的期望收益率等于合同约定收益率或承诺收益率。

根据债务合约,若债务人运用所借资金获得巨大成功,债权人不能分享或索取高于契约规定利息之外的任何收益。但是,若债务人经营失败,债权人很可能无法完整地获取契约所约定的本息,甚至血本无归,债权人只能承受债务人的"违约风险"。

2. 违约风险

由于存在违约风险,债务人事实上不仅存在违约意愿,而且可以违约。因此,债务人实际承担的成本可能低于其承诺的义务,致使债权人的实际收益可能低于承诺收益。那么,债权人的期望收益率究竟是以实际收益率估算,还是以承诺收益率为准呢?

在实践中，常常将承诺收益率作为债务成本。理由有两个。

第一，尽管债务人存在违约的意愿，也可以违约，但事实上，大多数债务人或债务总体上的违约概率还是较小的。比如，格力电器 2018 年 10 月发行的公司债券违约风险很小，理由是发行人主体（格力电器）信用等级以及债项（18 格力 01 债券）信用等级均为 AAA。

第二，违约风险很难估算，因此，实际收益率难以测度，而契约所约定的收益率（承诺收益）较易获取。

值得注意的是，如果债权人面临巨大违约风险时，例如面临经济危机、投资高风险债券，那么，以契约所约定的利率作为债务成本的估计值就不恰当了。

（二）长债成本和短债成本

有息债务有长债（包括长期银行借款和公司债券）和短债（短期银行借款、商业票据等）之分。因此，对进行多元化债务融资的公司而言，广义的债务成本应该是指各类长债和短债的加权平均债务成本。

在实践中，债务人融资的目的是为了解决资金缺口，满足长期投资或短期投资之需。根据资金合理配置原理，切忌短债长投。理由是短债是公司流动性最强的负债，长期资产是公司流动性最弱的资产，极易造成债务违约。因此，就长期投资来说，在资金配置时应避免违约风险，正确使用长期债务来解决长期投资的资金缺口。

显然，为合理评价长期投资的价值，在计算债务成本时，应剔除短期债务成本，只考虑长期债务成本。但若该长期投资项目能够安全有效地滚动使用短期债务，那么，该短期债务可视同长期债务，不应在计算债务成本时剔除。

二、如何估算债务成本

我们在下文将使用债务的承诺收益率来度量债务成本，并介绍估算债务成本的主要方法。

（一）到期收益率法

承诺收益率究竟用票面利率还是到期收益率来度量？由于债券票面利率至少有三种，而债券到期收益率是唯一的，因此，应该使用到期收益率来度量承诺收益率。

到期收益率法是指计算债务的到期收益率，并将其作为债权人期望收益率的一种债务成本估算方法。到期收益率是指债权人的内含报酬率，它是在无套利均衡条件下，即债务的价值和价格相等时的平均贴现率或平均期望收益率。根据到期收益率的定义，我们可得到式（4-6），即

$$P_0 = \sum_{t=1}^{N} \frac{I}{(1+r_d)^t} + \frac{P}{(1+r_d)^N} \tag{4-6}$$

式（4-6）中，I 是指利息，P 是指债务本金，N 是指债务期限，r_d 是指债务到期收益率，P_0 表示债务目前的价格。

例 4-6 设某公司债券面值 100 元/张，平息债券，2 年期，票面利率为 5%，每年付息一次，债券发行价格为 100 元/张。该债券的到期收益率为多少？

在无套利均衡条件下，设债券的价格与价值相等，即

$$\frac{5}{1+r_d} + \frac{105}{(1+r_d)^2} = 100(元)$$

经计算,到期收益率 r_d 约为5%,它是一个2年期的平均贴现率或期望收益率。在无违约风险的情况下,该到期收益率为约定到期收益率(也称承诺收益率),是指假定所有的付款(本金和利息)都按借款人承诺的那样执行或借款人没有违约时,债权人可以获得的平均期望收益率或借款人应承担的债务成本。

在无套利的资本市场上,我们可以将到期收益率视作公司债务存续期各期贴现率 r_t 的平均值。到期收益率也就是公司发行债券或举债时,在当前市场条件下,债务人必须向债权投资者支付的收益率,这也是公司债务融资的资本成本。因此,公司债务的市场价格既向投资者传递债权投资平均收益率水平的信息,同时也传递了与债权投资风险相对应的平均贴现率水平的信息[①]。

(二)投资级债务成本的估算方法[②]

1. 到期收益率法

投资级债务泛指高信用等级(BB以上)的债务,比如,格力电器2018年10月发行的AAA公司债券。如果公司发行上市债券融资,那么,到期收益率法适用于对此类投资级债务成本的估算。格力电器2018年公司债券的到期收益率就是该债务的资本成本。理由是:若公司债务为投资级,就说明公司违约风险很小,或者说违约是小概率事件,债权人的期望收益率与债务契约所约定的到期收益率(承诺收益率)基本上没有区别。因此,对投资级债务而言,到期收益率是债务资本成本的合理估计或一种好的"替代"。

2. 风险调整法

如果公司没有发行上市长期债券融资,而是选用其他长期债务融资方式,比如,融资租赁、长期银行借款,那么,我们可以选用风险调整法来估算债务成本。

风险调整法是指通过同期国债利率加上风险补偿率来估算债务成本的方法。债务成本可按式(4-7)进行估算:

$$税前债务成本 = 同期国债利率 + 目标公司信用风险补偿率 \qquad (4-7)$$

式(4-7)中,同期国债利率应该换算成同期国债到期收益率,目标公司信用风险补偿率可使用比照法,其计算过程如下:

第一,发债公司根据自身信用等级(比如AAA),在资本市场上选取与其信用等级相似的一组上市长期债券(比如AAA)。

第二,分别计算出这些上市长期债券的到期收益率。

第三,将它们分别与同期国债到期收益率进行比较,计算出多个信用利差,并用信用利差表示信用风险补偿率。

第四,计算平均信用风险补偿率,并作为发债公司信用风险补偿率。

[①] 朱叶,王伟.公司财务学[M].上海:上海人民出版社,2003:36-37.
[②] 中国注册会计师协会.财务成本管理[M].北京:中国财政经济出版社,2013:137-138.

此方法适用如下情形：如果目标公司自身没有上市长期债券，但拥有关于自身信用评级资料，那么，风险调整法不失为一种好的债务成本估算方法。

值得注意的是，若缺少运转良好的公司债券市场，就无法找到合适的上市长期债券，也就无法找到可用的信用利差。因此，运转良好的债券市场成为该估算方法的一个重要外部条件。

3. 财务比率法

如果发债公司既没有发行上市长期债券，也没有无需加工的自身信用评级资料。那么，我们可以选用财务比率法来估算债务成本。

财务比率法的主要逻辑是：测度目标公司的关键财务比率，据此与行业标准或行业内的标杆公司进行比较，刻画和推定目标公司的信用等级，然后，再借助风险调整法确定目标公司债务成本。财务比率法的关键步骤有四项。

第一，筛选并计算发债公司的一系列重要财务比率。鉴于财务比率可用来表达发债公司的信用等级，为此，选择和计算重在评价发债公司盈利性、公司规模和杠杆水平的三类财务指标[①]。

第二，筛选并计算发债公司所在行业的一系列重要财务比率的均值，即行业均值。为便于对比，应该选择和计算能反映行业和行业中标杆公司(比如 AAA 公司)盈利性、公司规模和杠杆水平的三类财务指标。

第三，将发债公司的财务比率和行业均值以及标杆公司的财务比率进行比较研究，结合知名信用评级公司(比如穆迪、标准普尔、中诚信)的评级要求，给出发债公司信用等级的建议。

第四，用风险调整法计算发债公司的债务成本。

此方法适用的情形是，发债公司自身没有上市长期债券，也没有无需加工的自身信用评级资料。然而，这种方法的最大难点是，给出发债公司信用等级的建议其实非常不易。事实上，公司信用等级评定需要财务资料(也称"硬"信息)和非财务资料(也称"软"信息)两大类。显然，此方法仅依据财务资料对发债公司进行信用评判的做法欠妥。又由于该方法最终还需使用上文提及的风险调整法对发债公司的债务成本进行估算，因此，它又有着与风险调整法一样的缺陷和外部条件。

(三) 非投资级债务成本的估算方法

非投资级债务(信用等级 BBB 以下)存在较大的违约风险。债权人期望收益率和约定到期收益率(承诺收益率)之间一定存在区别，承诺收益率可能大大偏离债务的真实成本。理由是：对违约风险大、信用等级低的非投资级债务来说，债务人有违约可能以及违约意愿，于是乎，债务人实际承担的成本可能低于其承诺的义务，致使债权人的实际收益可能低于承诺收益，因此，用约定到期收益率(承诺收益率)来估算非投资级债务成本是不妥的。那么，我们应该如何进行调整呢？我们至少可以采取以下两种方式进行调整。

[①] 世界知名信用评级机构的普遍认知是，发债主体信用很大程度上取决于其盈利性、公司规模和杠杆水平，不同信用等级对应不同的财务指标，缺一不可。若想获得投资级信用等级(BBB 及以上)，三类指标不可有弱项。公司盈利性和杠杆水平优良，但若规模小，那么，公司的信用等级只能在 BBB 以下。

1. 考虑违约所造成的预期损失

设某非投资级债券的到期收益率为 y，违约概率为 p，违约时每1元债券投资的预期损失为 L，此时，该债券的期望收益率为

$$r_d = (1-p)y + p(y-L) = y - pL \tag{4-8}$$

例 4-7　设崇德公司发行公司债券，面值为 100 元/张，票面利率为 15%，2 年期，发行价为 100 元/张，该债券信用等级为 CCC，CCC 等级债券的违约率均值为 14.3%，60% 的预期损失率。

根据式(4-6)，我们可以计算出该债券的到期收益率为 15%。

根据式(4-8)，该债券的期望收益率为

$$r_d = 15\% - 14.3\% \times 60\% = 6.42\%$$

显然，在考虑债务违约的情况下，债权人的实际收益率会远低于债务的承诺到期收益率。

2. 用债务贝塔值度量债务风险

我们可以使用 CAPM 模型来估算非投资级债务成本。

第一，估算非投资级债务的贝塔值。若债务很少交易或缺乏交易，那么，我们就无法根据历史数据来估计特定非投资级债务的贝塔值。此时，可行的变通办法是，用相同信用等级的债券平均贝塔值作为非投资级债务贝塔值的近似。比如，B 级债券的平均贝塔值为 0.26，CCC 级债券的平均贝塔值为 0.31。

第二，结合国债贝塔值，估算非投资级债务的风险溢价。例如，设某非投资级债务（比如 CCC 级债券）的贝塔均值为 0.31，国债贝塔值为 0，市场风险溢酬为 9%，那么，非投资级债务的期望收益率比国债到期收益率多了 $(0.31-0) \times 9\% = 2.79\%$ 的风险溢价。

第三，根据 CAPM 模型，估算非投资级债务成本。比如，国债到期收益率为 5%，那么，非投资级债务成本为 7.79%（7.79% = 5% + 2.79%）。

在实际操作过程中，尽管可以将相同信用等级的债券平均贝塔值作为非投资级债务贝塔值的近似，然而，与成熟市场国家和地区不同的是，在新兴市场国家和地区，信用评级资料其实不具有"公共品"特点。因此，在估算非投资级债务的贝塔值时，我们其实无法知晓不同信用等级债券的平均贝塔值。

（四）债务成本的表述

如果考虑公司所得税税率的影响，那么，债权人的期望收益率和债务人实际承担的资金成本会存在差异。

1. 税后债务成本

用以上方法所取得的债务成本均为税前债务成本。对债务人来说，由于债务成本在税前列支，即在应税收入中予以扣除，应税收益由此减少，债务人的税收支出相应减少。因此，利息的省税作用使得债务税后成本远低于债务税前成本，公司实际的债务成本应该是税后债务成本，即

$$\text{税后债务成本} = r_b \times (1 - \tau_c) \qquad (4\text{-}9)$$

式(4-9)中，r_b 表示税前债务成本，τ_c 表示公司所得税税率。

2. 税前债务成本

但对债权人而言，其期望收益率不是税后债务成本，仍旧是税前债务成本。理由是：尽管债务人因支付利息费用而减少了纳税额，但债务人并没有减少利息的实际支付额，他们仍需按债务契约的约定（即税前债务成本）支付给债权人利息，因此，债权人的期望收益率仍旧是税前债务成本。

3. 究竟用税前还是税后债务成本作为贴现率

由于税前和税后债务成本具有不一致性，因此，究竟用哪一个债务成本作为贴现率是绕不过去的话题。

根据估值原理，我们将债权在存续期内所产生的利息和本金进行贴现后，就可以求出债权价值。未来现金流必须与恰当的贴现率匹配，如果利息按承诺收益率估算，那么，我们应该选择税前债务成本作为贴现率。如果利息按税后承诺收益率估算（即考虑税盾效应），那么，贴现率就该选用税后债务成本。关于税前和税后债务成本的选用，我们将在本书第十四章中做进一步的说明和应用。

第四节　加权平均资本成本

若融资者为一家公司，其资本的来源就会呈现多元化态势，因此，该公司的资本成本应该是加权平均资本成本，或可理解为债权投资者和权益投资者对该公司的平均期望收益率。那么，如何确定权重？如何估算公司和目标项目的加权平均资本成本或平均期望收益率呢？

一、权重的选取

在计算公司加权平均资本成本时，权重是指各类资本占总资本的比重。但是，各类资本有不同的测度方法，加权平均资本成本也将因权重测度方法的不同而存在差异。

(一) 账面价值权重

账面价值权重是指以资产负债表中显示的会计价值（也称账面价值）来测度各类资本在总资本中所占比例。比如，债务的账面价值为2亿元，公司债务与股东权益合计（也称总资本）为10亿元，那么，债务的权重为20%。

资产负债表中的会计价值反映的是过去某一时点的情况，此外，公司资产的初始计量大体上以历史成本计价。因此，据此计算的加权平均资本成本具有相对稳定性，它是账面价值权重测度方法的主要优点。

然而，若资本市场运转良好，账面价值就无法及时反映债权和股权的真实价值。因此，账面价值权重测度方法很可能会扭曲公司加权平均资本成本。在公司有着良好的未来预期时,该测度方法将低估股权价值权重,从而低估公司加权平均资本成本;在公司未来预期糟糕时,该方法将高估股权价值比重,进而高估公司加权平均资本成本。

(二) 市场价值权重

市场价值权重是指用时下公司债务和股权的市场价值来测度各类资本在总资本中所占比例。

公司未来在获利能力、成长机会以及无形资产的增长上存在差异,这些不同点会反映在公司债权和股权的价格上。如果公司有着良好的未来预期,那么,其股票价格将走高,股权资本的权重将提高。显然,市场价值权重的优势主要在于,它可以反映公司未来的获利能力、成长机会以及无形资产的增长,真实反映公司的加权平均资本成本或投资者的平均期望收益率。

在活跃的资本市场上,债务和股权的市场价格多变,因此,据此计算的加权平均资本成本具有相对不稳定性。

(三) 目标资本结构权重

目标资本结构权重是指以平均市场价值计算的目标资本结构来确定各类资本在总资本中所占比例。

目标资本结构是指通过调节杠杆已无增加公司价值可能时的资本结构,也就是说,它是最大化公司价值或最小化加权平均资本成本时的杠杆水平(或杠杆区间)。例如,公司债务比重为40%时,公司价值能够达到最大化,我们就将这种债务资本和股权资本的合理配置称为目标资本结构。有证据表明,公司确实存在目标资本结构,并一直努力恪守,轻易不会改变,具有相对稳定性。我们可以用债务和权益的平均历史市场价值来描述公司的目标资本结构,并以此作为计算加权平均资本成本的权重。

这种权重的测算方式综合了前两种权重的优点,又避免了缺陷。既考虑了加权平均资本成本的相对稳定性,同时又考虑了公司未来预期。

二、公司和目标项目的资本成本

(一) 公司加权平均资本成本

公司投资者(债权人和股东)的平均期望收益率就是公司的加权平均资本成本。在对公司进行估值时,我们可以将加权平均资本成本作为贴现率。如何求解公司加权平均资本成本呢?

1. 无负债企业的资本成本

无负债企业是指公司100%股权融资。若公司100%股权融资,即公司所需资金完全通过发行普通股股票进行融资,那么,股东便是公司的单一投资者。公司的加权平均资本成本就是普通股成本(也称权益资本成本),权益资本成本就是股票期望收益率。于是,公司加权平均资本成本的估计演变成了股东对公司股票期望收益率的估计。

在公司金融实践中,许多公司就是利用资本资产定价模型来估计公司的资本成本。根据资本资产定价模型,即

$$\text{股票期望收益率} = r_f + \beta(\bar{r}_M - r_f) \tag{4-10}$$

由式(4-10)可知,我们需要估计公司股票的贝塔值、无风险利率和市场风险溢酬。为便于理解,我们举例说明。

例4-8 设崇德公司为无杠杆公司,100%权益融资。假如崇德公司股票最近4年的收益率与市场组合(比如标准普尔500指数、沪深300指数)收益率如表4-3所示。假设无风险利率为3.5%,市场风险溢酬为9.1%。公司的加权平均资本成本是多少?

表4-3 崇德公司近4年的收益率

年 份	崇德公司收益率	S&P500指数收益率
1	−9%	−30%
2	4%	−20%
3	20%	10%
4	13%	20%

公司股票贝塔值的计算过程见表4-4。

表4-4 崇德公司股票贝塔值

年份	崇德收益率(%)	崇德收益率离差	S&P500指数收益率(%)	S&P500指数收益率离差	崇德收益率离差乘以S&P500指数收益率离差	S&P500指数收益率离差的平方
1	−9	−0.16	−30	−0.25	0.04	0.062 5
2	4	−0.03	−20	−0.15	0.004 5	0.022 5
3	20	0.13	10	0.15	0.019 5	0.022 5
4	13	0.06	20	0.25	0.015	0.062 5
	平均=7		平均=−5		协方差=0.019 75	方差=0.042 5

崇德公司股票的贝塔值为

$$\beta = \frac{Cov[\tilde{y}, \tilde{x}]}{Var[\tilde{x}]} = \frac{\sigma_{yx}}{\sigma_x^2} = \frac{0.019\,75}{0.042\,5} = 0.464\,7$$

无风险利率可以参照当年国债利率,例如,2021年1年期国债利率约为3.5%。市场风险溢酬可以根据历史资料进行估计,例如,2010—2020年平均的市场风险溢酬为9.1%[①]。那么,崇德公司资本成本估计如下:

$$r_s = 3.5\% + 0.464\,7 \times 9.1\% = 7.73\%$$

值得注意的是,随着时间的推移,公司所处的行业可能发生变化,公司的贝塔值可能随之发生改变。即便公司不改变行业属性,只要公司业务重点、产品结构发生变化,公司的贝

---

① 9.1%能够用于未来期望风险溢酬估计的假设条件是市场组合存在一个标准、稳定的风险溢酬。

塔值也会发生改变。此外，如果公司引入债务融资，则公司的贝塔值也会发生改变。

2. 负债企业资本成本

如果我们再将上文中100%权益融资的假设条件释放，那么，公司的资本结构①中将包括部分的债务资本。此时，公司投资者包括股东和债权人。我们在计算有负债公司资本成本时，必须考虑债务融资对公司资本成本的影响。

假定公司部分资金通过举债融资加以解决，借款成本为 r_b，并按权益成本 r_s 获得权益资本。公司的资本机会成本应该以加权平均资本成本的方式表达，即

$$r_{wacc} = \frac{S}{S+B} \times r_s + \frac{B}{S+B} r_b \tag{4-11}$$

式(4-11)中，r_{wacc} 表示公司加权平均资本成本，S 表示权益资本，B 表示债务资本，$S/(S+B)$ 表示权益资本在总资本中所占的比重，$B/(S+B)$ 表示债务资本在总资本中所占的比重。

例 4-9 承例 4-8。2021年年初，假设崇德公司普通股股票每股市价10元，发行在外普通股股数700万股，公司负债的市场价值为3 000万元，借款年利率5%。国债年利率3.5%，市场风险溢酬为9.1%。设公司股权贝塔值为0.464 7。

根据资本资产定价模型，我们可以据此得到崇德公司权益资本成本为 3.5%+0.464 7×9.1%=7.73%。税前债务资本成本为5%。从理论上讲，债务资本成本也由无风险利率和市场风险溢酬构成，但是，由于债权人承担的风险远远小于股东所应承受的风险。因此，债务的贝塔值很小，也就是说债权人的风险溢酬较小。以市场价值估计权重，公司加权平均资本成本为

$$r_{wacc} = \frac{3\,000}{3\,000+7\,000} \times 5\% + \frac{7\,000}{3\,000+7\,000} \times 7.73\% = 6.9\%$$

在考虑公司所得税的情况下，由于债务资本成本在税前列支，可以省税，具有利息税盾效应(tax shield)（利息税盾效应将在本书资本结构部分详细介绍）。设公司所得税税率为30%，则该公司加权平均资本成本为

$$r_{wacc} = \frac{3\,000}{3\,000+7\,000} \times 5\% \times (1-30\%) + \frac{7\,000}{3\,000+7\,000} \times 7.73\% = 6.46\%$$

(二) 新项目贴现率

1. 估计项目贴现率的基本原理

寻找和投资新项目是公司价值创造的源泉。由于未来具有不确定性，因此，为避免投资风险，需对新项目创造价值的能力（可以用NPV度量）进行测算。有两个难点，新项目贴现率估计就是其中之一。那么，是否可以将公司的加权平均资本成本作为新项目的贴现率呢？

若公司拥有的新项目的风险与公司整体风险一致，我们就可以将公司加权平均资本成本作为项目的贴现率或期望收益率。

---

① 资本结构是指不同资本在总资本中所占的比例。

若公司拥有的新项目的风险与公司整体风险差异很大,公司加权平均资本成本则将低估或高估新项目的期望收益率,将其作为新项目的贴现率是不合适的。为此,从本质上讲,项目的贴现率由其风险大小决定,而非持有项目的公司的风险决定。任何新项目的价值都应该根据其自身的资本成本来进行估计。

观察图4-1,项目B的期望收益率为9%,而公司的加权平均资本成本为12%,那么,我们可能会轻易拒绝该新项目。理由是新项目的期望收益率低于公司加权平均资本成本。但是,由于项目B的风险很低,且位于证券市场线的上方,因此,应该纠正原来的判断,接受该项目。项目A的期望收益率为14%,远高于公司加权平均资本成本,根据资本成本法则,应该接受该项目。但是,该项目位于证券市场线的下方,说明资源没有实现最优配置,应该拒绝。对项目C,资本成本法则与资本资产定价模型下的要求收益一致,此时,项目的风险和持有项目企业的风险相同。因此,草率地将持有项目公司的加权平均资本成本作为新项目的贴现率,很可能误读新项目的真实价值。

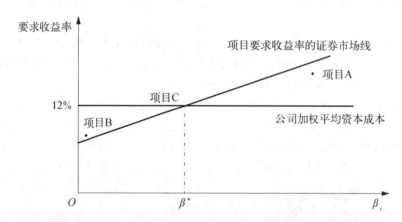

图4-1 公司加权平均资本成本和CAPM模型要求收益比较图

2. 求解项目贴现率

应该承认,在公司金融实践中,公司持有的投资项目中大多数项目的风险与持有项目公司的风险不相上下,公司资本机会成本是这些常规风险项目的合适贴现率。因此,寻找公司资本机会成本的工作是有用的,将大大简化常规风险项目的价值评估工作。

例4-10 承例4-8,设崇德公司为无杠杆公司,100%权益融资。为满足市场需求,2021年,公司准备增加一条生产线。假设无风险利率为3.5%,市场风险溢酬为9.1%,该项目的贴现率(期望收益率)是多少?

新项目属崇德公司生产能力的拓展,因此,新项目和公司风险相同,其贝塔值等于崇德公司的贝塔值,为0.464 7。崇德公司的资本成本为7.73%,它便是该项目的贴现率或期望收益率。

如果我们将上文中新项目风险与公司风险相同的假设条件释放,那么,新项目价值应该按照与其自身贝塔值相匹配的贴现率进行估计。

承例4-8,假如崇德公司于2021年改投一软件项目,其他条件不变。那么,在确定该项目的期望收益率时,最大的差异性在于项目贝塔值的估计。通常,该贝塔值的估计有以下两条路径。

第一，以软件行业平均贝塔值作为新项目贝塔值的近似。在多元化经营的状态下，如果软件行业的业务内容庞杂，那么，以软件业平均贝塔值作为项目贝塔值的参照不一定站得住脚。

第二，以软件行业平均贝塔值为基础，并根据经验小幅调高贝塔值，作为新项目的贝塔值。这是公司金融实践中普遍运用的方法。其理由是，贝塔值通常由经济周期性、经营风险和财务风险决定，在瞬息变化的现实经济环境下，新项目比行业中现有资产承受更大的风险。

三、影响公司资本成本的主要因素

在实践中，影响公司资本成本的因素众多，它们或推高资本成本，或抑制资本成本。下面介绍影响公司资本成本的主要因素。

（一）利率市场化

市场利率的变化是影响资本成本的最直接和最重要的因素。在利率市场化条件下，利率波动成为常态，对公司资本成本的影响也呈常态化。

一方面，当市场利率上升后，对债务成本的影响是直接的。市场利率提高之后，由于债权人的资本机会成本提高，其要求收益率或期望收益率也随之提高。因此，债务人的债务成本自然就由此提高。

另一方面，市场利率的变化同样会影响权益资本成本。鉴于国债利率与存款利率具有相关性，因此，市场利率上升之后，将推升无风险利率，从而推升权益资本成本，提高股东的期望收益率。

（二）税收政策

投资者的期望收益会因税收政策的调整而变化，税收政策的调整可能涉及公司所得税税率、股利税税率、资本利得税税率、利息税税率等的调整。可见，税率调整对资本成本的影响是多方面的。

如果调整公司所得税税率，那么，它将会直接影响公司债务成本，并间接影响权益资本成本。如果调高公司所得税税率，那么，税后债务成本将下降，权益资本成本也有所下降，债权人和股东的期望收益率都将降低。

如果一方面调高股利和利息所得税税率，另一方面调低资本利得税税率，那么，会直接或间接影响投资者的投资偏好或取向，并影响他们的期望收益率。

（三）投资策略

公司投资可能会改变公司现有的风险水平，公司风险水平的预期变化将改变投资者对公司的平均期望收益率。

若公司投资仅限于对现有业务的简单再生产或扩大再生产，那么，此类投资并不会改变公司整体的风险水平。此类投资对公司资本成本几乎没有影响。

若公司投资高风险项目，那么，公司整体的风险将提升，投资者对公司的平均期望收益率也将提高。

(四) 融资偏好

在例4-8中,我们引入了债务融资,并据此计算了公司的加权平均资本成本。但是,我们在计算股权资本成本时所选用的贝塔值是公司原先无杠杆条件下的贝塔值(即在没有引入债务融资前的贝塔值)。那么,当公司的资本结构发生改变时,公司的风险是否会随着其引入债务融资而有所改变呢?

在100%权益资本融资的公司(即无杠杆公司),公司全部资产的贝塔值就是公司股票的贝塔值。在引入债务资本融资之后,公司全部资产的贝塔值为

$$\beta_{公司总资产} = \frac{S}{S+B} \times \beta_{权益资本} + \frac{B}{S+B} \times \beta_{债务资本} \tag{4-12}$$

由于债权人承担的风险小于股东所承受的风险,债务的贝塔值很小。比如,美国大型蓝筹企业的债务贝塔值一般在0.1—0.3。因此,财务分析人员常常将债务的贝塔值假设为零。若债务贝塔值为零,则公司全部资产的贝塔值为

$$\beta_{公司总资产} = \frac{S}{S+B} \times \beta_{权益资本} \tag{4-13}$$

将式(4-13)变形成式(4-14)

$$\beta_{权益资本} = \left(1 + \frac{B}{S}\right) \times \beta_{公司全部资产} \tag{4-14}$$

由式(4-14)可知,在公司存在债务融资的情况下,公司全部资产的贝塔值一定小于权益资本的贝塔值。因此,在公司风险不变(即总资产贝塔值不变)的情况下,债务融资将提升公司股票的贝塔值,即推升权益资本成本。将原先公司的贝塔值作为资本结构改变后公司股票的贝塔值的近似,会低估权益资本成本。

(五) 股利政策

股利政策是指关于公司股利发放方式和发放数量的政策,不同的股利政策将对公司资本成本产生不同的影响。公司改变或调整股利政策之后,对公司资本成本的影响是多维度的。

第一,股利政策改变后,公司的融资策略可能随之发生改变。如果公司采取高股利政策,那么,公司对外部资金的需求可能会增加,公司的资本结构可能发生变化,公司杠杆的变化会改变公司整体风险水平,从而影响公司资本成本。

第二,资本成本与股利政策直接有关。根据永续股利定价模型,股票价值由年金股利(D)贴现而来,即 $P_0 = D/r$。显然,r 就是股东的投资回报率,股利与资本成本存在很强的相关性。

本章小结

资本成本具有两面性。投资者将其视为资本机会成本,或视为同风险条件下可获得的

最大期望收益率；融资者则将其视为资金使用成本，或视为使用资本的代价。可见，资本成本的界定和测度对公司融资决策和投资决策至关重要。

普通股成本是指股票投资者的期望收益率，或是指公司筹集普通股所需承担的成本。发新股和送股是公司增加普通股的主要方式，为便于讨论，我们在计算普通股成本时，暂不考虑它们在发行费等交易成本上存在的差异。普通股成本的估算办法不少，资本资产定价模型、股利贴现模型和税前债务成本加风险溢价法是最常见的估算办法。

为防止借款人利用信息优势侵害债权人利益以及实现财富转移，债权人通常以契约（合同）的方式对债务人在未来某一特定日期归还本金，以及支付票面利息的数量和支付方式等进行约定。因此，债权人具有本息优先求偿权，其收益仅限于契约规定的利息。

若融资者为一家公司，其资本的来源就会呈现多元化态势，因此，该公司的资本成本应该是加权平均资本成本，或可理解为债权投资者和权益投资者对该公司的平均期望收益率。

在实践中，影响公司资本成本的因素众多，它们或推高资本成本，或抑制资本成本。

关键词

资本成本、机会成本、期望收益率、要求收益率、承诺收益率、市场风险溢酬、无杠杆公司、杠杆公司、加权平均资本成本、债务成本、普通股成本、资本资产定价模型、到期收益率、投资级债务、非投资级债务、债务违约概率

习 题

1. 什么是资本成本的两面性？
2. 无息负债是否有资本成本？
3. 我们在使用CAPM模型计算股东期望收益率时，使用的是公司股票贝塔值。那么，公司贝塔值与公司股票贝塔值是一回事吗？
4. 非投资级债务的资本成本就是债务的承诺收益率吗？
5. 甲公司为无杠杆公司，其相关资料如下：

年 份	无风险利率	市场收益率	股票收益率
2019	3%	6%	10%
2020	2%	−35%	−40%

（1）该公司平均历史回报率是多少？
（2）计算市场和公司每年的超额收益率，并估计公司的贝塔值。
（3）假设当前的无风险利率是3%，预期市场收益率为8%，利用资本资产定价模型计算该公司股权资本成本。

6. 某房产公司的普通股总市值为 600 万元,其负债总价值为 100 万元,年利率 6%。公司股票的当前贝塔值为 1.5,市场组合的期望收益率为 9%,国库券利率为 4%。问:

(1) 该公司股票要求的收益率为多少?

(2) 估计公司的资本成本。

(3) 该公司拓展现有业务时的贴现率是多少?

(4) 假设公司想分散经营,涉足玫瑰色眼镜的制造,无负债时眼镜制品的贝塔值为 1.2,设新项目的杠杆与公司杠杆一致,请估计新投资所要求的收益率。

7. 乙公司于 2020 年中期发行了 10 年期 AA 级公司债券,该公司债券到期收益率为 5%。问:

(1) 该债券最高期望收益率是多少?

(2) 若该公司债券每年有 0.5% 的可能性违约,违约时预期损失率为 70%,该公司债券的期望收益率是多少?

8. 下表为某公司的账面资产负债表。公司既有以公司不动产担保的长期债券,也有银行短期借款。已知公司担保债券的利率为 9%,银行短期贷款利率为 8%。此外,公司还有 1 000 万股股票发行在外,每股市价 90 元,股票的期望收益率为 18%。假设该公司债券的市场价值与其账面价值相等,公司边际所得税税率为 35%,试计算该公司的 WACC。

公司的账面资产负债表

单位:百万元

现金及有价证券	100	应付账款	280
应收账款	200	短期借款	120
存货	50		
不动产	2 100	公司债券	1 800
其他资产	150	股东权益	400
合计	2 600	合计	2 600

9. 丙公司拟投资一项目。一家比照公司是专营该业务的无杠杆公司。假定该比照公司的股权贝塔值是 0.9,无风险利率是 3%,市场风险溢酬是 8%。若该目标项目所需资金全部采用权益资本。该目标项目的资本成本是多少?

10. 丁公司 2020 年相关资料如下:

(1) 公司净资产为 10 元/股(公司仅发行普通股,没有发行优先股);

(2) 每股净利润(EPS)1 元/股;

(3) 每股股利 0.3 元/股;

(4) 目前每股市价 12 元/股;

(5) 预计未来不增发新股,并保持经营效率和财务政策不变;

(6) 国债年利率 5%,股票市场平均收益率为 8%,A 公司股票与股票市场的相关系数为 0.5,A 公司股票的标准差为 1.5。证券市场标准差为 1。

要求:

(1) 运用 CAPM 模型计算该股票的资本成本(期望收益率)。

(2) 运用股利增长模型计算该公司股票的资本成本。

11. 税后 WACC 与税前 WACC 有何不同？该如何选用？

12. 戊公司相关财务信息如下：

(1) 公司当下银行借款利率为 8%，预计明年上升为 9%。

(2) 公司债券目前价格为 970 元/张，面值 1 000 元/张，票面利率为 5%，尚有 4 年存续期。该债券每年付息一次。

(3) 公司普通股面值 1 元/股，当下股票价格为 9 元/股。过去 4 年现金股利依次为：0.1 元/股、0.12 元/股、0.14 元/股和 0.16 元/股。

(4) 公司资本结构为：银行借款占 25%、债券占 25%、股权资本占 50%。

(5) 公司所得税税率为 30%。

(6) 公司普通股预期收益的标准差为 4.1，股票市场组合收益的标准差为 2.1，公司普通股与整个股票市场的相关系数为 0.5。

(7) 国债利率为 3%，整个股票市场普通股平均收益率为 10%。

要求：

(1) 计算银行借款、债券的税后资本成本。

(2) 利用股利增长模型计算股票资本成本（建议用几何平均法确定股息历史年平均增长率）。

(3) 利用 CAPM 模型计算公司股票资本成本。

(4) 计算该公司 WACC。

13. 从在上海证券交易所挂牌的 A 股上市公司中任选一家公司，并查阅以下相关数据：

(1) 该公司过去 5 年的历史收益率；

(2) 上证综合指数过去 5 年的历史收益率（提示：可用市盈率倒数计算上证指数的历史收益率）。

假如国债利率为 5%。

要求：

(1) 计算该上市公司的风险溢酬。

(2) 计算该公司的贝塔值。

(3) 计算该公司股票的期望收益率（股票成本）。

重要文献

1. 詹姆斯·范霍恩，约翰·瓦霍维奇.现代企业财务管理（第 10 版）[M].郭浩，徐琳译.北京：经济科学出版社，1998.

2. 理查德·布雷利等.公司财务原理（第 8 版）[M].方曙红等译.北京：机械工业出版社，2008.

3. 中国注册会计师协会.财务成本管理[M].北京：中国财政经济出版社，2013.

4. 汤姆·科普兰，蒂姆·科勒，杰克·默林.价值评估：公司价值的衡量与管理[M].郝绍伦，谢关平译.北京：电子工业出版社，2002.

第五章 资本预算的基本方法和技术

> 【学习要点】
> 1. 如何对目标项目进行投资评价?
> 2. 为什么 NPV 原则最不易犯错?
> 3. 如何度量自由现金流?
> 4. 如何匹配自由现金流与贴现率?

项目(实物资产)投资具有不可逆的特点。也就是说,项目投资后,一旦发现投资失误,较难甚至很难变现。因此,在项目投资之前,需对目标项目的未来经营状况进行预测分析,判断目标项目所产生的未来经营收益(用预期现金净流入表示)是否能够收回期初的投资,以及是否可以向投资者提供令人满意的投资回报。这样的投资决策分析称为投资评价,也称为"资本预算"(capital budgeting)。本章介绍资本预算的基本方法以及技术。

第一节 资本预算的基本方法

资本预算的基本方法包括净现值法、回收期法、内含报酬率法和获利指数法等,它们均以现值为判断依据。为方便讨论,我们在预知未来或未来确定的假设条件下对这些方法逐一进行介绍。

一、净现值法

(一)净现值的概念

净现值(net present value,简称 NPV)是指将目标项目在未来存续期间产生的预期现金流,以适当的贴现率贴现后加总,再减去目标项目期初投资额后的差量,即

$$NPV = \frac{CF_1}{1+r_1} + \cdots + \frac{CF_t}{(1+r_t)^t} + \cdots + \frac{CF_N}{(1+r_N)^N} - CF_0 \qquad (5-1)$$

式(5-1)中,NPV 表示目标项目的净现值,CF_0 表示目标项目的期初投资额(表现为现金流出),CF_t 表示目标项目存续期内第 t 期(期末)产生的预期现金净流入[更为准确的表示是 $E_0(CF_t)$],即等于第 t 期的预期现金流入减去预期现金流出,r_t 表示第 t 期的贴现率(现实中假设 $r_t = r$),即项目在存续期内的年均贴现率为 r,N 表示目标项目预期的存续期限,通常以年为计量单位。

例 5-1 崇德公司拟投资一个项目,设该目标项目的存续期为 2 年,期初(初始)投资额

为100万元,第1年年底的现金净流入为60万元,第2年年底的现金净流入为80万元。又设该项目投资者的期望收益率为10%,并据此作为项目的贴现率。

根据式(5-1)计算,该项目的净现值约为

$$NPV = -100 + \frac{60}{1+10\%} + \frac{80}{(1+10\%)^2} = 20.66(万元)$$

(二) 净现值原则

在无资本约束时,为了最大化公司价值或最大化股东财富,公司应该接受所有NPV大于零(包括等于零)的项目,而拒绝所有NPV小于零的项目。它可以成为项目投资决策分析中的一个原则,或作为项目投资的选择标准。

第一,如果目标项目的NPV大于零,则表明目标项目产生的预期现金净流入不仅可以收回期初投资,而且还可以为投资者提供超出他们预期的回报,该回报的现值就是目标项目的NPV。如果市场是完善的,净现值就等于公司的价值增值,例如,公司拟投资项目的净现值为1亿元时,公司的价值将增加1亿元,也可理解为股东的财富将增加1亿元。此时,NPV大于零的项目是"好"的投资项目,理应被公司接受。

第二,如果目标项目的NPV等于零,则表明目标项目产生的预期现金净流入正好能够收回期初投资,但不能为投资者带来超额回报。此时,NPV等于零的项目只是一个不亏不赢的"保本"投资项目。在实际经济生活中,"好"的投资机会并不多,能够"保本"已属不易,因此,NPV等于零的项目可以被接受,但实施目标项目后不会改变公司的当前市场价值。

第三,如果目标项目NPV小于零,则表明目标项目产生的预期现金净流入无法收回期初投资,此时,项目的NPV为负值,是一个亏本项目。由于此时的目标项目实施后会降低公司的当前市场价值,因此,NPV小于零的项目被视为"坏"的投资项目,应该被公司拒绝[①]。

我们可以将净现值原则总结为:

第一,NPV原则只有"接受"和"拒绝"两种选择;

第二,公司在选择目标项目时,应该尽可能选择NPV大的项目,从而最大限度地提高公司当前的价值;

第三,如果存在多个可选择项目且公司又存在资本约束(capital rationing),那么,公司在选择项目组合时,应该优先考虑NPV最大的项目组合。

二、获利指数法

获利指数(profitability index,简称PI)是指目标项目在未来存续期间产生的预期现金净流入的现值(PV)与项目的期初投资额CF_0之比,即

$$PI = \frac{PV}{CF_0} \tag{5-2}$$

可见,与NPV不同的是,获利指数是用百分比描述目标项目是否可行的指标。PI有大于1、等于1和小于1三种情形,其中,$PI>1$相当于$NPV>0$。因此,当无资本约束时,公司

[①] 关乎国计民生的投资项目是一个例外。

应接受所有 $PI \geqslant 1$ 的目标项目,拒绝 $PI < 1$ 的目标项目。当存在资本约束,只能选择一个或一组项目时,选择 PI 最大的目标项目却不一定是个最好选项。

例 5-2 承例 5-1,崇德公司拟投资一个项目,设该项目的存续期为 2 年,初始投资为 100 万元,第 1 年年底的现金净流入为 60 万元,第 2 年年底的现金净流入为 80 万元。又设项目投资者的要求收益率为 10%,并据此作为该项目的贴现率。

根据式(5-2)计算,该项目的获利指数为

$$PI = \frac{120.66}{100} = 1.21$$

获利指数和净现值的原理是相同的,不同的是前者用百分比描述目标项目的可行性,而后者用绝对值描述目标项目的可行性。

值得注意的是,在互斥项目选择(即二选一、三选一以及多选一)时,获利指数和净现值选出的项目会发生排序上的差异。造成这种差异的原因是,获利指数 PI 考察的是目标项目初始投资创造预期现金流现值的效率,而不是目标项目所产生的预期现金流现值的绝对金额。

三、回收期法

(一) 非贴现投资回收期法

非贴现投资回收期(payback period)是指目标项目所产生的预期现金净流入可以收回目标项目期初投资额的最短时间。设 CF_t 为第 t 期期末产生的预期现金净流入,CF_0 为目标项目的期初投资额,则:

$$CF_1 + CF_2 + \cdots + CF_s \geqslant CF_0 \tag{5-3}$$

式(5-3)表示,目标项目经营至第 s 期期末就能全部收回期初投资额,因此,该项目的投资回收期不超过 s。

投资回收期提供的决策依据是:确定投资者认可的、可以接受的最长投资回收期 T,若目标项目的投资回收期 $s \leqslant T$,该项目就被接受;若目标项目的投资回收期 $s > T$,则该项目就被拒绝。当存在多个可接受的目标项目,而又只能择其一时,投资者可选择投资回收期最短的目标项目。

例 5-3 承例 5-1,崇德公司拟投资一个项目,设该项目的存续期为 2 年,期初投资为 100 万元,第 1 年年底的现金净流入为 60 万元,第 2 年年底的现金净流入为 80 万元。又设项目投资者的期望收益率为 10%,并据此作为该项目的贴现率。

该项目非贴现投资回收期为

$$s = 1 + \frac{40}{80} = 1.5(年)$$

若崇德公司最长可接受的回收期为 1.6 年,则该项目可行。反之,则拒绝该项目。

(二) 贴现投资回收期法

上文在计算投资回收期时,只考虑了目标项目期初投资额的回收,而没有考虑期初投资的资本成本的回收。因此,更合理的回收期法应该是贴现投资回收期法(discount payback period)。

贴现投资回收期是指目标项目所产生的预期现金净流入的现值可以收回项目期初投资额的最短时间。设平均贴现率为 r,CF_t 为第 t 期期末产生的预期现金净流入,CF_0 为目标项目的期初投资额,则

$$\frac{CF_1}{1+r}+\frac{CF_2}{(1+r)^2}+\cdots+\frac{CF_s}{(1+r)^s} \geqslant CF_0 \qquad (5-4)$$

式(5-4)表示,该项目经营至第 s 期期末就能收回期初投资额,因此,该项目的投资回收期最多为 s。

例 5-4 承例 5-3,该项目的贴现投资回收期为

$$s=1+\frac{45.45}{66.12}=1.69(年)$$

该项目贴现投资回收期为 1.69 年,稍长于 1.5 年的非贴现投资回收期。若崇德公司最长可接受的回收期为 1.6 年,该项目就不可行。反之,则接受该项目。

贴现投资回收期法为投资者提供了新的投资评价视角,在实践中,它是投资决策分析的辅助工具。主要理由有两个。

第一,由于 NPV 仅仅是一个预期值,是不确定、有风险的,因此,未来的时间跨度越大,投资回收期越长,竞争者介入的可能性越大,盈利的预期也越不可靠。而项目的贴现投资回收期越短,意味着目标项目可以越早地收回期初投资额与相应的资本成本,并且相对比较保险。

第二,公司在贴现回收期期满之后,拥有根据市场状况决定是继续经营还是停止运作的权利或灵活性,因此,投资回收期越短,公司拥有的经营灵活性就越大。

四、内含报酬率法

内含报酬率(internal rate of return,简称 IRR)是指使目标项目 NPV 等于零时的贴现率,是项目投资存续期内的平均投资回报率,即

$$NPV=\frac{CF_1}{(1+IRR)}+\frac{CF_2}{(1+IRR)^2}+\cdots+\frac{CF_T}{(1+IRR)^T}-CF_0=0 \qquad (5-5)$$

式(5-5)中,IRR 表示项目的内含报酬率,CF_2 表示第 2 期(年)期末的现金净流入,T 表示第 T 期期末,CF_0 表示期初投资。

设目标项目的资本成本为 r,它是持有该项目的公司最低可接受的投资回报率。当目标项目的内含报酬率大于或等于目标项目的资本成本时,表明是一个盈利项目,公司就应该接受该项目;当项目的内含报酬率小于目标项目的资本成本时,表明是一个亏损项目,公司就应该拒绝该项目。当存在投资约束,只能选择一个项目时,内含报酬率最高的项目将成为投资首选。

例 5-5 假定崇德公司将项目投资的期望收益率确定为资本成本,即公司可接受的最低投资回报率为 10%。设项目初始投资额为 1 000 万元,预计每年年底的现金净流入为 715 万元,项目存续期为 2 年。那么,该项目的内含报酬率为

$$-1\,000+\frac{715}{(1+IRR)}+\frac{715}{(1+IRR)^2}=0$$

运用Excel,得到该项目的 IRR 约为 28%,大于公司最低可接受的投资回报率10%,表明在内含报酬率原则下,该项目的预计盈利颇丰,是可以接受的。

我们可以运用测试法和内插法计算目标项目的内含报酬率,即先用测试法确定 IRR 的区间(例如 15%—16%),然后,运用内插法求出 IRR 的确切值(例如 15.4%)。由于当下的计算手段已大大进步,我们运用诸如 Excel 等工具就能轻松算得内含报酬率,因此,内含报酬率的计算已不是问题。

第二节 资本预算方法比较

从学理上讲,以现值为基础的内含报酬率法和净现值法最受青睐。净现值法和内含报酬率法通常被视为最不易犯决策错误的投资评价方法。理由何在?

一、回收期法和获利指数法的缺陷

(一)贴现投资回收期法与净现值法比较

贴现投资回收期法和净现值法具有一致性:若目标项目的净现值大于零,则目标项目的贴现投资回收期一定小于项目存续期。但在实践中,贴现投资回收期法与净现值法存在相悖之处。

第一,不是所有贴现投资回收期小于存续期的目标项目均被接受。根据贴现投资回收期法,目标项目是否被接受取决于公司规定的最长可接受的投资回收期 T,只有低于投资回收期 T 的项目才会被考虑。但是,可接受的最长投资回收期 T 是主观决定的,缺乏市场统一的标准。

第二,贴现投资回收期最短的目标项目可能并非最优。因为贴现投资回收期法忽视了项目在贴现回收期之后的收益,即忽视了贴现回收期之后的预期现金流。因此,贴现投资回收期法未能考虑到投资回收期之后至存续期结束之前目标项目所产生的预期现金净流入或投资收益。对于一个更有后劲或更具成长性的目标项目来说,很可能会被贴现投资回收期法拒绝。

例 5-6 设公司有两个备选投资项目,拟择其一进行投资。两个备选项目的相关资料见表 5-1。

表 5-1 两个备选项目的相关资料

单位:万元

时 间	0	1	2	3	4	NPV(10%)
项目一	-100	30	40	50	60	38.87
项目二	-100	60	40	30	20	23.6

根据题意,可以得到两个备选项目的贴现投资回收期,即

方案一的投资回收期为:$3+2.11/40.98=3.05$(年)

方案二的投资回收期为:$2+12.4/22.54=2.55$(年)

从贴现投资回收期的长短进行判断,应该选择方案二,但是,方案一更具后劲和成长性,

理由是它的 NPV 更大,更能够最大化股东财富和价值。

可见,与净现值法相比较,贴现投资回收期法不是一个最理想的资本预算方法。贴现投资回收期法可能会将一些好项目拒之门外,或者屏蔽了最优项目,而仅接受了次优项目。但在实践中,贴现投资回收期法颇受欢迎,是投资决策分析的重要辅助工具。

(二)获利指数法与净现值法比较

获利指数和净现值的原理是相同的。但是,在存在资本约束或其他约束条件下,获利指数和净现值法则在项目评价上会出现排序上的差异。

例 5-7 设崇德公司拥有三个备选项目,三个备选项目的现金流、净现值、获利指数和内含报酬率见表 5-2。

表 5-2 A、B、C 项目的净现值、获利指数和内含报酬率

单位:万元

时间	0	1	2	NPV(10%)	PI	IRR
项目 A	−100	70	70	21.49	1.215	25%—30%
项目 B	−200	135	135	34.30	1.172	20%—25%
项目 C	−100	60	60	4.13	1.04	12%—13%

由表 5-2 可知,项目 A、B、C 都为盈利性项目,都值得投资。如果投资者存在资本约束,设可用资金只有 200 万元,那么,投资者究竟应该如何选择?显然,在预算约束条件下,投资者有两种选择:方案一是选择项目 B,方案二是同时选择项目 A 和 C。

项目 A 的获利指数最高,项目 B 次之,项目 C 最低。因此,单凭各项目获利指数高低来判断方案一和方案二的优劣缺乏依据。对此有两种修正办法。

第一,使用净现值法进行评价。方案一的净现值为 34.3 万元,方案二的净现值是项目 A 和 C 净现值的加总,即 21.49+4.13=25.62 万元。显然,从最大化股东财富角度看,方案一更可取。

第二,计算方案二的获利指数。计算方案 A 和 C 的合并 PI,即 (121.49+104.13)/200 = 1.13,低于方案一的 PI,说明方案一更可取。

可见,使用净现值法更为简便、直接,可以避免直接使用获利指数法决定取舍时可能出现的尴尬情况。

二、内含报酬率法和净现值法比较

若将内含报酬率法与净现值法进行比较,你会发现:当内含报酬率法不犯错时,净现值法也不犯错,而当内含报酬率法犯错时,净现值法却能够独善其身。

(一)内含报酬率法和净现值法的结论一致

在评价独立的常规项目是否可行方面,内含报酬率法和净现值法的结论是一致的。独立常规项目通常有四项假设:

第一,目前备选项目只有一个;

第二,以投资者最低可接受的投资回报率作为目标项目的贴现率;

第三,目标项目的现金流只在期初是负值(表示是投资或流出),在其他时期内均为正值(表示为收益或净流入);

第四,在目标项目存续期内,各期的贴现率都是相同的。

在以上假设条件下,基于内含报酬率评判原则和净现值评判原则的投资分析结论是一致的,例 5-5 的计算结果证实了项目 NPV 与贴现率之间的同向关系。

在例 5-5 中,目标项目的 IRR 为 28%,贴现率为 0 时的 NPV 为 430 万元,贴现率为 10% 的 NPV 为 241 万元。它们之间的关系见图 5-1。

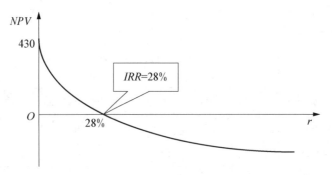

图 5-1　项目 NPV 与贴现率之间的关系

图 5-1 形象地描述了独立常规项目的 NPV 与贴现率之间的同向关系。

第一,当投资者最低可接受的报酬率小于 28%(即内含报酬率大于资本成本),该项目的 NPV 一定大于零,应该接受该项目。

第二,当投资者最低可接受的报酬率大于 28%(即内含报酬率小于资本成本),该项目的 NPV 一定小于零,应该拒绝该项目。

从理论上讲,证券市场线也支持这样的结论(见图 5-2)。由图 5-2 可知,IRR 高于证券市场线的所有项目都是可以接受的。理由是,这些项目的 IRR 高于期望收益率或要求收益率 k。图 5-2 也提供了如下解读:

第一,任何一个位于 SML 线上方的项目一定有一个正值的净现值;

第二,任何一个位于 SML 线下方的项目一定有一个负值的净现值;

第三,任何一个位于 SML 线上的项目的净现值一定为零。

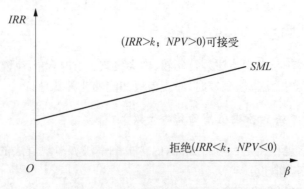

图 5-2　证券市场线和项目价值

(二) 内含报酬率法和净现值法的结论不一致

当独立常规项目的第1项假设不能成立时,即存在多个备选项目,且只能择其一时,投资者将面临互斥项目投资。在运用内含报酬率法和净现值法,对互斥项目进行投资分析后得出的结论,可能会存在不一致或出现排序差异。现举两例予以说明。

1. 互斥项目投资

第一,当投资者目前拥有多个备选项目,但只能择其一或二进行投资时,内含报酬率法和净现值法可能存在不一致的结论。

例 5-8 设某公司仅拥有两个备选项目,两个目标项目 A 和 B 的现金流和内含报酬率见表 5-3。受资本约束,该公司只能择其一进行投资。

表 5-3 A、B 项目的净现值和内含报酬率

单位:万元

时间	0	1	2	$NPV(10\%)$	IRR
项目 A	-100	70	70	21.49	25%—30%
项目 B	-200	135	135	34.30	20%—25%

在例 5-8 中,项目 A、B 的净现值和内含报酬率的排序就出现了悖论。根据净现值法,B 项目可行,而根据内含报酬率法,则 A 项目可行。这种悖论关系见图 5-3。

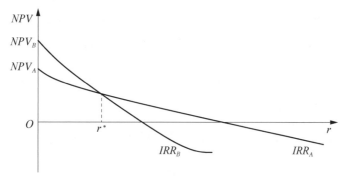

图 5-3 互斥项目 NPV 与贴现率的关系

在图 5-3 中,横坐标表示贴现率,纵坐标表示净现值,两条曲线分别表示 A、B 两个项目的 IRR 和 NPV 之间的关系。曲线与横坐标的交点为项目的内含报酬率。两条曲线相交点对应横坐标上的 r^* 是均衡点,也就是两个项目无差异点。在均衡点的右边(即贴现率大于 r^* 时),IRR 和 NPV 的方向一致,没有排序差异。在均衡点左边(即贴现率小于 r^* 时),则出现排序差异,IRR 和 NPV 的方向相反。

这种排序上的差异通常与目标项目未来预期现金流的规模大小和分布有关。一般来说,现金流入量的数额以及在时间上、分布上的差异越大,排序差异出现的可能性就越大。显然,从最大化公司价值或股东财富的目标看,在挑选互斥项目时,净现值法更胜一筹,可避免误选次优项目的情形。

2. 目标项目的现金流呈现出非正常形态

当目标项目的现金流呈现出非正常形态①，即项目现金流不只在期初是负值（表示为投资或流出），在项目存续期的其他时段，有时表现为正值（表示为收益或净流入），有时表现为负值（表示为追加投资或净流出）时，内含报酬率就可能出现无解或多解（见图5-4），但净现值法只有唯一解。

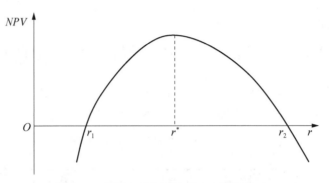

图 5-4　项目净现值与贴现率之间的关系

由图5-4可知，当目标项目预期现金流呈现正负交错的非正常形态时，图中曲线与横坐标很可能有两个交点（r_1和r_2），即内含报酬率出现两个解，而NPV只有唯一解。

由图5-4可知，当贴现率小于r_1，或贴现率大于r_1但小于r^*时，运用内含报酬率法和净现值法得出的评价结论相悖。

第一，当贴现率小于r_1时，说明项目的IRR大于资本成本，但项目的NPV<0。

第二，当贴现率大于r_1，但小于r^*时，说明IRR小于资本成本，但项目NPV>0。

继续观察图5-4就会发现，当贴现率大于r^*时，运用内含报酬率准则和净现值准则得出的评价结论是一致的。

如果曲线与横坐标没有交点，则说明无解。而净现值则始终只有唯一解，可避免IRR出现多解或无解的评价窘境。

（三）净现值法是最不易犯决策错误的资本预算法

当净现值法和内含报酬率法出现不一致结论时，究竟该如何选择？答案是选用净现值法。理由是：净现值法是最不易犯投资决策错误的资本预算方法。具体来说，有以下三点理由。

第一，净现值更简便直接。当运用内含报酬率法和净现值法得出的评价结果不一致时，净现值法更能够自圆其说。

例 5-9　承例5-8，设崇德公司仅拥有两个可选项目，且只能从这两个项目中择其一。两个项目的现金流、净现值和内含报酬率见表5-4。

由表5-4可知，运用内含报酬率法和净现值法得出的评价结果不一致。在这种情况下，应该坚持运用净现值法。

---

①　项目未来现金流有正常和非正常两种形态，正常形态是指项目期初现金流是负值（表示为投资或流出），在项目存续期的其他时段，现金净流量均表现为正值（表示为收益或净流入）。正常和非正常没有褒贬之分，只有客观形态之别。

表 5-4　A、B 项目的净现值和内含报酬率

单位：万元

时　间	0	1	2	NPV(10%)	IRR
项目 A	−100	70	70	21.49	25%—30%间
项目 B	−200	135	135	34.30	20%—25%间

对比项目 A 和项目 B 后，可以发现，项目 B 可以理解为项目 A 和项目(B—A)这两个项目的集合。运用净现值法的逻辑是：项目 A 是好项目，如果能够证明项目 B—A 也是好项目，那么，接受项目 B 能够最大化公司价值。

单位：万元

时　间	0	1	2	NPV(10%)	IRR
项目 B—A	−100	65	65	12.8	大于10%

项目 B—A 的净现值远大于零，其 IRR 也大于贴现率(10%)，说明这是一个好项目，因此，为最大化公司价值或最大化股东财富，公司应该接受项目 B。

可见，应该使用净现值法对备选项目进行取舍，而使用内含报酬率法很可能得出非优解，无法最大化股东利益。

第二，净现值法更合理。内含报酬率法隐含了一个假设条件，即公司在目标项目存续期内所获得的现金流入按内含报酬率进行再投资，而净现值法隐含的假设是项目存续期内所获得的现金流入按最低可接受的投资回报率(资本成本)进行再投资。

对于一个盈利项目而言，其内含报酬率远高于投资者最低可接受的投资回报率，也远高于投资者一般预期收益率。显然，最低可接受的投资回报率更接近于目标项目在存续期内再投资收益率的合理估计。因此，在评价目标项目投资价值时，净现值法提供了更加合理的价值尺度和评价方法。

第三，净现值法具有唯一解。当目标项目产生的未来预期现金流呈现正负交错的情形时，会产生多个 IRR，或出现无解情况，从而导致内含报酬率法无所适从，无法评价项目价值。

在存续期内呈现非正常形态现金流的项目会出现零个或不止一个内含报酬率，但净现值法不会出现这类问题。内含报酬率起作用时，净现值也起作用；在大多数内含报酬率不起作用的实例中，净现值却依然可以被很好地运用。显然，多解或无解的内含报酬率法无法为互斥项目提供合理的投资评价，而拥有唯一解的净现值法能够给出合理的投资评价。

值得注意的是，在实践中，财务经理更偏好内含报酬率法，其原因是他们更加关心报酬率而不是实际的收益，内含报酬率对财务决策者来说更加容易理解。

> **案例 5-1**
>
> ### 关于选用资本预算方法的可能理由
>
> 由于 NPV 方法是最不易犯错的资本预算方法，因此，它理应是公司 CFO 们进行资本预算的不二之选，但现实并非如此。2001 年，美国学者约翰·格雷厄姆和坎贝尔·哈

> 维在对392位公司CFO进行的问卷调查中发现了一些有趣的现象。
>
> 第一,75%的受访公司使用净现值(NPV)法,尚有25%的受访公司不使用NPV法。
>
> 第二,57%的受访公司同时使用回收期(PP)法和NPV法。
>
> 第三,少数受访公司只使用内含报酬率(IRR)法。
>
> 第一种现象不难理解,但关于第二种和第三种现象,存在不同的解读。第二种现象相对比较集中的解读是:回收期法之所以受欢迎,是因为它简单直观,公司CFO首先用回收期法对投资项目做一个初步评价,然后再对合适的投资项目估算其NPV。第三种现象比较集中的解读是:少数公司仅仅使用IRR来评价投资项目,是因为计算IRR无需知晓资本成本。
>
> 问:你同意对第二种和第三种现象的解读吗?中国上市公司CFO在进行资本预算时会偏好使用哪一种方法?

第三节 净现值法的基本技术

在上节,我们将资本预算方法进行了比较,给出了净现值法是最不易犯决策错误的方法的结论和理由。因此,本节将介绍基于净现值法的资本预算基本技术。目标项目未来存续期内的现金流量估计以及项目贴现率认定是净现值法乃至大多数资本预算方法的基本技术。下文介绍这些基本技术。

一、问题提出

事实上,净现值(NPV)受到多种因素影响。在求解目标项目的净现值时,我们需要特别关注以下因素的影响。

第一,目标项目存续期(N)的长短。目标项目存续期(即运营寿命)的估计表面上是一项非常简单的工作,但意义非常重大,因为它直接关系到预期现金流量产生期限的长短,进而决定着目标项目NPV的大小。然而,正确估计目标项目的运营寿命并非易事。目标项目的存续期长短不仅取决于设备的物理寿命,同时还受到技术革新、产品升级换代和市场需求变化的影响。可见,正确估计目标项目的运营寿命是投资评价无法绕过的问题。

第二,目标项目在存续期间产生的现金流量CF_t。目标项目在未来存续期内产生的现金流量通常需要进行全面预算,在预测的基础上,通过财务预算来描述目标项目未来预期的经营状况,并为计算目标项目的预期现金流量提供信息支持。合理预测是这项工作的关键,它直接关系到项目NPV结果的合理性。

第三,目标项目存续期间内各期的贴现率r_t或平均贴现率r。由于目标项目的贴现率其实就是投资者在投资目标项目时的期望收益率。因此,需在资本市场上考察投资者在进行同等风险投资时所期望的收益率,并以此作为目标项目的贴现率。值得注意的是,目标项目投资的期望收益率不易计算。

由于未来充满未知和不确定性,因此,测度预期现金流量和估算贴现率是净现值法的两大难点,它们是净现值法的基本技术。下文基于项目投资来介绍这些基本技术。

二、预期现金流量的测度

在计算目标项目净现值时,我们是对目标项目的预期现金流量进行贴现后求解 NPV,而非直接用利润来计算净现值。预期现金流量的测度包括两个内容:一是何时发生现金流入或流出;二是流入和流出的金额是多少。

(一)现金流入和现金流出何时发生

假如目标项目的存续期为 N 年,在存续期内,预期现金流量发生的时间主要涉及两个时间点和一个时间段。

第一,目标项目的初始投资发生在第 0 年(投资初期),即目标项目初始投资时会发生现金流出。

第二,目标项目终止或出售时刻一般会发生现金流入,即第 N 年年末目标项目的变现价值(终值)。

第三,在目标项目存续期内,每年均会因经营活动而发生现金流入和流出,这些预期现金流量可能发生在每年的任何时间点上。为了便于计算并将现金流量进行贴现,根据稳健原则,通常使用"期末假设",即假定目标项目在存续期内所产生的预期现金流入或流出均发生在每年年末。与现金流量发生在每年年初的"期初假设"相比,"期末假设"尽管在一定程度上会低估目标项目的净现值,但据此给出的投资评价更为稳健和公允。

(二)预期现金流入量或流出量的估算[1]

由于未来充满不确定,因此,预期现金流量的估算很困难。具体说来,它包括以下三个估算内容。

1. 目标项目初始投资的现金流出估算

初始投资相对容易估算,可以根据投资战略、投资规模、投入要素的现时价格进行匡算。由于目标项目的初始投资就是现金流出现值,因此,初始投资无需贴现。

2. 目标项目终止时的变现价估算

在实践中,目标项目终止时的未来变现价不易估算,但好在其对目标项目的影响有限。理由主要有两点。

第一,目标项目通常存续期都较长,项目终止日的变现价的贴现值较小,对目标项目价值的影响不大。

第二,在项目决策时,通常将目标项目未来的变现价视为"沉没成本",即视为与目标项目投资决策无关的成本,无需考虑。

---

[1] 朱叶,王伟.公司财务学[M].上海:上海人民出版社,2003:105-106.

3. 目标项目存续期间每年预期现金流量的估算

前两类现金流估算具有特殊性，而存续期内预期现金流量估算则具有共性。我们重点介绍存续期内目标项目预期现金流量的估算技术。

目标项目存续期内每年现金流入量和流出量是影响目标项目是否可行的重要变量，但是，直接计算目标项目每年所产生的现金流入量和流出量难度很大，变通的办法是用"自由现金流"来表示每年预期现金净流量。"自由现金流"(free cash flow，简称 FCF)是指投资者获得的、超出正常经营和投资需要的可以自由支配的现金流。因此，自由现金流可以理解为"现金收付制"下的利润。

设某目标项目为投资设立一家 A 公司，为了更清晰地理解自由现金流的内涵，我们给出 A 公司资产负债表和利润及利润分配表两张简表(见表 5-5 和表 5-6)①。

表 5-5　A 公司资产负债表

资　　产	负债和股东权益
营运资本净额(WC)	长期负债(B)
长期资产(LA)	股东权益(E)：
	股本和资本公积(SE)
	留存收益(RE)
合计($A=WC+LA$)	合计($B+SE+RE$)

表 5-6　A 公司利润与利润分配表

一、业务收入
减：业务成本 　　营业费用 　　管理费用 　　财务费用(不包含债务的利息支出) 　　折旧(D)
二、息税前收益($EBIT$)
减：利息(I) 　　公司所得税(T)
三、净利润(NI)
减：股利(DIV)
四、本期留存收益(ΔRE)

在资产负债表简表中，资产栏仅列示营运资本净额(流动资产减流动负债后的差额)和长期资产(包括长期投资、固定资产、无形资产和其他长期资产等)两项，负债和股东权益栏中为长期负债和股东权益两项，其中股东权益包括股本、资本公积金和留存收益。在利润与

---

① 朱叶，王伟.公司财务学[M].上海：上海人民出版社，2003：195.

利润分配表简表中,为了列示息税前收益(EBIT),将财务费用中的利息支出单独列出。

自由现金流按年计算,其计算公式为

$$FCFF = EBIT(1-t) + D - CE - \Delta WC \qquad (5-6)$$

式(5-6)中,FCFF 是指公司的自由现金流,归全体投资者(包括股东和债权人)共同所有,$EBIT(1-t)$ 表示税后经营收益,是全体投资者(包括债权人和股东)的投资回报,CE 表示年资本性支出,t 表示公司所得税税率,ΔWC 表示年营运资本投资,D 表示年折旧,它是最重要的非现金性费用,摊销费也是一项重要的非现金性费用(为便于讨论,此处不考虑摊销费)。

由式(5-6)可知,自由现金流的计算便是分别计算息税前收益(EBIT)、资本性支出(CE)和营运资本(ΔWC)投资、非现金性费用等变量的过程,这些变量的计算公式分别为

$$EBIT(1-t) = NI + I(1-t) \qquad (5-7)$$

式(5-7)中,EBIT 表示年息税前收益,NI 为净利润,t 表示公司所得税税率,I 表示年利息费用。

$$CE = \Delta LA + D^* \qquad (5-8)$$

式(5-8)中,ΔLA 表示当期长期资产的净增长额。值得注意的是,D^* 表示累计折旧,只有在设备简单再生产(即仅为维持生产能力而进行的原有设备更新)时才发生。

$$\Delta WC = WC_1 - WC_0 \qquad (5-9)$$

式(5-9)中,WC_1、WC_0 分别表示期末和期初的营运资本净额。

例 5-10 崇德公司拟投资一条生产线,设备投资额为 100 万元,设计年生产能力为 100 万单位产品。设该生产线寿命为 3 年,估计产品售价为 2 元/单位,生产成本(不包括折旧)为 1 元/单位,利息费用 4 万元/年。设公司所得税税率为 50%,借款年利率为 5%,崇德公司的加权平均税后资本成本为 10%,设备采用直线折旧,不考虑残值,不考虑营运资本。

根据式(5-6)、式(5-7)、式(5-8)和式(5-9),可以得到相关财务数据(见表 5-7)。

表 5-7 崇德公司投资项目相关财务数据

单位:万元

时间	0	1	2	3
销售收入		200	200	200
减:生产成本		100	100	100
折旧		33.33	33.33	33.33
EBIT		66.67	66.67	66.67
减:利息		4	4	4
残值估计		0	0	0
税前利润		62.67	62.67	62.67
减:所得税		31.335	31.335	31.335

续表

时间	0	1	2	3
净利润		31.335	31.335	31.335
$EBIT(1-t)$		33.335	33.335	33.335
投资额	−100			
营运资本	0			
FCFF		66.665	66.665	66.665
NPV	+65.78			

由表 5-7 可知,不同时点的现金流量被估计出来之后,目标项目的 NPV 只是一个简单的计算而已。但须注意的是,目标项目现金流量的估计建立在预测基础之上,因此,预测的偏差将对现金流量估计产生重要影响。

另外,FCFF 受诸多因素影响,比如折旧方法、税制等。若上例中选用加速折旧法(比如双倍余额递减法),那么,项目在存续期内所产生的收益就会被递延(比如第 1 年折旧升至 $66.66\left(=100 \times \frac{1}{3} \times 2\right)$ 万元,第 1 年的 EBIT 降至 33.34 万元),但 FCFF 被"提前"(第 1 年的 FCFF 升至 83.33 万元)[83.33=(200−100−66.66)(1−50%)+66.66],项目的 NPV 将就此被高估。

三、如何认定和估算项目贴现率

在公司金融实践中,资本资产定价模型得到了广泛的运用,投资者可以利用资本资产定价模型来直接或间接估计目标项目的期望收益率,但通常采用间接估算的做法。下面,我们介绍目标项目贴现率的估算和认定。

(一) 什么样的公司加权平均资本成本可以作为项目贴现率

1. 如何寻找项目贴现率的替代品

在实践中,我们通常不会直接计算目标项目的贴现率,而是想办法寻找和计算项目贴现率的替代品。为了快捷、准确找到目标项目贴现率的替代品,我们需了解项目贴现率与持有项目公司的加权平均资本成本之间的关系(见图 5-5)。

第一,目标项目的风险小于持有项目公司的风险。观察图 5-5,设目标项目 B 的期望收益率为 9%,而公司的加权平均资本成本为 12%,那么,我们很容易拒绝该新项目。理由是项目 B 的期望收益率低于公司加权平均资本成本。但是,由于项目 B 的风险较低,且位于证券市场线的上方,因此,应该推翻原来的结论,接受该项目。我们可以得出以下结论:项目 B 的风险低于持有该项目公司的风险(β^*),此时,公司的加权平均资本成本不能作为项目 B 贴现率的替代,否则,会低估项目 B 的价值。

第二,目标项目的风险大于持有项目公司的风险。观察图 5-5,项目 A 的期望收益率为 14%,远高于公司加权平均资本成本 12%,似乎应该接受该项目。但是,项目 A 位于证券市场线的下方,说明资源没有实现最优配置,应该拒绝。因此,我们可以得出以下结论:项目

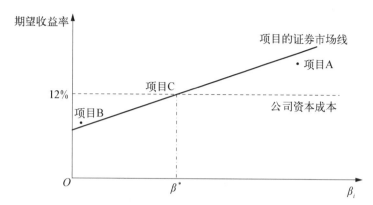

图 5-5 公司资本成本和资本资产定价模型要求收益比较图

A 的风险高于持有该项目公司的风险(β^*),此时,公司的加权平均资本成本也不能作为项目 A 贴现率的替代,否则,会高估项目 A 的价值。

第三,目标项目的风险等于持有项目公司的风险。观察图 5-5,对项目 C,持有该项目公司的加权平均资本成本与项目 C 的期望收益率一致,表明项目 C 的风险和持有项目公司的风险相同。因此,我们可以得出以下结论:项目 C 的风险等于持有该项目公司的风险(β^*),此时,该公司的加权平均资本成本(12%)可以作为项目 C 贴现率的替代。

可见,只有公司现有资产风险与项目风险相同[即处于某一风险水平(贝塔值)下]时,项目持有公司的加权平均资本成本才能成为项目贴现率的替代。

2. 项目贴现率替代品的修正

在不少情况下,目标项目贴现率并非是持有该项目的公司的加权平均资本成本。若随意使用公司的加权平均资本成本来贴现其所持有的所有项目的现金流,或者用公司加权平均资本成本作为是否采纳新项目的依据,其结果可能会拒绝一些"好"项目(比如图 5-5 中的项目 B),而接受一些"坏"项目(比如图 5-5 中的项目 A)。可见,项目的贴现率由其自身风险决定,而非由持有项目公司的风险决定。

第一,公司和项目风险相同的情形。在公司金融实践中,若公司拟投资的新项目的风险与公司整体风险一致,比如,"京东便利"拟开设一家新店,新店项目可以理解为"京东便利"现有业务的延伸或拓展,那么,我们可以将"京东便利"现有资产的加权平均资本成本(即公司投资者的平均期望收益率)作为新店项目的期望收益率或贴现率,并据此贴现与公司整体风险一致的新店项目的现金流量。

第二,公司和项目风险不同的情形。在多元化经营的大环境里,公司有时拥有的新项目的风险与公司整体风险差异很大,比如,伊利股份拟涉足一个重要的人工智能开发项目,该项目风险高,不是伊利股份现有业务的延续,那么,简单使用伊利股份的加权平均资本成本作为该项目的贴现率,将低估新项目的期望收益率。显然,将伊利股份的资本成本作为人工智能项目的贴现率是不合适的。

在这种情况下,人工智能开发项目的贴现率应该以相同风险的科技类企业(也称比照公司)的资本成本为参考。如果选出了一组比照公司,那么,应该将比照公司加权平均资本成本的均值作为人工智能项目贴现率。

（二）如何估算项目贴现率

对公司股东而言，若新项目与公司同风险，那么，该项目贴现率等于公司的加权平均资本成本（即公司投资者的平均期望收益率）。因此，估算项目贴现率就是估算相同风险公司的加权平均资本成本的过程。

1. 无杠杆公司加权平均资本成本和项目贴现率

如果相同风险公司所需资金完全通过发行股票进行融资，那么，公司只有一类投资者（股东），公司的加权平均资本成本就是权益资本成本，即股票期望收益率。于是，项目贴现率估算演变成了对公司股票期望收益率的估计。在公司金融实践中，许多公司就是利用资本资产定价模型（CAPM模型）来估计公司的股票期望收益率。

例 5-11 设崇德公司为无杠杆公司，100%权益融资。为满足市场需求，公司现在准备在另一个城市开设一个分厂。假设崇德公司股票当前的贝塔值为1.2，无风险利率为5%，市场风险溢酬为8%。设公司所得税税率为30%，新厂100%权益融资。这个新项目（新厂）的贴现率是多少？

新项目属公司生产能力的拓展，因此，新项目和公司风险相同，其贝塔值等于公司的贝塔值，可以将崇德公司权益资本成本作为新厂贴现率：

$$r_s = 5\% + 1.2 \times 8\% = 14.6\%$$

2. 杠杆公司资本成本和项目贴现率

假定相同风险公司部分资金通过举债融资加以解决，借款成本为 r_b，并按权益成本 r_s 获得权益资本。公司股东和债权人的平均期望收益率应该以加权平均资本成本的方式表达，即

$$r_{wacc} = \frac{S}{S+B} \times r_s + \frac{B}{S+B} r_b \tag{5-10}$$

式(5-10)中，r_{wacc} 表示公司加权平均资本成本，S 表示权益资本，B 表示债务资本，$S/(S+B)$ 表示权益资本在总资本中所占的比重，$B/(S+B)$ 表示债务资本在总资本中所占的比重。

例 5-12 承例5-11，假设崇德公司普通股股票每股市价10元，发行在外普通股股数600万股，企业负债的市场价值为4 000万元，借款年利率6%。国债年利率5%，市场风险溢酬为8%。公司股票贝塔值为1.2。设公司所得税税率为30%，新项目（新厂）的杠杆水平与崇德公司杠杆一致。

根据式(5-10)，崇德公司税前加权平均资本成本为

$$r_{wacc} = \frac{4\,000}{4\,000 + 6\,000} \times 6\% + \frac{6\,000}{4\,000 + 6\,000} \times 14.6\% = 11.16\%$$

在考虑公司所得税的情况下，由于债务资本成本在税前列支，可以省税，具有利息税盾效应。公司税后加权平均资本成本约为

$$r_{wacc} = \frac{4\,000}{4\,000 + 6\,000} \times 6\% \times (1 - 30\%) + \frac{6\,000}{4\,000 + 6\,000} \times 14.6\% = 10.44\%$$

鉴于新项目(新厂)与崇德公司风险相同,且杠杆率一样(均为40%),为此,可以将崇德公司加权平均资本成本作为新厂的贴现率。

四、贴现率如何与自由现金流匹配

上文分别介绍了如何测度自由现金流量以及如何估算贴现率,据此,我们就能够对目标项目的价值进行评估。但由于自由现金流有两种表达形式:一种是归股东和债权人共有的自由现金流(简称 FCFF);另一种是仅归属股东的自由现金流(简称 FCFE)。因此,我们还需要了解项目贴现率如何与自由现金流匹配。

(一)FCFF 和贴现率

FCFF 是自由现金流的一种表达形式,它是指投资者(包括股东和债权人)获得的、超过正常经营和投资需要的可以自由支配的现金流。因此,与该自由现金流匹配的贴现率应该是投资者的平均期望收益率,或项目持有者(公司)的加权平均资本成本(WACC)。在实践中,用税后加权平均资本成本对 FCFF 进行贴现。

(二)FCFE 和贴现率

FCFE 是自由现金流的另一种表达形式,它是指股东获得的、超过正常经营和投资需要的可以自由支配的现金流。FCFE 是指在 FCFF 基础上扣除付给债权人的部分,就是扣除利息支付和净还款(即新增借款与偿还债务之差)后剩余的自由现金流,即

$$FCFE = NI + D - CE - \Delta WC + 新借债务额 - 偿还债务额 \quad (5-11)$$

可见,由于 FCFE 归全体股东所有,因此,与该自由现金流匹配的贴现率应该是股东的期望收益率。

在投资决策过程中,自由现金流量和贴现率不能错配。错配造成的可能后果是:项目价值或被高估,投资者据此接受了"坏项目";项目价值或被低估,投资者拒绝了"好项目"。

例 5-13 设崇德公司的债务资本比重为 80%,权益资本比重为 20%。公司拟投资一项目,预计初始投资额为 100 万元,其中,80% 投资额来自债务资本,20% 投资额来自权益资本。设营运资本投入为零,未来不发生资本性支出,目标项目的债务为永久性债务,未来没有新借债务。若该项目永续经营,那么,可不考虑折旧(年折旧太小)和残值变现(现值太小,可忽略不计)。预计每年年底的 EBIT 为 12 万元。若公司所得税税率为 50%,借款年利率为 5%,权益资本成本为 20%。

我们可以得到两组不同归属的自由现金流,见表 5-8。

表 5-8 两组不同归属的自由现金流

单位:万元

时间	0	1	2	3	……
EBIT		12	12	12	
减:利息		4	4	4	
税前利润		8	8	8	

续表

时间	0	1	2	3	……
减：所得税		4	4	4	
净利润		4	4	4	
$EBIT(1-t)$		6	6	6	
投资额	-100				
FCFF		6	6	6	
FCFE		4	4	4	

即根据式(5-10)，崇德公司的税后加权平均资本成本为

$$WACC = 0.8 \times 5\% \times (1-50\%) + 0.2 \times 20\% = 6\%$$

若以 FCFF 评估项目投资价值，应该选用 WACC 进行贴现。从公司全体投资者的角度看，该永续经营项目的价值为

$$PV_1 = 6/0.06 = 100(万元)$$

公司全体投资者的净现值为

$$NPV_1 = 项目价值 - 原始投资 = 100 - 100 = 0$$

若以 FCFE 评估项目投资价值，应该选用权益资本成本进行贴现。从股东的视角看，项目的价值为

$$PV_2 = 4/0.2 = 20(万元)$$

公司股东的净现值为

$$NPV_2 = 项目权益价值 - 股东投资 = 20 - 20 = 0$$

显然，只要自由现金流量和贴现率正确匹配，其估值的结果应该是一致的，即都说明这仅仅是一个保本项目。

五、净现值法的运用

在进行投资决策时，我们会面临一些常规但又有特点的投资，例如，自制或外购决策、不同生命周期的投资。我们可以运用净现值法对这些投资进行价值评估，也可以用更为简洁的方法进行投资评价。这种简洁方法被称为约当年均成本法。

（一）自制或外购决策

自制或外购的投资决策，有多种判断方法。可以使用净现值法，也可以使用约当年均成本法。

1. 基于净现值法的判断

例 5-14 某装饰品生产企业目前的年生产量为 50 万单位产品，该装饰品的顶盖（一个重要零部件）一直从外部供应商处以 3 元/单位购入。该厂新 CEO 上任伊始，力推低成本策略，他主张自己生产顶盖，停止外购。他估计，直接生产成本（即原材料和人工成本）只有 2

元/单位,但需投资一台机器,购置成本为20万元,按直线折旧(不考虑残值)。年利息费用1万元,此外,还需投入2万元的营运资本,这笔营运资本在第10年年末将可完全回收。若公司所得税税率为30%,税后加权平均资本成本为10%,你是否支持CEO的计划?

根据题意,若自制顶盖,则可省去外购的成本,但需要发生设备投资、营运资本投资和生产成本。根据NPV原则,我们可以将省却的外购顶盖成本视为现金流入(也可理解为,假如将自制顶盖出售,相当于每年可获得150万元现金性收入),而将设备和营运资本投资、生产要素投入视为现金流出。我们先计算存续期内每年的自由现金流,见表5-9。

表5-9 存续期内每年的自由现金流

单位:万元

时间	0	1	……	10
销售收入		150	150	150
减:生产成本		100	100	100
折旧		2	2	2
EBIT		48	48	48
减:利息		1	1	1
残值估计				0
税前利润		47	47	47
减:所得税		14.1	14.1	14.1
净利润		32.9	32.9	32.9
$EBIT(1-t)$		33.6	33.6	33.6
投资额	−22			2
FCFF		35.6	35.6	37.6
NPV(10%)	197.52			

由于NPV远大于零,因此,我们可以得出自制优于外购的投资决策。

2. 基于约当年均成本的判断

约当年均成本(EACF)是指项目存续期内,基于所有现金流出现值的年金。或者说,它是项目的支付年金,即表示项目在存续期内,每期期末需等额支付的现金流出量。

$$\sum_{t=1}^{N} \frac{EACF}{(1+r)^t} = \sum_{t=1}^{N} \frac{CF_t}{(1+r)^t} + CF_0 \tag{5-12}$$

式(5-12)中,CF_t表示第t期期末的现金流出量,CF_0表示初始投资规模,$EACF$为约当年均成本,表示每年年底需等额支付的现金流出量。

由式5-12可知,存续期内约当年均成本的现值和所有现金流出的现值是等价的。也就是说,项目在存续期内所发生的现金流出有两种表述:一是初始投资和各期的现金流出;二是约当年均成本。在比较两个项目的现金流出时,后者(约当年均成本)具有可比性,而前者不具可比性。

例 5-15 重新审视例 5-14，由于自制和外购都是为了解决公司最终产品的顶盖问题，因此，自制和外购的区别在于自制成本和外购成本存在差异。为便于比较，可以使用自制和外购的约当年均成本进行比较（见表 5-10）。假如不考虑年利息费用。

表 5-10 自制和外购比较

单位：万元

时间	0	1	……	10
外购现金性成本：				
税前外购成本		150	150	150
税后外购成本		105	105	105
外购 EACF		105	105	105
自制现金性成本：				
税后生产成本		70	70	70
折旧省税		$-2\times30\%$	$-2\times30\%$	$-2\times30\%$
投资额	22			-2
自制成本 PV	447.66			
自制 EACF		72.85	72.85	72.85

由于自制 EACF 远小于外购 EACF，因此，公司应选择自制。可见 NPV 和 EACF 的判断和决策意见是一致的。

某种意义上讲，约当年均成本法是净现值法的一种特例。当两个互斥项目的现金流入相同，但现金流出存在差异时，用约当年均成本法进行决策判断可以大大降低工作量，且可以得到与净现值法一样的结论。

（二）互斥方案选择决策

例 5-16 崇德公司准备购置一台新机器。现有两台机器备选，它们的功能以及设计能力完全相同，但使用寿命稍有不同。公司准备从中择其一。设贴现率为 10%，不考虑税收、残值等。两台机器的成本见表 5-11。

表 5-11 崇德公司设备相关数据

单位：元

年份	机器 A	机器 B
0	40 000	50 000
1	10 000	8 000
2	10 000	8 000
3	10 000＋替换成本	8 000
4		8 000＋替换成本

由表 5-11 可知：如果选择机器 A，购置成本为 40 000 元，每年维修费 10 000 元，第 3 年年底以 40 000 元重置，循环往复。如果选择机器 B，购置成本为 50 000 元，但每年维修费仅为 8 000 元，第 4 年年底以 50 000 元重置，循环往复。

直接运用净现值法进行投资决策会遇到两个问题：一是须对这些机器所能产生的现金流入进行预测；二是这两台机器的寿命不同，在进行适当调整之前，两台机器不具有可比性。

这一投资决策的特点是，两台机器对公司的贡献是无差异的，也就是说，它们在存续期内用于生产同样的产品，所带来的现金流入是一致的。因此，我们只要比较这两台机器的现金流出即可。但又由于两台机器的存续期不同，因此，以总现金流出现值作为评价依据有失公允。可行的办法是，我们用约当年均成本作为投资评价依据。

根据式(5-12)，可以得到：

机器 A 的约当年均成本＝26 083.6(元)

机器 B 的约当年均成本＝23 772.9(元)

显然，在其他因素不予考虑的前提下，我们应该选择机器 B。也就是说，如果选择机器 B，且每隔 4 年一直以机器 B 重置，那么，公司相当于每年年底支出 23 772.9 元。

类似的投资决策还有许多，比如新旧设备替换决策、何时替换决策等，它们都可以用约当年均成本法进行评估和选择。

本章小结

公司的项目投资具有不可逆的特点，也就是说，项目投资后，一旦发现投资失误，较难变现。因此，在项目投资之前，需对所投资项目的未来经营状况进行预测分析，判断该项投资所产生的未来经营收益是否能够收回期初的投资，是否可以向有关投资者或公司提供令人满意的投资回报。这样的投资决策分析称为投资评价，也称为"资本预算"。

资本预算的基本方法包括净现值法、回收期法、内含报酬率法和获利指数法等，它们均以现值为其理论依据。

在现实生活中，以现值为基础的内含报酬率法和净现值法被众多公司所采用，且同时采用这两种方法对项目进行资本预算，以提高投资决策的可靠性。净现值法和内含报酬率法已被视为最不易犯决策错误的投资评价方法。

项目未来存续期内的现金流量估计以及项目贴现率认定是净现值法乃至大多数资本预算方法的基本技术。

在进行投资决策时，我们会面临一些常规但又有特点的投资，比如，自制或外购决策、不同生命周期的投资。我们可以运用净现值法对这些投资进行价值评估，也可以用更为简洁的约当年均成本法进行投资评价。

关键词

净现值法、获利指数法、内含报酬率法、回收期法、加权平均资本成本、FCFF、FCFE、沉

没成本、项目贴现率、约当年均成本

习题

1. 为什么说净现值法是最重要的传统资本预算方法？

2. 企业自由现金流（FCFF）计算口径中，为什么以 $EBIT(1-t)$，而不是以 $EBIT$ 作为计算起点？

3. 某公司正在考察 A、B、C 三个目标项目，它们的自由现金流见下表，项目的贴现率都是 10%。请根据净现值准则、回收期准则、内含报酬率准则和获利指数准则，对三个目标项目进行投资决策分析。

单位：万元

自由现金流	C_0	C_1	C_2	C_3	C_4	C_5
目标项目 A	-100	50	50	-40	50	-50
目标项目 B	-100	20	20	20	40	40
目标项目 C	-100	40	40	30	-20	50

4. 某目标项目的期初投资为 30 万元，项目寿命为 3 年，采用直线折旧，期末无残值。项目存续期间无追加投资，在营运资本上的投资也为零，公司所得税税率为 33%，项目的贴现率为 10%。项目未来的经营预期见下表。请问此项目是否值得投资？

变　　量	预期值
销售量（万个）	8
产品的单位售价（元）	5.5
单位可变成本（元/个）	3
扣除折旧后的固定成本（万元）	5

5. 有两个互斥项目：两者都要求同样的初始投资 1 200 万元。投资项目 A 会以永续年金的形式每年获得 210 万元的现金流（从第 1 年年末开始）。投资项目 B 将在第 1 年年末获得 160 万元的现金流，然后现金流将逐年以 20% 的比率增长。要求：

(1) 哪项投资的 IRR 较高？

(2) 当资本成本为 7% 时，哪项投资的 NPV 更高？

(3) 在本例中，当资本成本为多少时，选择具有较高 IRR 的投资机会将给出关于最佳投资的正确答案？

6. 某公司的普通股总市值为 3 000 万元，其负债总价值为 2 000 万元。公司估计其股票的当前贝塔值为 0.8，市场期望风险溢酬为 6%，债务年利率为 5%，国库券年利率为 3.5%。问：

(1) 该公司股票要求的收益率为多少？

(2) 公司的资本成本是多少？

(3) 该公司拓展现有业务时的贴现率是多少?

(4) 假设公司想分散经营,涉足其他行业,该行业的贝塔值为1.2。请估计新投资的贴现率。

7. 某公司最近耗资1 600万元购置了一种设备,用于制造新产品。公司预计该设备可以使用4年,公司所得税税率为30%。计划采用直线折旧法折旧,不考虑残值。问:

(1) 与该设备有关的年折旧费用是多少?

(2) 每年的折旧税盾效应是多少?

(3) 假如不采用直线折旧,改用双倍余额递减法,那么,每年的折旧税盾效应又是多少?

(4) 公司应该采用何种折旧法?

(5) 如果公司预计在未来4年其公司所得税税率将大幅增加,上一问的答案会有何改变?

8. 某投资者拟在下面两种投资选项中挑选一个进行投资:

项 目	现金流(万元)			内含报酬率(%)
	C_0	C_1	C_2	
A	−400	+250	+300	23
B	−200	+140	+179	36

已知资本机会成本为10%,该投资者的投资意向是B项目,因为它有较高的内含报酬率。

(1) 请指出该投资者的不妥之处。

(2) 用净现值法提供决策依据。

9. 由于生产工艺的改进,某汽车公司可以将现有的两台轧钢机售出一台,两台机器功能相同,但使用时间不同。较新的机器现在可卖得5万元,其年运营成本为2万元/年,但5年后该机器需要花2万元大修,此后,它可继续使用至第10年末,但年运营成本将升至3万元/年,10年后最终出售时还可获得1万元。

老机器现在可卖得3万元,如果留用须花2万元大修,此后,它可使用至第5年末,年运营成本为3万元,5年后最终出售时可获得1万元。

截至目前,两台机器均已完全折旧(即折旧已经全部计提完),公司所得税税率为30%,预估现金流为实际现金流,实际资本成本为10%。该汽车公司应该售出哪台机器?(提示:建议用约当年均成本进行比较。)

10. A饮食店拟加盟马当劳连锁快餐项目,期限4年,相关资料如下:

(1) 初始加盟保证金为100万元,一次性支付,合同结束后全额归还(无利息)。

(2) 初始加盟费200万元,一次性支付。初始加盟费可视为无形资产,分4年平均摊销。

(3) 由于使用了马当劳著名商标,因此,每年需交纳特许经营费,且按营业收入的10%计算,加盟后每年年底支付。设每年营业收入为1 000万元。

(4) A饮食店现租用的房屋面积约1 000平方米,租金为10元/平方米/天,全年按365天计,每年年底支付租金。

(5) A饮食店的洗涤费、能源费等约29元/天,全年按365天计算。

(6) A饮食店每年年底需支付 30 万元的固定付现成本。
(7) A饮食店人工成本约 200 万元/年,每年年底支付。
(8) 需投入 100 万元营运资本,初始一次性投资,合同期满后全额收回。
(9) A饮食店需支付的额外许可权费用按营业收入的 2%计付。
(10) 需添置固定资产 600 万元,不考虑残值,采用直线折旧。
(11) 马当劳的贝塔值(权益)为 1.5,假定 A饮食店和马当劳的风险水平一致,且均为无债务公司。设无风险利率为 5%,风险溢价为 7%,所得税税率为 25%。

要求:
(1) 计算 A饮食店加盟后每年的税后利润和自由现金流。
(2) 计算该项目的贴现率。
(3) 计算该项目的净现值。

重要文献

1. Stanley, M.T. and S.R. Block. A Survey of Multinational Capital Budgeting[J]. *The Financial Review*, 1984.
2. 理查德·布雷利,斯图尔特·迈尔斯.公司财务原理(第 8 版)[M].北京:McGraw-Hill Irwin,机械工业出版社,2008.
3. 朱叶.公司金融[M].北京:北京大学出版社,2009.

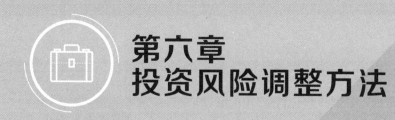

第六章
投资风险调整方法

【学习要点】
1. 未来不确定性和资本预算的复杂性。
2. 目标项目风险处置的两种思路。
3. 分子策略。
4. 分母策略。

在前文关于资本预算方法的讨论中，我们假定未来是确定的。但事实上，资本预算是建立在对未来预测基础之上。未来充满未知，销售数量、价格、生产成本、费用、资本市场的供需关系、项目的寿命、通胀、经济衰退等都会发生非预期变化。因此，如果不对未来的不确定性予以充分考虑，或者给予充分估计，那么，项目投资的资本预算毫无意义。本章介绍投资风险调整的基本方法。

第一节 项目风险处置的基本原理

未来具有不确定性，投资项目未来的实际现金流或多或少地会背离预期现金流，实际投资收益率也会偏离期望收益率。目标项目的风险越大，其实际现金流和实际收益率偏离预期现金流和预期收益率的程度就越大。因此，为了提高资本预算的可信度，需进行适当调整。在净现值法则下，可以通过分子策略（即调整现金流量 CF_t）、分母策略（即调整贴现率 r）对风险的影响进行调整。

一、项目的不确定性

之前，我们在用 NPV 法对项目进行投资价值评价时，有一个重要假设，就是假定未来是确定的。在这个假定下，项目的未来现金流以及风险大小都是已知的。

例 6-1 假如 A 公司对某项目进行投资，对每个变量的正常估计为：初始投资 1 500 元，全部形成固定资产，当年形成生产能力，估计年销量 3 000 件，单位售价 2 元，单位变动成本 1 元，年固定成本 2 000 元（不含折旧），公司所得税税率为 50%，投资者期望收益率为 10%。假定该项目存续期为 2 年，不考虑残值，年折旧 750 元。

若未来已知，那么，该目标项目的年现金净流量（自由现金流）为

自由现金流 $= (2 \times 3\,000 - 1 \times 3\,000 - 2\,000 - 750) \times (1 - 50\%) + 750 = 875$（元）

因此，该项目的净现值为

$$NPV = \frac{875}{(1+10\%)} + \frac{875}{(1+10\%)^2} - 1\,500 = 18.59(\text{元})$$

但是,未来是未知的。一方面,当销量、单位售价、单位变动成本、固定成本、所得税税率发生变化时,公司未来的自由现金流将会发生变化,项目价值以及 NPV 将随之发生变化。另一方面,当项目的风险发生变化时,投资者的期望收益率也会发生调整。因此,在进行投资价值评价时,若不进行风险调整,最后形成的投资价值评价将毫无意义可言。

二、风险调整的基本原理

为增强投资价值评价的可信度,我们需要引入风险,给出一个考虑了不确定性之后的投资价值评价结果。这里有两种思路。

(一) 基于自由现金流的风险调整原理

确定性等值法(certainty equivalents method,简称 CEs)是最直接、也是理论上最受偏爱的方法之一。所谓确定性等值是指每年预计现金净流量(自由现金流)中确定(无风险)的份额,或是指每年预计现金净流量的贴现值加上货币时间价值,而不是每年所有可能的现金净流量。

在现实经济中,我们可以使用式(6-1)来评价目标项目的价值,式(6-1)是运用确定性等值进行风险调整的基本表达式。

$$NPV = \sum_{t=1}^{n} \frac{\alpha_t CF_t}{(1+r_f)^t} - I_0 \tag{6-1}$$

式(6-1)实为无风险净现值的表达式。在式(6-1)中,α_t 表示 t 年的确定性等值系数,其取值范围为 $[0,1]$,CF_t 表示第 t 年年末预期现金净流量(自由现金流),$\alpha_t CF_t$ 表示确定性等值,r_f 表示无风险报酬率,I_0 表示初始投资额。

例 6-2 承例 6-1,设无风险利率为 4%,确定性等值系数取值区间为 $[0,1]$,投资者的期望收益率为 10%。未来不确定。

由于未来不确定,因此,该项目未来每年的自由现金流 875 元只是一个预计值。根据确定性等值原理,我们需要将这个不确定的自由现金流转换成确定性等值。

方法一:确定性等值系数法

步骤一:选择等值系数。我们需要根据风险大小来选定一个确定性等值系数。假定第 1 年年底和第 2 年年底的自由现金流风险不大,等值系数分别取 0.95 和 0.90。

在实际操作中,可根据未来不同时点自由现金流的风险大小,给予不同的系数(0—1),将它们调整为确定性等值。风险越低,调整系数越大;风险越高,调整系数越小。因此,在实践中,等值系数确定通常带有主观性。

步骤二:计算确定性等值。我们可以分别获得第 1 年年底和第 2 年年底的自由现金流确定性等值:

第 1 年年底自由现金流的确定性等值 $= 875 \times 0.95 = 831.25(\text{元})$

第 2 年年底自由现金流的确定性等值 $= 875 \times 0.90 = 787.50(\text{元})$

步骤三:计算项目无风险净现值。该项目的无风险净现值为

$$NPV = \frac{831.25}{(1+4\%)} + \frac{787.50}{(1+4\%)^2} - 1\,500 = 27.37(\text{元})$$

方法二：风险剔除法

等值系数取值太过主观，那么，是否有更合理的估计确定性等值的做法呢？理论上讲，我们可以运用风险剔除法来计算目标项目的确定性等值。

步骤一：计算自由现金流现值。根据投资者期望收益率对目标项目每年预计自由现金流进行贴现。

在本例中，第 1 年年底的自由现金流为 875 元，投资者期望收益率为 10%，因此，第 1 年年底的自由现金流的贴现值为

$$\frac{875}{1+10\%}=795.45(元)$$

第 2 年年底的自由现金流为 875 元，投资者期望收益率为 10%，因此，第 2 年年底的自由现金流的贴现值为

$$\frac{875}{(1+10\%)^2}=723.14(元)$$

步骤二：计算确定性等值。将第 1 年年底的自由现金流现值还原为第 1 年年底的确定性等值。

在本例中，由于无风险利率为 4%。因此，加上货币时间价值后，即可得到对应的确定性等值：

第 1 年年底对应的确定性等值 $=795.45\times(1+4\%)=827.27(元)$

第 2 年年底对应的确定性等值 $=723.13\times(1+4\%)^2=782.14(元)$

无风险净现值更具说服力。如果目标项目的无风险净现值大于零，则更能够说明该目标项目包赚不赔。

(二) 基于贴现率的风险调整原理

风险调整贴现率法是指通过对贴现率进行风险调整来获得 NPV 的方法，可用公式表示如下：

$$NPV=\sum_{t=1}^{n}\frac{CF_t}{(1+RADR)^t}-I_0 \tag{6-2}$$

式(6-2)中，$RADR$ 表示风险调整贴现率。目标项目的风险越高，风险调整贴现率也就越大，则给定的现金净流量（自由现金流）的现值就越小，项目 NPV 也就越小。

承例 6-1，该项目的期望收益率为 10%，鉴于该期望收益率低估了项目风险，为此，可以在该期望收益率基础上加上 0.5% 后作为该项目风险调整贴现率。在不调整预期现金净流量的情形下，该目标项目的净现值为

$$NPV=\frac{875}{(1+10.5\%)}+\frac{875}{(1+10.5\%)^2}-1\,500=8.47(元)$$

显然，在未来充满未知的情况下，这样的风险调整使得 NPV 更具说服力。

确定性等值原理是人们在项目风险调整时比较偏爱的一种估值理念，因为该方法对风险和时间进行了分别的调整。它先将现金净流量中的风险因素排除在外，然后将确定的现金净流量以无风险报酬率进行贴现。而风险调整贴现率法是用一个单独的贴现率将风险调整和时间调整结合起来进行。

在实践中,风险调整贴现率法更受欢迎。原因有两个:一是风险调整贴现率相对容易估算;二是它与决策者倾向于用报酬率进行决策的意愿一致。

值得注意的是,基于自由现金流和贴现率的风险调整方法不能同时使用。否则,目标项目的风险将被剔除两次,目标项目的净现值将被低估。

第二节 分子策略

上文介绍了目标项目风险处置的两种思路,就是分别从自由现金流和贴现率入手进行风险调整。在计算 NPV 时,自由现金流处于 NPV 算式的分子,而贴现率处于 NPV 算式的分母。因此,学界和业界形象地将从自由现金流入手的风险调整做法统称为"分子策略",而将从贴现率入手的风险调整做法统称为"分母策略"。本节介绍分子策略的一些做法。

一、敏感度分析

敏感度分析(sensitivity analysis)是指在其他经济解释变量保持不变时,第 i 个经济解释变量 $\tilde{X}_i$ 的变动给目标项目 $\tilde{Y}$ 造成的影响以及影响程度的一种分析方法。敏感度分析的原理是:在等额的变动幅度时,敏感度越大的变量对项目的影响力也越大,该变量就必然成为经营中的关键变量,项目持有人为了使得目标项目的现金流按预期发生,需尽可能关注、管理和控制敏感度大的变量。敏感度可以用式(6-3)表示:

$$敏感度 = \frac{\partial \bar{Y}}{\partial \bar{X}_i} \tag{6-3}$$

根据敏感度的定义,敏感度也可用式(6-4)表示,即

$$敏感度 = \frac{\frac{\Delta NPV}{NPV}}{\frac{\Delta X}{X}} \tag{6-4}$$

式(6-4)中,X 表示某一选定的变量,ΔX 表示某一选定变量的变化幅度。式(6-4)表示,某一选定变量每变动 1 个百分点,项目 NPV 相应变动多少个百分点。

敏感度分析的主要步骤有五步。

步骤一:计算项目的基准净现值。项目基准净现值可以理解为正常情形(基准情况,即最有可能出现的情景)下,目标项目的净现值水平。

步骤二:敏感度测试。选定一个变量,假定其发生一定幅度变化,在其他变量不变的情况下,重新计算项目的净现值。

步骤三:计算选定变量的敏感系数。

步骤四:重复第二步骤和第三步骤,依次测试并计算其他变量的敏感系数。

步骤五:根据各变量呈现出的风险,对项目特定风险作出判断。

例 6-3 假如 B 公司对某项目进行投资,对每个变量的正常估计为:初始投资 1 500 元,估计年销量 3 000 件,单位售价 2 元,单位变动成本 1 元,固定成本 2 000 元,所得税税率

为 50%，投资者要求回报率为 10%。假定该项目永续经营，不考虑折旧和残值。

该目标项目的年现金净流量为

年现金净流量 $= (2 \times 3\,000 - 1 \times 3\,000 - 2\,000) \times (1 - 50\%) = 500$（元）

$$NPV = \frac{500}{0.1} - 1\,500 = 3\,500（元）$$

为便于说明，我们仅对以上项目的变量作悲观估计，即仅仅刻画当一个变量变糟糕而其他变量维持正常状态时，项目净现值所发生的变化，见表 6-1。

表 6-1　A 公司敏感度分析

1	2	3	4	5	6
变量	变量的悲观估计值	变量悲观变动的百分比	NPV 相应变化	敏感度	基准情况
销量（件）	1 000	−66.7%	−11 500	6.4	3 000
单位售价（元）	1.9	−5%	2 000	8.6	2
单位变动成本（元）	1.2	20%	500	4.3	1
固定成本（元）	2 200	10%	2 500	2.8	2 000
初始投资（元）	1 900	26.7%	3 100	0.4	1 500

由表 6-1 可知，我们分别刻画了当销量降至 1 000 件，单位售价跌至 1.9 元/件，单位变动成本升至 1.2 元/件，固定成本升至 2 200 元以及初始投资升至 1 900 元时，项目分别对应的 NPV（见表 6-1 的第 4 栏）。比如，当销量降至 1 000 件时，项目的 NPV 为−11 500，当单位变动成本升至 1.2 元/件时，项目的 NPV 为 500 元。

为了更准确地描述项目 NPV 对各变量的敏感度，我们可根据表 6-1 中的栏目 3、4、6 的数据，并按式（6-4）测算出各变量的敏感度（见表 6-1 第 5 栏）。比如，单位变动成本的敏感度 $4.3 = \dfrac{(3\,500 - 500)/3\,500}{20\%}$。

表 6-1 的第 5 栏显示，销量、单位售价和单位变动成本是敏感度最强的几个变量，以单位售价为例，如果售价下跌 1%，该项目净现值将下降 8.6%。因此，项目持有人应该在项目存续期内用心关注这些变量，努力避免这些变量朝不利于项目持有人的方向发展。

如果项目持有人有把握管控好高敏感度的变量，那么，他就有理由让人相信，这些项目大概率能够创造价值增值。

然而，敏感度分析方法存在较大的缺陷。其主要缺陷有两个。

第一，现实合理性较差。这主要是因为敏感度分析本质上是一个单变量分析，它分析的是在其他经济解释变量保持不变时，某一个变量的个别变动给目标项目造成的影响。在现实中，经济变量之间常常存在着密切的内在联系，具有互动效应，当一个变量发生变化的同时，其他的经济解释变量也会存在程度不同的变化。当所有变量都发生变动时，项目的变化情况是敏感度分析无法反映的。

第二，变量是否可控。项目持有人仅仅能够控制某些变量，因此，当敏感度大的变量属不可控因素时，项目持有人其实无法去左右项目的未来现金流量。

二、情景分析

情景分析(scenario analysis)是一种特殊的敏感度分析。它是指从所有经济解释变量同时变动的角度，考察项目未来可能发生变化的一种分析方法。因此，该方法弥补了敏感度分析法仅仅从单变量变动角度来考察项目价值变化的缺陷。

该方法考察一些未来可能出现的经济情景，每个经济情景包含各种变量(包括宏观经济因素、产业结构因素以及公司因素)的综合影响。这些经济情景应该反映在未来经营中可能出现的、具有特定含义的经济状态或环境，项目投资者可以借助这些经济状态来分析目标项目的相应表现。设 X_i 为第 i 个变量，共 N 个变量，Y 为项目的表现，则项目的可能变化可用下式表示：

$$Y = f(X_1, X_2, \cdots, X_N) \tag{6-5}$$

情景分析一般假定未来有三种经济情景：基准情景(正常，最有可能出现的经济情景)、最坏情景(所有变量均处于最差状态)和最好情景(所有变量均处于理想状态)。其分析的主要步骤包括三步。

步骤一：根据不同经济情景分别计算净现值。刻画和描述不同经济情景下的收入、成本、初始投资等变量，并据此计算不同经济情景下的现金流和 NPV。

步骤二：计算期望净现值。刻画未来不同经济情景的概率分布，并根据不同情景下的净现值以及概率分布，计算项目的期望净现值。

步骤三：计算离散程度。计算目标项目净现值偏离期望净现值的程度，我们可以使用方差或标准差来刻画项目净现值的离散程度。

例 6-4 假如 C 企业拟投资飞机制造项目，整个航空业的景气度是该项目未来成功与否的最大不确定因素。因此，该项目所处的经济情景或经济环境至少有三种，见表 6-2。

表 6-2 航空业可能出现的经济情景

情　景	飞机销量	销售价格
航空业的财务健康理想	120 架/年	1.35 亿/架
航空业的财务健康正常	100 架/年	1.30 亿/架
航空业的财务健康恶化	80 架/年	1.25 亿/架

我们可以刻画和估计每一种经济情景下相关变量(包括收入、增长率、单位变动成本、固定成本等)的估计值，并据此估算每一种经济情景下目标项目的净现值和内含报酬率。假如三种情景下的净现值和内含报酬率见表 6-3。

表 6-3 三种情景下的净现值和内含报酬率

情　景	NPV	IRR
航空业的财务健康理想	100 亿元	43%
航空业的财务健康正常	50 亿元	27%
航空业的财务健康恶化	−2 亿元	11%

表6-3显示,前两种经济情景下所进行的项目投资是可取的,最后一种经济情景下进行的项目投资不可取。

假定正常情景出现的概率为50%,其余两种情景出现的概率分别为25%,那么,三种情景下项目的期望净现值、标准差以及变化系数见表6-4。

表6-4 期望净现值、标准差以及变化系数

情　　景	NPV	期望NPV
航空业的财务健康理想	100亿元	25
航空业的财务健康正常	50亿元	25
航空业的财务健康恶化	−2亿元	−0.5
期望净现值		49.5
净现值标准差		33.36
净现值的变化系数		0.67

由表6-4可知,净现值的变化系数为0.67(0.67=33.36/49.5),反映了该项目特有风险的大小。如果系数大于1,表示该项目的特有风险比持有该项目公司现有资产的平均风险大一些,显然,该目标项目的特有风险小于持有该项目公司现有资产的平均风险。

显然,在进行投资价值评价时,情景分析法考虑了航空业未来可能出现的多种经济情景,由此形成的期望NPV较为中肯地刻画了目标项目的投资价值。

情景分析的优点在于:它全面考察各个经济解释变量的变动给目标项目造成的综合影响;而且在考察经济解释变量的变动时,也是从这些变量之间内在、有机的经济联系角度去认识与确定相应的变动,从而使变动后的经济解释变量组合能体现出一个特定的经济状态,进而将目标项目在此情景下的具体表现清晰地描述出来。

情景分析也有局限性:第一,大多数情景分析假设未来的情景可以被清楚地刻画和描绘,并且这些情景的结果可以被辨别。然而,这种假设在许多情况下并不现实。第二,情景分析时,确定每一个经济状态下经济解释变量组合是非常困难的。如果在确定变量组合时不能正确地体现出各个变量在"好于预期"经济状态下的内在联系,那么情景分析法就会丧失原有的经济意义。第三,情景分析并不能为项目投资决策提供明确的建议[1]。

三、盈亏平衡点分析

敏感度分析抑或情景分析都试图给出这样的答案:若目标项目的销售额或成本未达到预期水平,该项目的状况究竟会恶化到什么程度。因此,我们可以换一种分析方法,即考虑什么样的销售额或销售量水平会导致目标项目开始亏损。这样的分析方法统称"盈亏平衡点分析"(break-even point analysis)。盈亏平衡点分析考察公司盈亏平衡时所要达到的销售量或业务量。该方法研究在其他经济解释变量保持不变时,产品销售量与目标项目投资价值之间的关系。当目标项目所产生的预期销量或预期销售收入超过盈亏平衡点时,就接

---

[1] 爱斯华斯·达莫德伦.公司财务——理论与实务[M].荆霞译.北京:中国人民大学出版社,2001:247.

受该项目,否则,应该放弃。因此,盈亏平衡点分析本质上也是一种单因素分析法。盈亏平衡点有会计盈亏平衡点、财务盈亏平衡点等多种表述。

1. 会计盈亏平衡点

"会计盈亏平衡点"是指项目净利润为零时的销售量或业务量,也就是不亏不盈(保本)时的销售量或业务量。设 NI 为净利润,p 表示单位售价,vc 表示单位变动成本,FC 表示固定成本(不包括折旧和利息费用),D 表示年折旧,I 为年利息费用,t 表示所得税税率,Q_A 记为会计盈亏平衡点。则当

$$NI(Q_A)=[(p-vc)Q_A-FC-I-D]\times(1-t)=0$$

会计盈亏平衡点为

$$Q_A=\frac{FC(1-t)-Dt+D+I-It}{(p-vc)(1-t)} \tag{6-6}$$

在会计盈亏平衡点处,目标项目的经营收入能够支付变动成本以及扣除折旧后的其他固定成本,还可以支付相应的债务资本成本(利息),并通过折旧的回收将期初的投资也全部收回,但目标项目的收入不足以支付权益资本成本(即股利)。根据会计盈亏平衡点法,投资者会接受预期销量超过会计盈亏平衡点的项目。预期销量超过平衡点越大,表明安全边界越大,目标项目就越安全,也就越受青睐。

例 6-5 设 D 公司拟投资一项目,经估计,该目标项目相关变量及估计值见表 6-5。另设该项目存续期为 5 年,初始投资均形成固定资产,折旧年限为 5 年,不考虑残值,期望收益率为 10%,所得税税率为 30%。

表 6-5 相关变量的估计值

变　　量	估　计　值
市场规模	110 万件
市场份额	10%
单位价格	40 元/件
单位可变成本	30 元/件
固定成本(不含折旧)	20 万元
初始投资额	150 万元

根据式(6-6),我们可以计算出目标项目的会计盈亏平衡点,即

$$Q_A=\frac{200\,000(1-30\%)-300\,000\times30\%+300\,000}{(40-30)(1-30\%)}=50\,000(件)$$

根据市场规模和公司市场占有率,该目标项目预计年销售量为 110 000 件,因此,安全界限(边界)为 60 000 件,比较安全。投资者可以据此作出如下基本判断:即便未来有风吹草动,该项目创造价值增值应该是大概率事件。

2. 财务盈亏平衡点

财务盈亏平衡点是指目标项目 NPV 为零时的销售量或业务量。记 Q_F 为财务盈亏平衡点，$(P/A, r, N)$ 为年利率为 r、期限为 N 年的年金现值因子，即 $\sum_{t=1}^{N} \frac{1}{(1+r)^t}$，$CF_0$ 为初始投资额，则当

$$NPV(Q_F) = \sum_{t=1}^{N} \frac{FCFE}{(1+r)^t} - CF_0 = 0$$

$$FCFE = [(p - vc)Q_F - FC - D - I](1-t) + D$$

设 FCFE 为年金，不考虑 CE、ΔWC、新借债务和偿还债务，则财务盈亏平衡点为

$$Q_F = \frac{FC(1-t) - It + I - Dt + \dfrac{CF_0}{(P/A, r, N)}}{(p - vc) \times (1-t)} \tag{6-7}$$

在财务盈亏平衡点处，目标项目的经营收入不仅可以弥补经营中的变动成本和扣除折旧后的其他固定成本，还可以收回目标项目的期初投资，并可以支付资本成本。根据财务盈亏平衡点法，投资者会接受预期销量超过财务盈亏平衡点的项目，且预期销量越大越安全。

3. 会计盈亏平衡点和财务盈亏平衡点比较

如果比较式(6-6)和式(6-7)，我们会发现，会计盈亏平衡点和财务盈亏平衡点差别不大，仅差一项，即 D 和 $CF_0/(P/A, r, N)$。

D 表示根据固定资产历史成本计算的年平均折旧额（设按直线法计提折旧，不考虑残值），而 $CF_0/(P/A, r, N)$ 是基于固定资产历史成本的年金，它实质是一种至少含有时间价值的年平均折旧。因此，$CF_0/(P/A, r, N)$ 大于 D。也正是因为 $CF_0/(P/A, r, N)$ 大于 D，会计盈亏平衡点相对低估了保本点，即低估目标项目的风险，而财务盈亏平衡点相对更稳健。

例 6-6 承例 6-5，计算该项目的财务盈亏平衡点。

由表 6-7 可知，该目标项目预计销售量为 11 万件，因此，该项目归属股东的每年的自由现金流(FCFE)为

$$FCFE = [(40 - 30) \times 1\,100\,000 \times 10\% - 200\,000 - 300\,000](1 - 30\%) + 300\,000$$
$$= 720\,000(元)$$

财务盈亏平衡点为

$$Q_F = \frac{200\,000 \times (1 - 30\%) - 300\,000 \times 30\% + 395\,700}{(40 - 30) \times (1 - 30\%)} = 63\,672(件)$$

根据财务盈亏平衡点，该项目的安全边界为 46 328 件。

显然，在其他条件相同的情况下，会计盈亏平衡点相对低估了项目的盈亏平衡点。在例 6-5 和例 6-6 中，财务盈亏平衡点高于会计盈亏平衡点。从这个意义上说，用财务盈亏平衡点进行投资决策更稳妥、更稳健。

四、蒙特卡洛模拟

我们可以运用敏感性分析,观察和测算某一种变量的变化对目标项目 NPV 的影响;我们也可以运用情景分析,观察和测算有限个变量较为合理的组合变化下的结果。如果我们想观察和测算所有可能变动组合下的结果,那么,蒙特卡洛模拟无疑是一种理想的工具,因为蒙特卡洛模拟不只考虑有限的几种情景,而是考虑了无限多的情景。

例 6-7 某自行车公司正在考虑投资一种迎合中国消费者偏好的山地自行车的项目,现准备用蒙特卡洛模拟来规划这一项目的蓝图。

根据蒙特卡洛模拟的思路,该目标项目的模拟过程包括五个步骤。

步骤一:针对目标项目建立一个模型,确定该项目净现值与基本变量之间的关系。

山地自行车项目的自由现金流(FCFF)模型为

年自由现金流 = (年收入 — 年成本 — 年折旧)(1 — 所得税税率) + 年折旧

年收入 = 市场规模 × 市场份额 × 单位售价

年成本 = 市场规模 × 市场份额 × 单位变动成本 + 固定成本

初始投资 = 申报专利成本 + 试销成本 + 生产设备成本

步骤二:给出基本变量的概率分布。这是一个工作量巨大、循环往复的过程。

第一,分析师需要模拟出中国山地自行车的市场规模和分布。分析师需要模拟出整个行业山地自行车市场的预计销售总量,然后,根据预测和判断,对下一年度中国山地自行车市场的销售量作出概率分布预测。若分析师认为,下一年度销售前景和概率分布见表 6-6。

表 6-6 下一年度行业销售量的概率分布

概　率	20%	60%	20%
下一年度中国整个行业	500 万辆	600 万辆	700 万辆

第二,分析师对目标项目的市场占有率进行预测。经分析后,给出了下一年度市场份额的概率分布,并假设整个行业山地自行车销售额与该项目市场份额无关。若分析师认为,下一年度市场占有率的概率分布见表 6-7。

表 6-7 下一年度市场占有率的概率分布

概　率	10%	20%	30%	25%	10%	5%
市场占有率	2%	4%	6%	8%	9%	10%

第三,预测单位售价的分布。分析师认为,从其他竞争对手的定价来看,未来山地自行车的价格为 1 000 元/辆。分析师还认为,山地自行车价格与整个市场规模大小有关。经审慎分析后,给出了山地自行车定价模型:

下一年度山地自行车价格 = 900 元 + 0.1 元 × 行业总销售量 +/− 50 元

由上式可知,单位售价以行业总销售量而定,且通过"+/−50 元"浮动,来模拟随机变量,即50%的概率出现+50元,50%的概率出现-50元。当下年度行业销售额达到600万辆时,下年度山地自行车的售价将出现两种情形:

情形一:$900+0.1\times600+50=1\,010$(元)(50%概率)

情形二:$900+0.1\times600-50=910$(元)(50%概率)

第四,分析师预测后年整个行业销售额的增长比率。若分析师的预测如表6-8所示。

表6-8 后年行业销售增长率的概率分布

概　　率	20%	60%	20%
后年行业销售额增长率	2%	4%	6%

根据下一年行业销售额的分布以及后年的行业销售额增长率,分析师就可以计算后年行业销售额的概率分布,并推算后年市场占有率、单位售价的概率分布情况。这个过程可以一直循环下去,模拟出今后各年行业销售额、市场占有率、售价三个变量的概率分布。

同理,运用步骤二,分析师也可以完成对成本和投资两类变量概率分布的模拟。

步骤三:从关键变量的概率分布中随机选取变量的数值。

根据步骤一所构建的收入模型,下一年度的收入由市场规模、市场份额和单位售价三个因素决定。假设通过电脑随机抽取样本,即当整个行业销售量为500万辆,该公司的市场占有率为4%,售价的随机变动量为+50元。那么,下一年度山地车的售价为

下一年度山地自行车的模拟售价$=900+0.1\times500+50=1\,000$(元)。

据此,可以得出下一年度的收入:$500\times4\%\times1\,000=20\,000$(万元)。鉴于销售量500万辆的概率为20%、市场份额4%的概率为20%以及随机价格变动+50元的概率为50%,为此,收入的这一结果出现的概率仅为2%(2%=20%×20%×50%)。

我们需要模拟出未来每一年的收入和成本,以及初始投资。通过对模型中每个变量的模拟,我们就可以得到未来每一年的自由现金流。

步骤四:重复多次步骤三,直至获取目标项目净现值具有代表性的概率分布为止。

步骤三仅给出一种结果,然而,我们需要的是每年各种结果产生的自由现金流的概率分布。因此,未来自由现金流的概率分布需不断重复步骤三来实现。事实上,蒙特卡洛模拟的核心是通过大量重复操作来实现预期目标。

借助计算机辅助,我们可以随机获取成千上万个自由现金流,这些随机获得的自由现金流数据最终生成了未来每年自由现金流的分布(见图6-1)。

当我们模拟出山地自行车项目未来每一年的现金流分布后,我们就可以据此计算该项目的NPV。

步骤五:评估目标项目净现值的概率分布,它反映了目标项目的特有风险。

借助步骤四,我们可以得到山地自行车

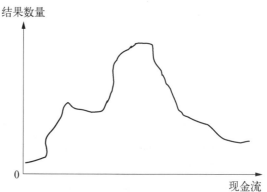

图6-1 山地自行车项目各年的现金流分布

项目未来每年的现金流分布,在选定一个合适的资本成本(贴现率)之后,我们就可以计算出该目标项目的 NPV。

蒙特卡洛模拟的局限性主要有:不易获得基本变量的概率信息,分析师不容易挑选到合适的分布来描述某个变量,也很难选择该分布的各种参数。

第三节 分母策略

事实上,公司不会仅投资一个项目。根据马柯维茨的资产组合理论,组合投资具有风险分散效应,项目的非系统性风险会被分散掉。因此,项目贴现率应该恰当地反映这个项目的系统性风险。

一、问题提出

我们先来描述一下分散项目特有风险的逻辑。

第一,公司同时拥有许多项目,可以视为进行组合投资。投资组合分散了单个项目的部分非系统性风险。

第二,公司股东同时投资许多家公司,公司股东的资产组合进一步分散了单个项目的另一些非系统性风险。

第三,若非系统性风险完全被分散之后,对公司股东来说,目标项目带给他们的风险只剩下系统风险(用贝塔系数表示)。

根据以上逻辑,我们可以作两个推论。

第一,如果目标项目的风险与持有项目公司现有资产的平均风险相同或相似,那么,我们就可以使用公司的贝塔系数来刻画目标项目风险,并可以用公司当前的加权平均资本成本作为该项目的贴现率。

第二,如果目标项目的风险与持有项目公司现有资产的平均风险显著不同,那么,我们就不能直接使用公司贝塔系数来度量目标项目的风险,而应该另行估计目标项目的系统性风险。

项目通常没有运转良好的二级(交易)市场,没有可靠的交易数据,因此,直接估计目标项目的贝塔系数困难重重。那么,如何解决这一问题呢?

变通的办法是,寻找一个或一组具有相同或相似经营和财务特征的上市公司(我们通常将此类公司称为比照公司或参照公司),计算比照公司的贝塔系数,将其作为目标项目的贝塔系数,并据此计算目标项目的贴现率。

二、比照公司估计法

在资本市场成熟或运转良好的国家或地区,我们会很容易地找到一些与目标项目经营特征和财务特征相似的上市公司,然后,将这些比照公司的贝塔系数进行排序,剔除贝塔系数异常的样本。

步骤一:选出一些比照公司作为样本。

所选公司所处行业应该与拟投资的领域或行业尽可能相同或接近,也就是我们常说的财务特征和经营特征相似。此外,为了保证数据可得性,比照公司首选上市公司。在资本市场成熟的国家和地区,有运转良好的资本市场,比照公司不难找寻。

步骤二:计算样本中每个比照公司的股权贝塔系数。

选用比照公司某一时间段的历史收益数据,通过回归分析,可以计算每个比照公司股权的贝塔系数。在成熟市场的国家或地区,上市公司的股权贝塔系数具有公共产品特征,较易计算,甚至可以直接获取。

步骤三:计算比照公司股权贝塔系数的集中趋势。

鉴于算术平均数会受到异常值影响,为此,贝塔系数通常选择中位数。贝塔系数也可以选用众数和加权平均数,前者是指出现次数最多的数,后者是指以比照公司相对资本总额(股票价格和发行在外股数之积)为权重计算的加权平均数。

例 6-8 崇德公司拟投资两大业务:食品和烟草。预计每块业务的资本结构相同,即杠杆水平(债务/总资本)均为 30%。目前借款年利率为 8%,公司所得税税率为 30%。公司考虑运用 CAPM 模型来计算每块业务的期望收益率。设无风险利率为 5%,市场组合的期望收益率为 11%。

由于崇德公司现有业务既非食品,也非烟草,因此,它特意找了两组样本公司。假定其众数值的特征见表 6-9。

表 6-9 样本公司股权贝塔系数众数的特征

	权益贝塔系数	债务/总资本	所得税税率
食 品	0.9	0.3	0.3
烟 草	1.25	0.3	0.3

由表 6-9 可知,样本公司的杠杆水平和所得税税率与目标项目的杠杆水平和所得税税率相同,因此,在计算崇德公司两块业务的期望收益率时,无须考虑杠杆作用等的影响,直接将两类比照公司的股权贝塔系数众数用于计算拟投资业务的股东期望收益率。

步骤四:运用 CAPM 模型,计算目标项目的股权期望收益率。

崇德公司食品业务的权益资本期望收益率和加权平均成本分别为

$$r_{食品} = 5\% + (11\% - 5\%) \times 0.9 = 10.4\%$$

$$wacc_{食品} = 8\% \times (1 - 30\%) \times 30\% + 10.4\% \times 70\% = 8.96\%$$

崇德公司烟草业务的权益资本期望收益率和加权平均成本分别为

$$r_{烟草} = 5\% + (11\% - 5\%) \times 1.25 = 12.5\%$$

$$wacc_{烟草} = 8\% \times (1 - 30\%) \times 30\% + 12.5\% \times 70\% = 10.43\%$$

显然,崇德公司拟投烟草业务的系统风险高于拟投食品业务的系统风险。

三、杠杆作用及其调整

在选用比照公司确定目标项目的贝塔系数时,如果比照公司具有显著的杠杆作用而项目持有者未运用财务杠杆,那么,使用比照公司的贝塔系数来估计该项目的期望收益率就会低估目标项目期望收益率,因此,须进行修正。

至于为什么要修正,以及如何进行修正,我们会在资本结构理论中进行介绍。

> **案例 6-1**
>
> **公司该如何调整来应对投资项目的风险?**
>
> 大公司尤其是知名公司,每年需要为数以千计的投资项目制定决策,这些投资涉及新产品开发、新设备引入、新技术推广、研发项目投入、并购以及战略投资。除少数投资外,大多数投资究竟能够为公司带来多少现金流是不确定的,并且,项目投资价值的驱动性因素也很难识别。该怎么办?目前,知名公司的做法确实在实践分子策略和分母策略,而且已经成为一种"常态"。
>
> 第一,根据投资项目的市场风险(系统性风险)大小,将公司的投资项目进行分类。由于每个项目存在大小不一的特有风险(非系统性风险),因此,即便是同一类型的项目,其特有风险也存在差异。
>
> 第二,评估投资项目的特有风险。由公司财务部门牵头,会同公司相关业务部门,运用敏感度分析法、情景分析法等方法,再辅以一些定性分析法来不断调整投资策略,改善可能的结果和项目的盈利能力,达到控制投资风险的目的。
>
> 第三,评估投资项目的市场风险。根据项目市场风险的大小来估算投资项目的贴现率,理由是公司每年有许多投资项目要做,可以视作是一种组合投资,特有风险可以被抵消掉。因此,在确定项目贴现率时,若将特有风险考虑进去的话,就会低估项目的价值。
>
> 问:我们在考虑项目贴现率时,究竟是否应该考虑项目特有风险的影响?

本章小结

资本预算是建立在对未来预测基础之上,未来充满未知,销量、售价、单位成本、费用、资本市场的供需关系、项目的寿命、通胀、经济衰退等都会发生非预期变化。因此,如果不对未来的不确定性予以充分考虑,或者给予充分估计,那么,项目投资的资本预算毫无意义。

目标项目的风险越大,其实际产生的现金流和实际收益率偏离预期现金流和预期收益率的程度就越大。因此,为了提高资本预算的可信度,需进行适当风险调整。

有两类风险调整法:一类是基于自由现金流的风险调整法;另一类是基于贴现率的风险调整法。

如果目标项目的风险与持有项目公司现有资产的平均风险相同,那么,我们就可以将公司当前的加权平均资本成本选作贴现率。如果目标项目的风险与持有公司现有资产的平均风险显著不同,那么,我们就应该估计项目的系统风险,并计算目标项目的资本成本。

关键词

分子策略、分母策略、敏感度分析、情景分析、盈亏平衡点分析、会计盈亏平衡点、财务盈亏平衡点、蒙特卡洛模拟、项目特有风险、项目系统性风险、比照公司估计法

习 题

1. 什么是确定性等值?
2. 与敏感度分析法相比,情景分析法有何优势?
3. 项目 A 的期望净现值为 100 万元,标准差为 20 万元;项目 B 的期望净现值为 50 万元,标准差为 15 万元。你认为项目 A 的风险大于项目 B 吗?
4. 设某项目产生的预计现金流如下。

单位:万元

时 点	0	1	2	3
金 额	−200	400	500	600

项目的贝塔系数估计为 1.2,市场收益率 r_m 为 12%,无风险利率 r_f 为 5%。

要求:

(1) 估计资本机会成本和项目的价值(对每笔现金流使用相同的贴现率)。
(2) 每年的确定性等值为多少?
(3) 每年的确定性等值现金流对期望现金流的比值为多少?
(4) 解释该比值下降的原因。

5. 某公司现生产 A、B 两种产品,它们的期望净现值和标准差见下表。

	期望净现值	标 准 差
A 产品	16 000 元	8 000 元
B 产品	20 000 元	7 000 元

公司拟投资新产品 C,预计该产品的期望净现值为 12 000 元,标准差 9 000 元。设三种产品投资比重相同,产品 C 与产品 A 和 B 之间的相关系数见下表。

	A 产品	B 产品	C 产品
A 产品	1		
B 产品	0.9	1	
C 产品	0.4	0.2	1

要求:
(1) 计算三种产品所构成的组合的标准差。
(2) 计算三种产品所构成的组合的期望净现值。

6. 某目标项目的期初投资为 30 万元,项目寿命为 3 年,采用直线折旧,期末无残值。项目期间无追加投资,在营运资本上的投资也为零,公司所得税税率为 33%,项目的贴现率为 10%。项目未来的经营预期见下表。

变　　量	预期值
销售量(万个)	8
产品的单位售价(元/个)	5.5
单位可变成本(元/个)	3
扣除折旧后的固定成本(万元)	5

如果公司预计未来的经济状况还会出现"好于预期"和"比预期差"两种状况,有关市场信息见下表。请用敏感度分析法和情景分析法对目标项目做进一步的项目分析。

变　　量	好于预期	正　常	比预期差
销售量(万个)	10	8	7
产品的单位售价(元)	6	5.5	5
单位可变成本(元/个)	2.5	3	3.5
扣除折旧后的固定成本(万元)	4	5	6

要求:
(1) 进行敏感度分析,找出敏感度最大的变量,并给出相应的建议。
(2) 进行情景分析,并给出投资建议。

7. 敏感度分析后,可以确定影响 NPV 的敏感度因素。投资者接下来需要判断这些因素是否可控。你认为有哪些做法可以"管控"好售价和外购原材料价格两个因素?

8. 某公司拟进行一项目投资,存续期 4 年。预计设备投资 2 000 万元,不考虑营运资本。当年投资当年生产。预计产品售价 10 元/件,单位变动成本 3 元/件。四年销量分别为 60 万件、70 万件、80 万件和 90 万件。设备按直线折旧,无残值。除折旧外的年固定成本为 200 万元。设贴现率为 12%。

要求:
(1) 这种生产方案的净现值为多少?
(2) 画出这种生产方案的财务盈亏平衡图。
(3) 根据财务盈亏平衡图,给出你的解释。

9. 设 A 公司的债务/总资本比率为 30%。债务资本成本为 7%,所得税税率为 30%。A 公司拟投资一个项目,但是,该项目是属于不同于公司目前业务的新领域。因此,需寻找比照公司。设有一个比照公司 B,公开上市,其债务/总资本比率为 40%,贝塔系数为 1.2,所得税税率为30%。

要求：

(1) 如果A公司想投资这一项目，又假定该项目使用的杠杆与B公司一致，那么，该项目的贝塔系数为多少？

(2) 如果目前无风险利率为5%，证券市场组合的期望收益率为13%，那么，该项目的期望收益率为多少？

10. A公司拟投资一项目，该项目可推出一种新产品，相关资料如下：

(1) 项目存续期为6年。

(2) 该项目需固定资产投资2 000万元，预计残值为200万元，采用直线折旧。

(3) 预计付现固定成本(不含折旧)为100万元/年，变动成本为400元/件。

(4) 预计各年销量为10万件，售价为800元/件。

(5) 需投入营运资本200万元，初始一次性投入，项目到期后可全部回收。

(6) 设A公司为上市公司，公司贝塔系数(权益)为1.25，设该项目和A公司的杠杆水平一致，风险也一致。

(7) A公司借款的平均利率为7%。

(8) 设无风险利率为5%，市场组合收益率为9.5%，所得税税率为30%。

要求：

(1) 计算该项目贴现率。

(2) 计算该项目的净现值。

(3) 情景分析法：设目前的估计(即上述对各变量的估计)是最有可能发生的情景，概率为50%。预计营运资本投资、固定成本(不含折旧)，变动成本和单位售价会发生+5%或−5%的变动(也就是说，该项目还会出现最好和最坏两种经济情景，概率分别为25%。)，其他因素不变。请分别描述最好和最坏情景，并分别计算NPV。

(4) 利用敏感度法，计算该项目NPV对单位售价的敏感度。

重要文献

1. Black, Fischer and Myron Scholes. The Pricing of Options and Corporate Liabilities [J]. *Journal of Political Economy*, 81, 1973.

2. Cox, John C., Stephen A. Ross and Mark Rubinstein. Option Pricing: A Simplified Approach[J]. *Journal of Financial Economics*, 7, 1979.

3. Dixit, A. K. and R. S. Pindyck. The Options Approach to Capital Investment[J]. *Harvard Business Review*, 73, 1995.

4. Ingerosll, Jonathan E. and Stephen A. Ross. Waiting to Investment: Investment and Uncertainty[J]. *Journal of Business*, 65, 1992.

5. Myers, Stewart. Interactions of Corporate Financing and Investment Decisions-Implications for Capital Budget[J]. *Journal of Finance*, 29, 1974.

6. 朱叶,王伟.公司财务学[M].上海:上海人民出版社,2003.

7. 詹姆斯·范霍恩.财务管理与政策(第11版)[M].刘志远等译.沈阳:东北财经大学出版社,2000.

8. 中国注册会计师协会.财务成本管理[M].北京:中国财政经济出版社,2013.

9. 詹姆斯·范霍恩、约翰·瓦霍维奇.现代企业财务管理(第10版)[M].郭浩,徐琳译.北京:经济科学出版社,1998.

第七章
期权定价和实物期权

> 【学习要点】
> 1. 实物期权是项目价值的新源泉。
> 2. 金融期权的定价方法。
> 3. 实物期权定价特点以及对项目资本预算的影响。

目标项目在执行期间可能会出现许多新机遇或新机会,给项目持有人带来经营灵活性,这些经营灵活性是作为采用或实施这一目标项目的结果而出现的。这些经营灵活性嵌入在目标项目中,且极具价值。然而,我们在先前关于资本预算的讨论中,忽视了这种经营灵活性及其价值。

第一节 实物期权的基本理念

在对目标项目价值进行评价时,我们不仅要考虑目标项目直接带来的现金流量,还要充分考虑到目标项目可以提供经营灵活性以及提供有用信息的可能性。值得注意的是,后者能够创造出一些很有价值的新的投资机会。

一、问题的提出

任何投资项目都嵌入允许项目持有人在未来改变原先投资计划的期权或灵活性,这种期权或灵活性被称为实物期权(real option)。由于此类期权的标的资产为实物资产,故被称为实物期权。例如,公司购置了一块土地后,便获得了现时开发或延迟开发、商品房开发或商业用房开发、出售或自营等多种选择权或灵活性。

1977年,美国MIT金融学教授Stewart Myers(迈尔斯)首先认识到期权在项目投资中的价值和应用前景,并用实物期权这个术语来区别金融期权。实物期权对传统目标项目投资价值评价或资本预算具有革命性的影响。它给出了这样的理念:当公司在评价和选择目标项目时,须充分考虑在未来时期这些项目所带来的开发新市场或扩张旧市场的机会。实物期权在评价战略投资价值以及评价风险投资价值方面已经得到了较广泛的运用。

由于灵活性或选择权具有价值,因此,目标项目的价值应该在传统净现值基础上加上嵌入在项目上的期权的价值,即

$$项目价值 = NPV + 实物期权价值 \tag{7-1}$$

例7-1 某企业准备投资一个新能源项目。估计初始投资为1亿元,该项目预计每年年底可以带来的现金净流量(自由现金流)有两种可能情况:一种情况是每年年底现金净流量

有 50% 的概率为 5 000 万元(即乐观估计);另一种情况是每年年底现金净流量有 50% 的概率为 -4 000 万元(即悲观估计)。设现金净流量为永续现金流,该项目期望收益率为 10%。

如果不考虑目标项目未来的灵活性或选择权,那么,此新能源项目的期望净现值为

$$50\%(-10\,000+5\,000/0.1)+50\%(-10\,000-4\,000/0.1)=-5\,000(万元)$$

从传统的净现值法则看,该公司不宜实施这一新能源项目。但是,当公司一旦投资这个项目后,公司便拥有了经营灵活性或更多选项。比如,公司拥有了一份放弃期权,即在项目运营一年后,投资者将拥有视该项目未来的走势作"去或留"决策的权利。

让我们重新回看,如果该新能源项目在第一年年末的现金净流量一如先前的乐观估计,那么,这是一个盈利项目,公司将继续经营。如果该项目在第一年年末的现金净流量较为悲观,那么,公司可以选择放弃这一项目,终止未来的损失,仅承担第一年的损失。投资者的这种权利就是嵌入在项目上的放弃期权。

如果投资者在第一年年末被迫放弃这一新能源项目,那么,在不考虑项目残值变现的情形下(即假设残值为零),该项目的价值为

$$50\%(-10\,000+5\,000/0.1)+50\%(-10\,000-4\,000/1.1)=13\,181.8(万元)$$

可见,一旦新能源项目在第一年年末得到的是"坏消息",公司可以选择放弃这一项目,就能够终止第 2 年开始的损失(即仅承担第一年 -4 000 万元/年的净现金流)。因此,我们在计算项目价值时,应该充分考虑嵌入在项目上的实物期权的价值。

二、价值创造的新源泉

目标项目的价值取决于其未来所产生的现金流量,但在传统的项目价值评价体系中,人们仅仅将目光停留在目标项目所产生的直接现金流上,并对它进行贴现来估值。这种做法通常低估了目标项目的价值。如果我们坚持用这种传统投资理念寻找目标项目的话,那么,我们就会与微软、阿里、腾讯等非常成功的公司失之交臂。显然,我们应该用基于实物期权的新投资理念来寻找为目标项目创造价值的新源泉。

在一个竞争市场上,目标项目的价值创造能力取决于它相对于竞争者而言所拥有的竞争优势。这种竞争优势有时是由目标项目带来的,即公司已实施的目标项目可以建立或构建竞争对手不具备的竞争优势或投资机会或经营灵活性。

第一,构建行业进入障碍或壁垒。有些目标项目一旦实施,便能够产生一些排他权,例如,苹果公司持续不断地投入巨资进行新技术开发,苹果公司对这些技术拥有专利权和专属权。接下来,苹果公司可以选择一个恰当的时机将某些成熟技术付诸实施,其差异化产品的生产和销售可以在很长一段时间内得到保护,并由此拥有在一段时间内的竞争优势和垄断价格。因此,我们在对目标项目进行估值时,必须充分考虑由目标项目产生的排他权所带来的间接现金流量,它们也是目标项目价值的主要来源。

第二,取得范围经济。范围经济是项目持有者获得竞争优势的主要途径。范围经济是指,如果公司提供了某种产品或服务的相关产品,那么,这些相关产品可以为该种产品或服务提供更有效的服务。例如,微软公司最先开发了操作系统,然后开发了办公软件、浏览器等服务于操作系统的一系列关联产品,使微软操作系统产生了规模报酬递增效应。因此,我

们在对操作系统进行价值评估时,不能忽视其衍生出的相关产品的贡献。事实上,微软公司利用同一核心专长从事多项经营活动,正是由于微软公司多项经营活动共享一种专长,从而导致各项活动费用的降低和经济效益的提高。微软公司为此产生了范围经济,取得了竞争优势。

究其原因,主要有三个理由:一是合成效应,微软公司同时进行多种产品生产,在研发、生产、销售等方面发生的成本比分别研发、生产和销售要低;二是内部市场效应,多产品可以在更大程度上利用企业内部市场合理配置资源、整合资金和人力资本,以代替相对高成本的外部市场机制;三是减少经营风险,对关联的多元化生产而言,企业生存的产业生态环境多了一条食物链,企业可以从中获益,增加了风险抵御能力。

由此可见,我们在估算目标项目的现金流量时,除了考虑投资项目带来的直接现金流量之外,还要将随后可能带来的间接现金流量考虑进去。比如,在微软公司的相关投资中,操作系统是微软公司的目标项目,软件、浏览器可以理解为是微软操作系统的后续相关投资项目,或者可以理解为当年嵌入在操作系统项目上的投资选择权或经营灵活性。因此,微软公司在对操作系统进行估值时,须对软件、浏览器等后续投资机会可能产生的现金流量加以估计,并将它们对操作系统价值的影响进行量化。

然而,对目标项目的间接现金流量进行量化非常不易,这也是为什么传统项目评价方法不将此考虑进来的主要原因。值得庆幸的是,期权定价理论可以为量化实物期权价值提供理论依据和逻辑起点。

我们可以用实物期权理论对嵌入在项目上的实物期权的价值进行合理解读。下面,我们介绍金融期权的定价方法,并试图给出实物期权定价的基本原理和方法。

第二节 金融期权的定价原理

金融期权是一种本身价值由标的金融资产的价值决定的金融衍生品,比如,股票期权、债券期权、货币期权等。为便于讨论,我们仅以股票期权为例进行说明,股票期权是指以股票为标的物的金融期权。20世纪70年代初,金融期权定价原理和方法开始在金融期权交易中被广泛应用。

一、股票期权的定义

股票期权是一种合约,合约赋予期权购买者(持有者)在未来某个时间点或时间段以固定价格(执行价或行权价)向期权出售者买入或卖出一定数量股票(特定资产)的权利。

股票期权购买者(持有者)和股票期权出售者是合约的交易双方。若赋予股票期权持有者购买资产的权利,这种合约被称为股票看涨期权(call option)或买权。比如,某公司的1份股票看涨期权赋予期权持有者的权利:在2021年9月5日之前,按每股20元价格购入公司10股股票。若赋予股票期权持有者出售资产的权利,这种合约被称为股票看跌期权(put option)或卖权。

股票期权购买者(持有者)的行权时间在合约中约定,行权时间或被固化,或具有灵活性。若赋予股票期权持有者在未来某个时间点购买或出售股票的权利,这种合约被称为股票欧式期权(european options)。若赋予股票期权持有者在未来某个时间段内购买或出售股票的权利,这种合约被称为股票美式期权(american options)。

股票期权购买者在获得期权时,需要向期权出售者支付一定的价款,股票期权购买者只有在确定获利时才会行权,以股票看涨期权为例,当股票价格大于执行价格时,才会出现套利的机会,期权持有者才有可能行权。例如,某公司的 1 份股票期权赋予期权持有者的权利:在 2021 年 9 月 5 日,以每股 20 元价格购入公司 10 股股票,设 1 份期权的购买价格为 12 元。若到期日股票价格为 25 元/股,那么,股票期权持有者将行权,按 20 元/股购入,然后按 25 元/股出售,在不考虑其他交易成本的情况下,其最终将获利 38 元[38=(25-20)10-12]。

二、股票期权价值的决定因素

在期权到期日,我们可以知道期权价值(欧式期权价值),例如,某公司 12 月到期的股票看涨期权的执行价(行权价)为 90 元/股,期权到期日的股票价格为 100 元/股,则看涨期权价值为 10 元。据此,我们可以得到更一般的结论。

设到期日看涨期权价值为 V_0,P_s 为标的资产价格,E 为期权执行价格,那么,到期日权的理论价值为

$$V_0 = \max(P_s - E, 0) \tag{7-2}$$

式(7-2)表示,到期日期权价值取 $(P_s - E)$ 和零两者较大的一个值,也就是说,期权价值不可能为负值。

然而,在股票期权到期日之前,我们只能根据股价走势的预期给出期权价值(美式期权价值)的区间,以及期权价值的变动趋势。以股票看涨期权为例,期权价值区间的上限是股票价格,下限则是看涨期权立即执行的报酬,即股票价格减去执行价格的差额。股票看涨期权价值和股票价格关系见图 7-1。

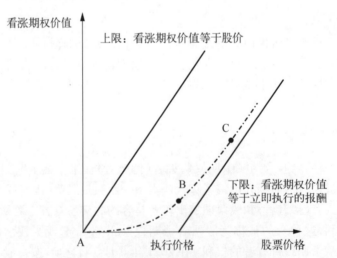

图 7-1　看涨期权价值和股票价格关系

由图 7-1 可知,左边斜线为股票看涨期权的上限,右边斜线为股票看涨期权的下限(也称看涨期权理论价值线),两条斜线相夹的区间为股票看涨期权价值的可行集,即看涨期权所有可能的价值都落在这个区间内。

在期权到期日之前,为什么看涨期权价值不可能低于下限?或者说为什么不可能落在

下限斜线的右边区域内呢？现举例说明，设某投资者花费8元钱购买了一份执行价为90元/股、到期日为12月的股票看涨期权。这意味着：在期权到期日，当股价低于90元时，看涨期权价值为零；而当股价为100元时，看涨期权价值为10元。它们都落在下限斜线上。当股票价格为100元时，投资者行权，按执行价90元/股买入股票，然后以100元/股出售，在考虑购买期权的成本之后，投资者将套利100−90−8＝2元，市场因套利对该期权的过度需求将促使期权价格迅速上升，会使看涨期权价格回升至右侧斜线的上方。这个结果对美式期权是正确的，但对欧式期权不一定正确。

在期权到期日之前，为什么看涨期权价值不可能超过上限？看涨期权上限是股票价格，也就是说，看涨期权价值不可能超越股票价格。即便在股价等于看涨期权价值的极端情况下，理性投资者会放弃期权，转而持有股票，造成期权价格下跌。因此，期权价值还是不可能超越股票价格。

期权价值的决定因素很多，以股票看涨期权为例，图7-1中的虚线显示了看涨期权价格变动的趋势和原因。

第一，期权的价值与股票价格的变化是同方向的。当股票价格为零时，股票未来的价值也为零，那么该股票的看涨期权的价值也为零，如图7-1中虚线上的A点。当股票价格逐渐上升时，该股票期权价值也随之上升，向下限斜线渐渐靠拢，并逐渐和下限斜线平行，如图7-1中虚线上的点B和C。

第二，期权价值随利率的上升而增加。在购买看涨期权时，投资者仅仅支付了看涨期权的购置成本，在期权到期日时才需按执行价格支付购买标的资产的价款。因此，利率越高，对延迟付款就越有利，投资者目前为未来购买标的资产准备的钱就越少。可见，期权价值随利率的上升而增加。

第三，期权价值与到期日的距离成正相关关系。离到期日的距离越远，期权的市场价值线与理论价值线的距离越远，反之，两条价值线就贴得越紧。主要原因有两个：一是在更长的时间里期权可能升值；二是离到期日越远，执行价格的现值就越低。

第四，期权实际价值总会高于下限。以图7-1中的点B为例，在点B处，股票价格等于执行价格，此处期权价值的理论值为0。但在期权到期日之前，我们无法确知到期日的股票价格，充其量只知道股价的概率分布。假设股价有两种情形：高于执行价10元/股，概率为50%；低于执行价10元/股，概率为50%。那么，看涨期权价值为$10 \times 50\% + 0 \times 50\% = 5$元。因此，我们就能得出期权实际价值总会高于下限的理由了，即看涨期权价值为正的概率大于零，且不存在负值的看涨期权（因为看涨期权价值最小为零）。

第五，期权价值和风险有关。股票价格波动越大，未来不确定性越大，股票期权价值也就越高（见图7-1）。风险越大，虚线和下限之间的差额就越大，否则，虚线和下限的距离就很小。

由此可见，金融期权价值取决于五大因素，即执行价格、到期日、股票价格、无风险利率和股票价格的离散程度（方差）。

三、金融期权定价方法

（一）期权等价物法

期权等价物法是指将传统金融工具（例如，进行普通股投资，同时借款或卖空无风险资产)进行组合,构建了一个期权等价物。如果我们所构建的组合的损益和一份看涨期权或一份看跌期权的可能损益相同,那么,该组合和该期权是等价的,该组合就可以被看作该期权的等价物。在无套利均衡条件下,投资者购买这一期权等价物的成本就可以被视为期权的价值。

例 7-2 某投资者年初花费 7 元购入 7 月到期的股票看涨期权一份(假定一份看涨期权只能购买 1 股股票,以下例题同样使用此假设),执行价为 90 元/股。股票年初价格(假定股价不含股票红利,以下例题同样使用此假设)为 90 元/股,无风险年利率为 4%。假如未来半年里,股票价格仅有两种变化,或上涨 10%,或下跌 10%,则半年后看涨期权的可能损益见表 7-1。

表 7-1 看涨期权的可能损益

单位:元

	股票价格下跌 10%	股票价格上涨 10%
一份看涨期权的价值	0	9

假设投资者构建一个期权等价物,购入 0.5 股公司股票,同时按无风险利率借入资金 39.7 元①。此项组合投资半年后的损益见表 7-2。

表 7-2 组合投资的损益

单位:元

	股票价格下跌 10%	股票价格上涨 10%
买入 0.5 股股票	40.5	49.5
偿付借款和利息	−40.5	−40.5
总损益	0	9

对比表 7-1 和表 7-2,我们可以发现,看涨期权的可能收益和组合投资(期权等价物)收益是一样的,即都是 0 或 9 元,说明这两项投资的价值是相等的。看涨期权价值就是购买该期权等价物的成本,即

$$看涨期权价值 = 0.5 \times 90 - 39.7 = 5.3(元)$$

因此,通过借入资金,购入股票,该组合的收益完全复制了一份看涨期权的收益。

在构建期权等价物时,如何确定股票投资数量呢?构建期权等价物时所需的股票数量称为避险比率(hedge ratio)或对冲比率,它的简单公式为

$$H = \frac{C_u - C_d}{S_u - S_d} \tag{7-3}$$

式(7-3)中,H 为避险比率,C_u 表示股价上升后的期权价值,C_d 表示股价下跌后的期权价值,$C_u - C_d$ 表示可能的期权价格变化幅度,S_u 表示上涨后的股价,S_d 表示下跌后的股价,$S_u - S_d$ 表示可能的股票价格变化幅度。同样,我们可以借助避险比率对股票看跌期权进行估价。

例 7-3 假如投资者年初花费 4 元购入 7 月到期的股票看跌期权一份,执行价为 90 元/

---

① 39.7=(81×0.5)/(1+2%),81 是指半年后股价下跌 10%时的每股价格。

股。股票年初价格为90元/股,无风险年利率为4%。假如在未来的半年时间里,股票价格也仅有两种变化,或上涨10%,或下跌10%。则半年后看跌期权的可能损益见表7-3。

表7-3 看跌期权的可能损益

单位:元

	股票价格下跌10%	股票价格上涨10%
一份看跌期权的价值	9	0

根据避险比率计算公式,股票看跌期权的避险比率为9/(99−81)＝0.5股。也就是说,投资者卖出0.5股公司股票,同时贷出48.53元(48.53＝49.5/1.02),其收益一定能够复制看跌期权可能的收益。

$$看跌期权价值 = -0.5 \times 90 + 48.53 = 3.53(元)$$

也许读者会问,在以上解答中,为什么没有用到股票上涨和下跌的概率？这是因为期权价格独立于股票的期望收益。

(二)风险中性定价

风险中性是指投资者对风险的态度没有差异,在一个所有投资者都是风险中性的世界里,由于风险中性的投资者不需要某种补偿促使他们承担风险,即对所承担的风险不要求额外补偿,因此,所有股票的期望收益率都是无风险利率,即

$$上行概率 \times 上行时收益率 + 下行概率 \times 下行时收益率 = 无风险利率 \quad (7-4)$$

对期权价值而言,用无风险利率对期权期望收益进行贴现,贴现值就是期权价值。其步骤如下。

步骤一:在标的资产现值和未来可能值确定的情况下,确定与投资者风险中性一致的风险中性概率。

步骤二:将每一个风险中性概率乘上期权相应的未来价值,并以无风险利率对未来价值的加权平均数进行贴现。

例7-4 承例7-2,无风险半年利率为2%,股票价格上涨幅度为10%,股票价格下跌幅度也是10%。

首先,在风险中性的假设下,我们可以计算出股票上涨的概率为

$$上行概率 \times 10\% + (1 - 上行概率) \times (-10\%) = 2\%$$

经过计算,上行概率为60%,下行概率为40%。

其次,计算出的股票看涨期权的期望收益为

$$0.6 \times 9 + 0.4 \times 0 = 5.4(元)$$

按2%(半年期无风险利率)对这份看涨期权的期望收益进行贴现,现值为

$$5.4/(1 + 0.02) = 5.3(元)$$

可见,风险中性定价也得到了一样的结果。在期权等价物和期权之间不存在套利的情况下,期权等价物法对期权的估值结果与风险中性估值结果一致。

(三) 二叉树(binomial tree)方法

1. 欧式看涨期权价值

二叉树方法[①]假设在任何时刻,股票价格的变动只有两种情形,要么向上变动一个价值,要么向下变动一个价值,其他变动都是不被允许的。因此,限定于这两个可能的股票价格的描绘被称为二叉树。二叉树方法的重要假设条件为:第一,资本市场没有交易成本;第二,投资者都是价格接受者;第三,允许卖空;第四,允许无风险借贷;第五,未来股价将是两种可能值中的一种。

我们在上文用期权等价物损益来复制期权损益时,我们假设未来6个月后,股票价格的涨跌只有两种情形。现在,我们将时间间隔划短,将未来6个月分成两个时段,每段间隔3个月。假设3个月后股票价格变动有两种情形,那么,6个月后股票价格变动就有3种情形。如果我们将未来6个月的时间间隔划分得更细,6个月后股票价格变动将有更多种情形。

例 7-5 承例 7-2,投资者年初花费7元购入7月到期的看涨期权一份,假设一份看涨期权只能购买1股股票,执行价为90元/股。股票年初价格为90元/股,无风险年利率为4%。第3个月月末,股票价格的变化有两种情形,分别下跌10%和上涨10%。第6个月月末,股票价格有109元、89元和73元三种价格。三个时间点股票价格分布见图7-2。

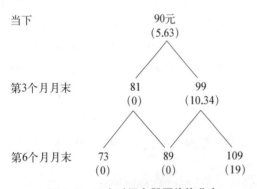

图 7-2 三个时间点股票价格分布

由图7-2可知,这是一个二期的二叉树。第6个月月末,当股票价格为109元时,看涨期权的价值为19元,低于或等于89元时,看涨期权价值为零。

为了计算期权价值的现值,首先需要计算第3个月月末期权的价值,现以期权等价物法来求解。

期权等价物法的具体步骤为:

步骤一:计算第3个月月末期权的价值。

当第6个月月末股票价格为109元或89元时,避险比率为19/(109−89)=0.95。也就是说,投资者构建一个期权等价物,须购入0.95股公司股票,同时按无风险利率借入资金 $89 \times 95\% / (1+1\%) = 83.71$ 元。

当第3个月月末股票价格为99元时,看涨期权价值为 $99 \times 95\% - 83.71 = 10.34$ 元。第3个月月末,股票价格低于或等于81元时,看涨期权为零。

步骤二:计算期权价值的现值。

为计算看涨期权的现值,我们同样需要计算避险比率。避险比率为 $10.34/(99-81) = 0.574$ 股,也就是说,投资者构建一个期权等价物,须购入0.574股公司股票,同时借入资金 $81 \times 0.574 / (1+1\%) = 46.03$ 元。

因此,当现时股票价格为90元/股时,看涨期权当下的价值为 $90 \times 0.574 - 46.03 = 5.63$ 元。

[①] 这种定价方法首先被夏普(1978)用作解释期权定价的一种直观方法,后来,Cox、Rendleman 以及 Bartter(1979)等进行了改进和发展。他们证明了二叉树方法与布莱克—斯科尔斯模型之间的联系,并为美式期权定价提供了一种简便易行的方法。

值得注意的是,我们将第 3 个月月末股票价格的变化假设成分别下跌 10% 和上涨 10%。事实上,我们可以借助股票收益率标准差和价格的关系式求出股票上涨和下跌的比率或幅度,即

$$1+股票上涨率 = u = e^{\sigma\sqrt{h}} \tag{7-5}$$

$$1+股票下跌率 = d = 1/u \tag{7-6}$$

式(7-5)和式(7-6)中,σ 表示用连续复利计算的股票年度收益率标准差,e 表示 2.71828,h 表示时段长度相对于 1 年的比例。

例 7-6 设某股票的年度收益率标准差为 0.406,时段为 6 个月。

根据式(7-5)和式(7-6),我们可以分别得到

$$u = e^{\sigma\sqrt{h}} = 2.71828^{0.406\times\sqrt{0.5}} = 133\%$$

计算结果显示,股票价格上涨比率或幅度为 33%。

$$d = \frac{1}{u} = 75\%$$

也就是说,股票价格下跌比率为 25%。

根据式(7-5)和式(7-6),可以将式(7-3)变换为

$$H = \frac{C_u - C_d}{S_0(u-d)} \tag{7-7}$$

式(7-7)中,S_0 表示期初股票价格。

2. 美式看跌期权价值

对欧式期权而言,其价值的变化可从树状图的上边往下推。与欧式期权相反,美式期权价值只是投资者将持有一期的期权的价值。

例 7-7 设再过 1 期(时间间隔为 3 个月),某公司股票的价格或上升 1 倍,或下跌一半,即 $u=2$, $d=0.5$。假如股票初始价格为每股 20 元,且无风险利率为每季度 1%,执行价格为每股 35 元。问美式看跌期权价值为多少?

根据风险中性定价原理,我们可以求出股价上涨概率(π),即

$$100\%\pi + (-50\%)(1-\pi) = 1\%$$

求解后,可以得到股价上涨概率为 34%,下跌概率为 66%。

该公司未来两期股价变动的路径可参见图 7-3。

在节点 C:第 3 个月月末的股票价格(40 元/股)超过了执行价格(35 元/股),此节点的看跌期权为零。第 6 个月月末看跌期权的期望值分别为 0 和 15 元,它们贴现至第 3 个月月末的现值为

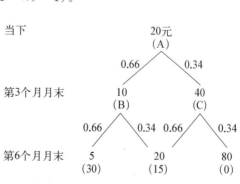

图 7-3 三个时间点股票价格分布

$$\frac{0\times 0.34+15\times 0.66}{1.01}=9.8(元)$$

显然,第 6 个月月末行权更具价值,在节点 C 股票看跌期权投资者不会行权。

在节点 B:第 3 个月月末的股票价格(10 元/股)低于行权价格(35 元),此节点行权可以得到的看跌期权价值为 25 元。等 1 期(即第 6 个月月末)执行的看跌期权现值为

$$(15\times 0.34+30\times 0.66)/1.01=24.65(元)$$

显然,我们会选择在节点 B 执行期权,而非等待一期。

在节点 A:直接选择在 A 点行权,看跌期权价值为 15 元。若选择等待 1 期或 2 期行权,则看跌期权价值的现值为

$$(9.8\times 0.34+25\times 0.66)/1.01=19.6(元)$$

显然,在节点 A 处行权不划算,所获期权价值为 15 元,而等待可以获得 19.6 元的期权价值。因此,等待更有价值。

(四) 布莱克—斯科尔斯定价公式

事实上,在运转良好的股票市场上,股票交易活跃,任何股票未来的可能价值非常之多。因此,为公允地反映一段时间(比如半年)后股票价格变化所有可能的情形,我们需将未来一时段进行细分,然后用二叉树方法来描绘和刻画股票价格的变化,最后据此计算出股票期权价值。一旦将未来一时段无限细分,我们就可以得到趋近期权价格的极限值。从严格意义上或从操作层面上讲,我们无法获得将时段无限细分后的二叉树,但我们可以证明,当时段被无限细分后,布莱克—斯科尔斯公式能够给出期权的价格,该公式是欧式期权二叉树定价的极限情况,即

$$看涨期权价值=(避险比率\times 股票价格)-银行借款 \quad (7-8)$$

式(7-8)中,避险比率就是正态分布的累积概率密度函数,股票价格就是标的资产价格,银行借款是执行价格按无风险利率贴现求得的现值。因此,式(7-8)可用式(7-9)表示,即

$$看涨期权价值=SN(d_1)-Ke^{-rt}N(d_2) \quad (7-9)$$

其中:

$$d_1=\frac{\ln(S/K)+(r+0.5\sigma^2)t}{\sigma\sqrt{t}}$$

$$d_2=d_1-\sigma\sqrt{t}$$

式(7-9)中,$N(d)$ 表示正态分布的累积概率密度函数,S 表示标的股票当前的价格,r 为连续复利的短期无风险利率[①],t 表示有效期的间隔期数,K 表示执行价格,Ke^{-rt} 表示执行价的现值,σ 表示用连续复利计算的股票年度收益率标准差,e 表示 2.718 28,ln 表示自然对数。

在计算看涨期权价值时,可以借助软件(如 Excel)算出 d_1 和 d_2,然后,通过查阅累积概

[①] 在多期复利条件下,如果无风险年利率为 4%,则半年期收益率为 2%。但在连续复利条件下,其等价的连续复利年利率的计算基于:$1\times e^{r\times 1}=1\times(1+4\%)$,求解 r 后,连续复利年利率为 3.92%,连续复利半年收益率为 1.98%。

率分布图,确定 $N(d_1)$ 和 $N(d_2)$,最后,利用布莱克—斯科尔斯模型计算看涨期权价值。

布莱克—斯科尔斯模型存在一系列假设条件:

第一,对卖空不存在障碍和限制(无成本地卖空);

第二,无税环境且市场完善,期权是欧式的;

第三,不支付股票红利;

第四,股票价格是连续的;

第五,无风险利率已知且固定;

第六,股票价格是对数正态分布的,且可以按无风险利率借款。

当某些假设条件不成立时,对模型进行一些改动后仍然有效。

如果是美式期权,在不发红利的情况下,美式看涨期权的价值可以直接用布莱克—斯科尔斯模型计算。理由是,在不发红利情况下,美式看涨期权价值与到期日长短有关,持有人不会在到期日之前行权。

如果是不发红利的欧式看跌期权,可以利用看涨—看跌平价关系,计算欧式看跌期权价值。

如果是派发红利的欧式看涨期权,鉴于红利现值是股票价值的一部分,归股票持有人所有,因此,利用布莱克—斯科尔斯模型计算期权价值时,应该从股价中扣除期权到期日前派发的全部红利现值,即

$$看涨期权价值 = Se^{-yt}N(d_1) - Ke^{-rt}N(d_2) \tag{7-10}$$

式(7-10)中,y 是连续红利率。

如果进行仔细观察,你将发现:一年中的时段数越多,用二叉树法得到的期权价值和用布莱克—斯科尔斯模型的计算结果就越接近。

第三节 实物期权和资本预算

实物期权对传统资本预算或投资评价具有革命性的影响。如果考虑以实物资产为标的物的实物期权的价值,那么,净现值为负值的项目也有可能被接受,而不是被断然拒绝。本节介绍实物期权的主要形式以及对资本预算的影响。

一、实物期权概述

(一) 实物期权的定义和类型

实物期权是以实物资产为标的物的期权,也被称为"嵌入"在实物资产或项目中的期权。实物期权主要包括扩张期权(option for change scale)、收缩期权(option to contract)、延迟期权(option to defer)、放弃期权(option to abandon)、转换期权(option to switch)、增长期权(growth option)等。

1. 扩张期权

扩张期权是指项目持有人在项目未来存续期内进一步扩大项目投资规模的权利。例

如,新能源汽车项目的投资。在新能源汽车尚未被大众接受时,市场规模有限,生产成本高企,此时,新能源汽车项目是一个赔钱的项目。但是,一旦获得国家支持或一旦被消费者接受,前景不可限量。因此,当市场条件向好时,新能源汽车项目的"尝鲜者"将凭借其先发优势,通过进一步扩大投资规模来扭亏为盈,甚至获得预想不到的高额回报。因此,投资者的投资目的具有两重性:一方面,获得当下投资的预期收益;另一方面,获得未来进行扩张的先发优势。相反,收缩期权则是指项目持有人在未来存续期内减少项目投资规模的权利。

2. 延迟期权

延迟期权是指为了解决当下投资项目所面临的巨大不确定性,项目持有人推迟对项目进行投资的权利。例如,油田开采项目、房地产开发项目虽然特别有价值,但是,这些项目投资额大、周期长,不确定性很大,因此,持有者可以充分利用其对这些项目的排他权,不急于马上开采或开发,待不确定性得到部分解决或确认后,再实施开采或开发,以获得更大收益。

3. 放弃期权

放弃期权是指项目的继续经营价值小于放弃价值时,项目持有人拥有的放弃该项目的权利。例如,开发期长、不确性很高的制药项目以及软件项目通常嵌入放弃期权。投资于这些项目后,在项目存续期内,投资者可以根据市场的变化随时终止该投资项目。在目标项目存续期内,项目持有者可以随时比较项目的继续经营价值与放弃价值,如果前者更高,投资者应该继续经营目标项目;如果前者更低,投资者应该考虑放弃目标项目。

4. 转换期权

转换期权是指项目持有人在未来拥有可在多项决策之间进行转换的权利。例如,投资可使用多种能源的设备、投资具有通用性的生产线,投资者将为此获得转换期权。由于所投设备具有通用性,因此,项目持有人可以根据能源价格的变动,灵活地选择成本低廉的能源满足生产。同样,由于所投生产线具有通用性,因此,项目持有人就可以用来生产不同的产品。转换期权增加了项目持有人在项目存续期内的决策灵活性。

5. 增长期权

增长期权是指项目能够为持有者提供的未来新成长机会,也就是说,投资者可以凭借已投资项目进入一个新的领域,或进入一个新市场,或获得一个新的投资机会。例如,比亚迪公司创立于1995年,早年主要生产电池,2003年,它已成为全球第二大充电电池生产商,公司在电池业务上的巨大成功为公司提供了新的成长机会。2003年,比亚迪凭借电池方面的比较优势开始涉足新能源汽车领域,并成为新能源车的龙头企业之一。增长期权与扩张期权不同,扩张期权是指已投项目进一步做大的期权。

通常,实物期权可以在项目存续期内任何一个时间点行权,因此,实物期权具有美式期权的属性,除非有特殊规定。如果实物期权只能限定在将来某一时点上行权,则实物期权又具有欧式期权的属性。扩张期权、延迟期权、转换期权、增长期权属于看涨期权(或称买权),放弃期权、收缩期权属于看跌期权(或称卖权)。由于这些期权一旦行权,会在之后逐期产生现金流,因此,它们常常被视为发放红利的美式期权。

案例 7-1

中国工商银行海外布局

1992年,中国工商银行"扬帆出海",在新加坡设立代表处,标志着其正式迈开国际化的步子。其海外布局的目标是:既重视中资企业在海外的业务,为其提供配套金融服务,又主动介入当地主流市场,提升核心市场渗透率,打造工行的海外品牌,努力成为当地重要或主流银行。

在海外布局的20多年里,工商银行选择了自主申设、并购"两条腿"走路的策略。一方面,自主申设代表处、境外分行、子银行;另一方面并购境外金融机构,获取其在当地的客户、业务,快速提升中资银行的本土化程度。

目前,工商银行已成功实施近20次海外并购,加上自主申设部分,已在40多个国家和地区设立了400多家机构。值得一提的是,借参股南非标准银行,工行已将其海外布局间接延伸至20个非洲国家。"一带一路"沿线国家和地区,工行都有机构。同时,还与147个国家和地区的1 827家境外银行建立了代理行关系,形成横跨全球6大洲的全球服务网络。

事实上,中国工商银行海外布局之路并非坦途,可谓荆棘丛生。例如,不论设立分行还是并购,部分国家的监管机构对中资银行实行区别化政策。

问:请从实物期权视角给出工商银行海外布局的理由。

(二)实物期权的特点

与金融期权相比较,实物期权有以下诸多特点。

1. 标的资产不参与交易

对于以股票为标的物的股票期权来说,标的资产参与交易。这对金融期权来说是合理的,因为理论上可以利用标的资产(股票)和无风险借/贷构建一个资产组合来计算股票期权价值。但是,对实物期权而言,标的资产不参与交易。

2. 资产价格的变化是不连续的

布莱克—斯科尔斯定价模型基于资产价格变化连续的前提假设之上,在运转良好的股票市场上,股票交易活跃,股票价格可以视为连续变化。由于实物资产缺乏发达的二级市场,因此,大多数实物资产存在价格跳跃现象。

3. 方差难以在存续期内保持不变

方差已知且在有效期内保持不变的特征适合于以交易股票为标的物的股票期权(短期期权)。但是,当期权理论应用于实物期权(长期期权)时,方差在长时间内难以保持不变。

4. 行权不可能在瞬间完成

行权在瞬间完成适用于股票期权,但该假设在实物期权行权时,就很难成立。例如,项目扩张期权行权时,涉及设备购置以及设施建设,整个行权过程可能会持续很长一段时间。

实物期权的诸多特点暗含这样的推论,即金融期权定价理论并不能够直接用于实物期权价值估计。比如,布莱克—斯科尔斯模型有多个假定条件,比如标的资产参与交易、标的资产价格变动是连续的、方差保持不变、行权在瞬间完成等,但这些金融期权定价的假定不适合实物期权。事实上,实物期权定价非常困难。迄今为止,在实物期权定价方面,仍留有许多未解之谜。下文中,为了说明实物期权对资本预算的影响,我们同时运用布莱克—斯科尔斯模型和二叉树方法予以说明。

二、实物期权对资本预算的影响

根据净现值法则,如果目标项目净现值小于零,应该拒绝该项目。但是,由于"嵌入"在目标项目上的实物期权拥有价值,因此,该目标项目也许是一个"有价值"或"好"的项目。根据实物期权理论,目标项目价值应该等于净现值与相关实物期权价值之和。因此,即便目标项目的净现值为负值,我们也不该或不能轻易拒绝该项目。也就是说,实物期权的引入,使我们有了介于接受和拒绝之间的第三种投资选择。接下来,我们重点分析三种实物期权对资本预算的影响。

(一)延迟期权与资本预算

为了分析延迟期权对传统资本预算的影响,我们借助布莱克—斯科尔斯期权定价公式[参见式(7-9)或式(7-10)]来加以说明。但必须指出的是,这种做法有两个缺陷:一是布莱克—斯科尔斯公式主要适用于欧式期权定价,而实物期权具有美式期权的属性;二是布莱克—斯科尔斯定价公式在金融期权定价方面具有里程碑式地位,但它并不适合实物期权定价。

1. 延迟期权影响资本预算的逻辑

虽然目标项目的净现值为正值,但是,项目持有人可能不会马上实施该项目,而是等待至适当的时期再实施该项目,从而获得更多的收益。显然,这种超额收益是目标项目的延迟期权带来的。

在一个竞争的环境中,当个别公司相对于其竞争对手在开展项目方面拥有特殊的优势或拥有排他权时(如拥有为期5年的专利),延迟期权才有价值。如果没有这种排他权,竞争者很快就可以通过模仿获益,那么,项目的延迟期权就没有价值。当某项目只能被一个公司或一个投资者独享,那么,该项目的价值随时间的变化会呈现买进期权(即看涨期权)的特征。比如,某房地产开发商刚"拍"得一块土地的开发权,根据相关规定,该开发商可以在未来4年内择机开发。若目前房地产前景不明朗,那么,该开发商可选择等待,待前景明朗后的第2年,或第3年,甚至第4年再行开发。显然,这样的等待能够给开发商带来好处。因此,可以用看涨期权定价原理来估计延迟期权的价值。

设目标项目初始投资为 I_0,预期现金流入量现值为 PV,目标项目的净现值就是两者之间的差额,即 $NPV=PV-I_0$。假定公司在未来几年里对该项目拥有排他权,并且因为现金流量或贴现率的变化,现金流量的现值随时间而变化。因此,尽管该项目现时实施的净现值为负值,然而,如果公司可以等待的话,它也许是个好项目。

2. 延迟期权价值计算

即便可以利用布莱克—斯科尔斯公式估计延迟期权的价值,但我们还是需要清楚地看到,在基础资产(标的资产)价值、方差、期权有效期、执行价格、无风险利率和推迟成本等变量的估计上,延迟期权有着金融期权不同的特点。

第一,在基础资产价值估算方面。对实物期权而言,基础资产(标的资产)就是项目本身。标的资产价值就是项目预期现金流量的现值。延迟期权之所以有价值,是因为未来不确定。如果项目的预期现金流量确定并已知或保持不变,延迟期权就没有价值可言。然而,估计目标项目的预期现金流量及其贴现的过程很麻烦。

第二,在方差计算方面。由于目标项目多为风险项目,因此,在估计未来现金流量以及计算标的资产的现值时,一定会出现或大或小的不确定性。原因很多,可能是产品的未来市场规模未知所致,也有可能是产品的成本结构和盈利性发生波动所致。实物期权价值受方差影响很大,方差越大,延迟期权的价值越高。由于项目缺乏运转良好的二级市场,项目的方差不易度量。

第三,在期权执行价格计算方面。投资额就是延迟期权的执行价格,通常隐含的前提条件是投资额保持不变,即不管何时实施该项目,假定投资额(行权价格)不变。但事实上,这种假设不符合常理。由于延迟期权的执行发生在未来某个时间点,因此,延迟期权的执行价格无法事前约定,是不确定的,应该视未来情形而定。

第四,在有效期和无风险利率选择方面。当公司拥有的排他权利到期时,其拥有的延迟期权也就随之到期了。在延迟期权到期后进行的投资,由于竞争(假定充分竞争)的出现,其净现值被假定为零。期权定价中所使用的无风险利率应该是期权有效期内的利率。

第五,在股利收益率估算方面。将目标项目推迟至预期净现值为正或诱人时才执行,项目持有人须承担一些成本。由于项目的排他权利到期后,新的竞争者会不断出现,项目持有人获取超额利润(正净现值的来源)的机会消失。因此,每推迟 1 年行权就意味着创造正值现金流量的年份减少了 1 年。如果预期现金流量在时间上均匀分布,项目有效期为 n 年,则推迟成本可以写为

$$年推迟成本 = 1/n \tag{7-11}$$

在布莱克—斯科尔斯模型中,这个年推迟成本可以视为股利收益率,延迟期权价值可以参照含红利的布莱克—斯科尔斯模型来估算。

例 7-8 某公司拥有 20 年的某药品专利。但是,目前投产的生产成本高且市场规模较小。假定生产药品的初始投资始终为 500 万元。设无风险年利率为 7%。技术与市场是波动的,通过模拟估计的现值年方差为 0.05。假如相关条件如下:

基础资产价值(S)=当下投资并形成生产能力的项目现金流量的现值=350(万元)

执行价格(K)=初始投资=500(万元)

基础资产的方差(σ^2)=0.05

有效期(t)=20(年)

$$年推迟成本(y) = 1/20$$

$$无风险利率(r) = 7\%$$

在不考虑延迟期权价值的情况下,该项目的净现值为

$$NPV = 350 - 500 = -150(万元)$$

根据布莱克—斯克尔斯期权定价公式(含红利),延迟期权价值(看涨期权价值)为

$$Se^{-yt}N(d_1) - Ke^{-rt}N(d_2) = 350e^{(-0.05)(20)}(0.7065) - 500e^{(-0.07)(20)}(0.3240)$$
$$= 57.76(万元)$$

可见,由于净现值为负值(负150万元),因此,该项目不具备立即实施的可能。但值得等待,理由是延迟开发这一专利的价值不小,几年后该药品可能会有更大的市场出现。

3. 操作上的问题

利用布莱克—斯科尔斯模型为延迟期权估值会遇到一些困难。

第一,实物期权的基础资产(标的资产)是不参与交易的,对其价值和方差的估计很困难。尽管我们可以通过测算预期现金流量和贴现率来估计基础资产价值,但方差的估计不太有把握,因为目标项目的存续期通常都很长。

第二,标的资产价格非连续变化。股票期权价格变化均匀连续以及价值的方差随时间变化保持不变的假定,在实物期权中很难成立。

第三,公司对项目拥有的权利也许并没有明确的期限。尽管专利具有确定时间段内的排他权,但在现实中,公司的权利通常没有明确的规定,无论是关于排他性还是关于时间。比如,公司拥有一项为期10年的专利。如果2年后,有更好的、更先进的专利问世,那么,公司拥有的专利可能一文不值。也就是说,该专利真正的有效期仅有2年。

(二) 扩张期权与资本预算

1. 扩张期权影响资本预算的逻辑

投资目标项目后,在项目存续期内,投资者可以根据市场状况的变化,随时调整投资规模。当市场条件向好时,投资者可以扩大投资规模。广义的扩张期权有两种理解:

第一,投资者在获得当下投资收益的同时,也获得了未来的一些投资机会。投资者所具有的这种权利称为扩张期权。一旦项目持有人行使扩张期权,该项目的预期现金流很可能将大大增加,项目的价值也将随之增加。

第二,公司实施目标项目是为了在未来有条件拥有另一个项目或进入另一个市场。在这种情况下,可以认为初始项目含有允许公司采纳其他项目的期权,因此,公司应该愿意为这种期权支付价格。于是,我们就不难理解,为什么有些公司可能乐意接受净现值为负的初始项目。这个负值的净现值就是投资者为了获得更好投资机会而付出的代价。比如,公司的研发投入具有扩张期权的特征,为研发所付出的代价就是获得扩张期权的成本。那些花费大量资源进行研发的公司认为,之所以这样做是因为开发可以在将来为它们提供新产品,带来更高的回报和价值增值。

2. 扩张期权价值计算

扩张期权具有买权特征,因此,其计算特点和延迟期权的计算特点相似。

例 7-9 假设一个投资项目产生了现值为 100 万元的现金流,标准差为 15%,期望收益率 8%,无风险利率为 5%,如果立即需要给该项目投入资金,需要的现金流出为 105 万元。该项目持有者拥有一扩张期权,设扩建成本为 15 万元,扩建能够使得项目在该时点上的价值增加 20%,该扩张期权能够在未来 5 年的任何一个时点上被执行。

在不考虑实物期权的情形下,该项目的 NPV 为 $-5(-5=100-105)$ 万元,是一个"坏"项目。但是,如果考虑扩张期权,是否会有另一种判断呢?

首先,可以通过二叉树来描述该项目未来价值的可能变化。根据题意,该项目价值上行或下行的幅度为

$$u = e^{\sigma\sqrt{h}} = 1.161\,8$$

$$d = 1/u = 0.860\,7$$

设该项目价值上行的概率为 P^*,根据风险中性定价原理,我们可以计算出上行概率,即

$$p^* = [(1+r_f)-d]/(u-d) = 0.629$$

据此,我们可以描述出该项目未来价值(扩张期权行权前后价值)的可能变化(见表 7-4)。

表 7-4 扩张期权的二叉树

单位:万元

时间	0	1	2	3	4	5
不考虑扩张期权时项目价值的二叉树	100	116	135	157	182	212
		86	100	116	135	157
			74	86	100	116
				64	74	86
					55	64
						47
$t=5$ 行权时项目价值的二叉树	108	127	140	176	204	239
		91	107	126	148	173
			77	90	106	124
				65	75	88
					55	64
						47

由表 7-4 可知,上半部分为不行权时该项目价值的二叉树,下半部分为行权后该项目价值的二叉树。计算扩张期权的步骤有三步。

步骤一:假设在 $t=5$ 时,该项目上的扩张期权被执行,那么,在 $t=5$ 时,必须在行权后价值与不行权时价值之间进行取舍。

以 $t=5$ 时第 3 个可能值为例,由于不行权时项目价值为 116 万元,而行权后项目价值为 124 万元,因此,应该按下式进行取舍,即

$$124 = \text{Max}(116, 116 \times 1.2 - 15)$$

以 $t=5$ 时第 5 个可能值为例,由于不行权时项目价值为 64 万元,而行权后项目价值为 61.8 万元,因此,应该按下式进行取舍,即

$$64 = \text{Max}(64, 64 \times 1.2 - 15)$$

步骤二:在确认 $t=5$ 时项目价值的各个可能值之后,根据上行概率(62.9%)和下行概率(37.1%)计算 $t=4$ 时项目价值的各个可能值,然后,根据风险中性定价方法由右往左依次计算。

步骤三:确认 $t=0$ 时项目的价值,并计算扩张期权价值,即

$$\text{该项目的扩张期权价值} = (108 - 105) - (-5) = 8(\text{万元})$$

值得注意的是,扩张期权属美式期权,该项目的扩张期权也可以在 $t=4$,或 $t=3$,或 $t=2$,甚至 $t=1$ 被行权。$t=5$ 是否是最佳的行权时间点呢?读者可以尝试进行比较。

(三) 放弃期权和资本预算

1. 放弃期权影响资本预算的逻辑

投资某项目后,在项目存续期内,投资者还可以根据市场的状况,随时放弃该投资项目。假定某项目的有效期为 N 年,将项目的继续经营价值与放弃价值相比较,如果前者更高,则项目应该继续经营或持有,此时,放弃期权的净收益为零;如果前者更低,项目持有者应该考虑行使放弃期权,出售该项目,此时,放弃期权的净收益为出售价与继续经营价值之差。

$$\text{拥有放弃期权的净收益} = 0 \quad \text{如果 } V > L$$
$$= L - V \quad \text{如果 } V < L$$

V 表示项目如果执行到某一时点的剩余价值(即继续经营价值),L 表示同一项目在同一时点的放弃价值(即出售价)。

放弃期权有价值的事实使得公司的放弃行为理性化,当项目收益不能达到预期水平时,公司具有终止项目的灵活性。在多变的行业中,公司可以通过很多方法获得这一期权,例如,公司可以将放弃期权写进与项目有关方签订的合同中。虽然在获得灵活性的同时须承担一些成本,但收益可能是巨大的。

2. 放弃期权价值计算

与扩张期权和延迟期权不同的是,放弃期权具有卖出期权的特征。

例 7-10 承例 7-9,假设项目持有者拥有在任何时点以 100 万元固定价格卖掉项目的期权。也就是说,只要该项目的继续经营价值小于放弃价值(100 万元),项目持有者就可以行使放弃期权。

由于项目价值上行和下行的幅度,以及上行和下行的概率已知,因此,我们可以描述出该项目未来价值(放弃期权行权前后价值)的可能变化(见表 7-5)。

表 7-5 放弃期权的二叉树

(单位：万元)

时间	0	1	2	3	4	5
不考虑放弃期权时项目价值的二叉树	100	116	135	157	182	212
		86	100	116	135	157
			74	86	100	116
				64	74	86
					55	64
						47
$t=5$ 行权时项目价值的二叉树	106	119	136	157	182	212
		100	106	118	135	157
			100	100	105	116
				100	100	100
					100	100
						100

由表 7-5 可知，上半部分为不行权时该项目价值的二叉树，下半部分为行权后该项目价值的二叉树。计算放弃期权的步骤有三步。

步骤一：假设在 $t=5$ 时，该项目上的放弃期权开始被执行，那么，在 $t=5$ 时，必须在行权后价值与不行权时价值之间进行取舍。

以 $t=5$ 时第 4 种情形的可能值为例，由于不行权时项目价值为 86 万元，而行权后项目价值为 100 万元，因此，应该按下式进行取舍，选择放弃。

$$100=\text{Max}(86, 100)$$

以 $t=5$ 时第 3 种情形的可能值为例，由于不行权时项目价值为 116 万元，而行权后项目价值为 100 万元，因此，应该按下式进行取舍，选择继续保持。

$$116=\text{Max}(116, 100)$$

步骤二：在确认 $t=5$ 时项目价值的各种情形的可能值之后，根据上行概率(62.9%)和下行概率(37.1%)计算 $t=4$ 时项目价值的各种情形的可能值。如果该可能值小于 100 万元，则说明在 $t=5$ 时行使放弃期权是不合理的，应该提前至 $t=4$ 时行使放弃期权。以 $t=5$ 时第 4 和第 5 种情形的可能值为例，根据上行概率(62.9%)和下行概率(37.1%)计算 $t=4$ 时项目价值的第 4 种情形的可能值为 $(100\times62.9\%+100\times37.1\%)/(1+5\%)=95.2$ 万元，这意味着 $t=4$ 时，项目价值出现第 4 种情形的正确处理方式是行使放弃期权，变现 100 万元。同理，以 $t=5$ 时第 5 和第 6 种情形的可能值为例，根据上行概率(62.9%)和下行概率(37.1%)计算 $t=4$ 时项目价值的第 5 种情形的可能值为 $(100\times62.9\%+100\times37.1\%)/(1+5\%)=95.2$ 万元，这意味着 $t=4$ 时，项目价值出现第 5 种情形的正确处理方式也是行使放弃期权。以此类推，由右往左依次计算。我们可以依次在 $t=3$、$t=2$ 和 $t=1$ 时，就各种情形的可能值与放弃价值进行比较来决定取舍。$t=1$ 是最佳的行权时间点。

步骤三：确认 $t=0$ 时项目的价值，并计算放弃期权价值。

$t=0$ 时项目的价值为

$$(119 \times 62.9\% + 100 \times 37.1\%)/(1+5\%) = 106(万元)$$

该项目的放弃期权价值为

$$(106-105)-(-5)=6(万元)$$

本章小结

在对目标项目价值进行评价时，我们不仅要考虑目标项目所能直接带来的现金流量，还要充分考虑到目标项目可以提供灵活性和提供有用信息的可能性，后者能够创造出一些很有价值的新的投资机会。

金融期权是一种本身价值由其他投资（标的金融资产）的价值决定的金融衍生品，例如，股票期权、债券期权、货币期权等。20世纪70年代初，金融期权定价原理和方法开始在金融期权交易中广泛应用。

实物期权也称真实期权或实期权或管理期权，实物期权对传统资本预算或投资评价具有革命性的影响。如果考虑以实物资产为标的物的实物期权的价值，那么，净现值为负值的项目也有可能被接受。

根据净现值法则，如果目标项目净现值小于零，应该拒绝该项目。但是，由于"嵌入"在目标项目上的实物期权拥有价值，因此，该目标项目也许是一个"有价值"或"好"的项目。根据实物期权理论，目标项目价值应该等于净现值与相关实物期权价值之和。因此，即便目标项目的净现值为负值，我们也不该或不能轻易拒绝该项目。

关键词

看涨期权、看跌期权、股票期权、欧式期权、美式期权、基础资产价格、执行价格、灵活性、期权等价物法、避险比率、风险中性定价、二叉树法、布莱克—斯科尔斯模型、实物期权、扩张期权、延迟期权、放弃期权、转换期权、增长期权。

习 题

1. 为什么说实物期权对传统资本预算具有革命性的影响？
2. 某公司投资一项目，预计投资额为3 000万元，项目存续期为10年。假设该项目仅有两种路径：成功和失败，概率各50%。成功时，项目产生的总现金流入现值为5 000万元，失败时,总现金流入现值仅为1 000万元。

要求:

(1) 分析该公司是否投资该项目?

(2) 如果该项目失败时,公司能以2 000万元价格出售该项目,请问公司是否会进行投资?

3. 请指出以下投资项目可能含有什么样的实物期权。

(1) 某公司现决定推迟引进一条生产线。据估计,该项目的净现值大于零,但公司当局想等产品需求旺盛起来后再考虑引进生产线。

(2) 尽管项目净现值为负,但公司还是进行了投资,并开始了生产。其理由是,能够在快速发展且具有盈利潜力的市场中占据有利位置。

(3) 某公司购买了一条流水线,该流水线安装有可根据不同产品生产需要进行相互切换的特别装置。

(4) 某市政府与中国隧道公司就一条地铁达成了一项谅解备忘录,该备忘录声明,如果"技术条件成熟,经济状况容许……而交通分流不至于使第一条隧道的期望收益受损",双方就将在未来5年内着手筹划再建一条地铁。在未来5年内,除中国隧道公司外,所有其他公司都将无权进行下一条地铁的建设。

4. 某上市公司,其股票2021年3月2日收盘价为30元/股。设有一种以该股票为标的资产的股票看涨期权,执行价格为32元/股,到期时间为4个月。4个月后,股价有上涨至35元/股或下跌至25元/股两种情形。设该公司不发放现金股利,无风险年利率为6%。

要求:

(1) 利用风险中性原理,计算股价上涨和下跌概率。

(2) 计算看涨期权价值。

5. 2020年8月13日,A公司股票价格为40元/股,以A公司股票为标的资产的股票看涨期权收盘价为3元,该看涨期权的执行价格为39元/股。设该股票看涨期权还有200天到期,A公司股票收益的波动率(标准差)为0.4,无风险利率为6%。

要求:

(1) 运用布莱克—斯科尔斯模型计算该看涨期权的价值。

(2) 若认可布莱克—斯科尔斯模型的计算结果,你会如何进行套利?

6. 用二叉树方法评估12个月内到期的某公司股票的欧式看涨期权。股票现价为每股45元,其收益年标准差为24%。假定无风险利率为5%,行权价格为每股48元。假定股价每6个月上升或下降一次。又假定股价每3个月发生一次涨跌变动,即一年4次。

要求:

(1) 请分别构建二叉树。

(2) 计算股价上涨和下跌概率。

(3) 请分别计算看涨期权的价值。

7. 某公司正准备进入服装业。由于新年临近,现在正赶上好时机,并且,从现在起的1年后也将是一个很好的进入时机。设进入该市场的成本是4 000万元。现有一家生产服装的上市企业,它是一家很有价值的比照公司,可作为参照。其目前市场价值为5 000万元,贝塔系数为1,未来不确定,标准差为25%,该公司10%的价值归功于第1年所产生的期望自由现金流的价值。设无风险利率为5%。问：

(1) 该公司是否应进入服装业？

(2) 如果进入，何时更合适？（建议用布莱克—斯科尔斯模型进行决策）

8．某公司有一座铜矿，预计可连续开采80年。当前铜价为1 000元/吨，每年产量200吨，每年的运营成本300万元。根据环保要求，若关闭铜矿，需花费500万元，一旦关闭，不得再开启。设未来两年，铜价上涨或下跌幅度均为20%（概率均为50%），然后，将一直按照该水平保持下去。设资本成本为12%。

要求：

(1) 计算继续经营铜矿的净现值。

(2) 你认为应该关闭还是继续经营该铜矿？

9．某公司拟投资一新项目，该项目能够推出一种新产品，相关资料如下：

(1) 初始投资为100万元。

(2) 该项目预计每年产生12万元的现金净流量（设永续现金流量）。

(3) 该产品市场不确定性大，因此，永续年现金净流量有13万元和7万元两种情况。

(4) 设无风险年利率为6%，期望收益率为12%。

要求：

(1) 计算不考虑期权的项目净现值。

(2) 若一年后实施该项目（即延迟执行该项目），请计算延迟期权价值。

重要文献

1．爱斯华斯·达莫德伦.公司财务——理论与实务[M].荆霞等译.北京：中国人民大学出版社，2001.

2．杨春鹏.实物期权及其应用[M].上海：复旦大学出版社，2003.

3．戴姆·科勒，马克·戈德哈特，戴维·威赛尔斯.价值评估：公司价值的衡量与管理（第4版）[M].高建等译.北京：电子工业出版社，2012.

第八章
债务、税收和资本结构

📖 【学习要点】
1. 无税 MM 理论第一命题。
2. 无税 MM 理论第二命题。
3. 利息税盾效应。

在经营过程中，公司会经常性地举债，因此，每个公司会呈现出高低不一的杠杆。我们常常将公司的杠杆水平称为资本结构。所谓资本结构是指不同资本在总资本中所占的比重，通常用债务资本/权益资本比率、债务资本/总资本比率、资产负债率来表示。从动态上说，资本结构随融资而变化，具有不稳定性。资本结构有两个基本问题：第一，公司能否通过改变负债和权益之间的比率来增加其市场价值或实现财富增值；第二，如果资本结构确实有这样的影响力，那么，是什么因素决定了负债和权益的最佳比率。

第一节 债务融资和股权融资

公司有两类资本来源：一是内源资金，即留存收益；二是外源资金，融资手段包括发行新股融资、发行债券融资、银行借款、融资租赁、PE、VC 等。其中，留存收益、发新股融资、PE、VC 被称为股权融资或权益融资，发行债券、银行借款、融资租赁等则被称为债务融资。

一、融资目的

(一) 解决资金缺口

解决资金缺口是公司融资的基本动因，比如，A 公司拟投资一项目，预计该项目获利颇丰，NPV 预计高达 1 亿元，但该目标项目需巨量初始投资，目前尚有 2 亿元的资金缺口。因此，为了追逐能大大增加股东财富的目标项目，公司需筹集资金来解决该项目的资金缺口。

如果存在运转良好的资本市场，且融资者有较强的实力和较高的信誉，那么，他们就可以凭借其融资灵活性，在资本市场上顺利地配置到其所需资金。

(二) 创造价值

在解决资金缺口的同时创造价值是融资的最高目标，那么，为什么融资也能够为股东创造价值增值呢？仍以上文提及的 A 公司为例，A 公司拟投资项目的预计 NPV 高达 1 亿元，也就说是，在完美市场中，该项目能为公司股东新增 1 亿元财富。但请注意，这 1 亿元新增财富中，除了有投资的贡献外，还有融资的功劳。

如果 A 公司有一双慧眼，找寻到了预期收益率远高于资本成本的目标项目，那么，投资创造了价值，新增价值源于高投资收益率，即目标项目预期收益率远高于资本成本。

如果 A 公司具有高超的资本运作能力，举借到了一种利率远低于市场平均利率的债务资本，那么，融资也创造了价值，新增价值源于超低的融资成本，即借款利率远低于市场平均利率。

二、影响融资决策的因素

若用资产负债率和利息倍数（如 EBIT/I）来描述公司在融资上的差异，我们会发现，公司融资呈现多元化特点，有些偏好债务融资，有些则偏好股权融资。那么，在公司融资决策中，究竟有哪些因素在起作用？

（一）显性因素

在众多显性因素中，税收的影响是最直接的。即便股权融资和债务融资的名义融资成本一样，但税负差异会使两者承担的实际融资成本不一致。

例 8-1 假设崇德公司资金缺口为 1 亿元，有两种融资方式可供选择，一是发新股融资，二是举借资金（设该债务为永久性债务）。股票融资的成本是每年向股东支付 300 万元现金股利，举债融资的成本是每年向债权人支付 300 万元利息。设公司所得税税率为 30%，不考虑发行费用等交易成本。

上例中，两种融资方式每年的名义融资成本均为 300 万元，但在有税环境中，由于利息费用在税前列支，减少了应税利润，而现金股利只影响税后利润，因此，举债融资具有省税效应（也称利息税盾效应），即当年可以比股票融资少纳税 90 万元（90＝300×30%），每年的省税额可以理解为举债融资可以为公司每年多带来 90 万元现金流入。

既然债务融资具有利息税盾效应，那么，为什么公司不会无限制举债，甚至有公司仅持有少量债务资本呢？

（二）隐形因素

显然，除税收等显性因素外，还有诸如破产风险、代理冲突、信息不对称等隐形因素对公司的融资行为产生约束。

1. 财务困境的间接成本

随着公司债务比重的增加，公司违约风险加大，甚至面临财务困境。尽管财务困境不能与破产清算或改组划等号，但财务困境会给公司带来间接成本，这类成本也称间接破产成本[①]。财务困境间接成本主要表现为：一旦公司处于财务困境，公司诸多利益相关者可能会采取自保措施，公司将为此面临客户流失、供应商流失、员工流失、应收账款损失等窘境。尽管这类成本难以估算，但学界和业界对其负面影响已有共识。

可见，债务融资易引发公司财务困境间接成本的风险，高昂的财务困境间接成本会抵消

[①] 直接破产成本是指破产清算过程中发生的一些费用，比如支付给律师事务所、注册会计师事务所、拍卖行等机构的费用。财务困境通常是指财务困难，尚没发展到破产清算和改组这个阶段。

公司或投资者可获得的省税效应,从而降低了公司价值。

2. 代理成本

从逻辑上讲,融资偏好会引发两类冲突,一类是股东与经营者之间的冲突,另一类是股东与债权人之间的冲突。这些冲突使公司产生不同的代理成本,代理成本会影响公司现金流,进而影响公司价值。因此,代理成本必然是融资决策的隐形影响因素之一。

如果投资决策对公司股权价值和债务价值产生不同的影响和后果,股东和债权人之间就会发生利益冲突。以公司处于财务困境时为例。

如果公司可以继续举借资金,那么,当公司处于财务困境时,杠杆的存在会激励公司股东过度投资,且激励股东偏好更高风险的投资项目。即便投资项目的净现值为负值也不例外,理由是,股东仍有可能从高风险投资项目中获益甚至翻盘,但债权人通常是输家。

如果公司无法继续举借资金,需要由公司股东为新项目投资,那么,当公司处于财务困境时,杠杆的存在则会抑制公司股东的投资意愿,表现为投资不足。即便投资项目的净现值为正值,公司股东也可能不为所动。理由是在公司未来不明朗的情况(可理解为尚有恶化可能)下,公司股东不愿通过追加投资为具有优先求偿权的债权人提供更多"保险"。

由于债权人通常处于劣势,因此,为保全债权,债权人会与股东签订债务契约,对债务期间股东的某些行为进行约定。尽管这些约定有些"松",有些"严",但至少降低了公司的经营灵活性,从而引发了代理成本。

3. 信息不对称

如果信息对称,那么,每个人都拥有共同期望,债务融资和权益融资向外传递的信号就不会存在差异。但是,资本市场并不完美,信息不对称,存在内部人和外部人。因此,债务融资和权益融资向外传递的信号一定存在差别。

如果一家公司有着良好的未来预期,那么,在信息不对称情况下,外部人是如何解读债务融资和权益融资所传递出来的信息呢?

对债务融资策略的解读:公司管理者进行债务融资,提高杠杆,使公司承担更多的未来需偿还的债务。这一策略可以向外传递公司未来有良好预期的信息。这一策略更有可信度,理由是高杠杆不易模仿,该策略通常是建立在公司未来拥有成长机会之上,否则,公司大概率会面临违约风险,甚至付出公司破产、管理者失业的巨大代价。

对股权融资策略的解读:公司管理者通过发行新股融资降低公司的杠杆水平。在信息不对称情况下,外部人对公司发新股的行为最常见的解读是,目前可能是该公司发新股融资的好时机,理由是该公司股价目前被高估。其后果是,公司无法向外界传递出公司未来拥有良好预期的信息,相反,新股发行后会造成股价下滑。

可见,在信息有效传递上,股权融资和债务融资存在高下。因此,信息不对称也是影响融资决策的一个重要的隐形因素。

综上所述,融资决策不易。我们接下来将围绕两个问题展开讨论:一是公司能否通过改变负债和权益之间的比例来增加其市场价值或实现财富增值;二是什么因素决定了负债和权益的最佳比例,它们是如何影响公司价值的。下文先给出在完美资本市场下的情形,然后再过渡到非完美资本市场下进行讨论。

第二节　完美市场中的资本结构

无税 MM 理论问世以来,资本结构成了公司金融的核心内容之一。从历史的眼光看,弗兰科·莫迪利亚尼和默顿·米勒发表了一系列关于资本结构的重要文献,研究税收与资本结构之间的关系。自从他们在 1958 年的"资本成本、公司财务和投资"(The Cost of Capital, Corporation Finance and the Investment)一文中提出无税 MM 模型以后,他们又在 1963 年的"公司所得税和资本成本:一个修正"(Corporation Income Taxes and the Cost of Capital: A Correction)的文章中提出了有税 MM 模型。1977 年,米勒在"债和税"(Debts and Taxes)一文中提出了米勒模型。因此,MM 理论是一个统称,它的时间跨度很长。

下文,我们先讨论完美资本市场下的无税 MM 理论。

一、无税 MM(1958)模型[①]

(一) 假设

第一,所有的实物资产归公司所有。

第二,资本市场无摩擦。无税环境,没有交易成本,没有破产成本。

第三,公司只能发行两种类型证券,一种是有风险的股票,另一种是无风险的债券。

第四,公司和个人均能够按照无风险利率借入和贷出。

第五,投资者对公司未来现金流的预期都是相同的。

第六,现金流是恒定(没有增长)和永续的。

第七,所有公司可以按风险等级归类。在某一等级上,公司股票的收益与相同等级上的其他公司股票的收益完全比例相等。

第八,没有破产成本。

第九,没有代理成本。

第十,公司融资决策不改变其投资所产生的现金流。

最关键的假设是第七个假设,该假设指出,相同风险等级公司的股票拥有相同的期望收益率和相同的预期收益分配率,因此,股票相互间完全可以替代。可见,米勒和莫迪利亚尼构建了一个完美资本市场,并提出了两个重要命题。

(二) 命题 1

命题 1(MM Proposition I):任何公司的市场价值与其资本结构无关。

不管有无负债,公司的价值等于期望收益,即预期利息前和税前收益(earnings before interest and tax,简称 EBIT)或者用 $NOPLAT$(净经营收入)除以适用其风险等级的期望收益率。也就是说,在完美资本市场假设下,公司总价值等于其资产所产生的全部自由现金流的市场价值,不受公司资本结构选择的影响。

[①] Franco Modigliani, Merton H. Miller. The cost of capital, Corporation and the Theory of Investment[J]. The American Economic Review, 48, 3, June 1958: 261-269.

假设有一个 J 公司,其风险等级为 c,在可预测的未来,每期的期望经营利润均为 $\overline{EBIT_j}$。该公司负债的市场价值为 D_j,股票的市场价值为 S_j,公司市场价值为 V_j。根据给定的一系列假设,公司每期的自由现金流为 $\overline{EBIT_j}$,且具有永续年金特点,因此,按无税 MM 理论的命题 1,对于风险等级 c 的公司 J 来说,市场价值(V_j)就是公司全部自由现金流的贴现值(按永续年金公式计算)。

$$V_j = (S_j + D_j) = \frac{\overline{EBIT_j}}{\rho_c} \tag{8-1}$$

式(8-1)中,ρ_c 表示风险等级为 c 的公司的期望收益率,$\overline{EBIT_j}$ 是指无税环境下公司 J 的预计自由现金流(根据假设 6 判断)。

式(8-1)表示,任何公司的市场价值与其资本结构无关,但与公司的预期收益和所处风险等级的贴现率(期望收益率)有关。

无税 MM 理论证明:如果一家负债经营的公司(也称杠杆公司),其负债和股东权益合计数的市场价值大于另一家无负债但风险等级相同的公司(也称无杠杆公司)的市场价值,那么,就存在无风险套利的可能性。此时,持有杠杆公司股票的投资者会抛售所持股票,转而购买无杠杆公司股票来实现无风险套利。套利力量很强大,杠杆公司股价将下行,而无杠杆公司股价将上行,很快会实现无套利均衡,即两家公司的市场价值相等。

例 8-2 设 L 和 U 两家公司处于同一行业,并且拥有相同的业务和经营风险,规模也一样。这两家公司目前的不均衡价值如下表 8-1 所示。

表 8-1 套利条件下两家公司的不均衡价值

单位:万元

项 目	公司 U	公司 L
预期 $EBIT$	60 000	60 000
利息费用	0	18 000
净收益(税后)	60 000	42 000
公司风险等级	k	k
公司期望收益率	10%	10%
公司总价值	600 000	636 000
股票的收益率(q)	10%	12.5%
股票的市场价值(s)	600 000	336 000
债券的利息率(r)		6%
债券的市场价值(D)	0	300 000

设某一投资者目前拥有 1% 杠杆公司(公司 L)股票,预期收益率为 12.5%,遵循无税 MM 理论的假设条件,他可以借助以下交易获得套利利润:

第一,将其目前手中拥有的 1% 杠杆公司股票全部卖掉,共 3 360 万元;

第二,举借与杠杆公司 1% 债务等值的款项(即 3 000 万元),承诺的利率为 6%(180 万元);

第三，购买无杠杆公司(公司 U)的股票。

套利的过程可以用表 8-2 表示。

表 8-2　持有 L 公司股票的投资者的套利过程

单位：万元

项　　目	计算过程	金　额
投资者原有收益	3 360×12.5%	420
投资者现有收益		
其中：投资收益	6 360×10%	636
减：利息费用	300×6%	180
现有收益		456
无风险所得		36

表 8-2 显示：该投资者原来拥有杠杆公司(L 公司)1‰股票，通过交易，将这部分股票转换成风险等级相同的无杠杆公司(U 公司)1‰股票。将所持 1‰公司 L 股票套现后得款 3 630 万元，以及按无风险利率借入 3 000 万元，投资者购得价值 6 360 万元无杠杆公司股票，获得无风险套利所得 36 万元。这样的套利机会如同一个货币机器，它引导投资者追逐公司 U，致使公司 U 股价上行，公司 L 股价下行，最后迫使价格回归到均衡点，很快使公司 U 和公司 L 的价值相等。

(三) 命题 2

命题 2(MM Proposition II)：公司的加权平均资本成本与公司资本结构无关。

根据无税 MM 理论，杠杆公司 J 的权益资本成本等于同一风险等级中某一无负债公司的权益资本成本加上根据无杠杆公司的权益资本成本和无风险债务成本之差与债务比率确定的风险报酬。

$$k_j = \rho_c + (\rho_c - r)\frac{D_j}{S_j} \tag{8-2}$$

式(8-2)中，ρ_c 表示无杠杆公司资本成本，r 表示无风险利率，$(\rho_c - r)$ 表示风险溢价，D_j 表示公司 J 的债务水平，S_j 表示公司 J 的权益资本。

式(8-2)表示，公司权益资本成本随债务的上升而增加。事实上，如果你接受了命题 1，也就接受了命题 2，因为命题 2 是命题 1 的重复。命题 2 告诉我们，如果资本结构是无关的，整个公司的市场价值就不发生变化，而且，加权平均资本成本保持不变。

式(8-2)的证明如下：

杠杆公司 J 的股票期望收益率(权益资本成本)为

$$k_j = \frac{\overline{EBIT_j} - rD_j}{S_j}$$

从命题 1 的方程中，我们知道

$$\overline{EBIT_j} = \rho_c(S_j + D_j)$$

将这两个公式联立，整理后得到式(8-2)。

根据式(8-2)以及无风险利率，我们可以求得杠杆公司的加权平均资本成本：

$$WACC_j = \left[\rho_c + (\rho_c - r)\frac{D_j}{S_j}\right] \times \frac{S_j}{D_j + S_j} + r \times \frac{D_j}{D_j + S_j} = \rho_c$$

因此，我们可以得到以下基本结论：

第一，杠杆公司加权平均资本成本与无杠杆公司的资本成本是一致的，即公司加权平均资本成本与资本结构无关。理由是：尽管债务尤其是无风险债务的资本成本较低，但是，公司权益资本成本会随债务的增加而上升。在无税 MM 理论所描述的世界里，随着杠杆增加，无风险债务低融资成本的好处恰好被权益资本成本的增加额完全抵消，公司的资本成本总体保持不变。

第二，除了 70% 以上极端债务比重之外，债务成本总体上是平行于横坐标的一根直线。但当债务增加到某个极端值，比如超过 70% 时，公司将存在违约可能，债务的风险增强，债务资本成本将上升。当公司极端地持有 100% 债务时，债务和公司资产本身具有相同的风险，类似于无杠杆股权资本的风险。由于无税 MM 理论假设没有破产成本，因此，公司加权平均资本成本(WACC)不会发生变化，是平行于横坐标的一根直线。

第三，资本结构与公司加权平均资本成本无关。也就是说，在完美资本市场中，只要公司的风险等级不变，不同的资本结构不会给公司投资者(包括债权人和股东)带来额外回报。

(四) 启示

米勒和莫迪利亚尼据此认为，在完美资本市场中，管理者无法通过金融交易来改变公司价值。这个研究在 20 世纪 50 年代被认为是具有开创性的工作，无税 MM 理论从此广受赞誉。值得注意的是，我们在学习无税 MM 理论时，需避免两种误读。

1. EPS、股价和杠杆

在完美资本市场中，若杠杆增加了公司 EPS，那么，公司股票价格是否也会提升？

例 8-3 设 B 公司无杠杆，预计每年产生的 EBIT 为 2 000 万元，流通在外的普通股股数为 2 000 万股，每股价格 10 元/股。公司拟借款 3 000 万元(假定为永久性债务)，按 10 元/股的价格进行股票回购，借款年利率为 5%。设资本市场是完美的。

在完美市场中，若公司继续保持无杠杆，那么，EBIT 就是公司的税后利润，该公司预计 EPS 为

$$EPS = 2\,000/2\,000 = 1(元/股)$$

在完美资本市场中，若公司举债回购，那么，公司的税后利润为

$$税后利润 = 2\,000 - 3\,000 \times 5\% = 1\,850(万元)$$

回购后公司股数为

$$回购后股数 = 2\,000 - 3\,000/10 = 1\,700(万股)$$

公司的 EPS 为

$$EPS = 1\,850/1\,700 = 1.088(元/股)$$

显然,公司杠杆提高之后,公司的 EPS 增加了 0.088 元/股,那么,股价是否由此提高呢? 在无杠杆时,公司在同等风险下的期望收益率为

$$\rho = \frac{DPS}{P_0} = \frac{EPS}{P_0} = \frac{1}{10} = 10\%$$

根据无税 MM 理论命题 2,公司举债回购后,其股权期望收益率为

$$k = \rho + (\rho - r_D)\frac{D}{S} = 10\% + 5\% \times \frac{3\,000}{17\,000} = 10.88\%$$

此时,股价为:

$$P_0 = \frac{EPS}{k} = \frac{1.088}{10.88\%} = 10(元/股)$$

显然,股价没有发生变动。理由是,公司增加杠杆后,EPS 提高了,但是,杠杆提升后增加了权益资本的风险,股东要求更高的期望收益率。两种效果恰好相互抵消,公司每股价格没有发生变化。

2. 增发新股、股权稀释和股价

在完美资本市场中,公司增发新股之后,股权可能被稀释,因此,公司股价可能降低。这是真的吗?

例 8-4 设 C 公司无杠杆,预计每年产生的 EBIT 为 2 000 万元,流通在外的普通股股数为 2 000 万股,每股价格 10 元/股。之前已宣布准备投资一个收益可观的项目,所需资金 3 000 万元拟按每股 10 元增发新股解决。设资本市场是完美的。

在完美市场中,公司在发行新股之前,公司股权或资产的市值为

$$V_0 = 2\,000 \times 10 = 20\,000(万元)$$

在完美资本市场中,由于信息对称,因此,公司市值中包含了拟投资项目的净现值。

公司增加新股之后,公司股权或资产价值增加了 3 000 万元,同时,流通在外的股数增加了 300 万股,因此,公司的股价为

$$P_0 = \frac{20\,000 + 3\,000}{2\,000 + 300} = 10(元/股)$$

可见,在完美资本市场中,公司一定会按公允价格发行新股,因此,发行新股不会给股东带来利得或损失,发行新股筹集到的资金恰好抵消了股权的稀释,因此,股价不变。

第三节 税收和资本结构

尽管无税 MM 理论的两个命题看起来不具有现实解释力,但是,无税 MM 理论是资本结构研究的起点或原点,其重要性不言而喻。后人循着无税 MM 理论,在逐步释放无税 MM 理论严格假设条件之后,形成了一些重要的资本结构理论,并有了现实解释力。

一、有税 MM(1963)资本结构模型[①]

(一) 假设

1963年,弗兰·莫迪利亚尼和默顿·米勒在"公司所得税和资本成本：一个修正"(Corporation Income Taxes and the Cost of Capital: A Correction)的文章中,对1958年"资本成本、公司财务和投资"(The Cost of Capital, Corporation Finance and the Investment)一文的一个错误结论进行了修正。他们将公司所得税对资本结构的影响引入原来的分析中之后发现,债务会因利息税盾效应而增加公司的价值,也就是说,公司价值和加权平均资本成本对资本结构的变动是敏感的。因此,无税假设释放后的研究结论与无税 MM 理论的命题存在差异。

(二) 命题1

命题1：杠杆公司的价值等于同一风险等级中某一无杠杆公司的价值加上利息税盾效应(interest taxshield)的现值。

设两家公司的规模(期望EBIT)相同,杠杆公司价值的计算公式为

$$V_L = \frac{\overline{EBIT}(1-\tau_c)}{\rho^{\tau}} + \frac{\tau_c rD}{r} = V_u + \tau_c D \tag{8-3}$$

式(8-3)中,τ_c 表示公司所得税税率,D 表示永久性债务的总额,ρ^{τ} 表示无杠杆公司在同等风险下的税后期望收益率,r 表示无风险利率,V_u 表示没有利息税盾效应的公司的自由现金流现值,也称无杠杆公司价值,$\tau_c rD$ 表示每期的利息税盾,是一种永续年金,$\tau_c D$ 表示利息税盾的现值。有杠杆公司的价值为无杠杆公司价值与 $\tau_c D$ 之和。

式(8-3)显示：一旦考虑了公司所得税后,杠杆公司因其利息费用在税前列支,可降低纳税额,形成了利息税盾效应。因此,杠杆公司的价值将超过无杠杆公司的价值。在不考虑破产风险的情形下,当负债达到100%时,公司价值最大。因此,利息费用的省税特征为公司运用债务提供了激励。

命题1的推导过程：

根据无税 MM 理论假设6,现金流是恒定(没有增长)和永续的。它表示公司净投资为零,此时,股东和债权人对公司的要求权为

$$\text{投资者要求权} = (EBIT - I)(1 - \tau_c) + I$$

上式中,$(EBIT - I)(1-\tau_c)$ 表示税后净收益,归股东所有,I 表示利息,归债权人所有。为计算方便,对上式进行调整后得

$$\text{投资者要求权} = (EBIT - I)(1-\tau_c) + I = EBIT(1-\tau_c) + I\tau_c = EBIT(1-\tau_c) + rD\tau_c$$

上式中,D 表示永久性债务总额,r 表示无风险借款利率,τ_c 表示公司所得税税率。在公司没有增长的假设下,$FCFF$ 是一种永续年金,因此,有杠杆公司的价值等于 $FCFF$ 的贴

[①] Franco Modigliani, Merton H. Miller. Corporation Income Taxes and the Cost of Capital[J]. *The American Economic Review*, 53, 3, June 1963: 433-443.

现值。由于 $EBIT(1-\tau_c)$ 和 $rD\tau_c$ 的风险不同,其中,$EBIT(1-\tau_c)$ 是无杠杆公司的自由现金流,是不确定的,而 $rD\tau_c$ 是已知的、没有风险的,因此,它们应该分别选用无杠杆公司资本成本 ρ^τ 和无风险借款利率 r 作为贴现率,并采用永续年金公式进行贴现,得式(8-3)。

例 8-5 设 D 公司为无杠杆公司,预计每年产生的 EBIT 为 2 000 万元,流通在外的普通股股数为 2 000 万股,每股价格 10 元/股。D 公司拟举借永久性债务 3 000 万元进行股票回购,年利率 5%。假如举债回购后,公司的风险水平未发生变化。仅考虑税收摩擦项,设公司所得税税率为 30%。D 公司在股票回购前后的价值分别是多少?

若不进行举债回购,那么,D 公司的股权资本成本或期望收益率为

$$\rho^\tau = \frac{DPS}{P_0} = \frac{EPS}{P_0} = \frac{1 \times (1-30\%)}{10} = 7\%$$

D 公司无杠杆时的价值为:

$$V_{回购前} = \frac{2\,000(1-30\%)}{7\%} = 20\,000(万元)$$

若举债进行回购,公司每年的利息税盾为 45 万元($45 = 3\,000 \times 5\% \times 30\%$)。由于该公司债务为永久性债务,因此,利息税盾具有年金特点。利息税盾的现值为

$$利息税盾现值 = \frac{3\,000 \times 5\% \times 30\%}{5\%} = 900(万元)$$

股票回购后,公司的价值为

$$V_{回购后} = \frac{2\,000(1-30\%)}{7\%} + \frac{3\,000 \times 5\% \times 30\%}{5\%} = 20\,900(万元)$$

公司举债回购后,公司价值增加了 900 万元。那么,新增财富归谁所有呢?公司举债回购后,公司股东的财富由两部分组成,对公司的要求权 17 900 万元(留在公司里的财富)以及公司股东出让 300 万股所获得的 3 000 万元(到手的现金性财富),合计 20 900 万元,超过了举债回购前 20 000 万元的总财富。显然,新增财富归公司股东所有。

(三) 命题 2

命题 2:公司加权平均资本成本与资本结构有关,杠杆越大,公司加权平均资本成本越小。

由于权益资本的风险随财务杠杆提高而增大,因此,股东期望收益率与财务杠杆之间存在正相关关系,即杠杆公司的权益资本成本等于相同风险等级的无杠杆公司的权益资本成本加上一笔风险溢酬。其公式为

$$k = \rho^\tau + \frac{(\rho^\tau - r)(1-\tau_c)D}{S} \tag{8-4}$$

式(8-4)中,k 和 ρ^τ 分别为杠杆公司和无杠杆公司的权益成本,r 表示无风险利率。

式(8-4)给出的内在逻辑关系是:公司的权益资本成本会随着债务资本(杠杆)的增加而上升。

在有税环境下,公司加权平均资本成本为

$$\text{WACC} = \left[\rho^\tau + \frac{(\rho^\tau - r)(1-\tau_c)D}{S}\right] \times \frac{S}{D+S} + r(1-\tau_c) \times \frac{D}{D+S}$$

$$= \rho^\tau \left(1 - \tau_c \times \frac{D}{D+S}\right) \tag{8-5}$$

式(8-5)表示,在考虑了公司所得税之后,公司的加权平均资本成本随负债增加而下降,因此,负债增加了公司价值。

加权平均资本成本与资本结构之间的关系可以用图8-1表示。图8-1直观地描述了公司资本成本与资本结构之间的关系。

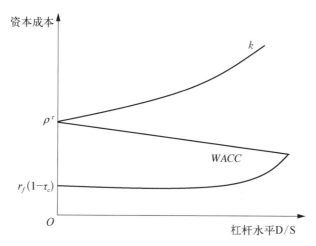

图8-1 资本结构与资本成本关系

资料来源:Stephen A. Ross, Randolph W. Westerfield, Jeffrey F. Jaffe. *Corporate Finance* (5th Edition)[M]. The MacGraw-Hill Companies. Inc. 1999.

第一,税后债务资本成本与资本结构无关,总体上是平行于横坐标的一根直线。

第二,当债务处于极端值,比如债务比重超过70%时,公司存在违约的可能,债务变得更具风险性,导致债务资本成本上升。当公司持有债务达到100%时,债务和公司资产具有相同的风险,类似于WACC。

第三,无杠杆公司的资本成本为ρ^τ,权益资本成本k以ρ^τ为原点,随债务增加而上升。

第四,由于考虑了公司所得税,利息税盾效应使权益资本成本上升的幅度低于无税时上升的幅度,因此,债务增加后,低债务成本带来的"好处"将大于权益资本上升带来的"坏处",WACC呈现出随债务增加而下降的趋势。

例8-6 某公司正在考虑收购另一家公司,此收购为横向并购(假定目标公司与收购公司具有相同的风险水平)。目标公司的债务/权益比为1∶1,每年EBIT为500万元。收购公司的债务/权益比为3∶7。假定收购公司收购了目标公司后,资本结构保持不变。设无风险利率为5%,市场风险溢酬为8.5%,收购公司的权益贝塔值为1.5,公司所得税税率为30%,所有债务都是无风险的,两家公司都是零增长型公司。目标公司的权益资本成本和WACC分别为多少?收购公司所支付的最高价格不应超过多少?

根据CAPM模型,收购公司的权益资本成本为

$$k_{收购公司} = 5\% + 1.5 \times 8.5\% = 17.75\%$$

收购公司的 WACC 为

$$WACC_{收购公司} = 17.75\% \times 0.7 + 5\%(1-30\%) \times 0.3 = 13.475\%$$

根据有税 MM 命题 2,无杠杆条件下的权益资本成本为

$$\rho^{\tau} = WACC / \left(1 - \tau_c \times \frac{D}{D+S}\right) = 13.475\% / (1 - 30\% \times 30\%) = 14.8\%$$

由于目标公司负债/权益比为 1:1,因此,根据有税 MM 理论命题 1,权益资本成本为

$$k_{目标公司} = 14.8\% + \frac{(14.8\% - 5\%)(1-30\%)50\%}{50\%} = 21.66\%$$

目标公司的 WACC 为

$$WACC_{目标公司} = 21.66\% \times 50\% + 5\% \times (1-30\%) \times 50\% = 12.58\%$$

根据题意和有税 MM 命题 I,我们可以得到目标公司的价值

$$V_{目标公司} = \frac{\overline{EBIT}}{\rho^{\tau}}(1-\tau_c) + \frac{\tau_c rD}{r} = 500(1-30\%)/14.8\% + 30\% \times D = 2 \times D$$

求解 D 后,可知目标公司债务价值约为 1 391 万元。由于 D=S,因此,目标公司总价值约为 2 782 万元,其中,权益价值也是 1 391 万元。

若 100%收购目标公司股权,那么,收购公司的出价不宜超过 1 391 万元。

案例 8-1

腾讯、阿里巴巴等公司在初创阶段是如何融资的?

腾讯、阿里巴巴等公司的历史不长,但都已成长为颇具影响力的跨国公司。回顾它们的成长过程,早年无一例外都得到了 VC、PE 等的支持,融资顺序依次有四轮。

第一,天使轮融资。在公司初创期,公司有了产品原型,有了初步的商业模式,积累了一些核心用户。此时,企业经营风险很大,只有天使投资人(AI)愿意供资。

第二,A 轮融资。公司开始正常运作了一段时间,产品有了成熟模样,并有完整详细的商业模式和盈利模式,在行业内积累了一定的口碑,但是,公司大多仍处于亏损状态,经营风险和财务风险仍然很大。此时,由专业风险投资机构(VC)供资。天使投资通常在 A 轮融资后退出。

第三,B 轮融资。通常,经过一轮烧钱后,公司获得较大发展,甚至有一些公司已经开始盈利。此时,商业模式和盈利模式已被认可,需要进一步打造新业务以及拓展新领域。在此轮融资中,由 A 轮的风险投资机构、新加入的风险投资机构以及私募股权投资机构(PE)供资。

第四,C 轮融资。当公司开始盈利,成为行业翘楚时,公司会考虑 C 轮融资。此时,

公司需要为拓展新业务、补全商业闭环、筹划上市做准备。资金来源主要是PE,之前几轮投资过的有些VC也会跟投。通常,公司C轮融资后便准备上市了。

问:就腾讯、阿里巴巴而言,VE、PE是权益融资还是债务融资?如果是权益融资,为什么这些公司不在乎利息税盾效应?

二、米勒模型[①]

(一) 假设

1977年,米勒在"债和税"一文中,提出了一个更加复杂的包括个人所得税在内的模型。也就是说,仅释放了无税(包括公司所得税和个人所得税)假设,但保留了无税MM理论的其他假设。

针对破产成本学派对MM理论的质疑,米勒认为公司虽存在破产成本,但微不足道,进一步用米勒模型诠释了资本结构与公司价值之间的关系,捍卫了MM理论。

(二) 米勒模型

如果公司无杠杆,那么,在考虑了公司所得税和个人所得税的情况下,公司税后现金流全部归股东所有。归全体股东的税后现金流可用式(8-6)表示。

$$CF = \overline{(EBIT)}(1-\tau_c)(1-\tau_e) \tag{8-6}$$

式(8-6)中,τ_c 和 τ_e 分别表示公司所得税税率和个人所得税税率。

当 $\tau_c > 0$、$\tau_e > 0$,式(8-6)中的现金流具有永续年金的特征,米勒将无杠杆公司的市场价值表示为

$$V_u = \frac{\overline{EBIT}}{\rho^\tau}(1-\tau_c)(1-\tau_e) \tag{8-7}$$

式(8-7)意味着,无杠杆公司的价值受息税前收益($\overline{EBIT}$)、无杠杆公司的资本成本(ρ^τ)、个人股票收入所得税税率(τ_e)和公司所得税税率(τ_c)的影响,其中,公司价值与 ρ^τ 和 τ 成反比,即个人所得税降低了公司的价值。

如果公司将债务资本引入,那么,杠杆公司每年的现金流具有多元性。公司的现金流可以分成属于股东的现金流和属于债权人的现金流。属于股东和债权人的现金流可用公式表示为

$$CF = \overline{(EBIT-I)}(1-\tau_c)(1-\tau_e) + I(1-\tau_d)$$
$$= \overline{EBIT}(1-\tau_c)(1-\tau_e) - I(1-\tau_c)(1-\tau_e) + I(1-\tau_d) \tag{8-8}$$

式(8-8)中,I 为年利息(设公司债务为永久性债务),τ_d 为适用于利息收入的个人所得税税率,τ_e 表示个人股票收入所得税税率。个人股票收入有两部分,即股利和资本利得,前者适用个人所得税税率,后者适用资本利得税税率,为方便起见,用 τ_e 表示个人所得税税率和资本利得税税率的加权平均税率。源于债权的个人收入为利息收入,适用利息收入的个

[①] M. H. Miller. Debt and Taxes[J]. *Journal of Finance*, May 1977: 337-347.

人所得税税率,用 τ_d 表示。

当 $\tau_c>0$、$\tau_e>0$、$\tau_d>0$,式(8-8)中的现金流具有永续年金的特征,其中,第一项是未知的、不确定的,后两项是已知的、确定的。因此,米勒选用无杠杆公司资本成本 ρ^τ 和无风险利率 r 分别进行贴现,最后将杠杆公司的市场价值表示为

$$V_u = \frac{\overline{EBIT}}{\rho^\tau}(1-\tau_c)(1-\tau_e) - \frac{r \times D(1-\tau_c)(1-\tau_e)}{r} + \frac{r \times D(1-\tau_d)}{r} \quad (8-9)$$

设 $B = \dfrac{r \times D \times (1-\tau_d)}{r}$,式(8-9)可变换成式(8-10)。

$$V_L = V_u + \frac{[(1-\tau_d)-(1-\tau_c)(1-\tau_e)]B}{(1-\tau_d)} \quad (8-10)$$

(三) 结 论

式(8-10)为米勒模型的表达式,可以据此分析如下:

第一,假定不考虑税盾效应,即所有的 τ 为0,那么 $V_L = V_u$,米勒模型就是无税 MM 模型的表达式;

第二,假定不考虑个人所得税,即 $\tau_e = \tau_d = 0$,那么,$V_L = V_u + \tau_c D$,米勒模型就是有税 MM 模型的表达式;

第三,假定股票收入个人所得税税率和利息收入个人所得税税率相同,即 $\tau_e = \tau_d$,那么,它们对杠杆企业价值的影响恰好相互抵消,$V_L = V_u + \tau_c D$;

第四,假定 $(1-\tau_c)(1-\tau_e) = (1-\tau_d)$,那么,$V_L = V_u$,这意味着利息税盾效应正好被个人所得税所抵消,资本结构对资本成本和企业价值无影响;

第五,当 $\tau_e < \tau_d$ 时,因财务杠杆而获得的收益减少。

显然,米勒模型比无税 MM 模型和有税 MM 模型更具一般性。米勒模型的以上特例可以用图 8-2 来描述存在公司税和个人所得税时资本结构对公司价值的影响。

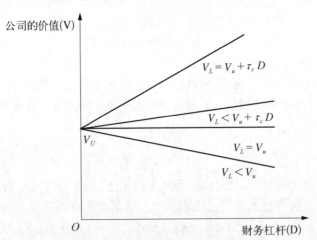

图 8-2 财务杠杆与企业价值的关系

资料来源:Stephen A. Ross, Randolph W. Westerfield, Jeffrey F. Jaffe. *Corporate Finance* (5th Edition)[M]. The MacGraw-Hill Companies, Inc. 1999:323.

三、资本结构和哈马达(Hamada)定价模型

根据有税 MM 理论,资本结构会影响权益资本成本,下面,我们结合哈马达定价模型来解释资本结构对股票期望收益率(或权益资本成本)的影响。

(一) 基本逻辑

1969 年,哈马达假定,除了存在公司所得税外,资本市场是完善的。他给出了另一种与 CAPM 模型相似的股票期望收益率的表达式:

$$r_j = r_f + (\overline{r_M} - r_f)\beta_{ju}\left[1 + (1-\tau_c)\frac{D}{S}\right] \tag{8-11}$$

式(8-11)中,r_j 表示公司 j 的期望收益率,r_f 表示无风险利率,β_{ju} 表示公司 j 在没有杠杆作用时的权益资本贝塔系数,τ_c 表示公司所得税税率,D/S 表示债务资本与权益资本之比。$(\overline{r_M} - r_f)\beta_{ju}$ 表示经营风险溢酬,$(\overline{r_M} - r_f)\beta_{ju}\left[(1-\tau_c)\frac{D}{S}\right]$ 表示财务风险溢酬。

显然,与传统 CAPM 模型相比,哈马达定价模型将风险溢价分解成经营风险溢价和财务风险溢价。因此,公司 j 股票(权益资本)的贝塔系数包含了经营和财务两种风险,可用式(8-12)表示:

$$\beta_j = \beta_{ju}\left[1 + (1-\tau_c)\frac{D}{S}\right] \tag{8-12}$$

经整理后,可以得到无杠杆作用时的贝塔系数:

$$\beta_{ju} = \frac{\beta_j}{1 + (1-\tau_c)\frac{D}{S}} \tag{8-13}$$

(二) 修正和调整贝塔系数

在寻找和确定目标项目权益资本成本时,如果目标项目的杠杆与比照公司杠杆存在差异,那么,我们就需进行适当调整。

例 8-7 崇德公司拟投资两大业务:食品和烟草。预计每块业务的资本结构相同,即杠杆水平(债务/总资本)均为 30%。目前借款年利率为 8%,公司所得税税率为 30%。公司考虑运用 CAPM 模型来计算每块业务的权益资本期望收益率。设无风险利率为 5%,市场组合的期望收益率为 11%。

假定两组比照样本公司贝塔系数的众数值及其特征如表 8-3。

表 8-3 比照公司贝塔系数众数的特征

	贝塔系数	债务/总资本	所得税税率
食 品	0.9	0.5	40%
烟 草	1.25	0.3	30%

表 8-3 显示,烟草比照公司的杠杆水平与目标项目持有公司的杠杆水平一致,无须调整。而食品比照公司的杠杆水平高于目标项目持有者的杠杆水平,因此,需进行适当调整。根据式 8-13,食品业务无杠杆作用时权益资本的贝塔系数为

$$\beta_u = \frac{0.9}{1+(1-0.4)\frac{0.5}{0.5}} = 0.5625$$

由于崇德公司食品业务的杠杆水平为 30%,因此,根据式 8-12 计算崇德公司食品分部的权益资本贝塔系数,即

$$\beta_{调整后} = 0.5625\left[1+(1-0.3)\frac{0.3}{0.7}\right] = 0.7313$$

为此,崇德公司两块业务的权益资本的期望收益率如表 8-4 所示。

表 8-4 崇德公司两块业务的权益资本期望收益率

	等 式	权益资本期望收益率
食品	5%+6%×0.7313	9.388%
烟草	5%+6%×1.25	12.5%

两块业务税后加权平均成本如表 8-5 所示。

表 8-5 崇德公司两块业务的 WACC

	税后债务成本	权重	权益资本成本	权重	WACC
食品	5.6%	0.3	9.388%	0.7	8.25%
烟草	5.6%	0.3	12.5%	0.7	10.43%

值得注意的是,由于存在严格的其他假设条件,因此,贝塔系数的调整或修正是粗略的,或者说是近似的。

四、启示

在无税 MM 理论中,默顿·米勒构建了一个完美的"米勒世界",创建了资本结构的理论原点。在将无税假设释放之后,关于资本结构的两个命题有了现实解释力。

由于仅释放了无税 MM 理论中的无税假设,因此,这些解释力远远不够。例如,在没有破产成本假设(见无税 MM 理论的假设 8)下,公司举债会增加违约风险,但不会产生破产成本。但事实上,公司债务增加后,一方面会增加违约风险,另一方面会发生间接破产成本,公司价值会受间接破产成本的影响。

又如,在信息对称假设下(见无税 MM 理论的假设 5),融资方式不可能向外传递出额外的信息。但事实上,信息是不对称的,外部人对债务融资和权益融资向外传递出的信息有不同的解读。

读者可以试着将无税 MM 理论中的其他假设释放后,先来猜想一下资本结构变化对企业价值,以及对公司加权平均资本成本可能产生的影响。

本章小结

公司有两类资本来源：一是内源资金；二是外源资金，包括发行新股融资、发行债券融资、银行借款、融资租赁等。其中，留存收益和发新股融资被称为股权融资或权益融资，发行债券、银行借款等则被称为债务融资。

从资本结构的历史沿革来看，资本结构理论经历了三个阶段，历经半个多世纪。学者们试图通过研究资本结构与资本成本以及与企业市场价值的关系，从企业融资成本最小化和股东财富最大化角度，选择合理的融资方式，形成合理的资本结构，充分发挥财务杠杆的正效应。但是，众多的文献以及学者们并没有告诉我们最优资本结构究竟如何确定。事实上，资本结构受许多因素的影响，我们没有办法完全认识资本结构。

资本结构研究的真实意义在于，为企业融资方式的选择以及形成较为有益的资本结构提供了很好的思路。

无税 MM 理论问世以来，为现代资本结构研究提供了原点或起点。现代资本结构理论在放松假设—提出问题—形成理论—再提出问题的循环中发展，形成了许多流派。

尽管无税 MM 理论的两个命题看起来不具有现实解释力，但是，无税 MM 理论是资本结构研究的起点或原点，其重要性不言而喻。后人循着无税 MM 理论，在逐步释放无税 MM 严格假设条件之后，形成了一些重要的资本结构理论，并有了现实解释力。

在无税 MM 理论中，默顿·米勒构建了一个完美的"米勒世界"，创建了资本结构的理论原点。在将无税假设释放之后，关于资本结构的两个命题有了现实解释力，但这些解释力还远远不够。

关键词

无杠杆公司、杠杆公司、股权融资、债务融资、资本结构、信息不对称、间接破产成本、利息税盾效应、代理成本、无税 MM 理论、有税 MM 理论、个人所得税、米勒模型、哈马达定价模型、经营风险溢酬、财务风险溢酬

习 题

1. 什么是资本结构？
2. 在无税 MM 理论中，如何度量无杠杆公司的自由现金流？
3. 在有税 MM 理论中，为什么权益资本成本会随着债务的增加而上升？
4. 什么是利息税盾效应？它在什么情况下能够增加杠杆公司的价值？
5. 某公司拟筹集 5 000 万元扩大经营。当前，你拥有该公司 100% 的股权，而且公司没有债务。若纯粹以发行股票的方式融资 5 000 万元，你需要出售整个公司 2/3 的股权。然

而，你又希望至少持有公司50%的股份以保持对公司控制权。设资本市场是完美的。问：

(1) 如果你借款4 000万元，那么，还需要出售多少比例的股权来筹集剩余的1 000万元？

(2) 为筹集5 000万元而又不放弃控制权，你至少需借入多少？

6. 如果将1万元投资于A公司股票，该笔资金中的7 500元举债获得，年利率为9%。预期权益投资收益率为15%，在不考虑税收的条件下，假设A公司不采用财务杠杆，问：投资者的收益为多少？

7. 承上例，如果公司所得税税率为50%，那么投资者的收益为多少？

8. A、B两家公司拥有相同资产，产生的现金流也相同，A公司是一家无杠杆公司，有1 000万股流通股，每股交易价格为22元，B公司有2 000万股流通股和6 000万元的债务。问：

(1) 根据无税MM第一定理，B公司的股价是多少？

(2) 假设B公司当前的股价为11元/股，此时存在套利机会吗？利用这一套利机会需要做出哪些假设？

9. 某公司是一家无杠杆公司，共有3 000万股普通股发行在外，每股市价9元。现在公司宣称将发行1.5亿元的债券，并用所获得的现金回购部分股票。

(1) 这一消息的发布对股票的市场价格有何影响？

(2) 新发的这些债券能回购多少股普通股？

(3) 资本结构变化后公司(包括权益和负债)的市场价值是多少？

(4) 如果有人获利或受损失，这将是谁？

(提示：根据无税MM理论回答。)

10. 某公司为杠杆公司，发行在外普通股为1 000万股，当前市场价格为每股30元，以5%的年利率发行有2亿元的长期债券。设公司估计股东的期望收益率为10%，公司所得税税率30%。问：

(1) 该公司的税后WACC为多少？

(2) 如果公司无杠杆，其WACC将会高出多少？

(提示：根据有税MM理论回答。)

11. C公司拟投资一项目，相关资料如下：

(1) 设C公司的债务/总资本比率为30%。债务资本成本为7%，所得税税率为30%。

(2) 设该项目风险与C公司风险相同。

(3) 目前无风险利率为5%，证券市场组合的期望收益率为13%，C公司贝塔值(权益)为1.2。

要求：

(1) 若该目标项目的杠杆水平与C公司一致，该项目的贴现率为多少？

(2) 若该目标项目的债务/总资本比率为40%，该项目的贴现率为多少？

重要文献

1. Edward I. Altman. A Further Empirical Investigation of the Bankruptcy Cost

Question[J]. *Journal of Finance*, 39, 4, Sep., 1984: 1067-1089.

2. Franco Modigliani, Merton H. Miller. The Cost of Capital, Corporation Finance and the Theory of Investment[J]. *The American Economic Review*, 48, 3, June 1958: 261-297.

3. Franco Modigliani, Merton H. Miller. Corporate Income Taxes and the Cost of Capital: A Correction[J]. *The American Economic Review*, 53, 3, June 1963: 433-443.

4. Jensen, Michael C. and William H. Meckling. Theory of the Firm: Managerial Behavior, Agency Costs and Ownership Structure[J]. *Journal of Financial Economics*, 3, 1976: 305-360.

5. Merton H. Miller. The Modigliani-Miller Propositions after Thirty Years[J]. *Journal of Economic Perspectives*, Fall 1988.

6. Stewart C. Myers. The Capital Structure Puzzle[J]. *Journal of Finance*, July 1984: 575-592.

7. Ross, Stephen A. The Determination of Financial Structure: The Incentive-Signaling Approach[J]. *Bell Journal of Economics*, 8, Spring 1977: 23-40.

8. 沈艺峰.资本结构理论史[M].北京:经济科学出版社,1999.

9. 戴姆·科勒,马克·戈德哈特,戴维·威赛尔斯.价值评估:公司价值的衡量与管理(第4版)[M].高建等译.北京:电子工业出版社,2012.

第九章
破产、管理者动机、信息和资本结构

> 📖 【学习要点】
> 1. 破产与融资决策。
> 2. 管理者动机和融资决策。
> 3. 信息不对称与融资决策。

为了能够更好地解释资本结构与公司价值，以及与公司加权平均资本成本之间的关系，学界做了许多相关研究。一方面，逐步释放无税 MM 理论的严格假设，另一方面，引入管理者动机、信息等内部因素，形成了不少资本结构理论。本章介绍这些主要的资本结构理论及其解读。

第一节 破产成本和资本结构

20 世纪 50 年代至今，资本结构研究已持续了近 70 年。基于税收和破产因素的研究轨迹可归纳为：以无税 MM 理论为基础，逐步释放假设条件，形成两大流派。一是研究利息税盾效应与资本结构关系的税收学派；二是研究破产成本(后派生至财务困境成本)与资本结构关系的破产成本学派或财务困境成本学派。这两大学派最后归于权衡理论。本节介绍破产成本理论和权衡理论。

一、破产成本理论

事实上，公司存在破产风险，公司一旦破产或财务失败，将付出巨大的成本和代价，这种压力会使公司运用债务融资的动力少了许多。负债过度的企业一旦停止对其债务承担责任，将受到非常严厉的惩罚，公司将陷入财务困境甚至面临破产，其管理者通常面临职业危机。贝克斯特(Baxter, 1967)是首次提出该理论的学者之一。之后，斯蒂格利茨(1973)、克劳斯和利曾伯格(1973)进一步发展了该理论。

（一）完美资本市场中的违约和破产

在米勒构建的"完美"世界中，尽管随着债务的增加，公司的违约风险会增加，甚至因高杠杆而破产，但是，破产本身没有让投资者(包括股东和债权人)的总价值减少。

第一，随着债务的不断增加，股东对公司的要求权比重渐渐降低，而债权人对公司的要求权随之逐渐增加。

第二，如果公司因高杠杆破产，那么，我们可以这样来看待此事件。即破产只是简单地将公司的所有权从股东转移给债权人,并未改变所有投资者的总价值。

之所以会有上面这些结论,是因为在完美资本市场中,我们假设破产不会引发破产成本,自然就不会影响公司总价值。

(二)不完美资本市场中的破产成本

然而,资本市场是不完美的,破产会引发直接破产成本和间接破产成本。因此,我们需要放宽MM理论中无破产成本的假设,应该基于破产成本来观察资本结构与公司价值之间的关系。对于破产可以有程度不同的两种理解:一是支付性违约(俗称破产清算或改组);二是技术性违约(俗称财务困难或财务困境)。前者是指公司经营现金流量不足以抵偿现有到期债务时而发生的违约事件;后者是指公司不能履行债务契约中的常规条款或普通条款或特殊条款而发生的违约事件,也可理解为公司遇到的除破产清算和改组之外的财务困难或财务困境。破产风险影响公司价值的基本逻辑是:由于公司面临破产或财务困难时需要付出巨大代价或承受巨大的成本,因此,投资者可获得的现金流就会减少,公司将损失一部分资产价值。

1. 直接破产成本

直接破产成本是指公司进入破产程序后发生的成本,主要包括:破产程序中支付给律师、会计师、咨询顾问、资产评估师、拍卖师等的费用;破产清算过程中存货的贬值、设备和建筑物的耗损。由于股东的责任以其出资额(资本金)为限,一旦公司破产,股东最多损失股权或投资额,但无须以个人财产补偿公司损失。因此,一旦公司破产,股东无法补偿的损失实际上转嫁给了债权人。无论如何,有一个事实不应忽视,直接破产成本减少了公司投资者最终可得到的资产的价值。可见,基于破产成本视角,资本结构与企业价值之间存在相关性。

需要提醒的是,尽管这些直接破产费用几乎是天文数字,但是,对大公司而言,这笔费用相对于公司破产前市场价值而言是微不足道的,有研究表明,除一些个案外,平均直接破产成本约占破产前公司总资产市值的3%—4%。因此,直接破产成本不可能成为公司正常经营时举债的障碍。

2. 间接破产成本

间接破产成本是指公司处于财务困境时所面临的一些损失,这些损失表现在诸多方面:

第一,公司客户、供应商、员工等可能采取一些自利但有损公司利益的短期行为。比如,当公司陷入财务困境时,为维护自身的利益,公司供应商和客户往往采取逃避的行为,供应商可能要求缩短收款期避险甚至停止供货,客户可能要求公司降价以弥补其所承担的额外风险甚至转而寻找其他卖家,员工可能因缺乏工作保障而跳槽等。这些行为将减少市场对公司产品(或商品)的需求以及增加公司产品(或商品)的生产经营成本。

第二,公司管理者出于财务上的动机实施减少公司总价值的举措。比如,为应对财务困难,减轻支付压力,公司管理者会缩减有价值的投资、削减必要的研究与开发费用、减少股利发放。再比如,为自救、翻盘不惜赌上一把。

第三,资本市场的态度发生变化。一旦公司陷入财务困境,资本市场的态度会发生变化,公司的融资难度将增大,即使能筹集到资金,也必须付出高额的融资成本。

第四,遭受竞争对手攻击。当公司面临财务困境时,竞争对手会乘虚而入,通过价格战等手段进行攻击,公司可能因无力招架而失去部分市场。

尽管明显存在间接破产成本,但它们并非是显性成本。因此,间接破产成本不容易识别,而且很难估算。许多实证研究表明,财务困境造成的损失其实很大,通常远超直接破产成本。

(三) 间接破产成本与资本结构的关系

由于财务困境对公司造成的损失很大,因此,我们需要观察这些间接破产成本对公司的影响以及后果。间接破产成本对公司资本成本和公司价值都会造成影响。

1. 基于加权平均资本成本的视角

随着公司资本结构中债务水平的上升,公司会出现违约风险,当风险积聚到一定程度后,公司将面临财务困难,间接破产成本随之产生。因此,债权人所要求的收益率(r)会随着杠杆的增加而上升(见图9-1),同时,公司权益资本成本(k)也会随债务的增加而上升,加权平均资本成本(WACC)呈U形状,即加权平均资本成本出现先降后升的态势。当债务资本达到100%时,公司WACC就是债务资本成本。WACC之所以呈现出不同于有税MM理论命题2的态势,是因为除了考虑利息税盾效应外,还同时引入了间接破产成本。

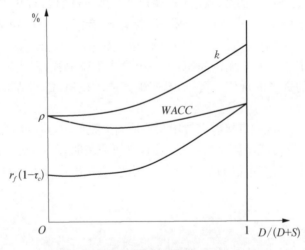

图9-1 债权人所要求的收益率和杠杆的关系

2. 基于公司价值的视角

杠杆公司的财务困难引发了间接破产成本,由此减少了投资者(包括股东和债权人)可获得的现金流,于是,公司价值会受到负面影响。如果我们能够识别间接破产成本并估计出来,那么,我们就可以确定有杠杆公司的价值,即

$$V_L = V_U - PVFD \tag{9-1}$$

式(9-1)中,V_U 表示无杠杆公司价值,$PVFD$ 表示间接破产成本的现值。式(9-1)表示在

不考虑利息税盾效应的情况下,有杠杆公司价值等于无杠杆公司价值减去间接破产成本现值。

值得注意的是,间接破产成本的识别和估计不容易。读者可以从下文间接破产成本的主要来源中去体会。

第一,财务困境会造成公司供应商和客户流失。出于自保的考虑,客户会减少对公司产品的需求。为确保应收账款的安全,供应商会增加一些限制性条件,甚至抽身而去,此举会增加产品生产成本。

第二,财务困境会引发管理者采取"止损"行为。为摆脱财务困境,公司可能通过削减重要的研发支出、减少必要的投资来应对。但是,这是以牺牲公司总价值为代价的行为。

尽管间接破产成本难以识别和估计,但有一点共识已达成。这个基本共识是,间接破产成本以复杂且难以预测的方式显著地影响公司的资本结构决策,公司在使用或加大杠杆时,或多或少会惧于破产间接成本的负面影响。

案例 9-1

三胞集团:加杠杆扩张陷入危机

2018 年 10 月,连续 14 年入围"中国企业 500 强"的江苏三胞集团突发危机,触发了大震动。

2009 年开始,靠着股权质押—收购—装入上市主体—再质押的资本游戏,三胞开始了横跨零售、金融、养老、医疗等多个行业、涉及多个国家的并购。鼎盛时期,三胞集团总资产突破 1 300 亿元,年销售总额近 1 500 亿元,旗下拥有宏图高科(600122)、南京新百(600682)、万威国际(0167.HK)等多家上市公司。

由于三胞集团一贯"买买买",旗下上市公司的股票也屡屡被质押,不断加杠杆快速扩张。此外,三胞集团很多项目都是短债长投,这进一步加剧了资金风险。最终,失控的扩张与资金管理方式将三胞集团推入深谷。2018 年 7 月,三胞集团先后被爆出资管计划违约、公司债券停牌、核心上市公司质押率接近 100% 等消息。

问:股权质押是一种抵押借款,它有什么特点?请给出三胞集团面临财务困境的原因。

资料来源:李永华,陈惟杉.股权质押之谜[J].中国经济周刊,2018,42.

二、权衡理论:最佳资本结构

MM 理论成功地找出了资本结构与公司价值以及与资本成本之间的关系,揭示了资本结构中负债的效应。破产成本理论描述了破产成本与资本结构之间的关系。这两个理论最后归于权衡理论。权衡理论综合考虑杠杆的利息税盾效应和财务困境成本,对利息税盾效应和财务困境成本进行权衡,以确定公司最大化其价值而应该持有的债务水平。权衡理论形成于 20 世纪 70 年代,早期的权衡理论以斯科特和迈尔斯等人为代表,后权衡理论则以迪安吉罗和马苏利斯为代表。主要观点是,公司的最优资本结构应该在税盾效应、破产成本等因素之间进行权衡。

（一）早期权衡理论

早期权衡理论是针对MM理论的假设条件而提出的，基于纯粹的利息税盾效应与破产成本权衡。根据前文对有税MM理论的介绍，公司可以通过增加债务资本获得利息税盾效应，增加其市场价值。然而，随着债务资本的增加，公司的财务风险也随之增大，公司面临财务困境的概率上升，甚至可能招致破产，由此引发的财务困境成本（间接破产成本）致使公司的市场价值下行。因此，公司最佳资本结构（即最佳杠杆）是对利息税盾效应和破产概率增加所导致的各种相关成本上升进行均衡的结果。

根据权衡理论，杠杆公司市场价值为无杠杆公司市场价值加上利息税盾效应现值，再减去破产成本现值。用公式表示为

$$V_L = V_u + PVTS - PVFD \tag{9-2}$$

式（9-2）中，$PVTS$ 和 $PVFD$ 分别表示利息税盾效应现值和破产成本现值。资本结构与公司价值的关系可以用图9-2表示：

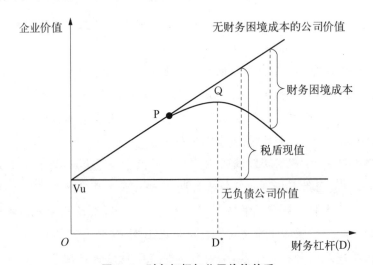

图9-2　财务杠杆与公司价值关系

资料来源：斯蒂芬·罗斯等.公司理财[M].吴世农，沈艺峰等译.北京：机械工业出版社，2000：315.

图9-2显示，杠杆公司价值是如何随着永久性债务的变化而变化。根据图9-2，我们可做如下解读：

第一，当公司没有债务（即财务杠杆为零）时，公司的市场价值为 V_u。

第二，随着公司债务资本的增加，公司财务杠杆开始发挥效应，利息税盾效应使公司的价值提高。当债务水平较低（即公司价值低于 P）时，违约风险很低，不发生间接破产成本，公司的价值是无杠杆企业价值与利息税盾效应现值之和，公司价值与杠杆之间的关系可视同线性关系。

第三，当公司价值超过 P 时，财务杠杆的负面影响开始起作用，出现了间接破产成本，开始减少杠杆公司的价值，公司价值与杠杆呈现出非线性关系。由于边际利息税盾效应大于边际破产成本，公司价值还会向上，因此，公司会继续增加债务资本。

第四,当公司价值处于 Q 点时,表明边际利息税盾效应等于边际破产成本,此时,公司价值达到最大化,杠杆水平反映的是最佳资本结构(即横坐标上的点 D^*)。

第五,当公司价值过了 Q 点,表明边际利息税盾效应小于边际破产成本,意味着举债的负面作用大于正面效应,公司价值开始呈下行趋势。

权衡理论达到了现代资本结构理论研究的最高境界。权衡理论引入均衡的概念,使资本结构有了最优解。权衡理论进一步放宽了 MM 理论中无破产成本的假设,其结论具有现实解释力。比如,可以解释公司选择的债务水平过低以至无法充分利用利息税盾效应的理由。但必须注意的是,权衡理论中所涉及的间接破产成本在估算上存在很大分歧。西方的学者认为,由于间接破产成本的现值由财务困境概率、间接破产成本大小以及相应贴现率等因素决定,因此,这部分成本的现值估算十分困难。

(二) 后期权衡理论

后期权衡理论的主要特点是将早期权衡理论中的成本进一步加以拓展,同时引入代理成本、破产成本和非利息税盾效应等,它给出了一个更广义的均衡。

1. 非利息税盾效应

有税 MM 理论中的税盾效应是指因公司举债而产生的省税效应,这种税盾效应也可称为利息税盾效应。非利息税盾效应[①]是指公司除举债之外而产生的税收利益(节税)或税收损失的统称,因此,非利息税盾效应有正负两种效应。比如,本期多计提折旧和摊销会减少当期应税利润,从而产生了税盾效应(即省税效应),这是非利息税盾正效应,也称为非负债税收利益。如果本期少计提折旧和摊销,就会高估当期应税收益,那么,就会产生非利息税盾负效应,也称为非负债税收损失。

一方面,增加债务资本放大了利息税盾效应;另一方面,增加债务资本会产生效果不一的非利息税盾效应。若公司用增加的债务资本购置设备,那么,按直线法计提的折旧就会产生非负债税收利益。但是,为了保持资本市场对其的良好预期,公司会通过调整会计政策来调节当期利润,比如,将直线折旧法改为加速折旧法后,公司当期成本被高估、利润将被低估,从而产生非负债税收损失。

2. 代理成本

代理成本是指由公司利益相关者之间因利益冲突引起的额外费用,在所有权和经营权分离的公司内,主要存在两类代理成本。

第一,权益资本代理成本,由公司股东和管理者之间的冲突引发。为寻求私人利益最大化,公司管理层(代理人)会采取次优甚至非优决策,因此,股东(委托人)一定会对管理者的行为进行监督、管束,通过恩威并施的手段使管理者的行为尽可能符合股东意愿,由此产生的代理成本由股东承担。

第二,债务融资代理成本,由公司股东和债权人之间的冲突引发。杠杆具有两面性。一方面,公司适当举债可以减缓股东和管理者之间的冲突,理由是债务具有硬约束特征,到期

---

① 指会计制度上的折旧和投资减免等产生的抵税利益。

还本付息的压力会使管理者不敢懈怠。另一方面,杠杆的存在会激励管理者和股东从事减少公司价值的行为,比如过度投资或投资不足。因此,为保全债权,债权人在决定出借资金之前,会充分考虑债务人现有杠杆水平、现有资产风险、新增资产风险和公司未来资本结构的变化等。如果举债方的资本结构呈高杠杆态势,那么,债权人很可能提高期望收益率,从而增加融资者的举债成本。同时,由于信息不对称,为了防止股东通过增发股利或其他手段转移财富,债权人会在债务契约中设置保护性条款。这些条款对融资者不利,它在一定程度上限制了公司经营的灵活性,同时,公司恪守债务契约会增加额外成本。

3. 基本结论

后期权衡理论认为,债务融资提升了财务杠杆,适当债务能够抑制股东和管理者之间的冲突,对公司有好处。但随着杠杆提升,公司违约风险增加,公司债务融资的冲动受到抑制,破产概率上升还放大了由股东和债权人冲突所引发的代理成本,这也是公司债务融资受抑制的重要原因。一方面,财务困境成本和代理成本的存在减少了公司市场价值;另一方面,债权人将财务困境成本和代理成本作为影响其预期收入的重要的负面因素。因此,根据后期权衡理论,公司价值可以用公式 9-3 表达:

$$V_L = V_u + PVTS - PVFD \pm PVDC \pm PVNTS \qquad (9-3)$$

式(9-3)中,$PVTS$ 为利息税盾效应现值,$PVFD$ 为财务困境成本现值,$PVDC$ 为代理成本现值("+"号表示适当债务可减缓股东和管理者之间的冲突,可增加公司价值;"-"号表示债务增加了股东和债权人之间的利益冲突),$PVNTS$ 为非利息税盾效应现值,它也有正负两种效应。

权衡理论是现代资本结构理论发展过程中的最高境界。但是,权衡理论长期以来一直局限在破产成本(或财务困境成本)和利息税盾效应这两个概念的框架里,即仅仅考虑了破产成本、利息税盾效应等外部因素对公司资本成本和公司价值的影响。后期均衡理论认为,公司资本结构是一个广义均衡的结果,除了考虑外部因素外,还需将动机、激励等内部因素引入资本结构的决定机制中。

以 MM 理论为研究原点的资本结构理论的最大贡献是提供了一种研究资本结构的方法和途径,它给出了公司资本结构与资本成本以及与企业价值的函数关系,使得这些关系能够得到检验。更为重要的是,正是莫迪利亚尼和米勒具有开创性的资本结构研究,现代金融学才有了自己的分析方法,即无套利均衡分析方法。

第二节 管理者动机、信息不对称和资本结构

20 世纪 70 年代末,经济学理论和分析方法的发展给了资本结构理论全新的研究工具和视角。资本结构理论没有简单地循着 MM 理论的研究套路,而是在研究方法和入手点方面具有创意。就研究方法而言,在研究中引入了大量的最新的经济学分析方法,比如代理理论、信息不对称理论等。就切入点而言,试图通过引入信号、动机、激励等概念,从公司内部

因素对公司资本结构进行研究,主要流派包括代理成本理论、信号理论、新优序融资理论等。

一、代理成本理论

代理成本理论的代表人物是詹森(Jensen)和麦克林(Meckling),他们认为,债务融资和权益融资都存在代理问题,资本结构取决于公司承担的总代理成本,也就是说,总代理成本最小时的资本结构是最合理的。

(一) 外部股权的代理成本和对外负债的代理成本

詹森和麦克林(Jensen & Meckling,1976)将公司资本划分成三类:由管理层持有的内部股权、由公司外部股东持有的外部股权①,以及公司举借的债务。与这些资本相对应,公司的代理成本可以分成两类:与外部股权资本有关的全部代理成本$[A_{so}(E)]$②;与债务资本有关的全部代理成本$[A_b(E)]$③。

1. 与外部股权资本有关的代理成本

(1) 委托代理关系

詹森和麦克林观察到,当一个企业家拥有某公司100%股份时,公司的所有权和控制权合二为一,意味着企业家将为其行为承担所有成本,并获得全部收益。比如,作为公司唯一所有者的业主(也是经理)决定捐建一所学校,那么,该业主(经理)将承担这一行为的所有成本。

一旦公司唯一业主(经理)将公司股票的一部分α出售给外部投资者,所有权和经营权开始分离,经理(代理人)与外部股东(委托人)之间的利益冲突便会产生。公司唯一业主(经理)在出售部分股权α后,其持股比例降至$1-\alpha$,因此,他只需为其行为承担$1-\alpha$的成本。这就给了经理一种激励,通过卖掉公司的一部分股票,他在以额外津贴方式挪用大量公司资源时降低了α成本,而仅仅承担了$1-\alpha$成本。比如,若上文提到的个体业主经理在出售一部分股票α后捐建一所学校,那么,业主(经理)的捐赠行为以牺牲新股东利益为代价来最大化其自身财富。

(2) 管理者与股东之间的冲突

事实上,现实世界远比詹森和麦克林描述的世界更为复杂和残酷。在公司经营权和所有权分离的状态下,管理者通常是职业经理人。管理者持有少量股份甚至没有股份,但公司却被他们操控,于是,他们有寻求自身利益最大化的激励。主要表现为五个方面。

第一,消极懈怠。消极懈怠就是不作为或卸责,表现在诸多方面,比如,管理者热衷于一些与公司经营无关的活动,逃避经营风险。

第二,自我交易。通过各种各样的自我交易行为来为自己谋取私人利益。比如,管理者为自己争取到了超豪华的办公场所和奢侈的代步工具,满足过度的在职消费。

第三,过度投资。为追求社会地位和声誉,公司管理者往往有做大公司规模的动机,而

---

① 外部股权相对于由管理层持有的股份,持有这些股份的股东不是企业的管理者。

② 代理成本包括企业所有者的监督费用以及代理人受限制费用和剩余损失之和,就发行新股融资而言,这种融资行为意味着原有股东以股权换取新所有者的资金,新所有者为了保证他们的利益不受原有股东的侵害,必须付出监督费用。

③ 对企业股东而言,债务资本之所以被利用,是由于股东为了获得因自身的资源限制而无法得到的有利的投资或投机的机会,但是,债权人和股东之间具有代理关系。

全然不顾这样的投资是否能够为股东创造价值。

第四，滥用反收购策略。为避免因公司被收购而遭解雇，公司管理者会滥用反收购手段，极力阻止拥有良好销售渠道、超强无形资产等特点的优质收购方靠近。

第五，垂涎自由现金流。管理者愿意公司保留充沛的自由现金流，并将它视作"免费午餐"。

在实践中，管理者的这些行为极具隐蔽性，但是，对股东都是有伤害的。因此，管理者寻求私人利益最大化都是以牺牲股东利益为代价的。

(3) 股东的应对之策

为了保全自身利益，外部股东愿意在监控和管束管理者行为方面花费一些资源，希望能够纠正管理者的这些行为。詹森和麦克林认为，监控成本和管束成本是经理与外部股东冲突所产生的主要代理成本，但不是全部。监控成本是指为约束经理人自利行为，由外部股东向经理人提供的适当激励，通常是货币性的激励，比如，高额的工资和奖金；管束成本是指为了限制经理人自利行为而应给予经理人的消费资源，通常是非货币性激励，比如，提供豪华的办公条件和交通工具。经理人和外部股东的最大冲突在于：当经理所持的股份下降后，其付出巨大热情和代价去寻求 NPV 大于零的项目的激情和冲动也会下降。这种冲突所产生的代理成本也称剩余损失（也称剩余成本），即经理的决策可能是次优决策，不能最大化外部股东福利或导致外部股东福利减少而形成的一种成本。例如，从人性的角度看，为避免焦虑和学习成本，经理尤其是有声望的经理不愿从事能够最大化全体股东价值的高风险项目。

2. 与对外负债有关的代理成本

债务具有到期还本付息的硬约束特点，因此，适当债务融资对公司管理者具有正向激励，为按时履约，管理者不敢懈怠，而是更负责地从事投资和经营活动。然而，债务融资在缓解经理和外部股东之间冲突的同时，却产生了新的利益冲突，即公司股东（代理人）和债权人（委托人）之间的利益冲突。

若公司面临财务困境的风险越高，这样的利益冲突就越有可能发生。为寻求自身利益最大化，公司股东会采取过度投资策略，或采取投资不足策略，但是，这些策略都会对债权人和公司的总价值造成负面影响。

(1) 过度投资

当公司面临财务困境时，公司股东具有举债进行过度投资的动机和倾向，即便投资项目的成功概率很低，他们也会乐意为之。理由是：如果什么都不做，股东大概率一无所有。如果冒险投资，有两种可能：一种是投资失败，股东没有额外损失，而债权人将承担大部分甚至全部损失；另一种是投资成功，股东将获得大部分收益，甚至实现"咸鱼翻身"。公司的这种行为会损害债权人的利益，因此，债权人会采取有效的方法来阻止这种侵害行为。

显然，在公司面临财务困境时，尽管投资项目的期望 NPV 为负值，但股东仍可能从高风险投资决策中获益。因此，杠杆的存在会激励股东用高风险资产替换低风险资产。这个现象也称为"资产替代"(asset substitution)。

(2) 投资不足

当公司面临财务困境时，公司股东可能不会通过发新股为新项目融资，即便投资项目的期望 NPV 为正值，他们也不为所动，产生"投资不足"(under-investment)。理由是：如果投资成功，债权人将优先获得该项目的大部分收益；如果投资失败，股东新增投资相当于为债权人提供了一份额外"保险"。因此,对股东来说,这样的投资项目就是一个 NPV 为负值的投资机会。

显然,在公司面临财务困境时,尽管投资项目的期望 NPV 为正值,但股东仍可能无法从中获益。因此,杠杆的存在会激励股东放弃一些好的投资机会。这个现象也称为"债务积压"(debt overhang)。

(3) 债权人的应对之策

债权人会运用两种办法来限制经理和外部股东的自利行为。一种办法是签订债务契约,在债务契约中加入详细限制性条款,这些条款能够限制经理们和股东诸多不利于债权人的行为,从而形成由债权人对经理和股东进行监控和管束形成的代理成本。另一种办法是提高期望收益率,致使经理和股东承担额外的债务融资成本,该额外债务融资成本也可以理解为另一种债务代理成本。

显然,尽管杠杆的存在会激励管理者和股东做出减少公司价值的行为,但是,这些代理成本最终还是由股东承担。

(二) 外部股权和负债的代理成本均衡

在詹森和麦克林构建的模型中,若公司为无杠杆公司,则公司价值等于经理持有股票和外部股东所持股票的市场价值之和。为减少股权代理成本,在公司的资本结构中用债券代替股票。此时,公司价值等于经理持有股票的市场价值、外部股东所持股票的市场价值和债券市场价值的总和。

资本结构与代理成本的关系为:杠杆与外部股权资本的代理成本 $A_{so}(E)$ 成反比,而与债务资本的代理成本 $A_b(E)$ 成正比。总代理成本为 $A_t(E)=A_{so}(E)+A_b(E)$。图 9-3 描述了资本结构与代理成本之间的关系。

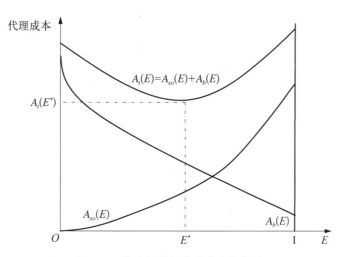

图 9-3 资本结构与代理成本的关系

资料来源:Jensen and Meckling. Theory of the Firm:Managerial Behavior, Agency Cost,and Capital Structure[J], *Journal of Financial Economics*, 3, 1976:305-360.

在图 9-3 中,横坐标 E 表示外部股权资本与债务资本之比,E 越大,公司杠杆越小,反之,则越大。纵坐标表示代理成本。

就与外部股权资本有关的代理成本$[A_{so}(E)]$而言,当E等于0时,由于没有外部股权,经理利用外部股权的动机最小。反之,这种动机增强,代理成本随之上升。因此,与外部股权资本有关的代理成本与E成正比。

就与债务资本有关的全部代理成本$[A_b(E)]$而言,当E为0时,所有外部资本全部来自债务,此时,经理试图从债权人手中转移财富的动机非常强,代理成本达到最高。反之,公司债务资本很少,经理可以转移的财富减少,同时,詹森和麦克林认为,在公司总资本需求不变的情况下,经理本身权益下降,经理从债权人手中转移财富的冲动锐减。因此,与债务资本有关的代理成本和E成反比。

公司资本结构的均衡点为总代理成本$[A_t(E)]$最小时所对应的E^*,在这个均衡点上,每增加1元的负债,其代理成本正好等于所减少的相同金额的股权代理成本。该均衡点E^*可以通过存货模型算出。然而,在现实经济活动中,由于资本结构受制于诸多因素。因此,该均衡点不易求解。

(三) 代理成本、税盾效应和财务困境成本之间的均衡

在对代理成本有了一个更深的理解之后,我们就可以来解读前文所介绍过的后期权衡理论。为便于理解,我们暂不考虑非利息税盾效应。杠杆公司价值应该表示为

$$V_L = V_U + PVTS - PVFD \pm PVDC \quad (9-4)$$

式(9-4)中,PVDC有两种解释,正值的PVDC是代理成本现值,负值的PVDC是代理收益现值,表示适当负债具有减缓管理者和股东之间冲突的效果。资本结构和公司价值之间的关系可用图9-4来描述。

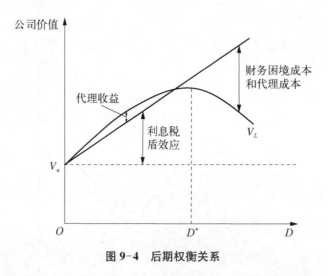

图 9-4 后期权衡关系

图9-4显示杠杆公司价值是如何由税收、财务困境成本、代理成本和代理收益决定的。根据图9-4,我们可做如下解读:

第一,当公司没有债务时,公司价值等于无杠杆公司价值V_U。

第二,当公司适量举债后,公司产生了利息税盾效应(利息税盾效应现值用$PVTS$表示),没有违约风险,以及适量负债所产生的代理收益(代理收益现值用$PVDC$表示)。此

时，$V_L = V_U + PVTS + PVDC$。

第三，当公司债务继续增加，公司依然产生利息税盾效应，但开始有了违约风险（财务困境成本现值用 $PVFD$ 表示），负债产生了代理成本（代理成本现值用 $PVDC$ 表示）。此时，$V_L = V_U + PVTS - PVFD - PVDC$，但杠杆价值仍然向上。

第四，当杠杆公司价值达到最高时，表明边际利息税盾效应等于边际财务困境成本和边际代理成本之和，此时公司资本结构（D^*）达到最优。

第五，当公司杠杆超过 D^* 后，杠杆公司价值开始转头向下，表明边际利息税盾效应小于边际财务困境成本和边际代理成本之和。

二、新优序融资理论[①]

优序理论（Pecking Order Theory）在迈尔斯（Stewart C. Myers）等学者提出新优序理论之前就已形成。优序理论认为，公司融资有顺序，且按照自有资金（包括留存收益和折旧）、举债、发新股这一固有的顺序安排资金。但在新优序理论诞生之前，学界和业界对这一现象的解释一直不能被人们普遍接受。新优序理论开创性地运用信息不对称理论对融资顺序进行了全新的诠释。

（一）假设

第一，股利政策是黏性的。公司管理者会努力保护持续稳定的股利支付，并且不会根据公司当前收益的暂时波动来调增或调减股利。

第二，公司更喜欢内部融资。相对于外部融资，无论是发行股票还是发行债券，公司更喜欢内部融资，例如通过留存收益或折旧进行。

第三，如果必须进行外部融资，公司会对其能发行的证券进行排序，首先是最安全的债券，然后是有些风险的债券、可转换债券、优先股，增发普通股则作为最后的融资手段。

第四，信息不对称。公司管理者要比外部投资者更了解公司的状况。如果公司管理者发现了一个非常好的净现值为正值的投资机会的话，他们无法将这一信息传递给外部投资者，因为他们的言论不会被相信。

第五，公司管理者和股东的利益一致，他们之间没有代理冲突。

（二）基本内容

新优序理论研究的主要内容是指，资本结构作为一种信号在信息不对称情况下会对融资次序产生影响，同时，不同的融资次序也会对资本结构的变化产生影响。新优序理论有两个重要结论，以下将分述之。

1. 为什么发债优于发新股？

公司如果寻求外部资金，债券融资比股票融资优先。一般的原则是"先于风险证券而发行安全证券"。

假定公司必须筹措 N 元资金，实施一个 NPV 大于零的投资机会。该投资机会的净现

[①] Stewart C. Myers. The Capital Structure Puzzle[J]. *Journal of Finance*, 1984, 39(3).

值为 y，放弃这个投资项目时公司的价值为 x。在信息不对称条件下，公司内部人知道 x、y 的值，但是，外部投资者不知晓，他们仅仅知道可能值的联合概率分布。设信息不对称，资本市场是完善的，且为半强式有效。

为获得净现值为 y 的投资机会，公司可以通过不附权方式（即公司老股东没有优先认购权）发行股票筹集所需资金 N 元。在信息不对称条件下，若股票市场价格与股票市场价值发生背离，那么，发行股票筹集的 N 元资金可能高于或低于这些新增股票的真实价值（设真实价值为 N_1），但真实价值只有公司内部人知晓。

设 ΔN 是股票的溢价或折价数，$\Delta N = N_1 - N$，$\Delta N > 0$ 表示新股折价（即按低于真实价值的价格）发行，$\Delta N < 0$ 表示新股溢价发行。

情况一：溢价发行

如果 $\Delta N < 0$，也就是股票溢价发行，那么，老股东看似可以从溢价中获得好处。但是，在信息不对称情况下，存在逆向选择问题。因此，外部投资者在购买股票时只愿意支付低价格。他们认为，公司之所以选择发新股融资，是因为该公司股价当前被高估。逆向选择对股票发行有三个方面的重要启示。

第一，宣告发行股票后，股价会立即下跌。由于发行新股释放出股价被高估的信号，因此，投资者不愿为该股票支付新股发行消息宣告前的价格，股价将会下滑。国外实证研究显示，新股发行后股价平均下跌 3%。

第二，在宣告发行股票之前，股价通常会上扬。有研究表明，在股票发行宣告日之前，公司总体表现好于市场。

第三，选择在信息不对称程度最低时发行股票。为避免逆向选择引发股票价格下跌，管理者选择在相对于投资者信息优势最小的时候发行股票，比如，选择在财务报告发布之后立即发行股票。

即便股票溢价发行，股票价格在股票发行宣告后也会下跌。因此，公司现有股东将承受股价下跌的损失，且无法独享优质投资机会的好处（$NPV = y$）。为避免这一风险，公司现有股东不愿选择发新股（假定不考虑发行股票的其他动机），会考虑选择举债方式为投资机会（$NPV = y$）筹集资金。

情况二：折价发行

如果 $\Delta N > 0$，也就是股票折价发行，那么，新股东既可以从被低估的股票价值中获益，又可以和现有股东分享净现值为正值的投资机会。又由于信息不对称，现有股东还可能要承受股价下跌的损失。因此，若管理者相信当前股票价值被低估，他们宁愿选择等待，等到股票价格上涨后再发行股票。

显然，折价发行不是公司现有股东愿看到的一幕，为独享或更多的获取投资机会的好处（y），现有股东不愿选择发新股，会考虑选择债务融资，甚至不排除现有股东为保全其利益不惜放弃净现值为正值的好项目。

例 9-1 为追逐有利可图的机会，公司拟投资一个具有 4 000 万元净现值的项目，但需要公司增发 1 亿元的股票。根据过往经验，公司估计股票发行公告发布后股价会跌掉 4%，公司的市场价值会跌去所筹资金额的 40%。公司是否会发行新股？

在信息不对称情况下，发新股相当于向外部传递了这样的信号，即公司股价被高估，否则公司不会选择此时发新股融资。发新股后，股价下跌，公司价值损失 4 000 万元。虽然投资机会可以形成4 000万元的净现值,但由于新股东也参与分享,因此,老股东可能倒贴。为此,他们不愿意选择发新股,甚至宁愿放弃一个正NPV的投资机会。

显然,对老股东来说,逆向选择是发行新股进行融资的心结,尤其在股价被低估时发行股票的成本很高。尽管发行债券也可能碰到逆向选择问题,但是,债券价值被低估的程度一般比股票要小。这是发债优于发新股的重要理由。

2. 为何安全债券优先发行?

由上文可知,对公司现有股东而言,证券融资的折价($\Delta N > 0$)是有害的。如果我们能够减少或降低证券的ΔN,那么,投资机会可在不稀释现有股票的真实价值的情况下融资,公司现有股东的价值能够实现最大化。减少ΔN的方法是发行最安全的证券。

证券的发行价与真实价值通常是不匹配的,但是,不同证券的折价或溢价(ΔN)水平是不同的。通常,越安全的证券,其ΔN就越小。总体上讲,债券的ΔN的绝对值小于股票的折溢价。如果发行的债券为无风险债券,则ΔN趋于零。这就是优先发行最安全债券的理由。

(三) 启示

在美国,新优序理论与公司融资的总体经验数据具有一致性,比如,按为资本性支出融资进行排序,融资顺序依次为:内源资金、举债、发新股(用股票净回购表示)。但是,新优序理论并不能解释现实生活中的所有资本结构规律,比如它不能解释税收、破产成本等外部因素对资本结构的影响,无法预测公司的总体资本结构。再比如,它不能解释公司保持低杠杆水平究竟是因为无法发行额外债务而被迫发新股融资,还是因为公司拥有充沛的盈利以至于无需发行债务。该理论的另一个缺陷是忽视了典型的代理成本。

在新兴市场国家(比如中国),新优序理论与中国上市公司融资的总体经验数据不一致。我国学者的研究表明:若按累计融资额(1992—2000年)进行排序,融资顺序依次为:短期借款、留存收益、配股、长期借款、增发新股、发行公司债券、发行可转债。

三、信号模型[①]

斯蒂芬·罗斯将斯宾塞(Spenser)的信号理论引入资本结构研究中,研究和探讨如何在信息不对称条件下将资本结构作为信号向市场传递有关公司价值的信息,以此来影响投资者的融资决策。

(一) 基本结论

罗斯的研究仅仅释放了无税MM理论中关于充分信息的假设,而保留了无税MM理论的其他假设条件。也就是说,该理论建立在信息灵通的经理人与信息不灵通的外部股东之间存在信息不对称的基础上。

他认为,公司管理者在获得有关公司收益真实分配、预期现金流量等的信息方面具有垄断优势,而外部投资者则处于劣势。当有好的内部消息时,公司管理者会有很强的意愿将这

---

① Ross, Stephen. The Determination of Financial Structure: The Incentive Signalling Approach[J]. *Bell Journal of Economics*, 1977(8): 23-40.

一正面消息传递给外部投资者,从而提升该公司的股票价格。但是,在信息不对称条件下,管理者不能简单地声称他们有好消息,而应该通过向外部股东传递明确信号的方式进行适当地描述,但这些陈述仅能随着时间的流逝被证实或证伪。

资本结构就是这样的信号,公司管理者可以通过采用不同的杠杆水平向外界传递消息。如果公司采取高杠杆,外部投资者会认为该公司未来拥有良好的预期。由于低质量的公司都有很高的期望边际破产成本,因此,低质量公司的管理者不会轻易通过举债来仿效高质量公司,刻意模仿可能导致低质量公司不堪重负而破产。这个机制会有效阻止低质量公司释放虚假信号的可能。

(二) 资本结构成为信号的理由

罗斯运用单期模型对包括 A(好公司)、B(坏公司)两类公司进行了研究。他认为,在信息不对称情况下,资本结构可以成为一种信号,由内部人将公司未来预期传递出来。资本结构若满足了以下两个条件,便是一个良好的信号。

条件一:信号必须是明确的。

A(好公司)和 B(坏公司)是两类不同的公司,但是,在信息不对称情况下,外部投资者并不知晓,不能完全进行识别。罗斯认为,设 D^* 为 B 公司所持有的最大的债务水平,否则 B 公司未来的债务偿付义务将有大麻烦,甚至面临破产危险。此时,外部投资者通过观察公司的债务,就能判定该公司是否为好公司。即当 $D > D^*$ 时,外部投资者认为,该公司属于好公司(或 A 公司),A 公司未来的债务偿付就不会有麻烦;当 $D \leqslant D^*$ 时,投资者认为,该公司属于坏公司。

条件二:管理者必须有一直提供正确信号的动机,即有发布正确信号的激励。

罗斯认为,在一个好公司里,可以设计一套以激励为基础的管理者报酬合约,引导公司管理者为其公司采取较高杠杆的资本结构。为了显示该激励信号过程如何进行,假设公司管理者被限制不能交易其任职公司的股票。这样排除了他们通过发布虚假信息获利的可能性。

设在时点 1,A 类公司的价值(V_{1a})大于 B 类公司的价值(V_{1b}),即 $V_{1a} > V_{1b}$。假如市场中存在不确定性,且采用风险中性定价,无风险利率为 0%,那么,在时点 0,两类公司的价值分别为

$$V_{0a} = V_{1a}/(1+r) = V_{1a} \qquad (9\text{-}5)$$

$$V_{0b} = V_{1b}/(1+r) = V_{1b} \qquad (9\text{-}6)$$

式(9-5)和(9-6)中,r 表示无风险利率。

在罗斯给出的单期模型中,在时点 1,管理者薪酬 M 可以表示为

$$M = (1+r)\gamma_0 V_0 + \gamma_1 \begin{cases} V_1 & \text{若 } V_1 \geqslant D \\ V_1 - C & \text{若 } V_1 < D \end{cases} \qquad (9\text{-}7)$$

式(9-7)中,γ_0 和 γ_1 为正权数(是指管理者在时点 0 和 1 分别持有的股份),V_0 和 V_1 为公司目前(时点 0)和未来(时点 1)的价值,C 为公司若发生破产而对管理者的罚金。

根据式(9-7),假定公司在时点 0 的债务水平为 D。如果 $V_1 \geqslant D$,则管理者薪酬为 $M = (1+r)\gamma_0 V_0 + \gamma_1 V_1$。如果 $V_1 < D$,则管理者需承担罚金,其薪酬为 $M = (1+r)\gamma_0 V_0 +$

$\gamma_1(V_1 - C)$。

假如成功企业(A类公司)期末价值始终大于失败企业(B类公司)的期末价值,那么,A类公司管理者将债务作为公司质量的信号,他可以获得的激励性补偿为

$$M^A(D) = \begin{cases} \gamma_0 V_{1a} + \gamma_1 V_{1a} & \text{若 } D^* < D \leqslant V_{1a} \\ \gamma_0 V_{1b} + \gamma_1 V_{1a} & \text{若 } D \leqslant D^* \end{cases} \quad (9\text{-}8)$$

根据式(9-8),A类公司管理者发出正确信号所得到的激励性补偿($\gamma_0 V_{1a} + \gamma_1 V_{1a}$)大于发出错误信号所得到的补偿($\gamma_0 V_{1b} + \gamma_1 V_{1a}$),说真话比说谎的边际报酬高。显然,A类公司管理者会选择发出正确的信号。

同理,B类公司管理者将债务作为公司质量的信号,他可以获得的激励性补偿为

$$M^B(D) = \begin{cases} \gamma_0 V_{1a} + \gamma_1 (V_{1b} - C) & \text{若 } D^* < D < V_{1a} \\ \gamma_0 V_{1b} + \gamma_1 V_{1b} & \text{若 } D \leqslant D^* \end{cases} \quad (9\text{-}9)$$

根据式(9-9),如果B类公司管理者说谎,他们的激励性补偿$[\gamma_0 V_{1a} + \gamma_1 (V_{1b} - C)]$与说真话的激励性补偿($\gamma_0 V_{1b} + \gamma_1 V_{1b}$)是不同的。那么,他们是否有说谎动机,将自己视为A类公司的虚假信号呢?

如果说真话的激励性补偿大于说谎的激励性补偿,即

$$\gamma_0 V_{1a} + \gamma_1 (V_{1b} - C) < \gamma_0 V_{1b} + \gamma_1 V_{1b} \quad (9\text{-}10)$$

将式(9-10)变换成式(9-11),即

$$\gamma_0 (V_{1a} - V_{1b}) < \gamma_1 C \quad (9\text{-}11)$$

根据式(9-11),如果B类公司管理者发布虚假信号,他们获得边际利得($V_{1a} - V_{1b}$)乘以管理者持有的股份γ_0小于发生破产成本C乘以管理者持有的股份γ_1的积,那么,管理者将发出正确的信号。

该理论暗示管理层可以选择财务杠杆作为向社会公众传递有关公司未来预期的明确信号的方式。这些信号不能被不成功的公司所模仿,因为不成功公司没有足够的现金流量来支持,代价很高,公司会破产,管理者还会丢掉饭碗。

罗斯的分析很简洁,且方法新颖,但是,该模型的缺陷在于没有建立一个公司管理者向外输出错误信号的机制。这种判断的理由有二:一是尽管罗斯设立了对破产公司经营者进行惩罚的机制,但是,在破产和经营不佳之间仍存在一个较大的最敏感的决策区域;二是罗斯对证券持有人的约束条件未作考虑。

(三)启示

由于信息不对称,因此,管理者会想方设法将其竞争优势传递给外部投资者。如果能够详细说明或披露公司未来预期的具体细节,那是最好不过了。但是,更多情况是公司无法或者不便详细说明或披露公司未来预期的具体细节。这时,管理者可以将资本结构(或杠杆水平)作为向外传递公司未来预期的一个信号。

为了使市场信服,需要有一种机制,即管理者提供的信号是真实的,能够得到市场理解,并且,这个信号最终能够被投资者所证实或证伪。那么,在现实世界中,为防止管理者释放

虚假信号，是否存在斯蒂芬·罗斯所期待的那种惩罚机制或外部监督机制呢？事实上，不同的国家都有应对之策，但存在很大的国别差异。例如，针对公司治理的缺陷，美国于2002年推出《萨班斯—奥克斯利法案》，严惩故意欺骗投资者的行为。例如，为提高信息披露的质量，中国财政部、证监会、证券交易所订有《上市公司内部控制指引》《上市公司治理准则》《内部会计控制规范》等法规，强调了相关责任人的法律责任。

在有严格外部监督机制的国家和地区，投资者可以将杠杆视作一个置信或可靠信号。即投资者可以将公司提高杠杆水平视为公司拥有良好未来预期的信号，确信公司将会成长。但是，信号理论对高科技企业杠杆的解释力不够，理由是高科技企业有着良好的未来预期，而其杠杆却是偏低的，与信号理论的结论相悖。

信号模型曾被广泛运用于公司金融学领域。除了罗斯模型外，还有几个颇有影响的模型，即塔尔莫(Talmon)模型、汉克尔(Heikel)模型和利兰—派尔(Leland and Pyle)模型等。

20世纪70年代之后，资本结构研究并未停滞，学界仍对该领域怀有极大的兴趣，并形成了非常有影响的理论，比如市场择时理论、产品市场竞争理论等。但是，鉴于这些新理论尚待检验以及限于篇幅等原因，我们仅介绍这些经典的资本结构理论。

本章小结

学者们为了能够更好地解释资本结构与公司价值，以及与公司加权平均资本成本之间的关系，一方面，逐步释放无税MM理论的严格假设；另一方面，引入管理者动机、信息等内部因素，形成了不少资本结构理论。

从资本结构的历史沿革来看，资本结构理论经历了三个阶段。学者们试图通过研究资本结构与资本成本以及与企业市场价值的关系，从企业融资成本最小化和股东财富最大化角度，选择合理的融资方式，形成合理的资本结构，充分发挥财务杠杆的正效应。但是，众多的文献以及学者们并没有告诉我们究竟如何确定最优资本结构。事实上，资本结构受许多因素的影响，我们没有办法完全认识资本结构。

资本结构研究的真实意义在于，为企业融资方式的选择以及形成较为有益的资本结构提供了很好的思路。朴素的旧资本结构理论描述了财务杠杆与资本成本以及与企业价值的相关关系，提出了财务杠杆的两大约束条件，即融资成本和风险。现代资本结构理论进一步拓展了影响资本结构的外部因素，比如税收、破产因素等，并且，将资本成本的内涵放大，逐步将财务困境成本或破产成本引入资本结构的讨论之中。将融资决策和资本结构选择置于利息税盾效应和众多成本的均衡之中，将企业外部因素对资本结构影响的研究推向极致。总之，MM理论问世以来，现代资本结构理论在放松假设—提出问题—形成理论—再提出问题的循环中发展，形成了许多流派。

新资本结构理论虽然沿袭了现代资本结构理论的大部分假设条件，但是，它们一反现代资本结构理论将影响资本结构的因素框定在外部因素上，而将视角锁定在信号等内部因素上。同时，使用最新的诸如信息不对称理论等经济学分析方法研究资本结构。事实上，信息经济学的发展，为解释资本结构之"谜"找到了一条新的出路，但是，信息不对称使资本结构的研究更为复杂。

总的来说,现代资本结构理论和新资本结构理论对企业融资决策和资本结构认定具有现实指导意义,资本结构众多理论的共性和差异性给了我们很多启示。这也是研究中国上市公司资本结构所需要的。第一,影响资本结构的因素很多,由于现有资本结构具有众多的假设条件,因此,现有资本结构的研究结论具有很强的局限性。第二,学者们对资本结构与资本成本以及与企业价值之间的基本关系具有很大的认同感。

关键词

资本结构、信息不对称、直接破产成本、间接破产成本、利息税盾效应、非利息税盾效应、代理成本、代理收益、监控成本、管束成本、剩余成本、破产成本理论、权衡理论、代理成本理论、新优序理论、信号理论、逆向选择

习 题

1. 为什么说间接破产成本不易识别和估计?
2. 如何通过权衡间接破产成本和利息税盾效应来判断杠杆公司价值的走势?
3. 什么是非利息税盾效应?
4. 什么是代理成本和代理收益?
5. 如果公司面临财务困境,那么,下列公司中,哪个公司更容易流失客户?
  (1) 一家大卖场,还是一家洗衣机厂?
  (2) 一家证券公司,还是一家运动服装企业?
6. 设公司是一家大型建筑装备企业,公司目前运转良好。公司 CEO 认为,公司应该举借更多债务。理由是,一旦公司破产,就无需承担产品的保养费和维修费,因此,破产成本将大大低于保持低杠杆的竞争对手。你同意这种说法吗?
7. 设 A 公司目前没有债务,是一家成功的企业。据估计,若发行债券融资,A 公司可以产生超过 1 亿元的利息税盾效应,但 A 公司没有这样做。一种可能的解释是,发行债券会产生其他成本。你认为其他成本指的是什么?
8. 设 B 公司是一家无杠杆公司,预计每年自由现金流为 1 200 万元,公司 CFO 认为,如果将债务永久性地增至 3 000 万元,财务困境风险可能使公司流失部分客户,供应商将会提供更为苛刻的销售条件。带来的后果是,公司每年的预计自由现金流将降至 1 000 万元。设公司所得税税率为 30%,无风险利率为 4%,市场期望收益率为 15%,无杠杆公司的贝塔系数为 1.1。要求:
  (1) 估计公司在无杠杆时的价值。
  (2) 估计公司在新杠杆时的价值。
9. 设 C 公司的主要业务为经营纤维和塑料。C 公司目前市值为 10 亿元。它正考虑出售部分纤维业务以筹集 1 亿元资金用于芯片投资,但芯片投资具有高风险。公司 C 在有杠杆时与无杠杆之间进行比较,公司股东会如何看待这项芯片投资?

10. 根据权衡理论判断，下面哪些行业的公司会持有较低的最优债务水平？

（1）食品公司；

（2）餐饮公司；

（3）IT 公司；

（4）大卖场。

11. 设 D 公司目前的债务/权益比率为 1.4，股权的贝塔系数为 2.0，债务的贝塔系数为 0.35。它目前正在评估如下项目（见下表），设每个项目都不会改变公司的收益波动性。

单位：百万元

项 目	甲	乙	丙
投资	100	30	50
NPV	18	16	5

问：

（1）公司股东会倾向于哪个项目？

（2）投资不足会引发什么成本？

12. 设 F 公司为一家无杠杆公司，目前准备进行一项投资。外部投资者认为，预计 1 年后公司市值有两种可能性：2 亿元（项目投资成功，概率为 50%）和 1 亿元（项目投资失败，概率为 50%）。但是，F 公司 CEO 有很大把握认为投资项目会成功。于是，他想向外部投资者释放一个表示未来有良好预期的信号。问：

（1）公司 CEO 宣布借款 5 000 万元，以此作为可靠信号的杠杆。作为一个外部投资者，你认为这个借款宣告可信吗？

（2）若公司 CEO 宣布借款 1.2 亿元，那么，外部投资者会如何看待这个借款宣告？

重要文献

1. Edward I. Altman. A Further Empirical Investigation of the Bankruptcy Cost Question[J]. *Journal of Finance*. 1984, 39(4): 1067-1089.

2. Franco Modigliani, Merton H. Miller. The Cost of Capital, Corporation Finance and the Theory of Investment[J]. *The American Economic Review*. 1958, 48(3): 261-297.

3. Franco Modigliani, Merton H. Miller. Corporate Income Taxes and the Cost of Capital: A Correction[J]. *The American Economic Review*. 1963, 53(3): 433-443.

4. Jensen. Michael C. and William H. Meckling. Theory of the Firm: Managerial Behavior. Agency Costs and Ownership Structure[J]. *Journal of Financial Economics*. 1976(3): 305-360.

5. Merton H. Miller. The Modigliani-Miller Propositions after Thirty Years[J]. *Journal of Economic Perspectives*. Fall 1988.

6. Stewart C. Myers. The Capital Structure Puzzle[J]. *Journal of Finance*. 1984, 39(4): 575-592.

7. Ross, Stephen A. The Determination of Financial Structure: The Incentive-Signaling Approach[J]. *Bell Journal of Economics*. 1977(8): 23-40.

8. 沈艺峰.资本结构理论史[M].经济科学出版社,1999.

9. 戴姆·科勒,马克·戈德哈特,戴维·威赛尔斯.价值评估：公司价值的衡量与管理(第4版)[M].高建等译.北京：电子工业出版社,2012.

第十章
融资决策与投资决策的关系

> 【学习要点】
> 1. 融资决策与投资决策不可分离性。
> 2. 利息税盾和 WACC 方法。
> 3. 利息税盾和现值调整法。
> 4. 债务融资的其他影响因素。
> 5. 目标资本结构

在第五章和第六章介绍目标项目投资价值评估时,我们假定融资和投资分离,也就是说,假定不考虑融资对投资的影响。在第八章和第九章介绍完后,我们必须正视融资对投资的影响。因此,本章以加权平均资本成本法(简称 WACC 法)和调整现值法(简称 APV 法)为例,介绍融资决策如何影响目标项目的价值评估,然后基于目标资本结构,介绍资金合理配置的理念和方法。

第一节　加权平均资本成本法

融资必然会影响投资,我们将基于加权平均资本成本法和调整现值法来介绍融资是如何影响投资的。本节先介绍加权平均资本成本法的主要步骤,然后分情况进行讨论。

一、用加权平均资本成本法进行投资评价的做法

(一) 假设

所谓加权平均资本成本法是指用加权平均资本成本对目标项目的自由现金流进行贴现,最终确认目标项目的投资价值。在介绍加权平均资本成本法运用之前,我们先给出几个重要假设条件。

假设一:目标项目的风险与项目持有公司的风险一致。在此假设下,可以基于公司风险来估计目标项目的资本成本。

假设二:项目持有公司的杠杆不变,即债务与公司价值的比率 $[D/(D+S)]$ 保持不变,并且,目标项目的杠杆水平与项目持有公司的杠杆水平一致。公司总债务会随着新项目投资而发生变化,因此,为保持杠杆不变,公司将持续不断调整其杠杆,或减少现金,或增加新债,以使按照市值衡量的债务与公司价值的比率保持不变。这个假设意味着,在项目存续期内,公司的股权和债务风险,以及公司加权平均资本成本保持不变。

假设三:公司所得税是唯一要考虑的市场摩擦项。事实上,除了要考虑公司融资后税

收的影响之外,还需考虑发行费等交易成本、间接破产成本、代理成本等的影响。此处仅考虑税收的影响。

(二) 步骤

在以上三个假定条件满足后,我们就可以将项目持有公司的加权平均资本成本作为目标项目的贴现率。尽管这些假设是人为限定的,但是,不少传统投资项目和公司仍然适合这些假设所勾勒出的经济情景。加权平均资本成本法的主要步骤为:

第一,估计目标项目在未来存续期内的自由现金流(FCFF);

第二,计算加权平均资本成本(WACC);

第三,用WACC对自由现金流进行贴现。

例10-1 崇德公司拟投资A设备,该设备投资额为100万元,设计年生产能力为100万单位产品。估计产品售价为2元/单位,生产成本(不包括折旧)为1元/单位,设该设备设计使用寿命为3年。若公司所得税税率为50%,借款年利率为5%,崇德公司的权益资本成本为15%,设备采用直线折旧,不考虑残值,不考虑营运资本。设崇德公司和该项目的资本结构相同,债务资本占总资本的比重为50%。

首先,估算该项目的自由现金流。根据给定条件,可以得到相关财务数据(见表10-1)。

表10-1 崇德公司A项目相关财务数据

单位:万元

年 份	0	1	2	3
销售收入		200	200	200
减:生产成本		100	100	100
折旧		33.33	33.33	33.33
EBIT		66.67	66.67	66.67
残值估计		0	0	0
EBIT(1−t)		33.335	33.335	33.335
投资额	−100			
营运资本	0			
FCFF		66.665	66.665	66.665

其次,确定WACC。该投资项目可以视为崇德公司现有业务的延伸和扩展,为此,该项目的风险等同于崇德公司的风险。此外,由于崇德公司和该项目的资本结构相同,债务资本占总资本的比重为50%。因此,可以将崇德公司的WACC视作该项目的贴现率。

由于FCFF中未包含债务利息税盾,因此,在项目估值时,应该选择税后WACC进行贴现,以考虑债务融资后对项目价值的影响。即

$$WACC = 5\% \times (1-50\%) \times 50\% + 15\% \times 50\% = 8.75\%$$

最后,对目标项目进行估值。使用税后WACC对自由现金流(FCFF)进行估值,项目价值为

$$项目价值 = \frac{66.665}{(1+8.75\%)} + \frac{66.665}{(1+8.75\%)^2} + \frac{66.665}{(1+8.75\%)^3} = 169.5(万元)$$

(三) 启示

显然,加权平均资本成本法的最大妙处在于,通过将税前 WACC 调整为税后 WACC,把融资对项目投资价值的影响体现了出来,即将债务融资所产生的利息税盾效应的现值计入项目的价值中。

二、目标项目与项目持有公司资本结构不一致的情形

(一) 卸载和加载杠杆

当目标项目的杠杆高于或低于项目持有公司的杠杆时,我们就不能简单地将项目持有公司的税后 WACC 视作目标项目的贴现率,而应该根据目标项目的杠杆来调整 WACC,其中最重要的是要考虑来自新杠杆下的利息税盾效应的影响。

1. 利息税盾风险等于公司总体风险的情形

例 10-2 承例 10-1,设崇德公司债务资本与总资本的比重为 50%,而目标项目债务资本与总资本的比重为 10%。如果利息税盾风险等于公司总体风险,那么,我们该如何调整 WACC 呢?

我们可以采取以下调整策略:

第一,卸除杠杆,根据无税 MM 理论命题二,计算无杠杆时公司的资本成本。

公司在已有杠杆下的税前加权平均资本成本为

$$WACC = 5\% \times 50\% + 15\% \times 50\% = 10\%$$

由于利息税盾风险等于公司总体风险,因此,公司总体风险独立于杠杆的选择,税前 WACC 代表了投资者持有公司所要求的期望收益率,无杠杆时的资本成本等于税前 WACC,即等于 10%。

第二,加杠杆,计算债务比率为 10% 时的权益资本成本,即

$$r_s = 10\% + (10\% - 5\%) \times \frac{10\%}{90\%} = 10.55\%$$

第三,计算债务比率为 10% 时的税后加权平均资本成本。

$$WACC = 5\% \times (1 - 50\%) \times 10\% + 10.55\% \times 90\% = 9.745\%$$

在特有的杠杆下,该项目的价值为

$$项目价值 = \frac{66.665}{(1+9.745\%)} + \frac{66.665}{(1+9.745\%)^2} + \frac{66.665}{(1+9.745\%)^3} = 166.53(万元)$$

2. 利息税盾风险小于公司风险的情形

例 10-3 承例 10-1,设崇德公司债务资本与总资本的比重为 50%,而目标项目债务资本与总资本的比重为 10%。如果利息税盾风险小于公司总体风险,那么,我们该如何调整 WACC 呢?

我们可以采取以下调整策略：

第一，卸除杠杆。由于利息税盾风险小于公司总体风险，因此，利息税盾会改变公司总体风险，我们就不能用公司税前 WACC 来作为无杠杆时公司的资本成本。根据有税 MM 理论命题二，计算无杠杆时公司的资本成本。

公司在已有杠杆下的加权平均资本成本为

$$WACC = 5\% \times (1-50\%) \times 50\% + 15\% \times 50\% = 8.75\%$$

据此计算无杠杆时的资本成本，即

$$\rho = WACC \Big/ \left(1 - \tau_c \times \frac{D}{D+S}\right) = 8.75\% / (1 - 50\% \times 50\%) = 11.667\%$$

第二，加杠杆，计算债务比率为 10% 时的权益资本成本，即

$$r_s = 11.667\% + (11.667\% - 5\%)(1-50\%) \times \frac{10\%}{90\%} = 12.037\%$$

第三，计算债务比率为 10% 时的加权平均资本成本。

$$WACC = 5\% \times (1-50\%) \times 10\% + 12.037\% \times 90\% = 11.08\%$$

显然，WACC 上升了，上升的原因不是投资者用"昂贵的"权益资本替代了"便宜"的债务资本，而是利息支出减少，利息税盾降低所致。

在特有的杠杆下，该项目的价值为：

$$项目价值 = \frac{66.665}{(1+11.08\%)} + \frac{66.665}{(1+11.08\%)^2} + \frac{66.665}{(1+11.08\%)^3} = 162.68(万元)$$

可见，当目标项目的杠杆低于项目持有公司的杠杆时，WACC 会上升，反之，则下降。如果仍然用项目持有公司的 WACC 进行贴现，则会高估项目价值。

（二）WACC 法的困惑

事实上，我们在运用 WACC 法进行价值评估时，是假设或要求持有项目公司的资本结构保持不变。这意味着，在目标项目存续期内，公司需根据目标项目的价值变化，随时调整杠杆水平，以确保资本结构（债务与企业市场价值的比率）不发生变化。

例 10-4 设 C 公司拟投资一项目，预计投资额为 100 万元，项目使用寿命 3 年，每年末的预计自由现金流（FCFF）均为 80 万元。借款年利率为 4%，股权资本成本为 10%，公司所得税税率为 50%，债务与公司价值的比率（以市值计算）为 50%。在投资该目标项目时，C 公司资产负债表（以市值计）如表 10-2 所示。

表 10-2 C 公司投资目标项目前的资产负债表

单位：万元

资　产	金　额	负债和股东权益	金　额
现金性资产	200	负债	500
固定资产	800	股本	300

续表

资　产	金　额	负债和股东权益	金　额
		资本公积	200
资产合计	1 000	负债和权益合计	1 000

由表10-2可知,在投资之前,公司市值1 000万元,负债价值500万元,债务与企业价值的比率为50%。

根据题意,公司的税后加权平均资本成本为

$$WACC = 4\% \times (1-50\%) \times 50\% + 10\% \times 50\% = 6\%$$

用6%的税后WACC进行贴现,该项目的价值为

$$项目价值 = \frac{80}{(1+6\%)} + \frac{80}{(1+6\%)^2} + \frac{80}{(1+6\%)^3} = 213.84(万元)$$

显然,该目标项目形成的产品很受市场追捧,公司价值在第0年将上升213.84万元,为保持既定的50%的杠杆水平,公司在第0年可以通过发放106.92万元现金股利,同时新增106.92万元债务的做法来实现。未来三年该项目的持续价值和借款水平见表10-3。

表10-3　目标项目的持续价值和借款水平

单位:万元

年　份	0	1	2	3
自由现金流		80	80	80
有杠杆时项目价值	213.84	146.67	75.47	
借款水平(50%)	106.92	73.335	37.735	

由表10-3可知,公司在未来三年内,将根据目标项目价值的变化,随时调杠杆,使得公司的杠杆水平维持不变。

然而,在现实经济中,公司不可能、也无必要如此机械地重整资本结构。通常的做法是,根据长期经营目标,平稳有序地调整资本结构。因此,在目标项目存续期内,项目持有公司的资本结构不可能一成不变。一旦公司资本结构不变的假设不成立,那么,WACC方法的适用性就会受到很大质疑。

可见,如果公司在目标项目的存续期内保持固定的杠杆比率(债务/企业价值),那么,使用WACC法进行估值就是一种简单实用的方法。但在公司资本结构多变的情形下,调整现值法(APV)的优势就显现出来了。

第二节　调整现值法

所谓调整现值(adjusted present value)法是指以在不考虑杠杆时的项目价值为基础,加上债务融资之后的调整项来评价项目价值的估值方法,其中,利息税盾的现值是最重要的调整项。

一、用调整现值法进行投资评价的做法

调整现值法的基本步骤有三步。

第一,计算无杠杆下公司的 WACC。有两种情形,现分述之。情形一:如果公司的风险独立于杠杆的选择,即利息税盾的大小不改变公司整体风险,那么,公司税前 WACC 就是无杠杆资本成本。如果目标项目的风险与公司风险一致,公司税前 WACC 也是目标项目的无杠杆资本成本。情形二:如果利息税盾风险小于公司总体风险,那么,利息税盾就会改变公司总体风险,须另行计算无杠杆时公司的资本成本。

第二,计算无杠杆下目标项目的价值。将无杠杆资本成本对目标项目的自由现金流(FCFF)进行贴现,我们可以算出无杠杆项目的价值。

第三,计算考虑杠杆后的利息税盾现值。如果利息税盾的风险与公司的风险相同,则用公司税前 WACC 对存续期内各期利息税盾进行贴现。若未来各期的利息费用是可预知的,那么,应该用借款利率作为贴现率。

例 10-5 崇德公司拟购置 B 设备,设备投资额为 80 万元,项目使用寿命 4 年。预计每年 EBIT 为 70 万元,若公司所得税税率为 50%,借款年利率为 5%,崇德公司的权益资本成本为 15%,设备采用直线折旧,不考虑残值,不考虑营运资本。设崇德公司和该项目的资本结构相同,债务资本占总资本的比重为 50%。设利息税盾风险等于公司总体风险。

首先,计算无杠杆下公司资本成本。根据无税 MM 理论命题二,计算无杠杆公司资本成本,即

$$\rho = 5\% \times 50\% + 15\% \times 50\% = 10\%$$

其次,计算无杠杆下项目的价值,根据题目条件,该项目的相关财务数据见表 10-4。

表 10-4 崇德公司 B 项目相关财务数据

单位:万元

年 份	0	1	2	3	4
EBIT		70	70	70	70
减:利息		4.48	3.496	2.43	1.26
残值估计					0
税前利润		65.52	66.504	67.57	68.74
减:所得税		32.76	33.252	33.78	34.37
净利润		32.76	33.252	33.78	34.37
$EBIT(1-t)$		35	35	35	35
投资额	−80				
营运资本	0				
折旧		20	20	20	20
FCFF		55	55	55	55

$$V_U = \frac{55}{(1+10\%)} + \frac{55}{(1+10\%)^2} + \frac{55}{(1+10\%)^3} + \frac{55}{(1+10\%)^4} = 174.33(万元)$$

再次,计算利息税盾效应现值。用WACC法对项目进行估值,项目第0年、第1年、第2年和第3年的价值分别为179.2万元、139.84万元、97.08万元和50.57万元。为维持杠杆率为50%,该项目第0年、第1年、第2年和第3年的债务水平分别为89.6万元、69.92万元、48.54万元和25.28万元。按5%借款利率计算,未来四年的利息费用为分别是4.48万元/年、3.496万元/年、2.427万元/年和1.264万元/年。在公司所得税税率为50%时,该项目的利息税盾风险与公司整体风险一致,因此,应该用无杠杆资本成本作为贴现率。税盾效应现值为

$$税盾效应现值 = \frac{4.48 \times 50\%}{(1+10\%)} + \frac{3.496 \times 50\%}{(1+10\%)^2} + \frac{2.427 \times 50\%}{(1+10\%)^3} + \frac{1.264 \times 50\%}{(1+10\%)^4} = 4.824(万元)$$

最后,计算目标项目价值,即

$$V_l = V_U + 利息税盾现值 = 174.33 + 4.824 = 179.2(万元)$$

为便于对比,我们用WACC法对该项目价值进行估计。
首先,计算出公司税后WACC,即

$$WACC = 5\% \times (1-50\%) \times 50\% + 15\% \times 50\% = 8.75\%$$

然后,对该项目预计自由现金流进行贴现,即

$$V_L = \frac{55}{(1+8.75\%)} + \frac{55}{(1+8.75\%)^2} + \frac{55}{(1+8.75\%)^3} + \frac{55}{(1+8.75\%)^4} = 179.2(万元)$$

可见,在利息税盾风险等于公司总体风险的假设下,WACC法和APV法的估值结果是一致的。

二、利息税盾的估算方法

(一)预先知晓未来债务水平的情形

如果公司在投资之前就知晓目标项目在未来存续期内的债务水平,那么,我们可以认定项目的债务水平是确定的、可预知的,利息支出也是已知的。

例10-6 设崇德公司拟投资F项目,该项目存续期为4年,每年年初的债务水平分别为80万元、60万元、40万元和20万元。借款年利率为5%。公司所得税税率为50%。

鉴于目标项目未来债务是确定的,因此,每年的利率费用也是预知的,按年利率5%计算,未来四年分别是4万元、3万元、2万元和1万元。

利息税盾也是预知的,按50%所得税税率计算,未来四年分别为2万元、1.5万元、1万元和0.5万元。

显然,利息税盾风险低于公司总体风险,和利息风险一致,因此,应该用年借款利率对利息税盾效应进行贴现,即

$$利息税盾现值 = \frac{2}{(1+5\%)} + \frac{1.5}{(1+5\%)^2} + \frac{1}{(1+5\%)^3} + \frac{0.5}{(1+5\%)^4} = 4.54(万元)$$

（二）无法预设未来债务水平的情形

在上文，利息税盾是可预知的，其风险与利息风险一致，但与公司自由现金流风险不一致，因此，可以用债务资本成本对预先确定的利息税盾进行贴现。若我们无法预知目标项目的债务水平或仅仅知晓公司和目标项目的杠杆比率，那么，我们该如何应对呢？

例 10-7 承例 10-4，设 C 公司拟投资一项目，预计投资额为 100 万元，项目使用寿命 3 年，每年末的预计自由现金流（FCFF）均为 80 万元。借款年利率为 4%，股权资本成本为 10%，所得税税率为 50%，债务与企业价值的比率（以市值衡量）为 50%。未来三年，该项目的持续价值和借款水平见表 10-5。

表 10-5 目标项目的预计持续价值和预期借款水平

单位：万元

年 份	0	1	2	3
自由现金流		80	80	80
有杠杆时项目价值	213.84	146.67	75.47	
借款水平	106.92	73.335	37.735	

显然，在上述情形中，50%的债务与企业价值比率是目标杠杆水平。我们所能够做的仅仅是，为维持目标杠杆水平，预测在不同时间点的借款水平，即借款水平的期望值。表 10-5 给出了未来三年预期的借款水平。在第 0 年，用 6% 的税后 WACC 进行贴现，该项目价值预计为 213.84 万元，鉴于杠杆水平为 50%，此时债务预期水平应该是 106.92 万元；在第 1 年年底，用 6% 的税后 WACC 进行贴现，预计项目价值为 146.67 万元，此时预计债务水平降至 73.335 万元；在第 2 年年底，用 6% 的税后 WACC 进行贴现，预计项目价值为 75.47 万元，此时预计债务水平继续降至 37.735 万元。

我们可以根据表 10-5，给出未来三年目标项目的预计借款水平、利息支付和利息税盾，见表 10-6。

表 10-6 目标项目预期借款水平、利息支付和利息税盾

单位：万元

年 份	0	1	2	3
借款水平（杠杆 50%）	106.92	73.335	37.735	
支付利息（年利率 4%）		4.277	2.933 4	1.509 4
利息税盾（税率 50%）		2.139	1.467	0.755

由于未来不确定，因此，借款水平也具有不确定性，利息税盾的风险与项目现金流的风险一致，因此，在对每年的利息税盾进行贴现时，不应该用借款年利率进行贴现，而应该使用税前 WACC（7%）进行贴现，即

$$税盾效应现值 = \frac{2.139}{(1+7\%)} + \frac{1.467}{(1+7\%)^2} + \frac{0.755}{(1+7\%)^3} = 3.896(万元)$$

(三) 债务融资的其他影响

在讨论 WACC 法和 APV 法时,我们仅引入了一项摩擦项,即仅考虑了利息税盾对项目价值的影响,但是,还存在其他市场摩擦项,比如发行成本、定价错误、间接破产成本、代理成本等。下文简述这些摩擦项对项目价值的影响。

1. 发行成本

公司在为项目进行债务融资时,向银行借款以及发行公司债券是两种重要的债务融资方式,公司将承担利息成本。银行在提供银行贷款或承销公司债券时,会按贷款额或发行额的一定百分比收取类似承销费,因此,公司还将承担发行成本。

发行成本会降低目标项目的价值,减少项目预计的净现值。发行成本比较容易计算,因此,它对项目价值的影响也较易确定。比如,某项目的价值估计为 300 万元,初始投资为 200 万元,其中 100 万元为公司债券,银行收取的承销费为 2 万元。公司所得税税率为 30%。由于承销费发生在项目投资阶段,因此,承销费的税后现值为 1.4 万元[1.4=2×(1−30%)]。考虑了发行成本后,该项目的价值为 298.6 万元,净现值为 98.6 万元(98.6=300−200−1.4)。

2. 定价错误

市场是不完美的,定价错误随处可见。比如,公司举债融资时,若其信用状况大为改善的信息尚未被外界知晓,那么,公司支付的利率会高于其应该承担的利率。此时,定价错误发生了。一旦发生定价错误,其对项目价值的影响是显而易见的。

例 10-8 设崇德公司拟投资一项目,现正考虑为该项目向银行借款,预计借款 2 000 万元,贷款期限为 3 年,每年付息一次,公司所得税税率为 50%。公司目前的信用等级为 A,虽已具备 AA 水准,但外界不知情。若银行根据信用等级确定贷款利率,A 级的贷款利率为 8%,AA 级的贷款利率为 7%。

如果按 8% 年利率借款,那么,公司的利息税盾效应见表 10-7。

表 10-7 按 8% 年利率借款的利息税盾

单位:万元

年份	0	1	2	3
贷款	2 000	−160	−160	−2 160
利息税盾		80	80	80
贷款净现值(按 7% 贴现)	−52.5			
利息税盾现值(按 7% 贴现)	209.9			

由表 10-7 可知,尽管公司按照 8% 年利率(A 信用等级)支付利息,但是,其真实的信用等级是 AA,因此,债权人的期望收益率应该是 7%,在计算贷款净现值时,用 7% 作为贴现率。利息税盾现值为 209.9 万元,但是贷款净现值为负值,合并效应为 157.4 万元。

如果按 7% 年利率借款,那么,公司的利息税盾效应见表 10-8。

表 10-8　按 7% 年利率借款的利息税盾

单位：万元

年　份	0	1	2	3
贷款	2 000	−140	−140	−2 140
利息税盾		70	70	70
贷款净现值（按 7% 贴现）	0			
利息税盾现值（按 7% 贴现）	183.7			

由表 10-8 可知，贷款净现值为零，利息税盾现值为 183.7 万元，合并效应为 183.7 万元。对比两种不同借款利率下的合并效应，我们会发现，在按 8% 年利率支付利息的情形下，项目价值将减少 26.3 万元（26.3＝183.7−157.4）。这是由定价错误造成的。

3. 间接破产成本

债务融资尤其是高杠杆融资后，公司会陷入财务困难的境地，引发间接破产成本。间接破产成本可能以两种方式影响估值：一种是间接破产成本（比如客户流失、供应商流失等）直接减少目标项目期望自由现金流；另一种是间接破产成本加大了公司价值或项目价值对市场风险的敏感度，提高了投资者的期望收益率。

在评估间接破产成本对估值的影响时，有两种选择：一是结合间接破产成本调整期望自由现金流；二是在估值时先不考虑间接破产成本的影响，之后再减去间接破产成本现值。

4. 代理成本

公司高杠杆融资后，为避免财富转移，债权人会加大与股东之间的冲突，引发不菲的代理成本。与间接破产成本类似，代理成本也可能以两种方式影响估值：一种是代理成本（比如股东过度投资、投资不足等）直接减少目标项目的期望自由现金流；另一种是代理成本加大了公司价值或项目价值对市场风险的敏感度，提高了投资者的期望收益率。

第三节　目标资本结构

公司资本结构受税收、破产、管理者动机、信号等诸多因素影响，本书的第八章和第九章给出了这些因素影响资本结构的路径和逻辑。从公司金融实践看，公司所持的杠杆是对这些因素进行广义均衡的结果。

一、目标资本结构的定义和特点

（一）目标资本结构的定义

在公司实践中，目标资本结构不是一个陌生的概念。由均衡理论可知，当资本结构在创造股东价值方面的改进已非常有限时，此时的资本结构便是目标资本结构。目标资本结构可用利息保障倍数和杠杆率（比如资产负债率或债务权益比）来描述。其中，利息保障倍数

表示为

$$利息保障倍数 = EBIT(或 EBITDA)/I \qquad (10\text{-}1)$$

式(10-1)中，$EBITDA$ 是指当期利息前税前折旧摊销前的经营利润，I 是指当期利息费用，D 是指当期折旧、A 是指当期摊销费用。式(10-1)表示，在盈利一定的情况下，利息保障倍数越高，说明公司的杠杆水平越低，反之，则越高。

资本结构受诸多因素的综合影响，因此，公司目标资本结构可以理解为是广义均衡的结果。

第一，在构建目标资本结构时，须考虑利息税盾效应和破产成本对公司价值的作用。比如，在公司起步期，负现金流和负利润是常态，公司经营风险很大，因此，此时提高杠杆既无法实现利息税盾效应，又增加了公司的财务风险。在公司成熟期，现金流和利润稳定是常态，公司经营风险小，因此，此时提高杠杆既无违约风险，还可以实现利息税盾效应。

第二，在构建目标资本结构时，可以适当引入债务，发挥债务融资硬约束的特性，抑制管理者不良动机。管理者具有做大的冲动，表现为投资过度，因此，适当引入债务，能够利用债务按时还本付息的刚性要求来约束管理者行为，减少代理成本和浪费。

第三，在构建目标资本结构时，还要关注引入债务后的两个负面影响。一个负面影响是当公司业务恶化时，高杠杆使得公司融资灵活性大大降低，公司可能被迫通过减少投资、削减研发预算等手段来丢卒保车。另一个负面影响是引发债权人和股东之间的利益冲突，债权人为了保全债权，会通过提高期望收益率或增加债务合约条款来对冲风险，从而引发代理成本。

（二）目标资本结构的证据

公司信用评级取决于三大类要素：公司规模、杠杆高低和盈利水平。国外的研究显示，欧美多数大公司的信用等级在A+至BBB-之间，它们的利息保障倍数为5—11。在这一区间内，公司价值对杠杆变动不太敏感（除非极端情况）。也可以理解为，在这一区间内，公司在创造股东价值方面的改进已非常有限。

然而，公司价值对这一区间之外的杠杆变动可能很敏感。若利息保障倍数过低（如低于5），那么，业务恶化和代理冲突会抵销利息税盾效应，增加破产概率。若利息保障倍数过高（如高于11），低杠杆会使公司错失大量的利息税盾效应。

可见，对信用等级处于A+至BBB-之间的美国和欧洲的大公司而言，利息保障倍数5—11可以视为目标资本结构。如果公司的利息保障倍数低于5，那么，公司可能面临被下调等级的风险。公司信用评级具有长期稳定性，大多数公司不愿轻易被下调等级，因此，公司的目标资本结构不会轻易发生改变。

（三）目标资本结构的标杆

既然目标资本结构是客观存在的，那么，如何构建目标资本结构呢？如果存在运转良好的资本市场，那么，每个公司都可以较容易地找到目标资本结构的标杆。

1. 比照公司的资本结构

在资本市场上选定一个或若干个在增长率、收益率和资产特点等方面非常相似的业内龙头企业（也称比照公司）。一般而言，增长率越高，公司对资金的需求就越大，收益率越高，对资金的需求就越低。因此,若公司(拟构建目标资本结构的公司)的这些因素与业内处于标杆位置的比照公司比较相似,那么,理性的做法是,可以将比照公司的资本结构作为其目标资本结构,不应该拒绝来自有效资本结构带来的好处。

2. 信用评级的杠杆要求

资本结构与公司主体信用等级具有相关性,因此,我们可以获得另一种目标资本结构的标杆。具体而言,可以在特定行业中选取某一信用等级(如 AA、A、BBB)的投资级公司,了解和确认这类公司达到该信用等级的诸多条件,尤其是利息保障倍数和资产负债率所处的区间。据此,既可以了解某一类投资级公司的目标资本结构,又可以知晓偏离目标资本结构后对公司信用评级的影响。然后,对号入座,确认拟构建目标资本结构公司的利息保障倍数和资产负债率。

(四)目标资本结构的异质性

一方面,我们应该确立标杆,调整自身资本结构,享受来自有效资本结构带来的好处;另一方面,我们还必须根据公司自身的特点,留有余地。

第一,目标资本结构应该为公司留足财务灵活性。财务灵活性是指公司的富余举债能力,如果公司实际利息保障倍数高于目标利息保障倍数,说明公司拥有富余举债能力。为保持竞争优势,公司会面临技术改造、产品升级、转型、并购等,因此,为满足未来大额的资本性支出,杠杆不能用足,确保公司具有一定的富余举债能力来满足未来之需。

第二,目标资本结构有助于保持公司财务稳健性。公司财务稳健性是指公司承受未来不确定性风险的能力。未来充满不确定性,公司很可能会面临业务低迷和行业不景气的冲击,合理的目标资本结构有助于增强公司承受业务低迷和行业不景气的能力。

财务灵活性大小和财务稳健性强弱更能够体现出公司在确立目标资本结构时的良苦用心和能力,这也是公司在设计和管理资本结构时的重点和难点。

案例 10—1

中国乳制品行业三巨头的债务水平

截至 2019 年年底,中国乳制品上市公司有近 20 家。伊利股份、蒙牛乳业和光明乳业是中国乳品行业的三家头部企业,它们都在全力打造乳业全产业链模式,即业务覆盖牧业养殖、乳品生产加工和销售。因此,三家企业可比性较强。最近五年,这三家公司的资产负债率见下表。

证券名称	资产负债率				
	2015	2016	2017	2018	2019
伊利股份	49.17%	40.82%	48.80%	41.11%	56.54%
蒙牛乳业	47.46%	48.08%	53.37%	54.16%	57.54%
光明乳业	65.93%	61.69%	59.60%	62.17%	57.95%

资料来源:东方财富网。

从表中数据的趋势可以看出,伊利股份前四年的资产负债率明显低于两家竞争对手,但在2019年年底,其资产负债率已接近行业对手。蒙牛乳业的资产负债率呈现逐渐提升的态势。光明乳业的资产负债率一直在60%上下波动。

从三家乳品企业目前的情况来看,它们的资产负债率看起来还是比较高的,很可能会引发投资者的担忧。最大的担忧是,这三家公司是否会存在财务风险。

问:结合伊利股份年报,请分析其债务结构的特点,你认为这些特点是否有助于公司维持较高的资产负债率?有些投资者认为,60%左右的资产负债率大体就是这三家乳品企业的目标资本结构,你同意这种看法吗?

二、设计和管理资本结构[①]

公司融资方式的变化势必会调高或调低公司杠杆,因此,资本结构是动态的。那么,在公司融资实践中,我们应该如何设计和管理资本结构呢?下面结合公司融资决策予以说明。

(一) 预测资金盈余和短缺

例10-9 设甲公司目前年营业收入10亿元,其信用等级为BBB,对应的利息保障倍数(EBIT/I)不低于5。为提高销售规模,公司在未来6年需进行大量投资,累计投资约3.4亿元,包括资本性支出(CE)和营运资本支出(WC)。大规模投资后,公司预计销售增长率可从目前每年3.5%提升至每年20%。目前,公司销售利润率为5%。公司内部资金有限,不足以满足未来巨额投资需要,需利用外部资金。根据测算,公司在按时归还到期债务、严格执行股利政策之后,未来6年累计资金缺口预计高达2.83亿元(见表10-9)。设公司所得税税率为零。

表10-9 未来6年预计现金流

单位:百万元

年 份	第1年	第2年	第3年	第4年	第5年	第6年
EBIT(1−t)	36	41	49	54	57	60
营运资本(增)减	−8	−24	−36	−22	−12	−13
资本性支出(增)减	−15	−47	−72	−43	−24	−25
FCFF	13	−30	−59	−11	21	22
已有债务税后利息	−6	−4	−3	−1		
偿还到期债务	−20	−50	−20	−30	−20	−10
支付现金股利	−10	−11	−12	−13	−14	−15
资金盈缺	−23	−95	−94	−55	−13	−3

---

① 蒂姆·科勒等.价值评估:公司价值的衡量与管理[M].高建等译.北京:电子工业出版社,2012.

由表 10-9 可知：第一，公司执行增长战略，在未来六年中，预计每年都会发生大量的资本性支出和营运资本支出（详见表 10-9 中的第三行和第四行），累计高达 3.41 亿元。第二，公司严格履行债务契约，已有债务必须按时还本付息，预计第 2 年还本额高达 5 000 万元，支付利息 400 万元（详见表 10-9 中的第六行和第七行）。第三，公司严格执行股利政策，大约按当年税后利润的 35% 派发现金股利，不会通过减少发放现金股利来缩小资金缺口。由于自由现金流可解决部分资金缺口，因此，在考虑了未来 6 年预计自由现金流之后，公司未来 6 年每年都存在资金缺口，累计高达 2.83 亿元。

（二）设定目标资本结构

前文已述，我们可以基于信用评级的要求来确立公司目标资本结构，并根据公司的特点和未来之需，在财务灵活性和稳健性方面留有不同的空间和弹性。

第一，在选择融资渠道之前，我们需要设定该公司的目标信用等级。承例 10-9，为了继续获得资本市场的认可，甲公司决定继续保持在投资级水平，继续将公司信用等级定位在 A 至 BBB 之间。设公司所处行业中，BBB 级公司最低可接受的利息保障倍数为 5。

第二，保持合适的财务灵活性和稳健性。承例 10-9，甲公司未来 6 年的预期资本性支出和营运资本支出巨大，因此，在正常情况下，公司的目标资本结构需要这样来表示，即实际利息保障倍数一定要高过 5。只有这样，公司才会在解决当期资金缺口的同时，为未来留有足够的财务灵活性和财务稳健性。

（三）为基本情景确定资本结构

如果公司未来的走势与预期一致，那么，我们可以基于预期来确定目标资本结构，并据此配置资金来解决资金缺口。

承例 10-9，甲公司的预期增长率很高，相应的资本性支出和营运资本支出需求很大，因此，公司实施的积极增长战略推升了其对资金的需求。同时，公司还有其他大额现金支出项目。由表 10-9 可知：公司严格履行债务合约，按时归还到期债务（即已有债务按时还本付息），例如，预计第 2 年偿还的债务本金和利息分别高达 5 000 万元和 400 万元；公司严格执行股利政策，预计每年股利发放率约 35%（即每年用约 35% 的税后利润支付股东现金股利），预计未来每年支付的现金股利均超过 1 000 万元。这些因素进一步推升了公司对资金的需求。

公司未来大额资金缺口可选用三种方式解决：第一种方式，全部选用举债方式解决；第二种方式，部分选用发新股，部分选用举债；第三种方式，减少现金股利、缩减增长计划和资本性支出。显然，在正常情况下，第三种方式不足取，但可以作为后手。

1. 全部选用举债方式

如果我们选用中期借款方式来解决未来资金缺口，那么，这种资金配置的方式是否能够同时满足公司目标资本结构的诸多要求呢？

承例 10-9，若甲公司通过逐年借款来解决未来资金缺口，那么，该公司未来 6 年中每年的资金安排见表 10-10。

表 10-10　未来 6 年资金缺口和债务融资安排

单位：百万元

年　份	第1年	第2年	第3年	第4年	第5年	第6年
EBIT(1−t)	36	41	49	54	57	60
营运资本增减	−8	−24	−36	−22	−12	−13
资本性支出增减	−15	−47	−72	−43	−24	−25
FCFF	13	−30	−59	−11	21	22
已有债务税后利息	−6	−4	−3	−1		
偿还到期债务	−20	−50	−20	−30	−20	−10
支付现金股利	−10	−11	−12	−13	−14	−15
资金盈缺	−23	−95	−94	−55	−13	−3
富余现金(增)减少						
富余现金利息收入						
发行股票						
发行债券(偿还)	24	101	105	69	29	20
新债税后利息费用	−1	−6	−11	−14	−16	−17
新融资额	23	95	94	55	13	3

由表 10-10 可知，公司可以通过逐年举债来解决未来 6 年的资金缺口，实现公司的增长战略。但是，全部用债务融资来解决资金缺口牺牲了公司的财务灵活性(见表 10-11)。

表 10-11　举债融资后未来 6 年利息倍数

年　份	第1年	第2年	第3年	第4年	第5年	第6年
利息保障倍数	5.14	4.1	3.5	3.6	3.56	3.52

由表 10-11 可知，除第 1 年外，公司未来其他年份的利息保障倍数低于最低目标利息保障倍数 5，例如，第 2 年的利息保障倍数仅为 4.1[4.1=41/(4+6)]。可见，从第 2 年开始，公司的财务灵活性一直没有达标，即未来缺乏富余举债能力。如果不对这样的资金安排进行调整，那么，公司信用等级有被调低的风险。这与先前设定的目标资本结构不符，全部使用举债解决资金缺口显然不是良策。

2. 选用部分发新股方式

如果我们选用发新股加举债方式来解决未来资金缺口，那么，这种资金配置的方式在满足公司目标资本结构的诸多要求方面是否有改善？

承例 10-9，如果公司仅在第 1 年年初发新股，融资 1.25 亿元，后几年的资金缺口全部用举债方式逐年解决，那么，未来 6 年中每年的资金安排见表 10-12。

表 10-12 第 1 年年初发新股后的资金安排

单位：百万元

年　份	第 1 年	第 2 年	第 3 年	第 4 年	第 5 年	第 6 年
EBIT(1−t)	36	41	49	54	57	60
营运资本增减	−8	−24	−36	−22	−12	−13
资本性支出增减	−15	−47	−72	−43	−24	−25
FCFF	13	−30	−59	−11	21	22
已有债务税后利息	−6	−4	−3	−1		
偿还到期债务	−20	−50	−20	−30	−20	−10
支付现金股利(含新增股份的股利)①	−12	−13	−15	−16	−17	−18
资金盈缺	−25	−97	−97	−58	−16	−6
富余现金(增)减少	−105	97	8.4			
富余现金利息收入	5	0.4				
发行股票	125					
发行债券(偿还)			92.6	66	25	15
新债税后利息费用			−4	−8	−9	−9
新融资额	25	97	97	58	16	6

由表 10-12 可知，公司在第 1 年年初发放新股融资 1.25 亿元之后，解决了第 1 年资金缺口 2 500 万元，1 亿元富余现金买了理财产品，按年收益率 5% 计，当年产生了 500 万元利息收入，因此，第 1 年年末富余现金余额为 1.05 亿元。富余现金可供第 2 年和第 3 年使用，由于第 2 年的资金缺口小于富余现金余额，因此，第 2 年无须对外融资，但第 3 年开始需逐年使用举债融资来解决资金缺口。

部分发新股的资金安排方式是否能够满足目标资本结构的诸多约束条件呢？答案是肯定的(见表 10-13)。

表 10-13 部分发新股后未来 6 年利息倍数

年　份	第 1 年	第 2 年	第 3 年	第 4 年	第 5 年	第 6 年
利息保障倍数	36	11.39	7	6	6.3	6.67

由表 10-13 可知，公司未来 6 年中每年的利息保障倍数均高于 5，比如，第 1 年的利息保障倍数高达 36[36＝36/(6−5)]，因此，公司能够维持原先的信用等级，且拥有财务灵活性，尤其是第 1 年和第 2 年具有很强的富余举债能力，符合公司对目标资本结构的构想。显然，这种资金配置方式远胜全部使用举债融资。

---

① 考虑到第 1 年年初增发了新股，为此，从第 1 年年底开始，假定每年发放的现金股利将有所增加。

(四)财务稳健性测试

未来具有不确定性,承例 10-9,假如甲公司面临经济下行,预期税后经营利润减少一半,但公司不准备缩减未来投资规模,不减少股利发放率。相关的预期现金流见表 10-14。设该公司最坏情况出现时的利息保障倍数不得低于 2。

表 10-14 不利情景下的资本结构

单位:百万元

年 份	第1年	第2年	第3年	第4年	第5年	第6年
EBIT(1−t)	18	21	25	27	28	30
营运资本增减	−8	−24	−36	−22	−12	−13
资本性支出增减	−15	−47	−72	−43	−24	−25
FCFF	−5	−50	−84	−38	−8	−8
已有债务税后利息	−6	−4	−3	−1		
偿还到期债务	−20	−50	−20	−30	−20	−10
支付现金股利(含新增股份的股利)	−6	−6	−5	−5	−5	−5
资金盈缺	−37	−110	−111	−74	−33	−23
富余现金(增)减少	−92.4	92.4				
富余现金利息收入	4.4					
发行股票	125					
发行债券(偿还)		18.6	117	85	46	38
新债税后利息费用		−1	−6	−11	−13	−15
新融资额	37	110	111	74	33	23

由表 10-14 可知,公司在未来预期利润减半的不利情景下,为完成高增长的战略构想,采取了如下资金配置方式:第 1 年年初发新股 1.25 亿元,之后几年累计举债约 3.05 亿元。在这样的资金配置下,公司的利息保障倍数见表 10-15。

表 10-15 不利情景下未来 6 年利息倍数

年 份	第1年	第2年	第3年	第4年	第5年	第6年
利息保障倍数	11.25	4.2	2.78	2.25	2.15	2

由表 10-15 可知,即便在公司预期税后经营利润减半的情况下,公司通过以上资金配置,仍然能够使得未来 6 年中每年的利息保障倍数均超过最低要求 2 倍。此外,公司还有一些应急手段可用,例如,缩减未来研发支出和投资规模、降低股利支付率等来调高利息保障倍数。因此,这样的资本结构还是比较稳健的。

(五) 目标资本结构的执行和调整

1. 目标资本结构执行

由上文可知,公司较为可行的做法是,选用发新股方式来解决未来的部分资金缺口。但在具体实施时,需视未来情况而定。

第一,目前按计划增发新股,筹集 1.25 亿元。

第二,如果未来的增长计划一如所愿,那么,公司可以按既定的融资计划安排资金。

第三,如果未来出现不利情景,那么,公司有多种应对手段和路径。为维持目标资本结构,公司既可以在不改变财务计划的情况下,按既定的融资计划安排资金,也可以缩减财务计划,甚至还可以降低股利支付率来应对。

2. 目标资本结构调整

公司资本结构常常会偏离目标资本结构,因此,公司目标资本结构是一个不断调整的过程。

当公司存在资金缺口时,公司可以使用增发新股、举债和削减现金股利等方式来筹集资金。

若需调高杠杆,则可以通过举债方式实现。如需调低杠杆,则可通过增发新股或削减现金股利等方式实现。

当公司存在资金盈余时,公司可以将这些富余资金用于股票回购、偿还债务、增加现金股利等。

如需调低杠杆,可用富余现金偿还债务,甚至提前偿还债务。如需调高杠杆,可用富余资金进行股票回购,或提高现金股利发放比率。

值得注意的是,目标资本结构调整并非易事,切忌在调整过程中向市场释放不良的信号。比如,为调低杠杆而减少现金股利发放水平,此举可能被市场误读为公司缺乏良好的未来市场预期。

本章小结

加权平均资本成本法是指用加权平均资本成本对目标项目的自由现金流进行贴现,最终确认目标项目的投资价值。

调整现值法是指以在不考虑杠杆时的项目价值为基础,加上债务融资之后的调整项来估计项目价值的估值方法,其中,债务税盾的价值是最重要的调整项。

如果公司的风险独立于杠杆的选择,即利息税盾的大小不改变公司整体风险,那么,公司税前 WACC 就是无杠杆资本成本。如果目标项目的风险与公司风险一致,公司税前 WACC 也是目标项目的无杠杆资本成本。

如果利息税盾风险小于公司总体风险,那么,利息税盾会改变公司总体风险,须另行计算无杠杆时公司的资本成本。

在讨论 WACC 法和 APV 法时,仅考虑了一项摩擦项,即仅考虑了利息税盾对项目价值的影响，但是，还存在其他市场摩擦项，比如发行成本、定价错误、间接破产成本、代理成本等。

公司资本结构受税收、破产、管理者动机、信号等诸多因素影响，本章给出了这些因素影响资本结构的路径和逻辑。从现实看，公司所持的资本结构是对这些因素进行广义均衡的结果。

关键词

目标资本结构、利息倍数、资产负债率、利息税盾效应、APV 法、WACC 法、税后 WACC、税前 WACC、发行成本、定价错误、代理成本

习题

1. 为什么可以用利息保障倍数来表示公司的杠杆水平？
2. 什么是目标资本结构？
3. 公司确立目标资本结构的标杆主要有哪些？
4. 债务融资影响公司价值的主要路径有哪些？
5. 什么是 WACC 法？
6. 什么是 APV 法？
7. 假设 A 公司的股权资本成本为 11%，股票市值为 80 亿元，企业价值为 100 亿元。公司债务资本成本为 5%，公司所得税税率为 30%。公司拟投资某项目，存续期为 3 年，预计初始投资额为 1 亿元，一次性投资，预计每年底的自由现金流（FCFF）分别为 0.5 亿元、0.8 亿元和 0.9 亿元。

要求：

(1) 公司的 WACC 是多少？

(2) 若公司的债务股权比率维持不变，项目风险和公司总体风险一致，杠杆也相同，那么，该项目价值为多少？

8. B 公司的股权资本成本为 9%，债务资本成本为 5%，公司所得税税率为 30%，债务股权比率为 2。设公司维持不变的债务股权比率，利息税盾的风险和公司总风险一致。

(1) 该公司的 WACC 是多少？

(2) 计算公司的无杠杆资本成本。

(3) 为何该公司的无杠杆资本成本小于其股权资本成本，但高于其 WACC？

9. C 公司调整其杠杆水平，致使其利息费用占自由现金流的比重为 30%。C 公司面临扩张的好机会，预计扩张产生的自由现金流当年将达到 5 000 万元，并预计以 5% 的增长率持续增长。公司所得税税率为 30%。设无杠杆资本成本为 12%。

(1) 如果公司为其债务承担 6% 的利率，那么，在扩张初始，公司的债务是多少？

(2) 扩张投资的债务与总价值的比率是多少？

10. D公司是一家无杠杆公司,目前的市值为2亿元,流通股为1 000万股。公司拟考虑增加杠杆来刺激股价。为重塑资本结构,公司准备发行金边债券(永久债务)来进行股票回购,不考虑发行费用。公司所得税税率为30%。预计增加杠杆后,公司可能会增加间接破产成本和代理成本,相关估计如下表所示。

债务水平	0	1 000万元	3 000万元	5 000万元
预计间接破产成本和代理成本	0	20万元	40万元	80万元

(1) 在上表中,对公司而言哪个杠杆水平为最佳?
(2) 此项交易宣布时,请给出公司股价可能的变化。

重要文献

1. 戴姆·科勒,马克·戈德哈特,戴维·威赛尔斯.价值评估:公司价值的衡量与管理(第4版)[M].高建等译.北京:电子工业出版社,2012.
2. 乔纳森·伯克等.公司理财(第3版)[M].姜英兵译.北京:中国人民大学出版社,2014.

第十一章 股利政策

【学习要点】

1. 现金股利和股票股利。
2. 影响股利政策的因素。
3. 股利无关论。
4. 税、管理者动机、信号与股利政策。

股利政策是指将税后利润在支付股利和增加留存收益之间进行合理分配的策略，内容包括股利支付形式、股利支付率、股利稳定性、股利发放程序等。因此，股利政策是公司重要的利益分配政策，也是重要的内部融资策略。基于"股东至上"的理念，公司在选择和确定股利政策时，需关注两大问题：一是现金股利支付是否会影响股东财富？二是何种股利政策能最大化股东财富？

第一节 股利发放方式和程序

在全面阐述股利政策之前，我们有必要先熟悉一下股利发放方式和程序。尽管世界各国在股利发放方式和程序上大同小异，但是，国别差异还是存在的。本节主要以中国为例。由于股利政策需要写入公司章程，因此，我们可以通过查阅公司章程来了解公司股利政策。股利政策内涵包括发放方式和发放力度。

一、股利政策的内涵

股利政策的内涵不复杂，主要有两个内容：一是股利的派发方式，二是不同股利的派发力度。

（一）现金股利

现金股利是指以现金支付的股利，它是主要的股利支付方式。公司通常定期发放现金股利，比如，发放年度现金股利，或发放中期现金股利。中国上市公司在披露年报或中报之后，会以公告方式披露上年度的利润分配方案，包括现金股利的派发计划。比如，根据格力电器2019年利润分配方案，每10股派现金股利12元。再比如，根据格力电器2018年中期利润分配方案，每10股派现金股利6元。在成熟资本市场上，定期发放的现金股利一般比较稳定，有时，经营状况稳定、盈利颇丰的公司还会增发数量不小的额外现金股利，这种额外现金股利被称作特别股利（special dividend）。

在中国,现金股利的派发力度通常用股利发放率(＝每股股利/每股净收益)和股息率(＝每股股利/每股价格)来度量,比如,根据格力电器2019年利润分配方案,股利发放率约为30%,表示公司将2019年税后利润中的30%以现金股利回馈股东,格力电器股票的股息率为2.19%(2019年的每股股利/2020年4月底的每股股价),表示股东的投资回报率为2.19%(不包括资本利得)。

公司自由现金流有两大用途:一是加大留存,用于投资新项目和增加现金储备;二是回馈股东,用于支付现金股利和进行股票回购。可见,发放现金股利有许多约束条件,不是所有的公司都会或能发放现金股利,比如,业绩差的公司没有能力发放现金股利,成长型公司少发甚至不发现金股利,而成熟型公司则会向股东发放更多的现金股利。

(二) 股票股利

股票股利是指公司以增发的股票作为股利,股票股利也称送股,比如,公司按10送1向股东派发股票股利,也就是说,股东每持有10股当前股票,就能获得1股额外的公司股票。在成熟资本市场上,股票股利会引发股价大幅波动,高送股常常被视为股票分割,因此,股票股利一般被慎用。

送股增加了公司发行在外的股份数,即增加了公司的股本(注册资本),但减少了留存收益,可以理解为留存收益转作股本。在中国,送股可以理解为公司将未分配利润以股本的方式派发给股东。

在我国,还有一种特殊的股票股利形式,俗称"转增"。"转增"是指公司将资本公积以股本的方式赠送给股东,即增加了公司股本,但减少了资本公积。比如,根据格力电器2014年利润分配方案,每10股转增10股。从严格意义上讲,由于"转增"未减少留存收益(未分配利润),因此,它不是真正意义上的股票股利。

在中国,股票股利的派送力度通常用"送转"的多少来度量。至于何为高送转,不同市场的定义不同。在主板市场上,10送转5以上属高送转;在中小板市场上,10送转8以上属高送转;在创业板市场上,10送转10以上属高送转。

(三) 股票回购

股票回购是指公司买回自己发放的股票的过程。股票回购的方式主要有三种:一是公司公开宣布计划在股票市场上购回自己发放的股票;二是要约收购,以高出市场价的溢价购回指定数目的股票;三是公司直接向大股东洽购。股票回购的目的多种多样,比如,阻止股价下滑、反收购、避税、调高财务杠杆等。

有时候,股票回购可以作为现金股利发放的有效替代方式。事实上,在成熟经济体国家或地区,股票回购已经成为现金股利的一种特殊形式。当公司拥有超额现金留存(即公司持有大量的富余现金)且缺少投资机会时,公司会以高溢价向股东回购一定数量的股份,变相发放现金股利。当资本利得税税率低于股利所得税税率时,股票回购比直接发放现金股利更能够最大化股东的税后财富。

与现金股利连续性和稳定性的特点不同,股票回购不具有可持续性。主要理由有:一是公司管理者没有定期进行股票回购的责任和义务,他们很少承诺股票回购;二是股票回购受经济周期的影响大,经济高涨期的股票回购数量远远高于经济衰退期的回购数量。

二、股利支付程序

股利支付是利润分配的重要内容,是公司的重大事项,因此,从方案设计、审议到具体实施,有一套法定程序。下面,以我国上市公司股利支付程序为例予以说明。

(一) 决策程序

由董事会依据公司上年度盈利情况以及股利政策,制定和披露利润分配方案(股利分配计划),提交公司最高权力机构股东大会审议。股东大会审议通过后,由董事会向股东发布利润分配实施公告,并在规定的股利发放日按约定的支付方式派发股利。

(二) 信息披露

利润分配实施公告和财务报告是公司股利分配信息的主要载体,公司利润分配预案公告日不能早于财务报告披露日。先分述之。

1. 年度财务报告和中期财务报告

为确保信息充分披露,我国《关于修改上市公司现金分红若干规定的决定》要求上市公司必须在其年报和中期报告中分别披露利润分配预案、在报告期实施的利润分配方案、现金股利政策在本报告期的执行情况。还要求上市公司以列表方式披露前三年现金股利的数额以及股利发放率(现金股利/净利润),对有盈利但未提出现金股利分配预案的公司,要求其详细说明未分红的原因以及留存资金的用途。

2. 利润分配实施公告

董事会必须在关于股利分配计划的股东大会召开后的两个月内完成股利派发,因此,董事会应该在此期间对外发布利润分配实施公告(股利分配公告)。一般而言,股利分配公告在股权登记日前3个工作日发布。利润分配实施公告的内容主要有三项。

第一,利润分配方案,旨在揭示公司是否公允、合理地兼顾了股东当前利益和公司未来发展需要。

第二,股利分配对象,即确认享有股利的股东,股权登记日登记在册的股东均有权获得股利。

第三,股利发放方法。按登记的证券交易所的具体规定进行股利发放,每个证券交易所的规定存在一定差异。

(三) 分配程序

现金股利由上市公司于股权登记日前划入交易所账户,再由交易所于股权登记日后若干个工作日划入各托管证券经营机构账户,最后,由各托管证券经营机构在股权登记日后某个工作日划入股东资金账户。

股票股利在股权登记日后若干个工作日直接划入股东的证券账户,并于划入后的即日起开始上市交易。

（四）股利支付的重要时点

按发生的时间先后排序，股利支付的重要时点包括股利宣布日、股权登记日、除息除权日和股利支付日等。

例 11-1 我国某上市公司在 2020 年 5 月 11 日对外发布《××公司利润分配实施公告》，公告称××公司 2019 年度利润分配方案已于 2020 年上半年由股东大会审议通过。股利分配方案为：每 10 股派现金股利 3 元（含税），每 10 股送 4 股，转增 2 股。股权登记日为 2020 年 5 月 14 日（收盘价 25 元/股），除息日为 2020 年 5 月 15 日（开盘价 16 元/股），现金股利发放日为 2020 年 5 月 18 日。

股利宣布日是指公司董事会将股东大会通过本年度利润分配方案的情况以及股利支付的情况予以公告的日子。以例 11-1 为例，5 月 11 日为股利宣布日，公司对外宣布发放现金股利、派送股票股利以及实施转增的消息。

股权登记日是指有权领取本期股利的股东资格登记截止日。以例 11-1 为例，5 月 14 日为股权登记日，确认有权获得本期股利的股东名单，只有在 5 月 14 日收盘前买入或持有股票的股东，才有权获取本期股利。在该登记日后买入股票的股东无权获得本期股利。

除息日（也称除权日）是指股利所有者与股票本身分离的日子。以例 11-1 为例，5 月 15 日为除息日，5 月 15 日之前购买的股票均包含股利，除息除权日（5 月 15 日）及之后买入的股票价格中不包含股利。比如，在除息除权日前 1 天，股票价格为（$P+2$）元/股，其中 2 元为每股股票价格中所包含的股利。如果市场是完善的（即无税、无交易成本、信息对称等），那么，在除息除权日，每股股票价格将跌至 P 元/股。若考虑个人所得税，除息除权后的参考价格并非 P 元/股。在我国，除权后的参考价格（理论价格）为

$$除权后参考价格 = \frac{股权登记日收盘价 - 每股现金股利}{1 + 送股率 + 转增率}$$

以例 11-1 为例，除息除权后参考价格为 15.44 元/股，与除息除权日实际开盘价 16 元/股不完全一致。除息除权日的设定存在国别差异。在我国，除息除权日定在股权登记日之后的第 1 天（工作日）。而在美国，除息日定在股权登记日的前 2 天。

股利支付日为股利发放日，是指公司确定的向股东正式发放股利的日子，它在股权登记日和除息日之后。以例 11-1 为例，5 月 18 日为股利支付日。

第二节 税、管理者动机、信号和股利政策

选择和确定股利政策是公司尤其是上市公司绕不开的一项重要工作，股利政策需要写入公司章程。若公司崇尚"股东至上"，那么，公司需特别关注两大问题：一是现金股利支付是否会影响股东财富？二是何种股利政策能最大化股东财富？在回答这些问题之前，我们有必要了解股利政策理论，知晓股利政策是如何影响公司价值的。下文逐一介绍一些重要的股利政策理论。

一、"一鸟在手"理论(BIH)

该理论认为,股票价格波动太大,未来存在很大的不确定性,投资者被认为是风险厌恶型。因此,在投资者看来,现金股利比留存收益再投资带来的资本利得更为可靠。投资者将偏好确定的现金股利而非不确定的资本利得,正所谓"宁要手中一只鸟,不要林中一群鸟"。"一鸟在手"理论是流行最广、持续时间最长的股利政策理论。最重要的代表人物是威廉斯(1938)、林特勒(1956)、华特(1956)和戈登(1959),下面用戈登于 1962 年[①]、1963 年[②]的论述来介绍"一鸟在手"理论。

(一) 假设

第一,公司的留存收益是公司扩大再生产的唯一财源。
第二,公司的再投资收益率(r)保持不变,不存在再投资风险。
第三,公司的期望收益率或资本成本(贴现率 k)保持不变。
第四,公司永续经营。
第五,无税环境。
第六,公司股利增长率(rb)保持不变。
第七,公司的资本成本(k)与股利增长率(rb)的关系不变,即 $k > rb$。
第八,公司的股利支付率($1-b$)永恒不变。

(二) 模型

根据以上假设,我们可以用股利永续增长模型导出股票的定价公式,即

$$P_0 = \frac{D_1}{(k-rb)} = \frac{E_1(1-b)}{(k-rb)} \tag{11-1}$$

式(11-1)中,D_1 表示第 1 期期末每股股利,E_1 表示第 1 期期末每股净收益(EPS),k 表示资本成本,r 表示留存收益的投资回报率(即再投资收益率),b 表示留存比率。如果无限期持有股票,rb 正好等于股利增长率 g。这意味着,如果公司不是从外部获得新资本,而是用留存收益进行再投资的话,下期的盈利以及股利仅会由此增加,并不断循环进行。

如果式(11-1)的假设条件都成立,当 $r=k$ 时,则股利政策与股票价格无关。戈登在 1963 年修改了第三条假设。由于未来存在不确定性,股利远期支付比即期支付风险更大,因此,投资者会相应提高期望收益率(贴现率),即 $k_{t+1} > k_t$,股票价值随之发生变动。于是,投资者更注重眼前收益,偏好现金股利,宁要手中一只鸟,不要林中两只鸟。

(三) 结论

"一鸟在手"理论有两个重要结论:一是股票价格与股利支付率成正相关关系;二是权

[①] Gordon, M. J. The Investment, Financing and Valuation of the Corporate[M]. Homewood, Illinois: Richard D. Irwin, 1962.

[②] Gordon, M. J. Optimal Investment and Financing Policy[J]. *Journal of Finance*. Vol.18, No.2, May 1963: 264-272.

益资本成本与股利支付率成负相关关系。公司在制定股利政策时,必须采用高股利政策,使公司价值最大化。

但是,该理论很难解释投资者在收到现金股利后又去购买公司新发行股票的现象。"一鸟在手"理论的最大缺陷在于,它没有将投资决策和股利政策对股票价格所造成的影响分离开来。

二、股利无关论[①]

1961年,默顿·米勒和弗朗哥·莫迪利亚尼提出了著名的股利无关论。该理论认为在严格假设条件下,股利政策不会对公司价值产生影响,同时,公司的权益资本成本与股利政策无关。该理论是现代股利政策的理论原点。

(一) 假设

第一,完美市场假设。这包括:资本市场上任何投资者都无法大到足以通过其自身交易操纵证券价格;信息对称;无交易成本;无税环境。

第二,理性行为假设。这包括:每个投资者都是个人财富最大化的追求者;财富的增加是通过现金股利还是资本利得没有什么差别。

第三,完全的确定性假设。这包括:投资者对未来投资机会和利润完全有把握,具有共同期望;所有的公司都发行相同的普通股。

第四,分离假设。这是指公司投资决策事前已确定,不会随股利政策的变化而改变,即股利政策与投资决策无关。

(二) 公司价值模型的推导

为便于分析,设有两家公司,均为无杠杆(即100%权益)公司,除当期股利发放水平不同外,其他方面均相同,包括预期经营现金流、预计未来投资支出、第2期以及之后的股利发放水平都相同。

由于假设两家公司未来预期经营现金流相同,因此,可以理解为这两家公司的风险等级相同,同一风险级别公司的期望收益率相等。若将期望收益率定义为股利加上资本利得,那么,两家公司第 t 期的期望收益率为

$$\rho(t+1) = \frac{d_j(t+1) + P_j(t+1) - P_j(t)}{P_j(t)} \tag{11-2}$$

式(11-2)中,$d_j(t+1)$ 表示第 j 家公司在第 t 期期末的每股股利;$P_j(t+1)$ 表示第 j 家公司在第 $t+1$ 期期初或第 t 期期末的每股价格;$P_j(t)$ 表示第 j 家公司在第 t 期期初的每股价格,$P_j(t+1) - P_j(t)$ 表示第 t 期的资本利得。

如果用公司每股股票价格来表示公司每股股票价值,则每股股票价值可以表示为

$$P_j(t) = \frac{d_j(t+1) + P_j(t+1)}{1 + \rho(t+1)} \tag{11-3}$$

[①] Miller, M.H. Modigliani, F. Dividend Policy, Growth, and the Valuation of Shares[J]. *The Journal of Business*. XXXIV, No.4, October 1961.

如果用公司全部股票市值来衡量或反映公司价值，则公司价值可用下式表示：

$$V_j(t) = n(t)P_j(t) = \frac{D_j(t+1) + n(t)P_j(t+1)}{1+\rho(t+1)} \quad (11-4)$$

式(11-4)中，$V_j(t)$ 表示第 j 家公司在第 t 期期初的公司价值，$n(t)$ 表示第 j 家公司在第 t 期发行在外的普通股股数，$D_j(t+1)$ 表示第 j 家公司在第 t 期期末的股利总量，$P_j(t)$ 表示第 j 家公司在第 t 期期初股票价格。为了说明公司价值与股利政策无关，我们需要将式(11-4)进行变换。

设时期 t 期末，公司有两大资金用途：一是支付现金股利 $\tilde{D}_j(t+1)$；二是准备在第 t 期期末投资 $\tilde{I}_j(t+1)$。与上述资金用途匹配的是，无杠杆公司在第 t 期期末有两大资金来源：一是在第 t 期期末获得的现金收益 $EBI\tilde{T}_j(t+1)$；二是按发行价格 $\tilde{P}_j(t+1)$ 发新股 $m(t+1)$ 股。于是，我们可以获得以下恒等关系，即

$$EBI\tilde{T}_j(t+1) + m(t+1)\tilde{P}_j(t+1) = \tilde{I}_j(t+1) + \tilde{D}_j(t+1) \quad (11-5)$$

先将式(11-4)做一些变化，即

$$\tilde{V}_j(t) = \frac{\tilde{D}_j(t+1) + [n(t+1)-m(t+1)]\tilde{P}_j(t+1)}{1+\rho(t+1)}$$

$$= \frac{\tilde{D}_j(t+1) + \tilde{V}_j(t+1) - m(t+1)\tilde{P}_j(t+1)}{1+\rho(t+1)} \quad (11-6)$$

式(11-6)中，$n(t+1)$ 表示第 t 期期末增发新股融资后的普通股股数，增发规模为 $m(t+1)$ 股。

然后，将式(11-5)代入变换后的式(11-6)中，替换 $m(t+1)\tilde{P}_j(t+1)$ 项，式(11-6)最终转化为式(11-7)，即

$$\tilde{V}_j(t) = \frac{\tilde{D}_j(t+1) + \tilde{V}_j(t+1) - \tilde{I}_j(t+1) + EBI\tilde{T}_j(t+1) - \tilde{D}_j(t+1)}{1+\rho(t+1)}$$

$$= \frac{\tilde{V}_j(t+1) - \tilde{I}_j(t+1) + EBI\tilde{T}_j(t+1)}{1+\rho(t+1)} \quad (11-7)$$

当 n 趋于无穷大时，则：

$$V_j(0) = \sum_{t=0}^{\infty} \frac{EBI\tilde{T}_j(t+1) - \tilde{I}_j(t+1)}{[1+\rho(t+1)]^{t+1}} \quad (11-8)$$

在式(11-8)中，股利变量没有出现，公司价值仅取决于公司投资(I)、盈利能力(EBIT)和风险等级(ρ)，但与利润如何在股利和留存之间分配无关。因此，在米勒和莫迪利亚尼所构建的完美世界里，股利政策与公司价值无关。

(三) 股利支付无关的基本逻辑

基于式(11-7)，我们能方便地予以证明：除当期股利支付率不同外，其他方面(预期经营现金流、预计未来投资支出、未来股利政策)均相同的两家公司的价值一定相等，不会受当期股利支付率不同的影响。

第一,两家公司风险相同,因此,期望收益率(贴现率)必定相等。
第二,两家公司当前的现金流相等,$E\tilde{BIT}_1(1)=E\tilde{BIT}_2(1)$。
第三,两家公司当前的投资支出相等,$\tilde{I}_1(1)=\tilde{I}_2(1)$。
第四,公司期末价值仅取决于未来投资、预期经营现金流。由于我们假设影响公司期末价值的因素相同,因此,$\tilde{V}_1(1)=\tilde{V}_2(1)$。

在两家公司以上四项均相等的情况下,两家公司的现值相等。即

$$V_1(0)=V_2(0)$$

无税 MM 理论具有开创性的意义,该理论严格假设条件成为后续研究的主要内容和线索,后续研究重点转移到考察和放松假设条件后的不完善市场中的股利政策上。

例 11-2 设有 A 和 B 两家公司,均为无杠杆公司,具有相同的风险水平,股权资本成本均为 10%,现有普通股股数为 1 000 万股,目前(2020 年 12 月底)现金性资产为 3 000 万元。公司预计未来每年自由现金流均为 6 000 万元。设市场是完美的。若这两家公司采取不同的股利政策方案,你认为何种方案最优?

A 公司方案:现在用 3 000 万元现金性资产发放现金股利,以后按每年预计自由现金流发放现金股利。

根据 A 公司方案,该公司的股价(除息前)为

$$P_0=3\,000/1\,000+\frac{6\,000/1\,000}{10\%}=3+60=63(元/股)$$

假设市场是完美的,除息日股价下跌幅度等于每股股利,因此,A 公司的股价为

$$P_1=\frac{6\,000/1\,000}{10\%}=60(元/股)$$

因此,在完美市场中,A 公司股东的总财富由两部分组成,手中的现金股利(3 000 万元)和对公司要求权(60 000 万元),合计 63 000 万元。

B 公司方案:目前用 3 000 万元现金按市场价格回购股份,以后按每年预计自由现金流发放现金股利。

目前,B 公司价值为

$$V_o=\frac{6\,000/1\,000}{10\%}\times1\,000+3\,000=63\,000(万元)$$

目前 B 公司股价为 63(63=63 000/1 000)元/股,公司回购的股票数量为

$$股票回购数=\frac{3\,000}{63}=47.619(万股)$$

回购后,公司每股股利预计为 6.3 元/股[6.3=6 000/(1 000-47.619)]。在完美市场下,回购后公司的股价没有发生变化,因此,B 公司目前股价为

$$P_1=\frac{6\,000/952.381}{10\%}=63(元/股)$$

在完美市场中,B 公司回购前后的股价没有变化。股东总财富也由两部分组成,出售股

份的股东变现的财富(即受让股权的变现收入)为3 000万元,未出售股份的股东对公司的要求权为60 000万元[60 000＝63×(1 000－47.619)],两者相加为63 000万元。

显然,尽管两家公司采用了不同的股利政策,但是,在完美市场中,两家公司股东的总财富并未因股利政策的不同而存在差异。主要差别仅在于:一是股东偏好可能不同,如果B公司股东愿意持有现金,他们会偏好股票回购,出售更多的股份换取现金;二是股东持股数发生变化,B公司股东的持股总数在股票回购后减少了。

根据无税MM理论,公司价值与盈利水平、投资以及公司所处风险水平有关,即取决于公司的预期自由现金流和期望收益率,而与自由现金流的处置无关。可见,尽管股利支付水平由自由现金流决定,但在完美资本市场中,公司价值既不会受股利支付方式的影响,也不会受自由现金流如何在现金股利和留存收益之间进行分配的影响。

三、税差理论(TD)

股利在税后列支,因此,公司所得税与股利政策无关。当引入个人所得税(包括针对股利收入和资本利得的税收)后,情况发生了变化。由于股利收入和资本利得适用不同的税率,因此,投资者可以通过选择合适的股利政策来降低税负,实现其税后收益最大化。1967年,法勒和塞尔文提出了第一个税差模型。

(一) 假设

第一,有税环境。即同时考虑公司所得税和个人所得税的影响。
第二,公司将净利润作为股利全部发放给股东或全部留存。
第三,资本利得税税率低于股利所得税税率。

(二) 模型[①]

他们认为,公司的税后利润为$(EBI\widetilde{T}-rB_c)(1-\tau_c)$。如果公司将净利润全部以股利形式发给股东。那么,股东获取的税后股利所得为

$$Y_i^d = [(EBI\widetilde{T}-rB_c)(1-\tau_c)-rB_{pi}](1-\tau_{pi}) \tag{11-9}$$

式(11-9)中,$EBI\widetilde{T}$表示息税前收益;r表示借款利率(假定公司和个人借款利率相等时的借款利率);B_c表示公司债务;τ_c表示公司所得税税率;B_{pi}表示第i位股东的个人债务(可以理解为股东为了购买公司股票而举借的债务,借款利息可理解为股东的投资成本,应该从股利收入中扣除);τ_{pi}表示第i位股东的股利所得税税率。

如果公司不决定发放股利,公司的价值将增加$(EBI\widetilde{T}-rB_c)(1-\tau_c)$,这就是资本利得。又假定全部资本利得可以通过投资者变现后立即实现,并征收资本利得税,那么,股东获得税后资本利得为

$$\begin{aligned}Y_i^q &= (EBI\widetilde{T}-rB_c)(1-\tau_c)(1-\tau_{qi})-rB_{pi}(1-\tau_{pi})\\ &= [(EBI\widetilde{T}-rB_c)(1-\tau_c)-rB_{pi}](1-\tau_{qi})+rB_{pi}(\tau_{pi}-\tau_{qi})\end{aligned} \tag{11-10}$$

---

① Farrar, D. and Selwyn, L. Taxes, Corporate Financial and Return to Investors[J]. *National Taxes Journal*. December 1967: 444-454.

式(11-10)中，τ_{qi} 表示第 i 位股东的资本利得税税率，$rB_{pi}(1-\tau_{pi})$ 表示第 i 位股东税后债务成本(假定这个债务利息具有税盾效应)。

根据公式(11-9)和(11-10)，当 $\tau_{pi} > \tau_{qi}$ 时，得

$$\frac{Y_i^q}{Y_i^d} = \frac{[(EBI\widetilde{T} - rB_c)(1-\tau_c) - rB_{pi}](1-\tau_{qi}) + rB_{pi}(\tau_{pi} - \tau_{qi})}{[(EBI\widetilde{T} - rB_c)(1-\tau_c) - rB_{pi}](1-\tau_{pi})} \tag{11-11}$$

由式(11-11)可知：当 $\tau_{pi} > \tau_{qi}$ 时，无论 EBIT 的取值是否为正数，也无论利率和债务的大小如何，这两种所得的比率必大于 1。也就是说，税后资本利得必大于税后股利所得。因此，相对于股利所得，股东偏好资本利得。

例 11-3 设某公司向其股东增发股份 1 000 万股，公司目前股价为 30 元/股。公司将所筹集的资金全部作为现金股利发放给股东。设股利税税率为 30%，资本利得税税率为 10%。假设仅存在税收一项摩擦项，其余符合市场完美假设。

股东认购公司增发的股票可理解为股东投资了 30 000 万元，与此同时，公司股东获得了现金股利共计 30 000 万元，按 30% 的股利税税率，股东应该缴纳的股利税共计 9 000 万元。假设市场是完美的，那么，发行完现金股利后，公司价值将下降 30 000 万元，此时，股东若出尽所持全部股份，将承担共计 30 000 万元的资本损失。按 10% 的资本利得税税率计算，公司股东可节省资本利得税共计 3 000 万元，公司股东的实际总税收负担将是 6 000 万元(6 000 = 9 000 − 3 000)。也就是说，公司股东仅能从追加投资中收回 24 000 万元。如果股利税税率和资本利得税税率相同，股东恰好能够全部收回其追加投资额。因此，这个例子从另一侧面说明了现金股利存在明显的税收劣势。

(三) 结论

税差理论的结论有两个：一是股票价格与股利支付比率成反比；二是权益资本成本与股利支付比率成正比。因此，按照税差理论，公司在制定股利政策时，应该采取低股利政策，才能使股东财富最大化。

既然存在股利税收劣势，但为什么有些公司不顾股利税收劣势，仍一如既往地发放现金股利？显然，该理论没有办法解释现实生活中的"股利之谜"，随后的追随者效应理论对此做出了很好的解释。

四、追随者效应理论

追随者效应(clientele effects)理论是税差理论的延续。该理论认为，投资者在收入水平、投资期限以及是否享受税收减免上存在差异，因此，有的适用高边际税率，而有的适用低边际税率。于是，他们对待股利政策的态度就会不一样，处于高税级的股东会偏好低股利政策，而处于低税级的股东则会偏好高股利政策。当支付高股利的公司供给不足时，按照供求理论，这些公司会受到处于低税级投资者追捧，其股价将上扬，市场会达到一个动态的平衡。达到均衡后，高股利政策的股票将吸引处于低税级的追随者；低股利政策的股票将吸引另外一类投资者，他们处于高税级。因此，追随者效应理论认为，股利政策是中性的。

最早提出该理论的是米勒和莫迪利亚尼(1961)，该理论在 20 世纪 70 年代得到了迅速

发展。埃尔顿和格鲁勃在"股东边际税率和追随者效应"一文[①]中,运用 1966 年 4 月至 1967 年 3 月所有在纽约证券交易所上市的公司样本数据,发现随着股利收益率的不断上升,投资者的边际税率逐渐降低。

埃尔顿和格鲁勃认为,股东在股票除权前面临两种选择:

第一,在除权前出售其股票,就此失去了拥有股票的权利。

第二,在除权日之后出售其股票,但承受了股票价格随之下跌的损失。

如果不存在套利机会,则不管如何选择,投资者所得到的收益应该相等,即

$$P_B - \tau_q(P_B - P_c) = P_A - \tau_q(P_A - P_c) + D(1 - \tau_d) \tag{11-12}$$

式(11-12)中,P_B 表示除权日前的股票价格,τ_q 表示资本利得税税率,P_c 表示当初股票购买价格,P_A 表示除权日后的股票价格,D 表示每股股利,τ_d 表示股利的所得税税率。

根据式(11-12),当市场处于均衡状态时,除权日股票价格变动必须使预期的股票买方或卖方无论是在除权日前还是之后进行交易都是无差别的。

将式(11-12)进行变换,得:

$$\frac{(P_B - P_A)}{D} = \frac{1 - \tau_d}{1 - \tau_q} \tag{11-13}$$

根据式(11-13),等式左边是股票平均价格下降幅度(资本利得)占股利支付的比率,反映每 1 元现金股利的等值资本利得。

例 11-4 设资本利得税税率为 30%,股利税税率为 70%。某公司股票的当前交易价格是 40 元/股,并打算支付 10 元/股的现金股利。

如果仅考虑税收因素,那么,在无套利情形下,该公司股票除权后的股价为

$$P_A = P_B - D \times \frac{1 - \tau_d}{1 - \tau_q} = 40 - 10 \times \frac{1 - 70\%}{1 - 30\%} = 35.71(元/股)$$

可见,尽管现金股利为 10 元/股,但在考虑税收因素时,股价在除权日后仅下跌 4.29 元/股。说明现金股利有显著的税收劣势,每 1 元现金股利只相当于 0.429 元资本利得。

埃尔顿和格鲁勃通过观察发现:如果投资者拥有高股利收益率,那么,式(11-13)左边的 $(P_B - P_A)/D$ 就变大(即越接近于 1),表明投资者所处的税收等级较低;如果投资者拥有低股利收益率,$(P_B - P_A)/D$ 就会变小(即越小于 1),表明投资者所处的税收等级较高。投资者获得的股利收益率和其承担的边际税率呈负相关关系。这一现象就是有名的追随者效应,即公司股利政策被有效利用,满足了具有某一种税收偏好的股东,例如,处于低税级甚至免税的股东,会偏好支付高现金股利公司的股票,当执行高股利政策的公司供给不足时,其股价会上涨。

在资本市场上,有一种财务异象,即除息日前后股票交易量会放大。学者基于动态追随者效应(dividend capture theory)对此进行了解读:事实上,低税级乃至免税投资者并没有一直持有高派息公司股票的必要,只是在发放股利前持有即可。按此逻辑,股利发放一旦被预期,处于高税级的股东将出售股票来获得更多的税后资本利得,而处于低税级的股东将购

[①] Elton, E.J. and Gruber, M.J. Marginal Stockholder Tax Rates and the Clientele Effect[J]. *Review of Economics and Statistics*. February 1970.

入股票来获得更高的税后现金股利,在除息日之后,再进行反向交易。于是,除息前后交易量放大的现象就不难理解了。

五、代理成本理论

在股利无税 MM 理论中,有一个重要的假设,即公司管理者与股东之间的利益完全一致,但在现实经济中,情况完全不是如此。代理成本理论是在释放了股利无税 MM 理论中关于管理者和股东利益一致性假设的基础上发展起来的。公司股东、债权人以及公司管理者这三类群体各自的动机以及它们之间的冲突是股利政策代理成本理论的基础和出发点。

(一) 约瑟夫的股利政策理论[①]

1982 年,约瑟夫提出了一个命题:若公司持有的现金超过未来投资和流动性所需,那么,公司股东是否有好处?事实上,公司持有过多现金会产生代理成本,管理者将超额现金视为"免费午餐",侵占、过度投资等行为频发。

他通过实证研究后发现,股利发放量越多,公司管理者侵占自由现金流的空间越小,因此,高股利政策能够减少浪费、降低代理成本,进而能够提升股价。但又由于高股利政策减少了公司内部资金,增加了对外部资金的需求量,因此,高股利政策会增加筹集新资本(发行新股和新债)的交易成本。公司股利政策应该在代理成本和交易成本这两种成本之间进行权衡,使得总成本最小。总成本最低时的股利政策是最优的(见图 11-1)。

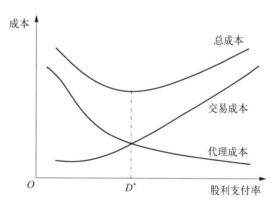

图 11-1 代理成本和股利支付率的关系

由图 11-1 可知,D^* 为股利政策的最优解。此时,股利政策的总成本最低,公司所采用的股利政策是最合适的。

(二) 伊斯特布鲁克的股利政策理论[②]

1984 年,伊斯特布鲁克发表了"股利的两种代理成本解释"一文,试图对如何降低两类代理成本进行新的解读。事实上,在 20 世纪 70 年代,詹森提出了代理理论,他认为,在现代公司制中,股东是委托人,而管理者是代理人。股东是公司全部权益的受益者,而管理者却只有受托责任。因此,管理者的利益不可能与股东的利益完全一致。股东与管理者的冲突会引发两类代理成本:一是监督成本,即股东监督、管束管理者所付出的成本和代价;二是与风险有关的代理成本,即管理者不愿为寻求 NPV 为正值的项目而承担高风险。因此,对股东而言,需设计一套机制,使管理者按股东意愿行事。

伊斯特布鲁克的研究发现,股利政策具有治理效应。理由是:发放现金股利减少了公司内部资金,迫使公司不断向资本市场寻求资金来满足成长之需。一旦公司进入资本市场,

---

[①] Michael Rozeff. How Companies Set Their Dividend-Payout Ratios[J]. *Chase Financial Quarterly*. Winter 1982.
[②] Easterbrook, F. H. Two Agency-Cost Explanation of Dividends[J]. *American Economics Review*. 74(4), September 1984.

就会受到来自资本市场治理要求的规范。如果公司发新股融资,那么,投资银行等中介会参与其中,相当于引入了外部监督者。这些中介通常被视为代表全体股东利益的公司监督者,能够起到很好的监督效果。如果公司举债融资,那么,相当于引入了债务硬约束,按时还本付息的硬约束会促使管理者正视债务风险,不敢懈怠。同时,他又认为,若公司持续在资本市场上融资,公司还会不断迎合和满足资本市场较高的治理要求。

(三) 凯莱的股利政策理论[①]

1982年,凯莱从合约角度研究股利政策。他认为公司应该被视为一个利益相互冲突和相互竞争的合作团体,其中,股东和债权人是两类最主要的成员。股东控制公司,能够选择合适的投资和融资政策来实现其财富最大化。股东有两种从债权人手中转移财富的途径:一是通过减少投资或消耗现有资产来发放股利;二是通过举债支付股利。也就是说,对高杠杆公司,股东有通过设计高股利政策来支付更多现金的动机。

为避免财富转移,债权人会通过设计债务合约来保全债权,约束股东行为。大多数债务合约都订有约束公司股利政策的条款,这些条款以直接股利约束或间接股利约束形式来限制公司股利政策。直接股利约束是指在债务合约中,以显性形式规定的股利约束条款。比如,规定股利发放率的上限。间接股利约束是指在债务合约中,以隐性形式规定的股利约束条款。比如,规定公司营运资本和净资产的下限,以免公司变卖资产去发放股利。

凯莱对150家美国上市公司1956—1975年的债务合约条款进行分析后发现,在有债务的公司中,债务合约能够阻止股东侵占债权人利益的行为。但他也发现,为了增加债务保障度,大多数公司实际上留存的用于正常经营所需的现金(包括有价证券)明显多于债务合约规定的最低限额,即存在逆向财富转移现象。从长期来看,以股东财富最大化为目标的公司举借新债时,会修订债务合约,降低持有现金的机会成本,因此,逆向财富转移现象会趋于消失[②]。显然,股利政策受债务合约影响,它是债权人和股东之间博弈的结果。

(四) 帕塔的股利政策理论[③]

2000年,帕塔在研究法律体系、股东权益保护和股利政策之间的关系时,建立了两个股利代理成本模型,即结果模型和替代模型。

在结果模型中,帕塔认为现金股利是法律体系保护中小股东利益的结果。在有效的法律体系下,小股东可以利用他们享有的法律权利迫使公司发放现金股利,从而阻止公司内部管理人员挥霍公司的留存收益谋求私利。在其他条件相同的条件下,对小股东的权益保护越好,公司的股利支付也越高(见图11—2)。而且,在小股东权益保护得好的国家,如果公司有好的投资机会,则可以采用低股利政策、高再投资比例的政策,因为股东相信他们以后会获得更高的股利。

替代模型认为现金股利可以作为保护股东权益的一种替代。其基本逻辑是:为了能以合适的条件获得所需资金,公司必须在资本市场上树立良好的信誉和口碑。发放现金股利

---

① Avner Kalay. Stockholder-Bondholder Conflict and Dividend Constraints[J]. *Journal of Financial Economics*. 10,1982.
② 李常青.股利政策理论与实证研究[M].北京:中国人民大学出版社,2001:80.
③ Porta, R.L. Agency Problems and Dividend Policies around the World[J]. *Journal of Finance*. 55,2000.

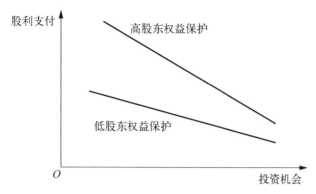

图 11-2 结果模型下股利支付率和投资机会的关系

减少了公司内部人员牟取私利的资金来源。在其他条件相同的情况下,如果保护股东权益的法律环境越差,那么,上市公司的股利发放率应该越高,即便拥有良好投资机会且急需资金的公司也不例外。理由是:此举可以在资本市场上树立良好信誉,显示公司有着良好的公司治理机制,可以博得资本市场的好感。因此,在股东权益法律保护不佳的情况下,高成长公司的股利支付率要比低成长公司高。这种关系可用图 11-3 来描述。

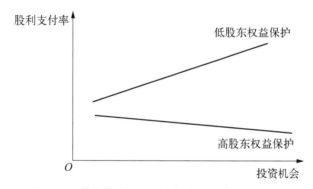

图 11-3 替代模型下股利支付率和投资机会的关系

帕塔的研究支持了结果模型,也就是说,现金股利是良好法律体系保护中小股东利益的结果,而不是作为一种法律机制的替代物来发挥公司治理功能。

六、股利信号理论

股利信号理论释放了股利无税 MM 理论中信息对称假设,认为信息是不对称的,公司内部人比公司外部人更了解公司。根据股利信号传递假说,股利政策是一种信号,反映了管理者对公司未来收益预期的看法。当公司有良好的预期时,公司就会通过增发股利将这一积极信息向外部投资者传递,而减少股利支付是一种消极的信号,可视为公司向外部传递出公司未来预期走弱的信息。

股利信号理论的雏形始见于 20 世纪五六十年代。1979 年,巴恰塔亚创建了第一个股利信号模型。该模型释放了股利无税 MM 理论中信息对称假设,认为信息是不对称的,公司内部人比公司外部人更了解公司。

巴恰塔亚信号理论的基本内容可归结为:在信息不对称条件下,股利政策是一种可靠的信号。如果公司管理者调整股利政策,那么,可以视作公司向外界传递了关于未来预期的信息。当股东预计未来业绩良好,有不错的预期时,他们会想办法将这一信息传递给外界。当公司发展前景不看好时,公司被迫通过削减股利将这一信息向外部投资者传递。

巴恰塔亚又认为,将信息传递给公司外部投资者不是无成本的。如果信息传递是无成本的话,"坏"公司可以模仿"好"公司的股利政策,于是会混淆信息。因此,任何股利信号理论均建立在克服无成本缺陷,尽力创建一个有成本的信号机制上。在这种机制下,"好"企业能够承担得起高昂的成本,而"坏"公司则不堪重负,"坏"企业无法模仿"好"公司的股利政策。

股利信号理论是否具有现实解释能力呢?事实上,在成熟市场国家或地区,上市公司调整股利发放水平不会很频繁。比如,在相当长的时间段内,公司利润虽有起伏,但公司股利发放水平平稳,调整次数屈指可数。究其原因,是因为这些公司的股利政策具有"黏性"效应,公司管理者不会轻易调整股利发放水平,尤其不会下调股利发放水平,削减股利的代价很大,不到万不得已不会出此下策。正是由于股利政策的这种"黏性"特征,市场将公司股利政策变动视作公司经营者改变了对公司未来收益的预期。

随着一大批高科技企业的出现,增加股利派发力度可能会传递出另一类信息。例如,微软公司在1986年IPO后,由于成长机会多,所需资金量大,因此,微软公司很多年不发现金股利,采取零股利政策。2003年,微软公司第一次派发现金股利,但是,市场的反应却是负面的,即投资者认为微软公司或许缺乏更多的投资机会,微软公司股价一度下跌。

巴恰塔亚的信号理论之后,股利信号理论渐渐分成两支。一些学者致力于实证研究,大量的实证研究结果都表明股利公告向市场提供了信息;另一些学者循着巴恰塔亚的研究思路,建立了一系列股利信号模型。

再次想提醒的是,除了向外传递管理者关于公司未来拥有良好预期的信息外,股利增加的信息也许还有其他解读。例如,公司缺乏投资机会、成长速度减缓等。因此,我们不能误读股利政策传递出的信息。

第三节 股利政策决定和类型

上文介绍了重要的股利政策理论,这些理论揭示了税、管理者动机、信号等因素是如何通过股利政策来影响公司价值的。事实上,公司在选择股利政策时,需要综合考虑包括税、管理者动机、信号等在内的诸多因素。

一、股利政策的影响因素

(一) 法律规定的限制

在制定和选用股利政策时,不应触碰已有的法律法规,应该清楚股利政策适用的法律边界,否则,会付出惨重代价。

第一,资本保全规定。资本保全规定是指公司不能动用资本发放股利的规定。资本有两种定义:一是仅指资本金(股本);二是指包括资本金(股本)和资本公积(超缴资本)在内的资本。资本保全规定中所涉资本主要是指资本金。

第二,超额累积留存收益的限制。超额累积留存收益是指累积留存收益超过了公司未来投资之需,在中国,未分配利润可理解为超额累积留存收益。根据"股东至上"理念,超额部分必须以股利形式回馈股东。公司保持超额累积留存收益的理由各异。例如,在成熟市场国家或地区,由于股利所得税税率高于资本利得税税率,公司保留超额留存收益的目的可能是帮助股东规避高股利税负。因此,公司超额留存收益的用意一旦被查实,将被加征惩罚性税收。

第三,无力偿债的限制。为保全债权人的债权,禁止无偿债能力的公司支付现金股利。无力偿债既包括"财务困难",如无力偿还到期债务,也包括"资不抵债",如公司负债超过资产的公允价值。无力偿债还包括因履行股利支付而失去偿债能力。

第四,净利润限制。一般来说,根据"多盈利多发股利,不盈利不发股利"的原则,公司年度净利润必须为正以及以前年度亏损得以足额弥补后,才能发放股利。在成熟市场国家或地区,鉴于股利政策有很强的信号效应,公司不会轻易降低股利发放水平或停止发放股利,哪怕借钱也要发,为此,在股利政策实践中,"多盈利多发股利,不盈利不发股利"的原则不会被严格执行。

第五,利润分配的限制。派发和派送股利属于利润分配范畴,因此,需符合利润分配的相关规定。在我国,公司利润分配的法定顺序为:计提法定盈余公积金(法定盈余公积金达到注册资本50%时,才可停止计提)、计提任意盈余公积金、支付股利。因此,股利支付在利润分配的法定顺序中处于最末位置。

(二) 公司的控制权

在派发高现金股利之后,公司对外部资金的需求将上升,发新股融资的可能性大增,在新股不附权发行(即老股东没有优先认购权)的情况下,公司控制权可能被稀释。因此,拥有控制权的股东会偏好低股利政策,将更多利润留存下来用于未来投资,以最大化其财富。

这个道理适用于几乎所有国家和所有行业。股权松散的公司通常采用高股利政策。股权集中度高的公司通常采用低股利政策,比如,私人公司或大股东控股的公司很少甚至不发股利。

(三) 公司的财务特征

公司的财务特征可以用增长率、收益稳定性、流动性等财务指标表述,公司股利政策深受公司财务特征的影响。

在年轻行业中,公司具有成长性,拥有超常增长率,资本性支出和营运资本支出巨大,当前盈利性差但拥有良好的未来。因此,此类公司一方面急需大量资本,另一方面需保持一定流动性,以备不测之需。于是,我们就不难理解成长型公司为何采取低股利政策甚至零股利政策。

在成熟的行业中,公司收益稳定、现金流充沛,但缺乏投资机会。因此,仰仗超强的流动性和稳定的利润流,它们会实施高股利政策,将大部分利润作为股利回报给股东。

(四) 财务灵活性

财务灵活性是指公司的举债能力。主要表现在以下三个方面:一是债务融资渠道的多寡;二是借款时间的快慢;三是举债成本的高低。如果公司举债渠道众多、能迅速地以较低的成本筹借到款项,那么,该公司的财务灵活性就强。财务灵活性可以衡量公司对未来不确定性的耐受程度,灵活性越强,公司承受未来不确定性的能力越强,就越有底气实施高股利政策。

(五) 股东的避税要求

若股利需要交纳高额的个人所得税,投资者则会降低对高股利的要求,这将导致公司的留存收益增大。高个人所得税税率可能使公司少发甚至不发股利,即通过延迟支付股利的方式帮助股东规避当下的高税负。

有研究显示,股利收益与股票投资回报之间呈正相关关系,说明投资者对高股利政策比低股利政策有更高的税前投资回报要求。还有研究显示,在除息日,股票价格的跌幅明显低于股利。

(六) 债务契约的相关条款

债权人为了保全债权,会与借款公司签订债务契约,并设置限制性条款来维持借款公司清偿能力和流动性。比如,规定借款公司在债务期内必须履行的最低留存收益比例,这一限制性条款直接影响了公司的股利支付率。如果债务契约中的相关条款要求公司保持很高的留存收益比例,那么,为了严格履行债务合约的限制性条款,公司在债务合约期内只能实施低股利政策。

二、股利政策类型

股利政策有消极股利政策和积极股利政策两大类,但"消极"和"积极"没有褒贬之分。现分述之。

(一) 消极股利政策

消极股利政策也称剩余股利政策,剩余股利政策是指公司仅将剩余的税后利润(即满足了投资后的剩余)用于发放股利,因此,这种政策被视为消极的股利政策。现以公司资金安排来说明剩余股利政策。

第一,选择和确定投资项目。为最大化公司价值,公司会非常在意收益率超过期望收益率的投资项目,也就是说能够产生正值 NPV 的投资项目,并极力促成此类项目得以实施。

第二,确定投资项目所需资金。通过资本预算预计投资项目所需资金,资金来源是投资项目能否实施的一个重要约束条件。

第三,安排投资项目的资金。公司运用税后利润和外部资金来为投资项目筹集资金。

第四,决定发放股利。投资项目所需资金落实后,如税后利润还有剩余,可考虑将剩余盈余(也称自由现金流)用于支付股利。

如果投资机会很多,剩余盈余就会很少甚至为零。因此,对于成长型公司而言,可以用剩余股利政策来解释它们为何少发甚至不发股利。

但是,许多学者的研究结果并不支持剩余股利政策。事实上,在成熟市场国家或地区,公司尤其是成熟企业的股利政策是稳定的,受盈利水平以及投资机会的影响较小,公司对股利政策的调整是非常审慎的。

（二）积极股利政策

积极股利政策是指公司不是消极地将剩余盈余发放股利，而是将发放股利视为常态的股利支付安排。以现金股利为例，积极股利政策主要有以下三种。

1. 持续股利政策

持续股利政策是指股利支付呈线性趋势，尤其是呈向上倾斜趋势线特征的股利政策，这是一种积极的股利政策。执行此类股利政策的公司都倾向于"平滑"的股利政策，每年所支付的股利同股利的最终决定因素——公司利润相比，变化小得多，即股利政策是"黏性"的。当公司未来盈利有良好的预期时，公司才会考虑调整股利政策，并逐渐提高每股股利，直到达到一个新的每股股利的均衡水平。当公司面临亏损时，公司不会马上调低每股股利，相反，公司会试图保持一个正常的股利发放水平。只有当公司确认无法再恢复到原来的盈利水平时，才会考虑调低股利，并进行全面调整。

在成熟的、运转良好的股票市场上，处于成熟期的公司其现金股利通常具有连续性和稳定性的特点，即每股股利通常是一个相对稳定的值，比如现金股利 1 元/股，受公司当前盈利状况的影响较小。在信息不对称的资本市场上，股利政策是一个重要的信号，稳定和持续的股利政策给投资者带来正效用，投资者愿意为此支付溢价。因此，公司轻易不会改变股利发放水平。

2. 固定股利支付率政策

固定股利支付率政策是指公司确定一个股利占税后利润的比率，并按该比率派发股利的政策。根据该政策，每年股利水平与当年盈利水平挂钩。由于未来存在不确定性，因此，各年派发的每股股利会随公司业绩好坏呈现上下波动。

这种股利政策最大的缺陷是股东各年实际获得的股利存在波动性，投资者可能不太愿意为此类股票支付溢价。因此，在其他条件相同的情况下，执行持续股利政策的公司股价可能会高于执行固定股利支付率的公司股价。

目前，中国优秀上市公司大多采用固定股利支付率政策。以格力电器为例，在 2020 年公司章程中，我们可以发现它实施差异化现金分红政策，具体体现在三个方面。

第一，公司发展阶段属成熟期且无重大资金支出安排的，进行利润分配时，现金分红在本次利润分配中所占比例最低应达到 80%。

第二，公司发展阶段属成熟期且有重大资金支出安排的，进行利润分配时，现金分红在本次利润分配中所占比例最低应达到 40%。

第三，公司发展阶段属成长期且有重大资金支出安排的，进行利润分配时，现金分红在本次利润分配中所占比例最低应达到 20%。

3. 固定股利加额外股利政策

在这种股利政策下，固定股利可以理解为正常情况下公司向股东支付的期望股利，而额外股利是指在固定股利之外向股东支付的一种不经常有的股利，通常只有在业绩好的年份才发放额外股利。

这种股利政策适用于盈利起伏波动的公司：一方面，通过发放相对较低的固定股利，可以确保股利支付持续性,符合股利政策"黏性"特点;另一方面,股东可以在业绩好的年份分享额外的收益。由于这种额外股利不是股东的期望股利,因此,额外股利能够向外界传递出公司未来预期的积极信号。

> **案例 11-1**
>
> **如何评价格力电器的现金股利政策？**
>
> 格力电器是我国家电行业的龙头企业之一,2012—2016 年,已累计分红约 364 亿元,每年分红数分别为 30 亿元、45.1 亿元、90.2 亿元、90.2 亿元以及 108.2 亿元。
>
> 2018 年 4 月 25 日晚间,此前已经连续分红十年的格力电器"突然"宣布 2017 年度不分红,此举大大超出投资者预期。于是,导致 2018 年 4 月 26 日股价大幅下挫,盘中股价还一度接近跌停板的位置,当日市值蒸发超 200 亿元。格力电器对外的解释是:"公司从实际经营情况出发,为满足资本性支出需求,保持财务稳健性和自主性,增强抵御风险能力,实现公司持续、稳定、健康发展,更好地维护全体股东的长远利益,公司 2017 年度不进行利润分配,不实施送股和资本公积转增股本。"此事惊动了深交所,在深交所关注问询之下,格力电器随后发布公告称,将进行 2018 年度中期分红,分红金额届时依据公司资金情况确定。2018 年 8 月 30 日晚间,格力电器披露 2018 中报业绩的同时公布了利润分配预案,向全体股东每 10 股派发现金红利 6 元(含税)。
>
> 2019 年 7 月 31 日,格力电器发布 2018 年年度权益分派实施公告。根据公告,格力电器将于 8 月 6 日实施年度分红每 10 股派现 15 元。加上 2018 年中期分红,2018 年实际分红数为每 10 股派发 21 元。
>
> 2020 年 6 月 3 日,格力电器发布了 2019 年年度权益分派实施公告,每 10 股派发现金股利 12 元。
>
> 最近十年来,格力电器每年派发现金股利的规模受人瞩目,它是中国名副其实的"现金牛"公司。
>
> 问:你认为格力电器的现金股利政策是否具有信号效应?若格力电器今后减少现金股利派发力度,是否会对公司产生负面影响?

三、股票股利、股票分割和股票回购

股票股利无疑是股利政策的重要内容之一,但由于股票股利和股票分割都会造成股价大幅下跌,因此,需要从本质上对股票股利和股票分割进行解读。股票回购可以作为现金股利的替代,因此,需要与现金股利进行比较。

(一) 股票股利

股票股利是指公司以增发的股票作为股利。股票股利不增加公司资产,不直接增加股东财富,股东持股比例也不发生变化,但股东权益结构会发生变化。

例 11-5 我国某上市公司股利分配方案为：每 10 股送 3 股派现金股利 3 元(含税)，转增 1 股，股权登记日为 2020 年 8 月 11 日(收盘价 20 元/股)，除息日为 2020 年 8 月 12 日(开盘价 14.5 元/股)，新增可流通股上市日为 2020 年 8 月 13 日，现金股利发放日为 2020 年 8 月 17 日。该公司实施利润分配前，股东权益结构见表 11-1。

表 11-1 公司利润分配前的股东权益结构

单位：万元

项　目	金　额
股本(面值 1 元/股，已发行普通股 50 000 万股)	50 000
资本公积	70 000
盈余公积	20 000
未分配利润	60 000
股东权益合计	200 000

该公司既派发现金股利，又派送股票股利，还转增了股票，它们对股东权益结构的影响是不同的，现分述之。

就现金股利而言，每 10 股派发 3 元，发放现金股利总计 1.5 亿元。根据我国会计制度，公司现金减少 1.5 亿元，未分配利润减少 1.5 亿元。

就送股而言，每 10 股送 3 股，送股共计 1.5 亿股。根据我国会计制度，按股票面值从未分配利润转入股本，为此，公司未分配利润减少 1.5 亿元，股本增加 1.5 亿元。

就转增而言，每 10 股转增 1 股，转增共计 5 000 万股。根据我国会计制度，按股票面值从资本公积转入股本，为此，公司资本公积减少 5 000 万元，股本增加 5 000 万元。

该公司股利分配方案实施之后，公司股东权益结构见表 11-2。

表 11-2 实施股利分配方案后股东权益结构

单位：万元

项　目	金　额
股本(面额 1 元/股)	70 000
资本公积	65 000
盈余公积	20 000
未分配利润	30 000
股东权益合计	185 000

对比表 11-1 和表 11-2，公司在实施股利分配方案之后，其股东权益合计减少 1.5 亿元，为发放现金股利所为，而股票股利和转增仅影响股东权益结构，但不影响股东权益合计数。

值得注意的是，尽管现金股利总额为 1.5 亿元，但是，现金股利和送股均需交纳个人所得税(转增无须纳税)，因此，在扣除个人所得税(假设税率为 10%)后，股东实际到手的现金股利为

$$50\ 000 \times [0.3 - (0.3 + 0.3) \times 10\%] = 12\ 000(万元)$$

股票股利的内涵以及会计处置存在国别差异。成熟市场国家仅有现金股利和送股,没有转增。小比例送股(比如 10 送 1)按股票市值由留存收益(相当于我国盈余公积和未分配利润的合计数)转入股本(按面额计)和资本公积(按市值减面额后的差额计)。大比例送股(比如 10 送 10)则按面值从留存收益转入股本。

(二) 股票分割

1. 定义

股票分割是指通过降低股票面值而增加发行在外普通股数量的一种方式。例如,将 10 元/股面值改为 1 元/股面值,可以视为将 1 股分割成 10 股。股票分割既不改变股东权益总额,也不影响股东权益结构。

例 11-6 我国某上市公司发行在外的普通股股数为 1 000 万股,每股面值 10 元,每股净收益(EPS)为 3 元/股,每股市场价格为 100 元/股。目前,公司股东权益见表 11-3。

表 11-3 未实施股票分割前公司股东权益

单位:万元

项 目	金 额
股本(面额 10 元/股,发行在外普通股 1 000 万股)	10 000
资本公积	20 000
盈余公积	10 000
未分配利润	20 000
股东权益合计	60 000

如果按面值 1 元/股进行股票分割,那么,实施股票分割之后,发行在外的普通股股数将增至 1 亿股,比原来增加 9 000 万股。但是,股东权益的结构和总量均没有发生变化。

2. 股票分割的用意

既然股东权益的总量和结构都没有发生变化,为什么有些公司还要乐此不疲地进行股票分割呢?在成熟市场国家或地区,股票分割的主要目的是吸引小投资者,便于股票交易。以例 11-6 为例,分割后的每股净收益为 0.3 元/股,假设市盈率(100/3)不变,股票分割后每股股价将降至 10 元/股。事实上,有些股票的交易价格很高,比如,美国的伯克希尔-哈撒韦公司的股价高达 270 330 美元/股(2020 年 5 月 26 日收盘价),中国的茅台公司每股股价 1 358 元(2020 年 5 月 26 日收盘价)。因此,对高价股票而言,股票分割更能够吸引小投资者,扩大对股票的需求,提高股票的流动性,对提升股价有正面影响。如果股价太低或下降幅度过大,公司可能会采取反向股票分割(reverse split)策略,其实质是股票合并,减少流通股股数。比如,每 5 股股票合并成 1 股。反向股票分割常见于金融危机后,一些遭受重创的上市公司为避免退市等厄运,它们通过股票合并,努力使其股价保持在某一合理范围之内。

从对股票价格的影响看,股票股利和股票分割较难区分。在成熟市场国家或地区,大比例股票股利(即高送股)可以视同股票分割,比如,1 股送 1 股的股利政策等同于 2 比 1 的股票分割,理由是它们都会使每股股价跌去一半(理论上讲)。

但若考虑股票股利和股票分割所含信息量的差异,股票分割和股票股利对股票价格的影响是不同的。比如,股票股利本质上取决于留存收益,留存收益越多,股票股利的发放空间就越大。再比如,股票股利减少了留存收益,也减少了管理者侵占留存收益所发生的代理成本。股票股利所释放出的这些信息是正面的,也许会起到支撑股价的作用。在实践中,股票股利和股票分割适用不同的情形,前者通常在股价上涨不大时发放,后者通常在股价上涨过快时实施。

(三) 股票回购

股票回购是指公司向股东买回自己发行的股票。前文已述,股票回购的目的很多,例如,维持股价、避税、调高公司杠杆、调节所有权结构、传递股价被低估信号等。

1. 现金股利的替代

股票回购可以作为现金股利发放的有效替代方式。事实上,在成熟市场国家或地区,股票回购已经成为股利的一种重要形式。

当公司拥有超额现金留存(大量的多余现金)且缺少投资机会时,公司会以高于市场价格的溢价向股东回购一定数量的股份,变相发放现金股利。

当资本利得税税率低于个人所得税税率时,股票回购比直接发放现金股利更能够最大化股东财富。股东从股票回购交易中获得的收益为资本利得,直接获得的现金股利则为个人所得,显然,股票回购降低了股东的税负。

当公司无法长期维持高股利政策时,它们会保持一个相对较低但稳定的股利政策。公司为此拥有了灵活性,在缺乏投资机会的时候,进行股票回购:一方面将多余现金返还给了股东;另一方面减少股份数,减轻了未来现金股利的支付压力。

2. 信号传递

股票回购也具有信号效应,能够向外传递出公司管理者掌握的信息。但是,在信息传递上,它与现金股利有所区别。

第一,公司管理者没有定期进行股票回购的义务和责任。与现金股利黏性特点不同,股票回购具有随机性和非连续性,因此,它无法像现金股利那样对外传递出公司的未来预期。

第二,股票回购是一项 NPV 大于零或小于零的投资,可传递出公司股价是否被低估的可靠信号。当市场价没有被低估时,若回购价高于市场价,那么,股票回购是一项净现值小于零的投资。而当市场价被低估时,股票回购是一项净现值大于零的投资。因此,如果管理者遵循"股东至上"理念,他们在确信股价被低估时,才会进行股票回购。

在信息不对称情形下,投资者会对股票回购做如下解读:公司管理者比投资者知道更多的公司信息,股票回购表明管理者对公司未来预期的看法是正面的。股价被低估时,公司股票回购能够使公司的股价回归。比如,苹果公司经常进行股票回购,借此释放苹果股价被低估的信号。一些实证研究表明,股票回购消息宣布后,股票价格平均大约上涨 3%。

本章小结

股利政策是公司重要的利益分配政策,也是一种重要的融资方式。在现实世界中,决定公司股利政策的因素众多。基于"股东至上"的理念,公司在选择和确定股利政策时,需关注两大问题:一是现金股利支付是否会影响股东财富?二是何种股利政策能最大化股东财富?

现代股利政策理论以米勒和莫迪利亚尼无税 MM 股利政策理论为发端。主流股利政策研究的核心内容是公司的股利政策与公司价值之间的关系,资本成本最小化,公司价值最大化的股利政策是公司所追求的。现代股利政策理论源于无税 MM 理论,该理论认为在完善资本市场条件下,企业价值与企业的资产的获利能力和公司所处风险水平有关,但与公司股利政策无关。随着经济学新的分析方法的引入,股利政策理论得到了发展,并且也越来越具有现实解释功能,代理成本模型和信号传递模型是两种主要的现代股利政策模型。

和资本结构研究一样,股利政策也是公司金融领域中一个需要用精确理论模型来分析的重要领域,而且它已经成为现代公司金融研究中被透彻研究的领域之一。尽管如此,目前还是有一些问题不能得到解释。

事实上,公司在选择股利政策时,需要综合考虑包括税、管理者动机、信号等在内的诸多因素。

关键词

现金股利、股票股利、转增、股利政策、股票回购、股票分割、股权登记日、除息日、剩余股利政策、消极股利政策、积极股利政策、持续股利政策、固定股利支付率政策、固定股利加额外股利政策、一鸟在手理论、MM 理论、税差理论、追随者效应、代理成本理论、信号理论

习题

1. 股利无关论的主要假设条件是什么?
2. 股利有关论可以细分为有害论和有益论,请说明它们的主要思想。
3. 在中国,股利收入需要纳税,但资本利得无需纳税,因此,股利存在税收劣势。但是,为什么还是有不少上市公司持续派现?
4. 设有一家上市公司,10 年来一直高派现,每年派发规模都超过 30 亿元。2020 年 4 月,该公司披露了 2019 年利润分配预案,2019 年不准备派息。尽管公司 2019 年未分配利润没有降低,但该公司股价还是开始下跌。你认为该公司的利润分配预案释放了什么信号?
5. 在上海证券交易所找一家定期发放股利的公司,以此为研究对象,回答下列问题:
  (1) 该公司每隔多长时间定期发放一次股利?
  (2) 股利的数额为多少?

(3) 股东必须在哪一天登记股票以领取股利?
(4) 股利在多少天后支付?

6. 某公司的资产市值为6亿元,其中有6 000万元现金。公司有3亿元债务和1 000万股流通股。假设市场是完美的。
(1) 它当前的股价是多少?
(2) 若将6 000万元作为现金股利发放,股价将是多少?
(3) 若将6 000万元用于股票回购,回购之后,股价将是多少?

7. 某公司预计,未来3年的净收益和资本支出见下表。

单位:百万元

时 间	第1年年底	第2年年底	第3年年底
净 收 益	200	150	250
资本支出	100	150	200

公司目前流通在外的普通股股数为1 000万股,每股支付年股利1.5元/股。
要求:
(1) 如果公司采取剩余股利政策,试确定每股股利及每年所需外部融资额。
(2) 如果目前每股年股利保持不变,试确定每年外部融资额。
(3) 如果保持60%的股利支付率,试确定每年外部融资额。
(4) 以上三种股利政策,哪种政策可使股利总额最大、外部融资总额最小?

8. 某公司刚刚宣布每年的定期股利为每股0.5元。
(1) 什么时候股价会下跌以反映股利的派发——是公告日,除息日,还是股利支付日?
(2) 假设不存在税收,股价可能下跌多少?
(3) 假设所有投资者的股利税税率均为10%,而资本利得税税率却为5%,那么股价可能下跌多少?

9. 假如某人持有A公司股票100股,一年后的现在,现金股利为2元/股,该公司股东的要求报酬率为8%。又假定2年后的现在,公司破产,清算价格为10元/股。
问:
(1) 该公司股票现时的价格为多少?
(2) 如果该公司第二年仍能发放每股1元钱的现金股利,则该公司股票的现时价格又是多少?

10. 假如B公司与C公司处于同一风险等级。B公司希望一年后股价达到10元/股,公司发放现金股利为1元/股。C公司不发股利,现在的股价已经达到10元/股,其股东希望一年后能实现资本利得4元/股。假定股利所得税税率为20%,资本利得不征税。
问:
(1) B公司现时的股价为多少?
(2) 如果资本利得也按20%征税,B公司现时的股价为多少?

11. 某公司当前的总价值为5亿元,同时拥有1亿元的超额现金。公司有2 000万股流通股,没有债务。假设公司用超额现金回购股票。在股票回购后,公司的总价值将随着某些消息的公开而改变为 7 亿元或 3 亿元。

问：

(1) 股票回购前，公司的股价是多少？

(2) 如果公司价值增加，那么，它回购后的股价是多少？如果公司价值减少，回购后的股价是多少？

(3) 假设公司等消息公开后再进行股票回购。如果消息公开之后，公司价值增加，回购后的股价是多少？如果公司价值减少，回购后的股价又是多少？

12. 某公司预计未来 5 年的每股净收益(EPS)情况如下表。

时 间	第 1 年年底	第 2 年年底	第 3 年年底	第 4 年年底	第 5 年年底
EPS	2 元/股	2.1 元/股	1.8 元/股	2.2 元/股	2.3 元/股

要求：

(1) 若按固定股利支付率 30％发放股利，请列表计算未来每年的预计股利。

(2) 若按固定股利 0.1 元/股支付股利，另支付额外股利使股利支付率达到 50％，请计算未来每年的预计股利。

(3) 若每年的股利支付率介于 20％—40％，平均股利支付率接近 35％，请列表计算未来每年的预计股利。

(4) 如果你是公司 CFO，你有何建议？

13. 设某公司当前的股价是 30 元/股。

(1) 如果公司发放 30％的股票股利，新的股价将是多少？

(2) 如果公司进行 5∶2 的股票分割，新的股价将是多少？

(3) 如果公司进行 1∶4 的股票合并，新的股价将是多少？

14. 股利政策很重要，按规定应写入公司章程。请找一家你熟悉的上市公司，查阅其公司章程，解读其股利政策。

重要文献

1. Bhattacharya, S. Imperfect Information, Dividend Policy, and "the Bird in the Hand" Fallacy[J]. *Bell Journal Economics*. Spring, 1979.

2. Easterbrook, F. H. Two Agency-Cost Explanation of Dividends[J]. *American Economics Review*. 74(4), September 1984.

3. Elton, E.J. and Gruber, M.J. Marginal Stockholder Tax Rates and the Clientele Effect[J]. *Review of Economics and Statistics*. February 1970.

4. Farrar, D. and Selwyn, L. Taxes, Corporate Financial and Retune to Investors[J]. *National Taxes Journal*. December 1967.

5. Gordon, M. J. *The Investment, Financing and Valuation of the Corporate*[M]. Homewood, Illinois: Richard D. Irwin, 1962.

6. Michael Rozeff. How Companies Set Their Dividend-Payout Ratios[J]. *Chase Financial Quarterly*. Winter 1982.

7. Miller, M.H. and Modigliani, F. Dividend Policy, Growth, and the Valuation of Shares[J]. *The Journal of Business*. XXXIV, NO.4, October 1961.

8. Porta, R.L. Agency Problems and Dividend Policies around the World[J]. *Journal of Finance*, 55, 2000.

9. 李常青.股利政策理论与实证研究[M].北京：中国人民大学出版社,2001.

10. 詹姆斯·范霍恩等.现代企业财务管理(第10版)[M].郭浩等译.北京：经济科学出版社,1999.

11. 中国注册会计师协会.财务成本管理[M].北京：中国财政经济出版社,2013.

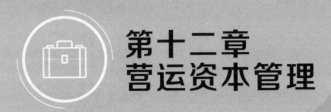

第十二章 营运资本管理

【学习要点】

1. 营运资本政策。
2. 现金流量管理和存量管理。
3. 究竟保持多少应收账款比较合理?
4. 商业信用管理的要旨。
5. 为什么自发融资成本较低?
6. 短期融资策略。

在公司资产负债表中,流动资产和流动负债占据着显著的位置,显然,公司的正常运转离不开流动资产和流动负债。营运资本是指对流动资产的投资额,流动资产是营运资本的占用形态,流动负债是营运资本的主要资金来源之一。因此,营运资本管理有两个基本要求:一是要求公司保持最佳的流动资产投资水平以及提升流动资产的质量;二是为维持这一合理的流动资产水平而进行合理的资金配置。

第一节 营运资本政策

营运资本与现金是资金的两个重要概念,从占用形态看,营运资本中不仅有现金①,还包括应收账款、存货和其他流动资产,因此,营运资本的外延更大。公司在营运资本投放规模、融资方式上存在差异,这与公司实施的营运资本政策有关。

一、营运资本

(一) 定义

营运资本是指对流动资产的投资额。流动资产合计数减去流动负债合计数后的余额称为净营运资本。从数字关系来说,净营运资本等于长期负债加股东权益合计数减去长期资产后的差额,可以用表12-1表示。

"营运资本"一词最早见于大多数行业与农业生产周期有密切关联的时期。早期的农产品加工企业通常在农作物收割季节时整批或大量购进原料,然后陆续加工制成产品出售。例如食油加工厂,它必须在油菜籽收获季节一次进足货源,然后陆续榨油待售。通常,油菜籽用完之时,恰好是来年油菜籽收割之时。根据早期农产品加工的特点,加工企业可以使用

---

① 现金是指货币资金,包括库存现金、银行存款等。

表 12-1　净营运资本关系

资　　产	负债和股东权益
净营运资本	长期负债
长期资产	股东权益

最长1年期的银行借款或者使用其他债务工具筹集短期资金,用来购买原料、支付加工成本。之后,用产品出售后的回款陆续归还借款本息。人们将投入在原材料、人工等上面的资金称作"营运资本"。至于机器设备等固定资产,它随生产规模扩大而增加,固定资产所需资金通常使用长期负债等长期资金解决。

工业化使许多包括加工业在内的制造业同农业生产周期的关联减弱。农产品加工企业无需在农产品收割季节备足1年或一个生产经营周期的货源,专业分工使得这些农产品加工企业可以随时向农产品经销商补足货源。与早期农产品加工企业的不同之处在于,工业化后的企业流动资产虽然在经营期内时高时低,但起伏较小。而且,出于安全经营的考虑,企业在任何时期总有一定规模的流动资产存在,以备不测之需。也就是说,流动资产不可能下降到"零",这部分流动资产被称为"永久性流动资产"(见图12-1)。

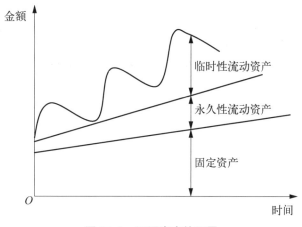

图 12-1　不同资产的配置

图12-1显示,流动资产可以分成临时性流动资产和永久性流动资产。假设公司具有成长性,公司的临时性流动资产忽高忽低,呈波浪状起伏向上,永久性流动资产和固定资产呈向上线性趋势。因此,为减少资金使用成本,临时性流动资产使用短期借款来解决,永久性流动资产和固定资产使用长期负债、股东权益和"自发性"负债来解决,其中,"自发性"负债是指伴随着业务(比如赊购业务)自然产生的负债,例如应付账款、应付票据等。

(二) 营运资本投资规模的测算和控制

公司投放营运资本是为了满足生产与经营的需要,因此,营运资本的管理目标就是要控制营运资本投放规模,提高使用效率,降低营运资本的筹资成本。

以制造业为例,公司的经营过程由采购、生产和销售环节组成,每个环节都需要占用一定数量的营运资本。因此,控制营运资本规模的关键就是控制时间。控制时间就是缩短营运资本的周转时间,缩短周转时间意味着可以压缩每一轮营运资本的资金占用期,从而可以产生两种效应。

第一,由于每年周转次数增加,同样金额的营运资本可以相应地增加效益。比如,将占用期从2个月压缩到1个月,即从每年周转6次提高到12次。在不增加资本的情况下,每年可以多创造1倍的收益。

第二,由于周转期缩短,做同样金额的(销售)业务,可以减少营运资本投资额。例如,周转期缩短之后,营运资本全年平均占用额将下降,营运资本投放规模减小意味着节省了筹资成本,以及减少了机会成本。

减少营运资本占用期有多种途径,例如,延长原材料应付账款赊账期,降低原材料平均储存期,缩短在产品加工周期,减少产成品存货储存期,延长各种费用的付款期,缩短销售环节的赊账期等。

例12-1 假定崇德公司预计,明年全年销售收入等有关财务数据为:预计销售收入3 000 000元,直接原材料成本600 000元,直接人工成本500 000元,变动制造费用300 000元,固定制造费用200 000元,销售费用200 000元。公司营运资本预计占用期(详见表12-2):销售赊账期6周,原材料平均储存期6周,产成品储存期4周,加工过程6周。公司各种付款期为:原材料4周(即可以4周后付款,以下同理),直接人工1周,固定制造费用2周,变动制造费用2周,销售费用2周。假定固定费用和销售费用均在销售环节发生。

表12-2 崇德公司营运资本占用额周期表

单位:周

项目	材料	人工	变动费用	固定费用	销售费用
原材料	6				
在制品:					
料	6*				
工		3*			
费			3*		
制成品	4	4	4		
销售赊账期	6	6	6	6	6
	22	13	13	6	6
减:付款期	4	1	2	2	2
营运资本占用周期	18	12	11	4	4
各项目全年平均占用额如下:					
原材料(18周)		18/52×600 000=207 692			
直接人工(12周)		12/52×500 000=115 384			
变动费用(11周)		11/52×300 000=63 461			

续表

项　　目	材料	人工	变动费用	固定费用	销售费用
固定费用(4周)			4/52×200 000＝15 384		
销售费用(4周)			4/52×200 000＝<u>15 384</u>		
合计			417 305 元		

注＊：原料在加工初期一次性投入，因此，占用期为6周。人工与变动费用按加工进度逐步投入，因此，占用期平均为3周。

由表12-2可知，设1年为52周，崇德公司为维持3 000 000元年销售额所需营运资本平均占用额约为417 305元，营运资本占销售额的比重约为13.9%。

如果公司营运资本不足417 305元，就不足以支持预计销售额。公司可采取两项措施应对：一是缩短营运资本周期，降低营运资本占销售额的百分比，提高营运资本效率；二是压缩销售额。前者是积极的行为，后者是消极的做法。

如果将原材料占用期从18周压缩到10周，那么，只需在原材料上投放115 385元营运资本，全年营运资本平均占用额就比原来减少约92 307元，占销售额的百分比也将下降。这样，用较少的营运资本仍可以实现既定的销售额。

如果营运资本的平均占用期已无进一步压缩的空间，那么，公司只能被迫用削减全年销售额的方式来应对。

(三) 谨防误读营运资本

显然，营运资本是测度公司流动资产投资规模的一个重要指标。但是，营运资本不是现金，它与现金的信息含量存在差异，我们不能误读。

第一，营运资本与现金之间并非完全同向关系。营运资本不一定伴随着现金的减少而减少，理由是公司的应收账款或存货或其他流动资产可能不降反升，进而推升营运资本增加。因此，它们之间的关系有可能是反向的。比如，营运资本中应收账款的增加可能是应收账款管理存在问题所致，即老账收不回来，又不断形成新的"挂账"。再比如，应收账款的增加也可能是公司放宽信用条件所致，即向外提供更为宽松的收账期，导致应收账款急剧放大。

第二，不能直接使用营运资本来评价公司支付能力。如果一家公司现金大幅减少，可能意味着公司的即期支付能力下降，或者意味着公司用现金收付制来衡量的当期净利润不高。然而，运营资本的变动传递出的信息却并非完全如此。理由是，营运资本增减的影响因素有两类：一是现金性资产的增减；二是非现金性资产的增减。如果营运资本增加是源于应收账款管理不当，那么，我们就无法从营运资本的增加中读出公司支付能力有所改善的信息。

由于营运资本包含所有流动资产项目，因此，其增减变化所释放出的信号是不清晰的。相比较而言，现金在信息表达上可以避免这种缺陷，投资者可以通过现金流对公司的支付能力、偿债能力以及公司对外资金的需求情况做出较为可靠的判断。

二、营运资本投资规模和资金配置

营运资本并非越少越好，理由是相关公司承受的经营风险会"变脸"。事实上，在流动资产投资规模和融资方式的选择上，每家公司都存在差异。究其原因，大体与公司采用的营运资本政策有关。营运资本政策决定了公司流动资产的管理模式以及融资方式。因此，营运资本政策是关于流动资产持有规模和资金融通的政策。

(一) 流动资产投资规模

流动资产投资规模可简单分成三类，即正常水平、超过正常水平和低于正常水平。表12-3列示了同一家公司不同的流动资产投资规模和相应的报酬率。

表12-3　不同流动资产投资规模下的报酬率对比表

单位：万元

项　　目	保守型	正　常	风险型
销售收入	2 000	2 000	2 000
EBIT	50	50	50
流动资产	120	100	80
固定资产	100	100	100
资产总额	220	200	180
资产收益率	22.7%	25%	27.7%

表12-3显示，我们根据流动资产持有规模，按由大到小顺序将公司分成保守型（即流动资产投资规模超过正常水平）、正常型和风险型（即流动资产投资规模低于正常水平）三类。在销售收入、生产规模相同情况下，保守型公司保持高额流动资产，意味着此类公司拥有充足的流动性，但资金占用过多，资产收益率较低；风险型公司持有较少流动资产，意味着公司的流动性不充裕，但资金占用相对较少，资产收益率较高。

那么，公司究竟应该保持多少流动资产呢？我们可以从影响流动资产投资规模的因素中寻求参考答案。

第一，流动资产与销售收入有关。流动资产在短期内会随销售收入的变化而做出相应的调整。理由是：公司的销售能力强，公司自然会保持较多的现金、储备较多的存货，为扩大销售而向客户提供优惠付款条件，从而导致较高的应收账款，流动资产的投资规模就会水涨船高。

第二，流动资产与营运资本政策有关。流动资产投资规模与公司持有意愿有关。如果公司为追求更高的资产收益率而不愿意持有更多的流动资产，那么，它就必须承受更大的经营风险和财务风险。例如，承受可能无力及时支付到期账单的风险，承受因存货短缺而发生停工和脱销现象的风险，承受因赊销条件太苛刻而造成销售下行的风险。

据此，可以得出营运资本政策中关于流动资产投资规模的表述：

第一，风险型营运资本政策要求公司持有较低的流动资产；

第二，保守型营运资本政策要求公司持有较多的流动资产。

值得注意的是，以上的分析是将流动资产作为一个整体看待的。实际情况要复杂得多，因为不同类别的流动资产对风险与报酬的影响存在差别，如持有现金比保持同等金额的存货与应收账款风险低。再如，相较于有价证券投资，持有库存现金的收益率较低。因此，流动资产管理非常不易。

(二) 短期融资策略[①]

从资金来源看,流动资产的资金配置除了受公司融资灵活性影响之外,公司营运本政策中的融资策略起着非常大的作用。

短期筹资和长期筹资的风险和收益特征不同。以举债为例,在银根趋紧时,短期银行借款较难展期,还款压力大。如果到期无法归还,就会出现支付困难,引发财务危机,这就是财务风险。

公司短期负债比重越高,意味着流动性强的负债越多,表明公司营运资本政策越带有风险性。因此,我们将更多依赖短期融资的公司称为"风险型"公司。

公司长期负债比重越高,意味着流动性强的负债越少,表明公司营运资本政策风险就越小。因此,我们将更多依赖长期融资的公司称为"保守型"或"稳健型"公司。

对比"风险型"和"保守型"两类公司的短期筹资与长期筹资,我们可以得到一些有趣的结果(见表12-4)。

表12-4 不同融资方式下报酬率对比表

单位:万元

项 目	保守型	正 常	风险型
流动资产	100	100	100
固定资产	100	100	100
合 计	200	200	200
短期借款(5%)	—	50	100
长期借款(10%)	100	50	—
流动比率	∞	2:1	1:1
税前利息前收益(EBIT)	50	50	50
减:利息费用	10	7.5	5
应税收益	40	42.5	45
减:所得税(50%)	20	21.25	22.5
税后净益	20	21.25	22.5
资产收益率	10%	10.625%	11.25%

表12-4显示,风险型公司利息费用少、资产收益率高,但风险型公司短期借款的还款压力大,同时,还要承担资产收益率随短期利率波动的风险。如果短期借款年利率突然上升到12%(这种情况并不少见),那么,风险型公司的利息总额将增至120 000元(120 000＝1 000 000×12%),正常公司的利息总额增至110 000元(110 000＝500 000×12%+500 000×10%),资产

---

① 陆廷纲等.中外企业财务[M].上海:复旦大学出版社,1996:70-78.

收益率分别降至 9.5% 和 9.75%，保守型公司则不受影响，利息费用仍为 100 000 元(100 000＝1 000 000×10%)，资产收益率仍旧是 10%。显然，当短期借款年利率升至 12% 后，三类公司的资产收益率高低顺序完全颠倒。风险型公司甚至可能就此陷入财务困难：一方面，公司税后净收益下降；另一方面，利息费用急剧上升，还款压力陡增。

回看表 12-4 中的保守型公司，由于公司借款全部(大部)是长期借款，因此，金融市场上短期利率波动对保守型公司的利息费用影响不大，税后净收益也不会出现大的波动。公司只需集中精力于改进长期业绩，免却了频繁筹款之累。

于是，我们可以得出营运资本政策中关于短期融资的表述：

第一，风险型营运资本政策推崇短期融资，用更多的短期资金配置流动资产(表现为低流动比率，见表 12-4)。

第二，保守型营运资本政策崇尚长期融资，用更多的长期资金配置流动资产(表现为高流动比率，见表 12-4)。

第二节　现金和有价证券管理

从资金占用形态看，营运资本主要有现金、有价证券和应收账款。它们对营运资本政策的敏感度是存在差异的。接下来，我们分两节讨论这些内容。本节讨论现金和有价证券管理。现金[①]对公司的生存至关重要，现金流远比收入重要，正所谓"收入像食物，现金像空气"。公司没有收入尚且能苟延残喘，但一刻也不能没有现金流，就像鱼儿离不开水。现金管理的最低要求是，确保公司在投资和融资决策过程中，不会耗尽现金。从更高的要求看，现金管理有两个内容，即现金流量管理和存量管理。

一、现金流量管理

现金流量管理是指如何有效地进行收款管理和付款管理，即在不违反商业信用的前提下，通过加速现金收回速度而获益，并通过推迟现金支付而得利。

(一) 现金收款管理

应收账款到期日至客户资金被收回而成为公司的可用资金有一个过程，这个过程可用收账流程来描述。以支票结算为例，收账流程包括客户支票邮寄、公司收到支票后内部处理支票和银行系统清算支票三个环节(参见图 12-2)。因此，在购货方开列支票到款项结清之间存在一个时间差，这个时间差称为收账浮存(collection float)。我们可以将收账浮存分割成三段：邮寄浮存(mail float)、公司内部加工处理支票的加工浮存(processing float)和银行受理后的变现浮存(availability float)。

现金收款管理的目标是什么？现金收款管理是为了尽可能缩短收款流程的时间，用提前收回来的钱投资获益。为便于理解，下文介绍曾被广泛使用的缩短收款流程的两种做法。

---

① 现金(cash)是指公司持有的货币资金，包括公司持有的通货(cash in hand)和各类银行存款(cash in bank)。

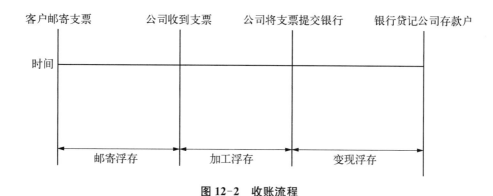

图 12-2 收账流程

1. 设立银行专用信箱(lockbox system)

公司在客户比较集中的地区向当地邮局租用专用信箱,然后通知其客户,将汇款单据投入专用信箱中;同时,授权它的开户银行用这个邮箱来收取汇款单据,开户行每天分几次收取邮件,直接处置这些单据,并尽快将款项转入该公司的银行存款户。

银行专用信箱的优点是消除了加工浮存,缩短了收账时间。缺点是增加了收款成本,其中最大的成本是专用信箱租用成本。决定是否采用银行专用信箱的原则是简单比较设立银行专用信箱所增加的边际成本和提前获得可用资金所带来的边际收入,如果边际收入大于边际成本,则采用该方法,否则,无利可图。设立收款中心与这种做法有异曲同工之处。

2. 集中银行制(concentration banking)

在集中银行制下,要求分散在各地的销售点直接将客户支付的支票存入其在当地银行的存款户。如果公司在各销售点当地银行的存款超过最低存款余额要求(compensating balance)①,则将超过最低存款余额要求的资金通过电汇方式从各地存款银行转入公司所在地的中心银行。

集中银行制的优点:一是支票邮寄时间和处理时间大大缩短了;二是增强了对公司现金流入和流出的控制;三是减少了闲置资金,各销售点将超过需求的资金都转入中心银行集中管理;四是便于中心银行将汇集起来的闲置资金进行有效的短期投资。主要缺点是增加了公司的资金转移成本。

当今世界,结算手段日新月异,专用信箱、集中银行制等做法的价值大大降低。事实上,新的结算工具基本上消除了邮寄浮存和加工浮存,现金收款管理已不再是一个大问题。例如,电子支票(electronic check),它是客户向收款人签发的无条件的数字化支付指令,它可以通过无线接入设备来完成传统支票的所有功能。中国建设银行(亚洲)、恒生银行都提供电子支票服务。可以说,电子支票的运用消除了传统支票结算中的收账浮存。

(二) 现金付款管理

现金付款管理的目标是在不违约的前提下尽可能延迟现金支付。如果延迟支付和加速

---

① 最低存款余额要求是指公司为了补偿银行所提供的服务而被要求在银行中保持一定数量的存款。

收款能有效结合,就可以增加公司的可用现金。延迟支付的主要方式有:用足净浮存、选择合适的结算手段、零余额账户等。

1. 用足净浮存(net float)

公司账面现金余额可能大于或小于其在银行中的实际存款余额,两种余额的差额被称为净浮存。以支票结算为例,这种差额产生于从支票开出到该支票最终被银行结算之间的时间差,也就是说,公司开出支票时,便确认现金减少,但是,其在银行中的存款要等到银行结算后才被确认减少。由于银行对支票的结算晚于公司开出支票之时,因此,若能够估计净浮存的金额和时间,公司就可以将相应的净浮存进行投资,获得净浮存收益。用足净浮存也被称为"浮差游戏"。

2. 选择合理的结算方式

结算方式可以分成票据结算和非票据结算两大类。以我国为例,票据结算包括支票结算、银行本票结算、银行汇票结算和商业汇票结算等;非票据结算包括托收承付结算、委托收款结算、汇款结算和信用卡结算等。

以票据结算为例。在中国,支票、银行本票和银行汇票是即期票据,而商业汇票是远期票据。如果付款人有权选择结算方式,那么,商业汇票结算方式是付款人的首选。由于商业票据的持有人将到期汇票送到银行兑现时,付款公司才需要履行付款义务,因此,在同样的时间内,付款公司存款账户中须保持的存款余额比起其他结算方式可以小得多。

3. 零余额账户(zero balance account)

零余额账户是指余额始终保持为零的一种公司支票账户体系,许多大银行都提供零余额账户系统,一些公司通过建立子余额账户来处理公司的支付活动。在这一系统下,公司同时在一个银行设立主支付账户和子支付账户,主账户弥补子账户的负余额,子账户将正的余额转入主账户中,保持子账户零余额。公司开出支票时,公司的子账户余额为零;当公司对支票进行支付,资金就会自动从主账户划转到子账户上。因此,除主账户之外,所有其他子支付账户每天都保持零余额。该系统一方面加强了对现金支付的控制,保证资金在需要支付的时候支付,另一方面,它可以消除各子账户中的闲置资金余额,让这些资金产生更多的收益。

二、现金存量管理

根据凯恩斯的观点,公司持有现金有三个动机,即交易性动机、安全性动机和投机性动机。由于大多数公司并没有为投机性动机持有现金,因此,现金存量管理通常仅与交易性动机和安全性动机有关。因此,所谓现金存量管理是指公司确立一个为满足交易和安全需要而应该维持的最佳现金余额,并将暂时不用的多余现金投资于有价证券,或出售有价证券补足最佳现金余额。显然,现金存量管理需要与有价证券管理联动。

(一) 有价证券投资

有价证券是指无违约风险、高度变现的短期期票,因此,有价证券常常被视为现金等价物,或现金的"蓄水池"。

1. 有价证券的主要品种

有价证券是公司重要的短期投资工具,在成熟市场国家和地区,主要有以下五个品种。

(1) 短期国库券

短期国库券是指期限在1年以内的国债,它是货币市场上最重要的短期证券。以美国为例,它采取定期拍卖的方式出售,有91天期、182天期等多种。短期国库券起售点较高,折价出售,购销两旺,没有违约风险。

(2) 商业票据(commercial paper)

商业票据是指有实力的金融企业和工商企业签发的无担保短期期票。商业票据可以直接发行,也可以间接发行。商业票据通常以折价方式出售,起售点很高。商业票据期限最长一般可达270天。商业票据缺乏活跃的二级市场,且鲜有发行者进行回购,因此,其投资者一般持有至到期日。正是由于商业票据缺乏活跃的二级市场,加上发行公司多少存在一些信用风险,商业票据的收益率高于同期国债利率。但又由于各国对发行商业票据的公司严加控制和监督,只有规模大、信誉佳、实力雄厚的公司才有发行资质,因此,真正的违约事件不多见。

(3) 回购协议(repurchase agreements)

回购协议是指短期证券经纪商将短期证券出售给投资者,并同意在将来特定的时间内以一定的价格从投资者手里回购这些证券的一种合约。回购协议的期限很短,从隔夜到几天不等。回购的对象主要是国债,因此,对回购协议购买者来说,回购协议不存在违约风险。由于回购价格较高,因此,回购协议购买者在短期证券持有期内相当于获得了一个既定的收益,而且在持有期上具有相当大的灵活性。

(4) 大面额存单(CDs)

大面额存单是指商业银行或储蓄机构签发的在约定的时间内按固定或变动的利率付息的一种大面额可转让的定期存单。以美国为例,大面额存单的面值在10万美元至1 000万美元之间,期限在30天至4个月之间。大面额存单在金融中心有二级市场,可以转手交易。大面额存单的违约风险大小和签发银行的质量有关,总体上跟商业票据的违约风险大小相当。

(5) 低风险理财产品

严格意义上讲,除短期国债外,中国目前没有可供公司进行短期投资的大面额存单、商业票据和回购协议。作为一种替代,中国上市公司通常将富余现金投资于低风险的理财产品,例如,安全性高、流动性好、由商业银行发行并提供保本承诺的短期保本型理财产品(包括结构性存款)。可见,在有价证券市场没有形成气候之前,中国上市公司将低风险理财产品视同为"现金蓄水池"。以上市公司宇通客车(600066)为例,2019年年报显示,其2019年投资支付的现金约111亿元,其中主要是国债逆回购、银行理财等投资所致。

2. 有价证券管理的基本要求

根据现金存量管理的要求,公司会将暂时不用的现金投资于有价证券(或低风险理财产品)。尽管以上各种有价证券具有无违约风险、高度变现的特点,但是,公司在对非国债有价证券进行投资时,必须对它们的违约和流动性风险有足够的认识。

在借助有价证券构建最佳现金余额时,须符合基本原则和逻辑。我们都知道,在不考虑长期投资的情况下,若持有的现金余额过多,公司将失去把多余现金投资于有价证券获益的机会。有价证券预期收益越大,过量持有现金余额的机会成本也就越高。确定现金余额的基本原则和逻辑是:比较持有现金和持有有价证券的成本,持有现金的成本是错失的预期利息收入,持有有价证券的成本是出售有价证券满足资金需要的交易成本。

(二) 确定最佳现金余额

1. 两个理论模型

确定最佳现金余额的传统方法是权衡持有现金的机会成本和出售有价证券的交易成本。下面介绍两种确定最佳现金余额的理论模型。

(1) 存货模型

该模型由威廉·鲍莫尔(William Baumol)创建。存货模型有两个假设条件:一是假设公司未来现金需求总量已知,且现金需求稳定,没有波动性;二是公司将多余的现金全部投资于有价证券,需要现金时,再将有价证券变现后予以补足。这些假设见图12-3,以一年为例加以说明。

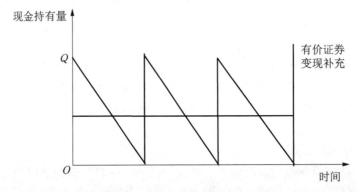

图12-3 现金持有量和时间的关系

图12-3显示,设公司初始现金持有量为Q,并将多余现金(高出Q的部分)全部投资于有价证券(利率为i)。当公司将此现金存量用尽后,随即将有价证券变现后补足Q。因此,公司年均现金持有量为$Q/2$。Q越大,有价证券变现的次数(n)就越少,每次变现成本(b)假定不变。设全年现金需求总量为T。我们可以得出持有现金的成本,该成本由持有现金的机会成本和有价证券变现的交易成本构成。

$$持有现金的成本 = \frac{Q}{2} \times i + \frac{T}{Q} \times b \tag{12-1}$$

当 $\left(\frac{Q}{2} \times i + \frac{T}{Q} \times b\right)$ 趋于最小时

则对Q求导后,得:

$$\left(\frac{Q}{2} \times i + \frac{T}{Q} \times b\right)' = 0$$

整理后得最佳现金持有量:

$$Q = \sqrt{\frac{2 \times b \times T}{i}} \tag{12-2}$$

在现实中,这个模型的严格假设条件不成立。具体而言:

第一,公司未来的现金需求是不确定的,是随机的。

第二,现金有一个安全量,不可能等到现金用尽后再通过有价证券变现来补足。

第三,有价证券的每次变现成本是不固定的,它跟有价证券变现的数量有关。

(2) 随机模型

该模型由 Miller 和 Orr 创建。该模型假设公司未来的现金流是不确定的,因此,合理现金持有量不应该是一个数值,而应该是一个区间(见图 12-4)。随机模型的目标是寻求现金持有量的上限和下限。

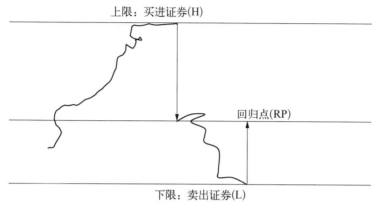

图 12-4 上限和下限

图 12-4 显示,最上面一根直线(H)为现金余额上限,最下面一根直线(L)为现金余额下限,中间一根直线(RP)为最佳现金余额回归线。现金余额波动是随机的,随着公司现金余额(表现为每日现金余额)的增加,当它达到上限时,公司便将多余现金投资有价证券,现金余额会慢慢降至回归线。当现金余额降至下限(L)时,公司将出售有价值证券来补充现金余额,现金余额将会慢慢爬升至回归线。上限和下限之间的跨度是指交易成本和利息成本最小时的现金余额跨度,因此,现金余额在上限和下限之间波动被视为正常波动,无须干预。上限、下限以及回归线之间的关系可用下列公式描述:

$$RP = \sqrt[3]{\frac{3 \times b \times \sigma^2}{4i}} + L \qquad (12\text{-}3)$$

$$H = 3 \times (RP - L) + L \qquad (12\text{-}4)$$

式(12-3)和式(12-4)中,RP 表示现金余额回归线的值,H 表示现金余额上限,L 表示现金余额下限,b 表示每次证券变现的交易成本,σ^2 表示现金流量的方差,i 表示利息率。

在确定现金余额下限 L 时,除了考虑公司每日最低现金需求之外,还应该考虑公司对风险的态度以及风险耐受程度。

例 12-2 设 A 公司将多余现金投资于有价证券,年期望收益率为 10%,每次出售有价证券的交易成本为 1 000 元。又假如 A 公司每天的净现金流量存在较大波动,其标准差(σ)为 1.5 万元/每天,公司任何时候的现金余额不得低于 10 万元。

根据给定资料,可以求得 RP 值,即

$$RP = \sqrt[3]{\frac{3 \times b \times \sigma^2}{4i}} + L = \sqrt[3]{\frac{3 \times 0.1 \times 1.5^2}{4 \times 10\% \div 360}} + 10 = 18.47(万元)$$

A公司现金存量上限为：

$$H = 3 \times (RP - L) + L = 3 \times 8.47 + 10 = 35.41(万元)$$

A公司管理层允许其现金余额在10万元(下限)至35.41万元(上限)这一区间内波动。如果现金余额超越了上限或下限,则公司管理层将进行干预。

当公司现金余额达到35.41万元时,将购买16.94万元(16.94=35.41-18.47)有价证券,使现金余额回落至回归线,而当现金余额跌至10万元时,将出售8.47万元(8.47=18.47-10)有价证券,使现金余额上升至回归线。

2. 现金余额的现实解读

尽管理论模型可以给出最佳现金余额的区间,但是,公司持有的现金余额通常会发生偏离。事实上,公司持有的现金余额具有易变性。2009年以来,无论是成熟市场国家(比如美国),还是新兴市场国家(比如中国),公司持有现金余额的规模都呈现出向上的趋势。学界和业界给出了多种解读。

第一,由公司转型引发。成熟市场国家(比如美国)的公司面临转型：一方面,它们将需要重金投资的制造业转移至海外;另一方面,大力培育资本性支出低、现金流入高的轻资产业务。

第二,金融危机留下了阴影。2000年以及2008年的全球金融危机给企业带来难以想象的冲击,其教训深刻。危机过后,学界和业界发现,现金流充裕的公司走出困境、挺过来的概率很高。痛定思痛,经历过金融危机的公司都保持了前所未有的现金余额。

第三,资产荒使然。资产荒是指收益高的优质资产越来越少,或者说高性价比的资产供给稀缺,结果造成公司没有资产可投。一般来说,资产荒有两个形成条件：一是宽松货币政策带来后期资金供给充裕;二是固定收益产品的收益率维持在偏低水平上。可见,资产荒其实是一个世界性问题。

第四,现金为王。现金反映了公司短期支付能力,公司的现金越充沛,其偿债能力越强,抗风险能力就越强,主动拓展的灵活性也越多。

近年来,中国上市公司的货币资金持有量处于高位,货币资金占总资产比重超过10%的上市公司比比皆是。据东方财富Choice统计,截至2018年第一季度,剔除金融类和房地产类公司,在A股3 302家上市公司中,有662家公司的货币资金在扣除短期负债和长期借款后仍有余额,占比达到20.05%。比如,贵州茅台、五粮液等五家公司的现金余额(正缺口)都超过100亿元。阳煤化工、普路通、中油资本、东方电气等16家公司货币资金甚至超过其市值。显然,中国公司高现金余额的财务现象,还有其他未解之谜,读者可以试着做一些其他解读。

案例 12-1

中国上市公司"囤钱"究竟为哪般？

2019年中报披露后,人们发现优质企业的一个标志是账上现金越来越多,持有千亿或超千亿元货币资金的上市公司不在少数(见下表)。但是,劣质企业却现金流恶化,甚至资金链断裂,成为去杠杆的牺牲品。以格力电器发布的二季报为例,格力电器长期以来拥有很高的账面资金(货币资金),同时,像茅台、平安、万科、上汽账上也拥有很高的货币资金,似乎成为所谓"核心资产"的标牌和A股一道独特的风景线。

证券代码	证券简称	2019年中报货币资金(亿元)	总市值	2019年货币资金占总市值比重(%)
601318	中国平安	5 057.79	16 179.01	31.26
601668	中国建筑	2 724.16	2 334.16	116.71
000617	中油资本	2 195.14	1 145.01	191.71
600028	中国石化	1 631.47	6 077.77	26.84
600030	中信证券	1 563.07	2 759.02	56.65
000002	万科A	1 438.69	2 926.12	49.17
601211	国泰君安	1 312.98	1 552.66	84.56
601088	中国神华	1 283.27	3 852.62	33.31
600837	海通证券	1 252.16	1 620.59	77.27
600104	上汽集团	1 245.88	2 913.86	42.76
600048	保利地产	1 227.65	1 603.62	75.56
601186	中国铁建	1 218.77	1 280.55	95.18
000651	格力电器	1 211.00	3 457.24	35.03
600519	贵州茅台	1 155.58	14 305.08	8.08
601857	中国石油	1 128.45	11 274.09	10.01
601688	华泰证券	1 110.39	1 756.33	63.22
601800	中国交建	1 106.78	1 653.06	66.95
601390	中国中铁	1 092.29	1 398.07	78.13
000166	申万宏源	1 047.47	1 231.97	85.02
601669	中国电建	959.16	726.70	131.99

但是,优质企业持有大量货币资金各有各的理由和逻辑,对此有几种解读:

第一,源于超强的议价能力。对上下游企业的占款非常可观,用别人的钱做无息杠杆来营运自己的公司,现金流剧增,对经销商加大了压货和收款的力度。

第二,源于未来的不确定性。安全第一,现金为王,成了很多企业的选择。

问:你认为,茅台、万科、中国平安和国泰君安持有大量货币资金的可能理由分别是什么?

资料来源:释老毛.从格力、万科的高账面现金看中国企业"囤钱"之路[J].证券市场红周刊.2019(35).

第三节　应收账款管理

公司向外销售商品或提供劳务时,若允许购买者延后一段时间付款,便可认为卖方向买方提供了商业信用。公司一旦对外提供商业信用,便产生应收账款。因此,商业信用管理也称应收账款管理。应收账款管理是一个世界性难题,没有一家公司可以置身事外。公司的应收账款主要由商业信用政策决定,商业信用政策包含四个内容,即销售条件、信用分析、应收账款监督和收账政策。它们构成了应收账款管理的主要内容。

一、如何设计和管理销售条件

销售条件(terms of the sale)是指公司(卖方)向买方提供的信用期限、现金折扣等。例如,公司提供的信用条件为"$n/30$",这是无折扣信用条件,表示允许买方从开具发票日起有30天的付款期限,买方可以在1—30天内择时付款。又如,公司提供的信用条件为"$1/15, n/30$",这是有现金折扣的信用条件。该信用条件给了买方两种选择:如果买方在第1—15天付款,则可以享受1%现金折扣,即买方只需承担99%的货款;如果买方在第16—30天付款,则不能获得现金折扣,买方需支付全额货款。

(一) 如何设置信用期限

信用期限(credit period)是公司(卖方)提供的商业信用的授信期限,如"$n/30$"信用条件中的30天信用期限,又如"$n/45$"信用条件中的45天信用期限等。在不同的行业中,信用期限存在差别。卖方设置信用期限时,必须考虑以下三个因素。

第一,买方违约的可能性。如果买方处于高风险行业或之前有信用污点或正陷入财务困境中,那么,卖方很可能执行相当苛刻的信用期限,甚至不授信,全部采用现金交易。

第二,购买金额的大小。如果买方的购买金额很大或是卖方的主要客户,那么,信用期限可以相对长一些。一旦买方的购买金额非预期下降甚至断崖式滑落,就需要深究原因。若是经营出了问题,则需调整原定的信用期限。

第三,商品是否易保存。如果存货不易保存,且变现能力很差,则卖方应该提供比较有限的信用期限,甚至可以不提供商业信用。

信用期限改变之后,可能引发多方面的相应变化。比如,延长信用期限后,一方面会刺激卖方的销售,另一方面会增加卖方的应收账款,加大坏账风险。

(二) 是否提供现金折扣

现金折扣(cash discount)是指买方较早付款所能享受的采购价格折扣百分比,这是卖方为鼓励买方尽早支付货款而采用的一种激励。现金折扣有一个折扣期限,表示早付款可以取得现金折扣的一段时间。比如,"$2/10, n/30$"表示该信用条件的现金折扣期间为10天,即买方只有在第1—10天内支付货款才可享受2%的现金折扣。

除了刺激销售外,现金折扣可以加速应收账款的回款速度,但是,卖方采用现金折扣进行交易时,一定要考虑折扣成本。只有加速回款所获得的收益超过折扣成本时,现金折扣政策才是一个有效政策。如果公司所处的国家或地区有运转良好的货币市场,那么,加速回款的好处是明显的。

(三) 应收账款究竟保持多少才算合理

公司提供什么样的商业信用绝不是无意之举,放宽信用期限以及提供现金折扣信用条件都会刺激销售。但是,与放宽商业信用有关的成本有两项:一是因客户违约而造成的损失,通常用坏账表示;二是货物出售与买方付款之间的时间差所产生的预期利息收入或预期短期投资收益,它可以理解为是投资于应收账款上的资金的机会成本。因此,我们需要确信,在信用环境良好的情况下,应收账款存量的多寡并不意味着"好"与"坏"。

我们该如何来评判应收账款存量究竟是多了还是少了呢?根据上文的逻辑,最佳应收账款存量的确认办法就是权衡放松或收紧信用政策后的成本和收益。可用式(12-5)表示。

$$\Delta Y = \Delta NI - \Delta OC - \Delta BC \tag{12-5}$$

式(12-5)中,ΔY 表示净收益,ΔNI 表示信用政策改变带来的增量利润,ΔOC 表示信用政策改变带来的增量机会成本,ΔBC 表示增量坏账成本。

如果放宽信用条件后所带来的收益超过其潜在成本,就产生了净收益,那么,公司应该采用更为宽松的信用政策,该信用政策下的应收账款余额就是最佳应收账款存量。

例 12-3 崇德公司向外提供的信用条件是"n/30",目前的年赊销收入为 1 200 万元,销售利润率为 20%。应收账款坏账率为 5%(按年末应收账款余额计算),固定成本为 500 万元。现拟放松信用条件,将信用条件改为"n/60",预计增加 10% 销售收入,假设新增销售不增加固定成本,坏账率保持不变,占应收账款余额的 5%。投资期望收益率为 10%,不考虑公司所得税。

最佳应收账款存量的权衡见下面的分析过程:

$$公司现有应收账款的周转率 = \frac{360}{30} = 12(次 / 年)$$

$$因此,公司已有信用条件下的年均应收账款 = \frac{1\ 200}{12} = 100(万元)$$

$$公司放松信用条件后的预计应收账款周转率 = \frac{360}{60} = 6(次 / 年)$$

$$因此,公司放松信用条件后的预计年均应收账款 = \frac{1\ 200 + 1\ 200 \times 10\%}{6} = 220(万元)$$

最佳应收账款存量可以运用增量分析法来加以确定,放松信用条件后的增量成本和增量收益参见表 12-5。

表 12-5 增量分析表

单位:万元

项目	金额和计算过程
增量销售收入	120(120=1 200×10%)
增量利润	74.04(74.04=120×61.7%)

续表

项　　目	金额和计算过程
增量应收账款	120（120＝220－100）
增量机会成本	8.8[8.8＝（200×80％＋20×38.3％－100×80％）×10％]
增量坏账	6（6＝220×5％－100×5％）

在表 12-5 中，增量机会成本的计算依据是应收账款的投资额。由于公司现有利润率为 20％，因此，在新的信用条件下形成的年均应收账款 220 万元中，原销售额所形成的应收账款的投资额为 160 万元（160＝200×80％）。而公司放松信用条件后所增加的销量不增加固定成本，仅增加变动成本，变动成本比率为 38.3％（38.3％＝80％－500/1 200），为此，新增销售额所形成的应收账款的投资额为 7.66 万元（7.66＝20×38.3％）。

在新的信用条件下，原销售额所形成的应收账款的投资额仍然按 80％计算，而新增销售额所形成的应收账款的投资额只考虑变动成本比率（38.3％），新增应收账款投资额为 87.66 万元（87.66＝200×80％＋20×38.3％－100×80％）。在投资期望收益率已知的情况下，可据此计算增量机会成本，即 8.8 万元[8.8＝（200×80％＋20×38.3％－100×80％）×10％]。

若变动成本比率为 38.3％，那么，新增收入的利润率为 61.7％（61.7％＝1－38.3％）。在增量收入已知的情况下，可据此计算增量利润，即 70.04 万元（70.04＝1 200×10％×61.7％）。

由表 12-5 可知，根据增量利润、增量机会成本和增量坏账，我们便可推算出增量净收益，即

增量净收益＝74.04－8.8－6＝59.24（万元）

可见，放宽信用条件会产生正值的净收益，根据以上计算结果，崇德公司放宽信用条件是可取的，公司应该保持更高的应收账款水平。以上例子也可以用 NPV 法求解，建议读者自行尝试。

二、如何进行商业信用分析

赊销是现代销售方式，但是，卖方最担心的是能否准时和安全地回收货款。为了提高应收账款质量，卖方需要进行商业信用分析。所谓商业信用分析是卖方（授信者）对买方（受信者）的信用进行分析，评价其信用可靠程度，然后据此决定授信条件，这是商业信用管理的第一阶段。商业信用分析是确保高质量应收账款的一项重要工作，对首次授信对象进行信用分析尤其重要。商业信用分析有三个步骤。

（一）取得授信对象的相关信息

对授信对象信用的判断建立在相关信息上，这些信息源包括授信对象的财务报表、信用评级机构提供的商业信用评级资料以及交往历史等。

1. 买方的财务报表

通过财务报表获得授信对象（买方）的相关信息是最便宜的。财务报表是较为理想的信息源，它们可以显示授信对象过去和现在的盈利能力、长短期还债能力、市场号召力等。为

了确保财务信息的公允性,授信对象提供的财务报表应该经过外部审计。但事实上,不是所有公司的财务报表都须经外部审计,并且,商业信用授信者没有足够理由强迫所有受信者提供经外部审计的财务报表。由于授信者没有办法对受信者提供的未经外部审计的财务报表的真实性进行鉴定,因此,此类信息源并非真正价廉物美。

2. 信用评级和信用报告

从各类信用评级机构获得授信对象的信息也不失为一种好方法,但这类信息源是有偿使用的,获取这类信息需要花费一些费用。比如美国的邓白氏(Dun & Bradstreet)评级机构①,它提供商业信用评级和商业信用报告,一定程度上减缓了卖方在进行商信用分析时面临的"集体困境"。该评级机构为其报告的订阅者提供了许多公司的商业信用评级,评级资料展示了公司的商业信用。该机构还向信息使用者提供公司商业信用报告,报告内容包括公司的发展、高级管理层的简介、经营业务的性质、过去的信用历史以及是否存在信用污点等。由于应收账款管理是一个世界性难题,因此,成熟市场国家(比如美国)众多卖方对诸如邓白氏评级机构提供的商业信用评级以及报告都青睐有加。

3. 卖方与买方的交往历史

如果授信对象是卖方的老客户,那么,卖方可以查询授信对象过去的商业信用历史,了解其是否存在过拖欠款问题。尽管历史不一定会重演,但是,通过对授信对象过去商业信用的认知和了解,我们可以简单估计它未来违约的可能性。

值得注意的是,由于信息的搜集以及商业信用分析的每一步都需要花费成本,因此,对规模较小、违约风险很低的买方进行商业信用评价可能得不偿失。

(二)分析授信对象的信用

相关资料搜集完了之后,须对授信对象的信用状况进行评价。下文介绍信用分析的程序和基本步骤。

1. 商业信用分析程序

分析授信对象信用的程序见图 12-5。对初次提出商业信用申请的买方,卖方应该全过程对其进行信用分析;对已经有过多次交易的买方,不必从头开始进行商业信用分析。

图 12-5 显示了商业信用分析的整个流程,其中主要的步骤有两步。

步骤一:授信者(卖方)根据商业信用评级机构的信用报告对授信对象(买方)的商业

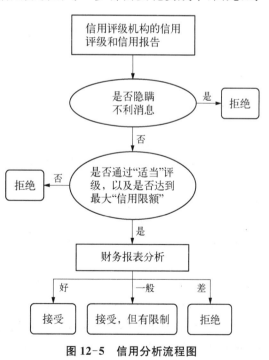

图 12-5 信用分析流程图

---

① 与穆迪、标普等信用评级机构不同,这类机构仅提供商业信用评级以及商业信用报告等服务。

信用进行分析。如果情况对授信对象十分不利，例如出现隐瞒不利消息的情形，那么，授信者无须作进一步分析和调查，应该拒绝买方的授信要求。如果情况对授信对象有利，那么，授信者会接受买方的商业信用申请。如果信用评级机构的信用评级和信用报告尚不足以使授信者信服，那么，授信者就不会向买方提供最大限额的商业信用。

步骤二：授信者借助买方提供的财务报表，对买方做进一步分析。财务报表分析就是对买方的流动性和按时还款能力进行评价，既要使用诸如速动比率、流动比率、应收账款周转率、存货周转率、资产负债率等定量指标来描述，也要使用公司和管理层的品德等定性指标来描述。如果买方信用良好，有还款能力和意愿，那么，授信者愿意提供最大信用额度。如果买方信用一般，有还款能力，但有不按时还款的可能性，那么，授信者可提供最大信用额度，但有限制条件。如果买方信用差，还款能力差，缺乏还款意愿，那么，授信者应该拒绝授信。

2. 信用评级

一旦收集完信息，授信者将面临是否提供商业信用的艰难选择。许多卖方使用传统、主观的"信用5Cs"方法来评定买方的信用等级。

信用"5Cs"是指品德、能力、资本、担保和条件等。品德是指授信对象履行债务的意愿；能力是指授信对象偿还债务的能力；资本是指授信对象拥有的资本金；担保是指授信对象无力偿债时的保护性资产；条件是指授信对象所面临的一般经营环境。授信者须将这些信用特征与客户过去的信用历史联系起来分析。

有些卖方使用严格的数量化方法来评价授信对象的信用等级。比如，信用卡公司建立了信用评级模型，通过对客户所有可观测的特征进行研究，找出它们与不履行债务之间的关系。根据这种方法，授信对象的各项特征都被数量化，然后根据总评分给予授信对象不同的信用等级，并做出相应的授信决策，确认哪些客户值得提供商业信用以及哪些客户不值得提供商业信用。"信用5Cs"方法同样可用于消费信用评级。

（三）商业信用决策

商业信用决策包括两方面的内容：一是信用限额（即卖方允许买方欠款的最高金额）决策；二是信用期限决策。信用决策依赖于信用分析的结果，其原则有两个。

第一，初次交易的信用决策原则。如果是初次销售交易，那么，就需要认定是否给予授信对象（买方）商业信用。为此，须对授信对象的信用进行全面分析。然后，根据信用分析的结果，确定信用限额和信用期限。一般而言，如果买方的信用良好，其所获得的信用限额就较高，信用期限也就较长；反之，则信用限额较小，信用期限较短。

第二，重复交易的信用决策原则。如果授信对象（买方）是老客户，那么，对授信对象的信用分析就不必从头开始。由于授信者曾经向受信者提供过商业信用，因此，只需根据授信对象信用等级的变化以及购买量的变化等信息来修改信用限额和信用期限。如果授信对象信用等级提高了，则表明其支付能力和还款意愿相应地提高了。如果购买量上升，则表明授信对象销售势头良好，有更好的未来预期。因此，当授信对象的信用等级提高或购买量上升时，可以对它们进一步放宽信用限额，延长信用期限。

值得注意的是，在现实经济生活中，很多商业信用决策无须经过复杂的信用分析。此类情形主要有：

第一，卖方相对于潜在债务人（买方）具有管理优势。如果卖方具有良好的信用管理水平，那么，其应收账款的坏账损失、信用管理成本相对就低，卖方更愿意提供商业信用。

第二，卖方具有垄断优势。如果卖方的产品具有垄断性，那么，买方的议价能力相对较弱。摄于卖方的垄断优势，买方不敢违约，卖方应收账款的质量就有了保障。在这样的垄断优势下，卖方愿意提供商业信用。

第三，卖方追求较少的税款负担。如果卖方销售大型产品，那么，其愿意提供长期信用。为购买大型产品的客户提供长期信用，就是允许客户分期付款，对卖方的好处是，卖方的收入可以分期实现和确认，于是便获得了税收递延所带来的好处。

第四，卖方的产品质量较难检测。如果卖方的产品尚未建立起信誉，那么，买方客观上需要有一段时间来检测该产品的质量以决定如何付款。因此，为扩大产品销路，卖方此时愿意向买方提供商业信用以确保销售，这多少带有一些无奈。

第五，卖方在信用管理中追求规模效应。如果目前卖方的应收账款存量尚未达到最佳应收账款水平，那么，它们愿意提供商业信用以追求最佳的应收账款存量。

三、商业信用跟踪和监督

在给出商业信用之后，要积极跟踪和监督。在任何情况下，商业信用跟踪和监督有双重作用：一是可以提早警告应收账款是否恶化，并可以采取一些措施来阻止应收账款进一步恶化；二是可以提早发现应收账款质量有所改善的迹象，促使公司采取更宽松的商业信用政策。商业信用跟踪和监督的主要方法有：账龄分析法、应收账款平均账龄法、收款率法和应收账款余额百分比法。

（一）跟踪和监督方法

1. 账龄分析法

账龄分析法是指用账龄来分析应收账款质量的方法。卖方的应收账款可以按账龄的长短分成几类，通常按 0—30 天、31—60 天、61—90 天、90 天以上等四种账龄将卖方应收账款分成四类。

卖方应收账款的账龄长短一般取决于信用条件、顾客付款习惯和销售预期。如果信用条件宽松（比如"$n/90$"）、销售预期良好、客户大多偏好在信用期的最后一天付款，那么，公司应收账款的账龄会长些，例如 90 天。反之，应收账款的账龄会短些。此时，账龄长短并不说明应收账款质量的好坏。

然而，若授信者提供的信用条件为"$n/30$"，但其应收账款的账龄大多在 60 天以上，那么，在信用条件、顾客付款习惯以及最近销售状况没有发生变化的情况下，说明卖方应收账款的质量有下降甚至恶化的迹象。

2. 应收账款平均账龄法

应收账款平均账龄法是指用应收账款平均账龄来分析应收账款质量的方法。应收账款平均账龄是指目前公司尚未收回的应收账款的平均账龄，它有两种算法。

一种方法是使用加权平均法计算所有个别没有收回的发票金额的平均账龄，所采用的权重是个别应收账款在所有应收账款中所占的比重。

另一种方法是利用账龄表先分别算出四类不同账龄应收账款的平均账龄,然后,根据加权平均法计算出应收账款的平均账龄,权重为每类账龄应收账款在所有应收账款中所占的比重。

卖方应收账款平均账龄的长短也取决于信用条件、顾客的付款习惯和销售预期。同样,这些因素影响卖方应收账款平均账龄。平均账龄长短本身不说明应收账款质量的好坏。在信用条件、顾客的付款习惯和销售预期保持不变的情况下,如果卖方应收账款平均账龄过长,则说明其应收账款的质量有下降甚至恶化的可能。

3. 收款率法

收款率法是用实际收款状况与预期收款状况进行比较,来判断实际收款情况是否高于预期的方法。收款率是指不同月份变现的销售收入的比重。

例 12-4 假定崇德公司当月的销售收入为 100 万元。根据以往的收款习惯,当月收回 20%,第二个月收回 60%,第三个月收回 20%。实际收款情况见表 12-6。

表 12-6 实际收款率

月 份	实际收款率
销售当月	30%
第二个月	65%
第三个月	5%

由表 12-6 可知,崇德公司在三个月内将应收账款全部收回,前两个月较高的实际收款率意味着公司的收款速度高于预期或以往的收款习惯,表明公司的应收账款质量较高。

4. 应收账款余额百分比法

应收账款余额百分比法是指用销售当月月末以及接下来的每个月月末尚未收回的销售收入的百分比来分析收款质量的方法。

例 12-5 承上例,当月销售 100 万元,销售款分三个月收回。预期销售当月月底应收账款余额百分比为 80%,第二个月月底为 20%,第三个月月底为 0。在实际收款率已知的情况下,实际应收账款余额百分比见表 12-7。

表 12-7 实际应收账款余额百分比

月 份	应收账款余额百分比
销售当月月底	70%
第二个月月底	5%
第三个月月底	0%

由表 12-7 可知,销售当月月底,应收账款余额百分比小于预期,第二个月月底的应收账款余额百分比也小于预期,表明公司实际收回的款项高于预期,表明应收账款质量较高。反之,则表明公司可能向信用不够的客户提供了信用,或者表明应收账款管理水平较差。

(二) 原因识别和信用调整

以上四种应收账款跟踪和监督方法,可以帮助卖方对应收账款是否存在问题作出大致判断。如果存在问题,那么,接下来需要对具体原因进行识别。卖方应收账款质量下降甚至恶化的原因是多方面的:可能是整个信用环境恶化所致;可能是卖方商业信用管理水平不佳引发;可能是因某大买家信用违约而受到拖累。

第一,整个信用环境恶化属于系统性风险。公司只能通过审慎提供商业信用、加紧催账力度等手段应对。

第二,卖方信用管理水平不佳与公司特质有关。公司应该加强对应收账款的全过程管理,同时,构建一支专业的应收账款管理团队来提升管理水平。

第三,大买家信用违约拖累。这是卖方面临的特殊问题,为避免出现负面的示范效应,卖方需要特别关注大买家信用违约的原因,并积极处置。如果是因为大买家主体信用等级下降所致,或者是因大买家经营不佳所致,那么,卖方应该调整对这个大买家的信用条件,一方面降低信用额度以及缩短信用期限,另一方面加紧催款。

四、收账的要点

收账是指向违约的客户追款,它是商业信用管理的最后一个阶段。卖方的授信对象有很多类型,信用好的授信对象会按时付款,信用差的授信对象欠账不还,这是两种极端情况。大多客户介于这两种极端情况之间。

逾期应收账款的收账程序或步骤往往视应收账款数量、逾期时间长短等因素而定。一般而言,逾期应收账款的催讨包括以下三个步骤。

第一,发函催促。当应收账款逾期几天之后,可以友好地提醒对方。如果还是没有收到款项,可以用信函的方式催讨。

第二,电话催讨。在发函没有取得效果之后,可以通过电话方式沟通。如果授信对象确实存在支付困难的话,可以商议先付一部分。

第三,上门拜访。应收账款的收款专管员可以上门拜访,请求对方付款。

如果上面三个步骤不足以促使受信者支付逾期账款,则往往可以诉诸法律或寻求独立收款机构的帮助。如果诉诸法律,收款人会获得有利于自身的判决结果。如果寻求独立收款机构帮助,则需要承担一定的费用,有时会遭受较大的损失。

由此可见,逾期应收账款催讨的难度具有普遍性,是一个世界性难题。收款人在收账过程中,可能会承担较大的损失。因此,收账决策应该基于净现值原则。收款程序的选择乃至是否诉诸法律,取决于收账是否能产生正值的 NPV。如果收账所产生的现金流入量小于催账成本,则应该放弃收账。

第四节 短期融资方式、原则和策略

短期融资是泛指融资期限在 1 年或 1 个经营周期以内的资金融通方式,包括自发性融资和协议融资。短期融资方式有两类:一是自发性融资,它是在公司日常交易中自然产生的,主要包括公司的应付账款和应计费用;二是短期协议融资,包括有担保和无担保短期借款、商业票据等按正规协议方式进行资金安排的融资方式。虽然短期融资具有低成本等优势,但为确保一定的债务保障度,流动资产所需资金仅一半来自短期融资。

一、自发性融资

自发性融资主要是买方接受卖方所提供的商业信用,它由赊销方式带来。买方通过购买产品和接受劳务来获得卖方的商业信用,占用卖方的资金。比如,A公司向B公司购买一批货物,计100万元,信用条件为"$n/30$"。A公司在获得货物的同时,自发地获得了B公司提供的额度为100万元、期限为30天的商业信用。商业信用是公司非常重要的短期融资工具,在公司流动负债(短期资金)中,大约有30%是由卖方提供的商业信用。只要赊销方式仍然是主要的现代销售方式,接受商业信用仍将是买方主要的短期融资渠道。

自发性融资之所以成为公司最重要的短期融资渠道,除了易得性以外,主要是基于融资成本考虑。本质上讲,自发性融资是一种无成本的短期融资方式,因此,应该用足。但是,使用自发性融资也可能引发成本。

第一,延迟付款的惩罚。如果产品和劳务的买方接受的是无折扣信用条件,那么,只要买方在规定的信用期限内付款,就无须承担融资成本。为此,在没有现金折扣的信用条件下,在信用期限的最后一天付款可以用足卖方提供的商业信用。但是,如果买方延迟付款,那么,它的信用就会存在污点,会受到业内的惩罚。比如,买方将来所接受的付款条件会变得更为苛刻,其商业信用等级也会降低。

第二,放弃现金折扣的机会成本。如果产品和劳务的买方接受的是有现金折扣的信用条件,那么,它们会面临机会成本。买方可以选择在信用期限最后一天付款,以便在时间上用足商业信用,但是,它失去了享受现金折扣的机会,现金折扣就是买方选择在信用期限的最后一天付款的机会成本。

例12-6 设现金折扣信用条件为"$2/10, n/30$",发票金额为100元。如果选择第30天付款,那么,相对于第10天付款,买方将商业信用延长了20天,同时放弃了2%的现金折扣。正因为放弃了该现金折扣,买方相当于借入一笔本金为98元、期限为20天、利息为2元的借款。

该商业信用机会成本的年化成本(APR)为

$$APR = \left(\frac{折扣比率}{100\% - 折扣比率}\right)\left(\frac{365}{总信用期限 - 现金折扣期}\right)$$

$$= \left(\frac{2\%}{100\% - 2\%}\right)\left(\frac{365}{30 - 10}\right) = 37.2\%$$

由此可见,公司选择在信用期限的最后一天付款而放弃现金折扣的话,相当于按年利率37.2%向银行借入一笔期限为20天、金额为98元的短期资金。

二、商业票据

商业票据(CP)是指一些规模较大、信誉良好的工商企业和金融企业在货币市场上使用的一种借款方式。它是一种无违约风险、高度变现的短期期票,因此,此类融资方式有较高的门槛条件,仅仅适用于那些信誉好的大公司。

在成熟市场国家或地区,商业票据的期限最长一般为 270 天,期限长短往往基于票据发行者的特征和在发行方式上的差异。商业票据可以直接出售,也可以间接出售。大的工商企业一般通过投资银行发售商业票据,为此,融资者需以年金的形式承担佣金。此类票据的期限通常为 30—180 天,其购买者多为保险公司、养老金等机构投资者。大的金融企业直接将商业票据出售给投资者,并根据投资者的需要确定票据的到期日(1—270 天)和金额。金融企业常常循环发售商业票据,将商业票据作为一种永久性资金来源。

为了便于投资者识别商业票据的违约风险,商业票据均须由一家或多家信用评级机构对它进行评级。比如,穆迪公司有两类基本的商业票据信用评级:"优等"和"非优等"。其中优等细分为 P-1、P-2 和 P-3 三个等级,只有第一级和第二级的商业票据才能在市场上有比较好的表现,同时,级别越高,借款成本越低。在实践中,关于商业票据的信用等级,标准-普尔和惠誉(Fitch)公司也有类似的做法。

商业票据的成本包括佣金和利息,其中利息是商业票据融资的主要成本。由于商业票据折价发行,利息为贴现息,因此,商业票据的年化成本可以用式(12-6)进行换算,即

$$APR = \left(\frac{rPf}{P-rPf}\right)\left(\frac{1}{f}\right) = \frac{r}{1-rf} \tag{12-6}$$

式(12-6)中,r 表示票面年利率,P 表示票面值,f 表示按一年比例表达的借款期限,$(P-rPf)$ 表示发行商业票据后实际融到的资金,$\frac{rPf}{P-rPf}$ 表示按实际借款期计算的借款成本。

例 12-7 崇德公司发放商业票据,票面总计 100 万元,期限为 120 天,票面年利率为 10%。按票据期限 120 天计算,该公司发放的商业票据的实际成本为

$$\frac{rPf}{P-rPf} = \frac{0.10 \times 100 \times (120/360)}{100 - 0.10 \times 100 \times (120/360)} = 3.448\%$$

由于一年有 3(3=360/120)个 120 天,因此,商业票据的年化成本为

$$APR = \frac{rPf}{P-rPf} \times \frac{1}{f} = \frac{0.10 \times 100 \times (120/360)}{100 - 0.10 \times 100 \times (120/360)} \times \frac{360}{120} = 10.3\%$$

商业票据的融资成本一般比商业银行的短期借款成本低,但是,由于这种融资方式仅仅适用于那些实力很强的大公司,一般企业不易取得。因此,这种融资方式仅仅被视为短期银行借款的补充。

三、无担保短期银行借款

无担保短期银行借款(unsecured loans)是指不以具体的某项资产作为担保的一种短期银行借款。这种短期银行借款有三种形式,即信用限额、周转信贷协议和特定交易贷款。短期无担保银行借款具有"自我清偿"的特点,即借款人用这些资金购置或投资的流动资产能在一年内或一个生产经营周期内产生足够的现金流来偿还短期借款。

(一)信用限额

信用限额(line of credit)是指借款公司和商业银行之间达成的非正式借款协议,它规定

了在一段时间内(比如6个月)银行允许借款公司能够获得的无担保银行贷款的最高限额、应承担的借款利率以及承诺费等。其中,信用限额根据借款公司的信誉和需要量来确定,银行通常以信函的方式告知借款公司将为其提供的最高信用额度,借款公司可以随时向银行借入信用限额内的款项。信用限额每年调整一次,银行会同借款公司就公司在过去一年的经营业绩来确定来年的信用限额。借款公司除了履行支付利息和本金义务外,还须对信用限额中未使用的信用承担承诺费。

例12-8 假设崇德公司和某商业银行签订了信用限额协议,根据协议内容,信用限额为100万元,期限为1年,年利率10%,年承诺费按0.5%计算。

根据协议,崇德公司在未来1年内,可以随时进行借款,累计借款额的上限为100万元。如果崇德公司在协议生效时借入100万元,一年后归还,那么,崇德公司还本付息额为110万元。如果崇德公司在协议生效时仅借入60万元,另40万元的信用额度一直未用,那么,崇德公司的借款成本由利息和承诺费①构成。其中借款成本为6万元(6=60×10%),承诺费为0.2万元(0.2=40×0.5%)。

为避免道德风险发生,防止借款公司将短期借款挪作他用,银行可能会增加清理条款,即要求借款公司在一年内清账一段时间,比如30天,这意味着借款公司一年内连续30天不欠银行短期资金,这样可以确保信用限额的期限低于1年,确保其能够自我清偿。由于信用限额协议是非正式的,因此,一旦借款公司的信用恶化,银行可以单方面终止协议,即在法律上没有义务继续向借款公司提供资金。

由于信用限额并不构成银行向借款公司提供银行信用的法律义务,以及银行可以动用清理条款,因此,对借款公司而言,信用限额的缺点也是非常明显的。

(二) 周转信贷协议

周转信贷协议(revolving credit agreement)是指借款公司与商业银行之间达成的正式借款协议,即银行给予借款公司的最高信用限额是正式的、法律上的承诺。该承诺一旦生效,只要借款公司的借款量不超过信用限额,银行都应当予以满足。在周转信贷协议到期日之前,借款人可以循环使用周转信贷协议中规定的信用限额。借款人除了履行支付利息外,还须对信用限额中未使用的信用承担承诺费。

例12-9 假设崇德公司和某银行签订了周转信贷协议,根据协议内容,信用限额为100万元,期限为1年,年利率10%,年承诺费按0.5%计算。

崇德公司在一年内可以循环使用100万元的信用限额。如果年初借入100万元,第5个月的月末全部归还,则从第6个月的月初开始至周转信贷协议到期日之前,借款公司还可以借入最高限额为100万元的借款。这种借款行为须承担5个月的借款利息和7个月的承诺费。即

$$总费用 = 100 \times \frac{10\%}{12} \times 5 + 100 \times \frac{0.5\%}{12} \times 7 = 4.17 + 0.29 = 4.46(万元)$$

如果借款人从第4个月的月初开始借入100万元,等到周转信贷协议到期日归还所借款项,则借款人须承担前3个月的承诺费以及后9个月的利息费用。

---

① 承诺费是指借款人对未使用的信用所承担的一种成本,它是一种期权成本。

信用限额和周转信贷协议具有很强的灵活性,可以满足那些对未来现金需求不太明确的公司的短期融资需要。在不需要借款的时候,融资者只需承担比利息费用低得多的承诺费,大大节约了融资成本。可见,承诺费可以视为借款公司为获得短期借款的"期权"所付出的代价。

(三) 交易贷款

交易贷款是指仅仅为某一具体目的进行短期融资的借款方式。比如,为满足季节性生产而向商业银行申请的短期借款。若用周转信贷协议、信用限额来解决,则反而会增加融资成本。在实施此类贷款之前,银行将借款公司的每一项借款要求当作一笔单独的交易进行评价,非常看重借款公司现金流的产生能力。

(四) 无担保短期银行借款的成本

无担保短期银行借款的实际成本由诸多因素决定,这些因素包括贷款利率、补偿性存款余额要求、承诺费等。对这些因素的分析有助于借款公司进行有效的短期融资决策。

1. 贷款利率

短期银行借款的利率大多由借贷双方协商确定。通常,银行用基准利率或用向其最大的、最有信誉的客户提供的利率作为标杆利率,然后,根据借款公司的信誉好坏来确定有差别的贷款利率。

无担保短期银行借款的利率取决于银行资金的市场成本(即基准利率)、借款公司的信誉、借款公司和银行之间现在和未来的关系、信用调查成本的大小以及与贷款有关的其他成本的大小。因此,我们可以确信,银行向信誉差的公司提供较高利率的贷款,银行小额贷款的利率高于大额贷款的利率等。

但是,由于商业银行之间竞争激烈,同时又面临来自票据市场的竞争。因此,无担保短期银行借款的利率必然受此影响。为取得竞争优势,商业银行对信誉最好的客户所提供的优惠利率甚至比基准利率还低。无担保短期银行借款的年化成本可用式(12-7)计算,即

$$APR = \left(\frac{借款利息}{借款取得的可用资金}\right)\left(\frac{1}{f}\right) \quad (12-7)$$

式(12-7)中,f 表示未清偿的借款的期限与1年期相比的比例。

2. 补偿性存款余额要求

补偿性存款余额要求是指商业银行要求借款公司在银行中保持最低的无息存款的余额。补偿性存款余额要求是为了补偿银行经营此笔贷款的成本,该补偿性存款余额和所借资金以及信贷限额成正相关关系。

一般而言,补偿性存款余额通常占借款规模的10%—20%。至于具体比例,则需根据信贷市场的竞争程度以及信贷双方的协议内容而定。比如,信用限额为100万元,如果补偿性存款余额要求为10%,则借款人实际可用资金为90万元,其中的10万元则为补偿性存款余额。

显然，补偿性存款余额要求增加了借款公司的实际借款成本，年化实际借款成本可用式(12-8)表示：

$$APR = \left(\frac{P \times i \times f}{P - B}\right)\left(\frac{1}{f}\right) \tag{12-8}$$

式(12-8)中，P 表示借款金额，B 表示补偿性存款余额，i 表示借款年利率，f 表示未清偿的借款的期限与 1 年相比的比例。

如果补偿性存款余额可以获得存款利息，则借款公司的实际借款成本会降低，此时，年化实际借款成本表示为

$$APR = \left(\frac{P \times i \times f - B \times r \times f}{P - B}\right)\left(\frac{1}{f}\right) \tag{12-9}$$

式(12-9)中，r 表示补偿性存款余额的存款年利率。

例 12-10　假设崇德公司通过周转信贷协议获得一笔资金，计 100 万元，期限 1 年，年利率为 10%，承诺费 0.5%，补偿性存款余额要求为 10%，存款利率为 8%。设公司在协议生效时一次性借入 100 万元，到期归还本息。

由于公司在初始一次性借入，到期偿还，因此，年化实际融资成本为

$$APR = \left(\frac{0.1 \times 100 - 0.08 \times 10}{100 - 10}\right)\left(\frac{1}{1}\right) = 10.2\%$$

随着银行业的竞争加剧，以及票据市场的日益发展，商业银行为了取得竞争优势，会放弃补偿性存款余额的要求。

3. 承诺费

在周转信贷协议中，承诺费是一笔经常发生的融资成本。它的大小将影响公司的实际借款成本，在考虑了承诺费之后，年化融资成本可用式(12-10)表达：

$$APR = \left[\left(\frac{(P-F) \times i \times f - B \times r \times f}{P - B}\right)\left(\frac{1}{f}\right)\right] + \frac{c \times F \times t}{P - B}\left(\frac{1}{t}\right) \tag{12-10}$$

式(12-10)中，c 表示年承诺费率，F 表示未使用的信用限额部分，t 为未使用的信用限额的期限与 1 年相比的比例，f 表示未清偿的借款的期限与 1 年相比的比例。

例 12-11　承上例，假如公司在初始借入 50 万元，到期偿还，另外 50 万元信用限额未用。

该公司的融资成本由利息费用、承诺费两部分组成，实际年化融资成本为

$$APR = \left(\frac{0.1 \times 50 - 0.08 \times 10}{100 - 10}\right)\left(\frac{1}{1}\right) + \frac{50 \times 0.005}{100 - 10} \times \frac{1}{1} = 4.9\%$$

四、有担保短期银行借款

为了减少信贷风险，银行会要求借款公司提供担保品以降低短期贷款风险。短期银行借款的担保品包括借款公司持有的应收账款和存货。

(一) 应收账款抵押借款

在信用环境良好的国家或地区，应收账款是变现能力很强的一种流动资产，俗称速动资产，因此，它是一种非常理想的短期银行借款的担保品。

应收账款抵押借款从借款人向银行提出抵押贷款申请开始，到使用应收账款变现资金归还贷款本息结束。整个流程的主要内容参见图12-6。

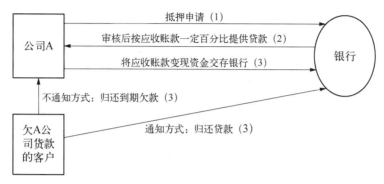

图 12-6　应收账款抵押融资流程图

第一，借款公司将其持有的应收账款向商业银行申请抵押借款，银行收到用作抵押的应收账款后，对应收账款质量进行分析，剔除质量低下、不易作抵押的应收账款。应收账款质量越是良好，银行按应收账款面值进行贷款的百分比就越高。信用等级较低客户的应收账款常常遭到银行拒绝。除了质量，银行还关心应收账款的规模。如果应收账款平均规模较小，银行处理它们的单位成本就较高。因此，银行往往拒绝笔数多、每笔金额较小的应收账款抵押借款申请，不管它们的质量是否良好。

第二，银行在对应收账款逐笔进行审核或批量审核之后，决定对借款公司实施贷款的额度。如果应收账款质量好，且进行逐笔审核，那么，银行一般按应收账款面值的50%—80%放款。如果应收账款进行批量审核，则有可能发现不了单笔应收账款可能存在的问题。因此，这类抵押贷款放款的百分比较低，甚至只有应收账款面值的25%。一旦银行决定按面值一定的百分比放款，借款公司须向银行提交应收账款清单，清单上列有应收账款的欠款单位、金额等重要信息。

第三，借款公司还款的方式有"通知"和"不通知"两种。"通知"方式是指借款公司须将应收账款已抵押给银行的信息告知其产品或劳务的买方。因此，当应收账款到期时，借款公司产品或劳务的买方会将款项直接付给银行。银行收到这笔款项后，扣除贷款本息，将余额存入借款公司的存款户。"不通知"方式是指借款公司无需将应收账款已经被抵押的事实告知其产品或劳务的买方，这样，当应收账款到期时，买方仍会将到期款项付给借款公司，再由借款公司将这笔货款交由银行。贷款银行陆续收到款项后，扣除贷款本息，再将余额存入借款公司的存款户。在"不通知"方式下，借款公司可能会截流其客户交付的货款，给银行造成风险。尽管借款公司愿意采用"不通知"方式，但银行为了自身的安全，有权选择"通知"方式。

(二) 存货抵押借款

存货是流动资产的另一个重要项目，也具有较强的流动性，也适合做短期银行借款的抵押物。传统的存货抵押借款主要有三种方式：信托收据、栈单筹资和一揽子留置权。

1. 信托收据

信托收据(trust receipt)是一种抵押设计，即商业银行将确认过的特定存货交由借款公司托管，托管人用销售这些抵押物所获得的现金来归还银行的短期贷款。信托收据比较适用于经营大件耐用商品的零售企业。信托收据的运作程序见图12-7。

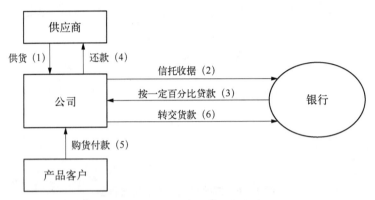

图 12-7　信托收据的运作程序

第一，供应商采用赊销方式向公司供货。为按时归还所欠货款、保全信用，公司会以信托收据的方式向银行或金融企业申请短期抵押借款。

第二，借款公司签订一份信托收据。该信托收据规定了对存货的处置方式。由于此类抵押物为指定抵押物，因此，银行须对用作抵押的存货进行具体确认后，才能交由公司托管。银行按抵押物价值的一定百分比放款。

第三，借款公司偿还货款。为保全信用，借款公司用抵押贷款所获资金偿还欠供应商的货款。

第四，借款公司销售商品。为确保安全和避免道德风险，当用作抵押的存货完成买卖交易后，只有征得银行同意后，客户才能够提货。

第五，借款公司用抵押物的销售回款来归还借款本息。借款公司销售抵押用存货后，须将所得款项转交贷款银行。在扣除贷款本息之后，贷款银行会将余额转入公司的存款账户。

由于抵押品由借款人托管，因此，存在抵押存货已销售但资金未转交银行的风险。为此，银行还应该经常审查是否存在抵押物已经销售但款项尚未转交银行的情况。

2. 栈单筹资

栈单筹资(warehouse receipt)是指借款公司将担保品存入公共仓库(第三方仓库)或被隔离在借款公司的仓库中，并用获得的栈单(收据)交由银行申请贷款的一种短期借款方式。栈单筹资适用于规模较小的制造企业，其运作程序见图12-8。

第一，借款公司将产成品存入指定仓库。借款公司将其生产的待售产成品存入指定仓库，指定仓库可以是一家属第三方的公共仓库，鉴于公共仓库费用高、运输不方便等原因，借款公司也可以将产成品存入其经营场所内的指定仓库(该仓库由独立经营的仓储公司管理或由其他第三方经营)。

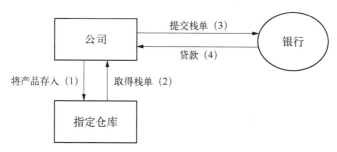

图 12-8　栈单筹资运作程序

第二，指定仓库向公司签发一张栈单（仓库收据）。栈单是借款公司对存入指定仓库中的特定产成品拥有所有权的凭据。栈单有可以转让和不可转让两种：不可转让栈单是指贷款银行对抵押货物拥有唯一发言权的栈单，对不可转让栈单，提货授权须由贷款银行采用书面形式告知；可转让栈单是指产成品在储存期间其所有权可以背书转让的栈单。绝大部分的栈单不可转让。

第三，借款公司将栈单提交银行，申请抵押贷款。银行依据指定仓库认定的栈单质量按产成品价值不同的百分比实施贷款。

第四，借款公司用产成品的销售回款来归还借款本息。

3. 一揽子留置权

一揽子留置权（floating lien）是指没有指定抵押物要求的一种抵押借款方式，贷款银行取得对借款公司所有抵押物的一揽子留置权。在这种抵押贷款中，贷款银行关心的是抵押物的实际价值，不在乎抵押物的物理形态，因此，在确保抵押物物有所值的情况下，借款公司在借款期内可以变换抵押物。

一揽子留置权仅适用于信誉良好的借款公司。事实上，在一揽子留置权中，贷款银行其实很难对抵押物进行实际控制，因此，贷款银行常常需要获得额外风险补偿。正因为如此，与上文提及的另两种存货抵押借款相比，银行通常按较低的百分比（如按抵押物价值的20%）进行放贷。

五、应收账款代理

应收账款代理（factoring）也称应收账款让售，是指公司将应收账款出售给商业银行等金融机构（代理商）获得资金的一种融资方式。应收账款一旦出售，意味着购买应收账款的商业银行通常失去了追索权。应收账款代理的程序见图 12-9。

第一，公司向商业银行（代理商）提出出售应收账款的申请。由银行的信用部门对应收账款的质量进行审核，据此做出拒绝或接受的决定。银行和公司之间的应收账款买卖行为可以通过签订合约来约束。

第二，商业银行对应收账款定价。由于商业银行会承担信用风险以及处置应收账款的成本，因此，银行有佣金要求。佣金与单笔应收账款的大小、应收账款的总规模和应收账款的质量有关。一般而言，银行在购买应收账款之后不会立刻付款给公司，而是要等到应收账款到期日或平均到期日才支付。如果银行在应收账款到期日之前预付给公司，则公司需承担这笔

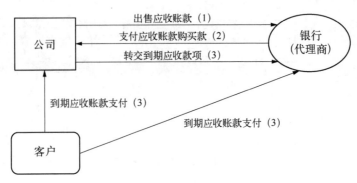

图12-9 应收账款代理的程序

预付款的利息。比如,公司将100万元应收账款出售给银行,佣金率为2%,月贷款率按1%计算,应收账款平均期限为1个月。那么,银行买入应收账款之后,如果随即将98万元支付给公司,则公司还需承担0.98万元(0.98=98×1%)的利息费用(即贴现息)。因此,公司出售应收账款的成本主要是代理成本(即佣金),如果需要银行预支,则还需承担利息费用。

第三,银行收取到期应收账款。在通知方式下,由于公司已经告诉其客户关于应收账款已经出售的事实,因此,公司客户会将到期应收账款直接支付给银行。在不通知方式下,由于公司的客户并不知道关于应收账款已经出售的消息,因此,它们还是将到期应收账款支付给公司,然后,再由公司背书交给银行。

六、供应链金融

20世纪80年代以来,供应链渐渐成为产业组织的主要模式。在这种模式中,核心企业专注于品牌管理、客户管理以及创造和提升核心能力,至于生产、流通、销售中低附加值环节,则统统外包给一批中小企业,这样,便形成了以稳定交易和利益共享为特征的产业链。于是,商业银行找到了基于供应链的新型贷款模式——供应链金融(supply chain finance)。

(一)传统融资模式和供应链融资模式

在传统融资模式下,整条供应链上的企业由不同的银行提供贷款(见图12-10)。在供应链融资模式下,由一家银行负责对整条供应链上的企业提供信贷(见图12-11)。

图12-10 传统融资模式

比较图12-10和图12-11,我们可以发现,供应链融资模式有三个特点。

第一,商业银行将供应链看成一个整体。在评价核心企业时,重点评估核心企业的财务状况、盈利能力以及对整个供应链的管理效率。在评价供应链上的其他成员时,重点考察其在整个供应链中的地位,以及与核心企业交往的历史。

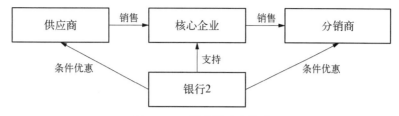

图 12-11 供应链融资模式

第二,对供应链上成员的贷款严格限定在其与核心企业的贸易上。如果核心企业的上游企业因备货或延长信用期限等原因而向商业银行申请贷款,那么,只要该上游企业与核心企业保持良好的贸易关系,基于这种贸易关系的银行贷款是安全的。

第三,强调供应链融资的自偿性。不管是对核心企业进行贷款,还是对供应链上成员进行贷款,这些贷款都应该用其销售回款来偿还。运转良好的供应链能够确保供应链融资的自偿性。

可见,我们能够从供应链融资模式中看出商业银行的服务内容。

第一,商业银行作为企业战略伙伴,对整条供应链上的核心企业及其成员提供金融服务,而不仅仅满足客户贸易中个别环节的融资需要。服务内容包括订单/发票数据的管理、银行保障的赊销、赊销项下的支付、买方融资、卖方融资等。

第二,"一对多"的融资解决方案,即对核心企业的上游供应商实施应收账款抵押和让售融资,同时,对下游企业实施存货抵押或预付款融资。

中国供应链金融的市场很大,但中国供应链金融的历史不长,且有三个特点:一是大多集中在为核心企业的下游企业提供资金融通,即"渠道融资";二是主要针对中小企业的金融服务;三是中小银行更热衷于供应链金融。

(二) 核心企业的目标以及整个供应链之虞

应该看到,供应链金融是商业银行贷款业务的一个专业领域。银行向核心企业提供融资和其他结算业务,同时向核心企业的上游企业提供应收账款融资以及提供应收账款收款管理,或者向其下游企业提供预付款代收服务以及提供存货抵押融资。

在整个供应链中,核心企业的目标是,统筹安排供应链上下游企业的资金融通,合理分配各个节点的流动性,从而实现整个供应链财务成本最小化、利益最大化。可见,在商业银行所提供的供应链金融服务中,许多金融业务也能由资金雄厚的核心企业自己来实施,如向上游供应商实施提前付款计划、增加对下游分销商的赊销等。但是,核心企业与供应链上其他成员之间存在代理冲突,核心企业有侵害其上下游企业的冲动。因此,为确保供应链融资健康,核心企业的职责还包括以下内容。

第一,打造稳定的、运营有效率的供应链。稳定和利益共享是供应链存在的理由,也是供应链金融的基础。因此,核心企业应该增强危机感,加强供应链上其他成员的归属感,打造拥有良好约束机制的供应链。

第二,与银行进行多方面合作。核心企业不能完全替代银行,否则,专业性和效率就会受到质疑。核心企业既承担了信用风险,也承担了操作风险,将为此付出较高的成本。核心企业与商业银行的合作模式是:由核心企业构建运转良好的供应链,以银行为战略伙伴,直接受益者为上下游企业,最终受益者为核心企业。

案例 12-2

美的集团和格力电器缺钱吗?

2020年2月底3月初,格力电器和美的集团两大家电巨头都发布公告要"借钱",先是美的公告要融资200亿元,4天后格力也发布公告要借180亿元。2020年3月1日晚,格力电器发布公告称,准备注册发行债务融资工具,额度不超过180亿元。其中,超短期融资券规模不超过100亿元,短期融资券规模不超过30亿元,剩下部分为中期票据。而在2020年2月26日,美的也曾发布类似的公告,融资规模是不超过200亿元。其中,超短期融资券和中期票据各占100万元。

格力和美的最近很穷吗?截至2019年三季度末,格力还有1 300多亿元的现金,美的也还有500多亿元,美的之前还公布了一项52亿元的回购计划。

两家家电行业巨头,为什么突然之间要站在现金堆上借钱呢?

第一种猜测:借钱还债。

截至2019年三季度末,格力的总资产为2 918.36亿元,总负债为1 894.68亿元,负债同比增加了109亿元。流动负债1 885.12亿元,非流动负债9.56亿元。在流动负债中,短期借款215.56亿元,应付职工薪酬35.71亿元,属于资金需求较为紧迫的,特别是应付职工薪酬比去年同期增长了44%。此外,还有336.9亿元的应付票据,同比增加了108.35亿元。

美的的情况也差不多。2019年三季度末,美的总资产为2 852.89亿元,总负债为1 809.27亿元,规模与格力相当。1 294.05亿元为流动负债,其中,短期借款金额是10.33亿元,应付职工薪酬52.72亿元。相比往年,美的的总负债在上年末的基础上增加了97亿元,短期借款、应付职工薪酬方面与上年末相比并没有太大的变化。

第二种猜测:蓄力待发。

2020年1—2月,受疫情影响较大。一方面,很多商场、经销商都无法正常营业,另外地产家装行业也不能如期开工,这会影响到家电的销售。

2019年前三季度,格力电器经营活动产生的现金流净额327.30亿元,投资活动产生的现金流净额—26.95亿元,筹资活动产生的现金流—136.87亿元,净现金流为163.48亿元。

美的方面,2019年前三季度经营活动产生的现金流量净额297.90亿元,比上年同期增加了102亿元,同比增加52.07%;筹资活动产生的现金流量净额—75.46亿元,比上年同期增加了30.3%。现金流净额为222.44亿元。

2020年一季度,两家公司的现金流净额都出现明显下降。提前做好融资准备,不失为未雨绸缪。另外,债券融资相比银行授信,融资成本相对较低。这样也可以降低资金的使用成本,提高抗风险能力。

问:两家家电巨头的负债结构有什么共性?你更倾向于哪种猜测?

资料来源:王金成.美的借200亿格力借180亿,借钱也要较劲?[EBOL].天下网商,2020-03-05.

七、短期融资原则和策略

短期融资是公司流动资产的重要资金来源,短期融资决策取决于短期融资的成本、可行性、融资灵活性以及短期融资与长期融资之间的搭配。

(一) 短期融资原则

1. 成本性原则

用最小的成本获得短期资金是短期融资的最重要原则。为寻求低成本的短期融资方式,公司可以在以下诸多方面寻求突破。

第一,选择成本最低的短期融资方式。在众多的短期融资方式下,自发性融资的成本最小。如果仅从账面成本来考察,那么,自发性融资是无成本的融资方式。因此,公司一方面应该用足商业信用,同时,应该提高自身的信用等级,获得更多的商业信用。

第二,选择合适的融资时机。各种短期融资方式之间的成本差异会随时间变化,并不是固定不变的。例如,由于商业票据属于无违约风险、高度变现的短期期票,因此,商业票据的融资成本低于无担保短期银行借款的成本。但是,如果商业银行面临的竞争环境激烈,同时受票据市场的挤压,那么,商业银行就可能向信誉良好的公司提供低于商业票据利率的贷款。

2. 可行性原则

可行性是指短期融资的可得性,这是融资选择的约束条件。在所有的短期融资方式中,商业信用成本最低,但是,公司的购货数量、业绩和过去的信用历史将决定其是否能够获得商业信用以及能够获得多少。因此,商业信用对公司来说是有限的,并不能满足公司所有的流动资产投资的资金需要。在商业信用或自发性融资用足后,公司应该退而求其次,选择次最低融资成本的短期融资方式。

总体来讲,融资可行性与公司的还款能力和盈利能力有关。如果公司具有超强的实力,那么,公司融资的空间较大,融资的灵活性较强。事实上,用单一融资方式来解决公司短期资金需要既没有可能,也没有这个必要。正是由于短期融资受可得性的影响,因此,在公司资产负债表中,流动负债的项目呈现多样化,既有应付账款和应付票据(商业信用),又有短期借款(银行信用),还有应计费用等。

3. 灵活性原则

融资灵活性与公司在短时间内增加短期资金的能力有关。公司融资灵活性大小与信用限额的剩余数量、公司流动资产所受到的约束、公司的盈利能力等有关。

如果公司已经和商业银行签订了周转信贷协议或限额贷款协议,公司目前尚未用足限额,那么,公司的融资灵活性较大,借款比较容易。

如果公司已经将其大部分应收账款和存货抵押给了商业银行,那么,担保品的减少使公司短期举债能力受到影响,公司的融资灵活性下降。

如果公司盈利能力强,那么,公司创造现金流量的能力强,其支付能力也强。因此,一旦公司有良好的经营业绩,其融资灵活性也会提高。

(二)短期融资策略

从理论上讲,公司在进行短期融资时,须充分考虑公司的资产结构以及与长期融资的搭配。按短期融资与资产结构等的关系分类,短期融资策略至少有理想、风险和保守三种极端类型。大部分短期融资策略介于这三种策略之间。

1. 理想短期融资策略

在一个理想状态下,公司的资产和融资的关系遵循以下原则:流动资产全部通过短期融资解决;长期资产全部由长期融资加以解决。流动资产等于流动负债,长期资产等于长期负债和股东权益之和(见图12-12)。

图12-12显示,在公司最佳流动资产余额已知的假设条件下,随着时间推移,公司不断成长,其长期资产逐渐增加,长期负债也随之增加。流动资产的需求稳定,保持一定数量的流动资产,逐渐用完后再进行投资,循环往复。

但是,在现实世界中,公司还应该考虑季节性生产对资金的需求,同时,公司流动资产中有一部分是永久性流动资产。这部分流动资产在两方面与固定资产相似:一是对永久性流动资产的投资金额是长期性的;二是永久性流动资产随着公司的成长而增加。因此,我们须对理想状态下的短期融资策略进行修改。

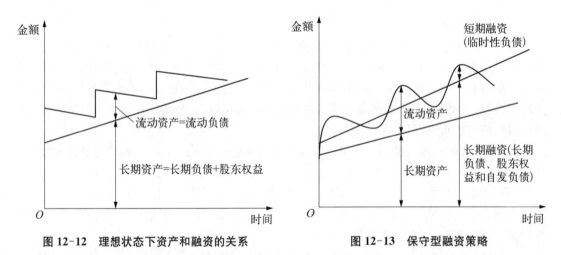

图12-12　理想状态下资产和融资的关系　　　图12-13　保守型融资策略

2. 保守型短期融资策略

保守型短期融资策略的内容:公司偏好长期融资,流动资产的资金需要更多地依赖于长期融资。在该策略下,资产和融资之间的关系见图12-13。

图12-13显示,表中位置最低的一根斜线和横坐标之间的距离表示长期资产,位置高的斜线和位置低的斜线之间的距离表示永久性流动资产,曲线和位置较高直线之间的距离为临时性流动资产。图12-13中曲线和位置较高直线相交,表示用长期融资解决部分临时性流动资产的资金需要,反映了公司管理当局偏好保守型短期融资政策。除了用长期融资解决永久性流动资产的资金需求外,还解决了部分临时性流动资产的资金需要。图12-13中

还显示,长期融资直线位置较高,融资成本较高。

3. 风险型短期融资策略

风险型短期融资策略的内容:公司推崇短期融资,流动资产所需资金更多地依赖于短期融资。在该策略下,资产和融资之间的关系见图12-14。

图12-14显示,表中位置最低一根直线和横坐标间的距离表示长期资产,位置高的斜线和位置低的斜线之间的距离表示永久性流动资产,曲线和位置较高直线之间的距离为临时性流动资产。图12-14中显示,长期融资直线位置较低,流动资产所需资金更多地依赖短期融资,因此这种策略的融资成本较低。

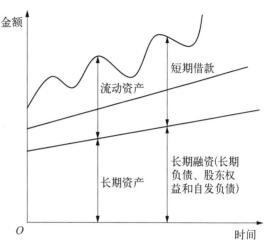

图 12-14 风险型融资策略

本章小结

营运资本是指对流动资产的投资,流动资产是营运资本的占用形态,流动负债是营运资本的主要来源之一。因此,营运资本管理有两个基本要求:一是要求公司保持最佳的流动资产投资水平;二是为维持这一合理的流动资产水平而进行合理的资金融通。公司在营运资本投放规模、融资方式上存在差异,它与公司实施的营运资本政策有关。

现金是指公司持有的货币资金,包括公司持有的通货和各类银行存款。公司持有现金出于以下三个动机,即交易性动机、安全性动机和投机性动机。由于大多数公司并没有为投机需要而持有现金,因此,现金管理仅仅与交易性动机和安全性动机有关。现金管理有现金流量管理和存量管理两个内容。其中现金存量管理须借助有价证券实现,可以借助库存模型和随机模型来理解现金的最优存量。

公司向外销售商品或提供劳务时,如果允许购买者延后一段时间付款,则我们可以认为销货方向购买方提供了信用。公司一旦提供信用,便产生应收账款。因此,应收账款管理就是商业信用管理。公司向其他公司提供商业信用,向消费者提供消费信用。公司的应收账款由商业信用政策决定,商业信用政策有四个内容,即销售条件、信用分析、应收账款监督和收账政策。应收账款管理围绕着这些信用政策内容展开,是应收账款的全过程管理,包括提供商业信用前的信用分析、应收账款事中管理,以及催账管理等。在信用环境良好的情况下,公司应收账款的数量大并不意味着信用管理水平低下,也就是说,应收账款的多少并不说明问题,需通过成本收益分析来判定。

短期融资的目的是为了获得进行流动资产投资的资金,但流动资产的资金来源不只是短期资金,其中永久性流动资产的资金需求通过长期融资解决,临时性流动资产则通过短期融资方式解决其资金不足。

短期融资包括自发融资、协议融资。自发融资是在公司日常交易中自然产生的,表现为公司的应付账款和应计费用,它是无成本的融资方式,所以应该用足这种融资方式。短期协议融资包括货币市场的有担保和无担保贷款、商业票据等按正规的方式进行安排的融资方式。在信用环境良好的情况下,应收账款和存货抵押融资是常见的短期融资方式。

短期融资决策取决于短期融资的成本、可行性、灵活性以及短期融资和长期融资之间的关系。从融资成本而言,商业信用无融资成本,是最便宜的短期融资方式,所以,在用足信用条件的同时,还应该提高自身的信用以获得更多的商业信用。可行性是融资选择的约束条件。在所有的短期融资方式中,由于商业信用对公司来说是有限的,并不能满足公司所有的流动资产投资的资金需要。因此,从融资成本角度出发,应该选择次最低融资成本的短期融资方式。从融资灵活性而言,融资灵活性跟公司在短时间内增加短期资金的能力有关。公司融资灵活性大小和信用限额的剩余数量、公司流动资产所受到的约束、公司的盈利能力等有关。

关键词

现金、有价证券、浮存、专用信箱、现金存量库存模型、现金存量随机模型、商业信用、应收账款政策、信用条件、信用分析、催账、短期融资、自发融资、协议融资、商业票据、应收账款抵押融资、应收账款让售、栈单筹资、信托收据、一揽子留置权、短期融资策略

习题

1. 如何理解营运资本政策的基本内容?
2. 什么是自发性负债?
3. 请给出应收账款流量管理的基本流程。
4. 如果你是财务经理,你将如何在应收账款抵押融资和应收账款让售之间进行选择?
5. 公司在选择短期融资组合时,应该考虑哪些因素?
6. 现金库存模型和随机模型的区别有哪些?
7. 信用分析中的信用5Cs是什么?
8. A公司拟借入期限为半年,金额为10万元的借款,有三种备选方案:
   方案一:取得年利率8%的贷款,补偿性存款余额要求为20%;
   方案二:发行半年期商业票据,折价发行,年利率为7.5%;
   方案三:取得年利率10.5%的贷款,没有补偿性存款余额要求。
   要求:按实际利率决定哪种方案更优。
9. B公司目前初始持有100万元现金,公司估计下一年度每月现金流入量为20万元。公司通过经纪人转换一次证券的交易费用为1000元。货币市场上的年利率为8%。那么,B公司下一年应该持有多少初始现金?在首次将剩余资金投资有价证券之后,公司在以后的一年中,应该出售几次其持有的有价证券?

10. C公司预计年度赊销额为960 000元,应收账款平均收账期为30天。成本占销售收入的80%。企业拟修改其信用政策,有以下两种信用政策可资参考:

信用政策	信用期限	年度赊销额	坏账率
A	45天	1 120 000元	2%
B	60天	1 320 000元	3%

假设原坏账率2%(按应收账款百分比法计算,其中应收账款以平均应收账款为准),企业投资机会的报酬率为20%。

要求:根据以上条件,企业应使用何种信用政策?(提示:读者可自行设置一些条件。)

11. 找一家你熟悉的或感兴趣的中国上市公司,查阅其最近三年的年报,回答如下问题:

(1) 各年的现金余额是多少?

(2) 如果现金余额较多,请分析可能的原因。该公司该如何处置暂时不用的现金?

(3) 如果现金余额较少,是故意为之还是无奈之举?

重要文献

1. Hill, Ned. C. and William L. Sartoris. *Short-Term Financial Management* [M]. New York: Macmillan Publishing Company, 1992.

2. Mian, Shehzad I. and Clifford W. Smith. Extending Trade Credit and Financial Receivables [J]. *Journal of Applied Corporate Finance*, Spring 1994.

3. Sartoris, W. L. and N. C. Hill. Evaluating Credit Policy Alternatives: A Present Value Framework [J]. *Journal of Financial Research*, 4, Spring 1981.

4. Fabozzi, F. and L. N. Masonson. *Corporate Cash Management Techniques and Analysis* [M]. Homewood, Ill.: Dow Jones-Irwin, 1985.

5. Kallberg, J. G. and K. Parkinson. *Corporate Liquidity: Management and Measurement* [M]. Burr Ridge, IL: Irwin/McGraw Hill, 1996.

第十三章 财务报表分析

> 【学习要点】
> 1. 会计信息的载体和内涵。
> 2. 主要财务指标的计算、解读以及指标关联性。
> 3. 如何用比率分析法来评价公司的盈利性、偿债能力等。
> 4. 如何用现金流量法来评价公司的支付能力。

财务报表分析[①]是一种重要的分析工具,公司管理者、股东、债权人以及其他利益相关者都是这种分析工具的倡导者。就公司管理者[②]而言,为了做出符合公司目标的理性决策,他们需要使用这种分析工具。比如,为了有效地进行财务规划,财务报表分析是一项必不可少的前期工作。再比如,财务报表分析可以用来发现问题,以便公司更好地迎合金融市场的要求,安全地融到资金,顺利地捕捉到投资机会。就财务报表分析的框架而言,通常有操作层面和理论层面两种理解。就操作层面而言,它由财务报表的阅读与理解、财务分析方法以及运用等三部分组成;就理论层面而言,它由会计分析、财务分析和前景分析等构成。本章内容主要基于操作层面展开。

第一节 会计信息的阅读和理解

在财务报表分析的框架中,会计信息的阅读与理解是一个重要的内容,会计信息的阅读技巧和能力将影响信息使用者的视野。

一、会计信息以及信息使用者的基本要求

外部财务报表[③]是会计信息的主要载体,会计信息的表达方式(也称数量特征)以及会计信息的质量特征将影响分析结果。会计信息表达方式是指为信息使用者提供的会计信息的类别以及详略程度。会计信息质量特征是指为信息使用者提供的会计信息的可靠程度(即可靠性)以及是否决策有用(即相关性)。

公司管理者、公司股东、公司债权人、供应商等是最常见的会计信息使用者,他们对会计

---

① 财务报表分析与财务分析是不同的,后者运用所有的财务资料进行分析,财务资料由会计资料与非会计资料两部分组成。因此,财务报表分析仅仅基于会计资料的财务分析。
② 信息使用者众多,为便于讨论,本书仅从公司管理者这一特定的视角来介绍财务报表分析。
③ 外部财务报表指资产负债表、利润表、现金流量表及其附表等。由于信息不对称,因此,公司外部人只能接触到这些报表。公司内部人还可以接触到内部报表,但由于内部财务报表在形式和内容上差异很大,因此,不在本书讨论之列。受篇幅的限制,完整的资产负债表、利润表和现金流量表可参见上市公司年报。

信息的制作、披露等都有要求,充分披露、可靠性以及相关性是信息使用者的基本诉求。从根本上讲,会计信息的表达方式和会计信息的质量特征必须符合会计信息使用者的基本诉求,但事实并非如此。

由于会计信息无法完全满足信息使用者的基本诉求,因此,财务报表的阅读和理解注定不是一件轻松的事。

二、资产负债表和利润表的阅读与理解

(一) 资产负债表的信息含量

资产负债表(见表13-1)的信息量很大。要理解该表的会计信息,可以将该表的结构作为切入点。

表 13-1　崇德公司资产负债表

2020 年 12 月 31 日　　　　　　　　　　　　　　　　　单位:万元

资　　产	期末数	期初数	负债与股东权益	期末数	期初数
货币资金	178	175	应付账款	148	136
应收账款	678	740	短期借款	448	356
预付款项	56	46	其他应付款	191	164
存货	1 329	1 235	应交税费	36	127
流动资产小计	2 241	2 196	流动负债小计	823	783
长期投资	65	0	长期借款	200	200
固定资产	1 596	1 538	公司债券	431	427
减:累计折旧	(857)	(791)	股本(面值1元)	421	421
固定资产净值	739	747	资本公积	361	361
无形资产	205	205	盈余公积	1 014	956
			股东权益小计	1 796	1 738
资产合计	3 250	3 148	负债和权益合计	3 250	3 148

1. 资产负债表的结构

完整的资产负债表由表首、表身和表尾构成(见表13-1)。表首包含报表名称、编制单位、编制年月以及货币计量单位等要件。表身是资产、负债、所有者(股东)权益等总括会计信息的载体,其格式有T字形和报告式两种(我国采用T字形格式),表明某企业在某一时间点上的财务状况。表尾[①]是资产负债表的重要内容之一,它在我们阅读与理解资产负债表时起着举足轻重的作用。就上市公司而言,表尾包括会计政策与方法、明细资料、变动幅度大的项目的原因说明、重大事件和关联交易等内容,表尾的篇幅很大。

---

① 表尾资料很丰富,限于篇幅,本书仅在下文介绍了表尾资料的几个板块。若读者想详细了解表尾资料,可通过上海证券交易所网站(www.sse.com.cn)下载任何一家上市公司的年报。

2. 资产负债表的数量特征

资产负债表的数量特征表现为该表能为信息使用者提供会计信息的类别以及详略程度。从信息类别来看,资产负债表的表身提供了资产、负债和股东权益(或所有者权益)三方面的总括数据,表尾则提供大量的补充数据和资料,这些资料和数据尽管不能在表身中直接出现,但对信息使用者进一步理解表身的总括数据起着重要的辅助作用。表尾资料有五项内容。

第一,"会计政策和方法"。该信息源有助于读表人了解会计信息在生成过程中所选择的会计政策和方法,以及会计政策和方法的变化或变更(包括会计制度的变化以及管理人员选择会计政策所产生的变化)对资产负债表可能产生的影响,据此判断公司是否存在高估或低估资产、损益等"粉饰"情形。

第二,"明细资料"。该信息源是对表身总括会计信息的细化,比如,货币资金的明细资料可以使读者了解货币资金的结构,从而了解货币资金是否存在约束条件,进而知晓公司即期支付能力的大小。

第三,"变动幅度较大项目的原因说明"。该信息源有助于读者了解相关会计分项的财务数据大幅变化背后的缘由。比如,应收账款年末数远超年初数的原因有很多,就正常原因而言,销售条件的变更以及销售量的变化都可能对应收账款余额的波动产生影响。如果不将真正原因予以告示,读者将无法辨别。

第四,"重要事项"。该信息源显示公司已发生的重大事件,公司所有重要事项都可能对资产负债表产生潜在影响。比如,公司若因对外担保而深陷诉讼的话,那么,公司将无法回避一笔或有负债。这对公司的资产负债状况起着潜在影响,一旦输了"官司",这笔或有负债将成为真实负债。

第五,"关联交易"。该信息源可帮助读者了解公司有哪些关联企业,以及与这些关联企业发生的交易,包括交易的价格和交易的数量,进而了解有无不正当交易价格以及是否可能对公司的收入、资产等造成扭曲。

3. 资产负债表的质量特征

从质量特征而言,资产负债表提供的会计信息应该具备可靠性和相关性。所谓可靠性是指会计信息具有可核性、真实性和中立性。所谓相关性是指会计信息具有预测价值、反馈价值和及时性。可靠性是质量特征的基本要求,对信息使用者非常重要,一旦会计信息不可靠、不真实,财务报表分析就失去了意义。相关性是质量特征的高要求,它要求公司多披露决策有用信息,少披露决策无关信息。如果会计信息具有相关性,那么,信息使用者就能够轻易地获取决策有用的会计信息,而无需从大量会计信息中去艰难识别哪些是决策有用信息,然后据此进行投融资决策。从实践看,可靠性相对易得,但相关性不易实现,成熟市场国家或地区也不例外。

(二)利润表的阅读与理解

与资产负债表一样,利润表(见表13-2)也由表首、表身和表尾组成。就表身而言,它有多步式和单步式两种具体列示形式。工商企业采用多步式来列示其信息(见表13-2),而金融企业,如银行业则采用单步式列示其信息。就信息使用者而言,他们更青睐多步式的利润表,理由是信息使用者能够获得更多的盈亏信息,如总利润和利润结构。就表尾资料而言,除了明细资料、变动幅度较大项目的原因说明之外,其他的表尾资料与资产负债表共享[①]。

表 13-2 崇德公司利润表

单位:万元

项 目	2020 年	2019 年
营业收入	3 992	3 721
营业成本	2 680	2 500
毛利	1 312	1 221
销售费用	400	390
管理费用	512	451
财务费用	85	70
税前利润	315	310
所得税	114	112
净利润(NI)	201	198
现金股利(60%)	120.6	118.8
当年留存收益	80.4	79.2

利润表提供收入、成本费用、盈亏等三大信息。由于利润表和资产负债表的记账基础均为权责发生制,因此,利润表与资产负债表的质量特征基本是一致的。

三、现金流量表阅读与理解

(一)现金流量表结构

现金流量表(见表 13-3)由表首、表身和表尾组成。表身反映了在一定时期内公司现金的来龙去脉。由于公司有三类活动,即经营活动、投资活动和融资活动,因此,现金流量表可将现金来龙去脉进一步细化。

表 13-3 崇德公司现金流量表

2020 年

单位:万元

项 目	金 额
一、经营活动产生的现金流量	
1. 销售商品、提供劳务所收现金	4 050
2. 购买商品、接受劳务所付现金	(3 539)
3. 支付的各项税费	(81)

---

① 理由是,资产负债表和利润表的记账基础是一致的。

续表

项　目	金　额
4. 支付给职工的现金	(211)
经营活动所产生的现金净流量(CFO)	219
二、投资活动产生的现金流量	
1. 购建固定资产、无形资产和其他长期资产支付的现金	(104)
2. 投资支付的现金	(65)
投资活动所产生的现金净流量	(169)
三、筹资活动产生的现金流量	
1. 取得借款收到的现金	92
2. 发行债券收到的现金	4
3. 分配股利、利润或偿付利息支付的现金	(143)
筹资活动所发生的现金净流量	(47)
现金及现金等价物净增加额	3
加：期初现金及现金等价物余额	175
期末现金及现金等价物余额	178

经营活动的主要现金流入是销售商品、提供劳务所收现金，主要流出是购买商品、接受劳务所付现金。净现金流量(经营活动所产生的现金流入与经营活动所产生的现金流出之差，简称 OCF)可以被视为现金收付制下的净利润。从处于正常经营阶段的公司来看，如果盈利已成为常态，那么，经营活动所产生的净现金流量总体上应该大于零，即 OCF 为正值。但又由于现金流量表的记账基础是现金收付制而非权责发生制，因此，公司在个别年份还是会出现负值的 OCF，经营活动净现金流量小于零并不意味着当期一定亏损，反之亦然。

投资活动的主要现金流入是取得投资回收所收现金，以及处置固定资产、无形资产和其他长期资产收回的现金净额，主要现金流出为购建固定资产、无形资产和其他长期资产支付的现金，以及投资支付的现金。融资活动的主要现金流入为借款、发债等筹集的资金，主要流出为偿还债务、利润分配等。投资活动和融资活动的现金净流量又该如何理解呢？我们不能将它们与经营活动现金净流量(OCF)作同样的解读，而应该结合两类活动所呈现的现金流特点来解读。就投资活动而言，一次性的大量的现金流表现为现金"流出"，如果今后一段时期不再进行追加投资，那么，在本次投资后预计会产生连续多期的现金"流入"，也就是说，某一年出现负值后，会出现连续多年的正值；就融资活动而言，其现金流的特征恰好与投资活动相反。

由于现金流量表的记账基础不同于资产负债表和利润表，因此，其表尾资料单列。该报表的表尾资料由三部分组成，即现金流量表项目的明细资料、现金流量表补充资料以及现金和现金等价物。其中第二部分信息对信息使用者尤为重要，它揭示了公司经营活动所产生的现金净流量(OCF)与账面净收益(NI)之间的关系，信息使用者可以据此了解公司当期的盈利质量及其原因。

(二) 现金流量表的信息含量

现金流量表是揭示公司现金流的重要和有效的载体。首先,现金流量表揭示一段时间内公司现金的来龙去脉(其中现金是指货币资金和现金等价物),即公司在经营活动、投资活动和融资活动中各自的现金流;其次,给出了一个与利润表不同的盈利指标,即经营活动所产生的现金净流量(OCF),表示新增的支付能力;最后,它揭示了账面净收益与经营活动所产生的现金净流量之间的关系。

现金流量表是投资者对会计信息数量和质量要求提高的产物。在现金流量表尚未推出之前,投资者和债权人往往会陷入"集体困境"。比如,一方面,公司显示出不错的账面利润,另一方面,公司却无力清偿到期债务以及无力支付股利。在这种背景下,信息使用者需要通过一定的载体来了解公司的支付能力。可见,现金流量表是业界试图减缓"集体困境"的应景之作。

第二节 会计噪声和会计分析

尽管财务报表是反映公司经营状况、盈利能力和现金流量的载体,但是,由于会计信息在形成过程中受诸多因素影响,致使会计信息不可避免出现一些噪声。从这个意义上讲,在使用会计信息之前,应该进行会计分析,尽可能剔除会计噪声。

一、会计信息的噪声

尽管会计信息使用者试图读懂财务报表,但由于会计信息噪声的存在,要真正读懂、读好会计信息并不容易。

(一) 统一会计准则的误区

统一的会计准则对外部投资者来说是非常重要的。一方面,它使得不同公司的会计信息有了可比性;另一方面,它可以限制公司管理者对其会计信息进行恣意粉饰的行为。然而,统一的会计准则也有其自身的误区。

第一,统一的会计准则并不能消除会计信息失真现象。例如,在企业研发费用的会计处理上,若统一要求将当期发生的研发费用全部计入当期费用,那么,这种会计处置低估了当期利润。事实上,就研发费用而言,这些费用是为获得公司未来收益而发生的,而非当期。因此,根据收入和费用配比原则,研发费用应该作为待摊费用或进行资本化才是相对合理的会计处置方式。

第二,会计准则统一性提高后,公司管理者反映真实经营差异的会计灵活性将大大降低。比如,在通胀情况下,后进先出法(LIFO)比先进先出法(FIFO)能够更好地反映销售成本以及存货余额。但如果统一采取先进先出法,公司的成本将被低估,利润被高估,扭曲了会计信息。在以牺牲灵活性为代价的统一会计准则下,公司管理者为了取得预计的会计结果,可能被迫调整经营业务甚至作假。

（二）管理人员选择会计政策的误区

会计灵活性[1]为公司管理者提供了能够公允反映其经营状况、盈利性的手段和空间，但是，会计灵活性具有双面刃的特性。公司管理者会出于不同目的而滥用会计灵活性，造成会计信息混乱。管理者滥用会计灵活性的目的主要有三类。

第一，改变资本市场的态度。资本市场对上市公司的盈利性具有很高的要求，例如，中国上市公司前三年平均净资产收益率不得低于10%，否则公司就会失去配股权。因此，为了改变资本市场的态度，公司管理者可以利用其在信息不对称中所处的有利位置，通过成功地运用会计灵活性策略高估利润，来影响甚至改变资本市场以及投资者对公司的看法。

第二，追求管理报酬。在薪酬制度设计中，公司管理者的薪酬通常与公司业绩挂钩。若业绩以利润的大小来衡量，那么，为在任期内获得更多的薪酬，公司管理者就会采取高估利润、低估成本的会计政策与方法，在其任期内实现公司收益最大化。

第三，迎合债务合约的要求。公司一旦借款，债权人会在债务合约中通过常规条款、普通条款和特殊条款，对借款公司在举债期内的流动性、资产处置等方面进行约定。由于债务人违反约定的代价巨大，因此，为了力保流动性等方面的约定，公司管理者会选择有利于这些约定保全的会计政策和方法。

（三）外部审计的误区

外部审计是对财务报表公允性进行担保的有效方式，它在确保会计政策和方法运用的一贯性，以及确保其会计评估的合理性方面非常有效。应该说，外部审计限制了公司管理者为了一定的目的而对财务报表进行恣意粉饰的行为，提高了会计信息的质量。

然而，即便不考虑注册会计师的职业道德，外部审计也存在一定的误区，可能降低财务报表的质量。比如，审计人员可能会对某些会计准则表现出强烈的反感，理由可能是公司根据这些准则形成的会计信息会给外部审计带来很大的麻烦，既费时又费钱。在每次会计准则修改过程中，注册会计师会极力促成改变或删除那些会计准则，此举大概率降低了相关会计信息的质量，而这些会计信息恰恰对信息使用者又很重要。

二、会计质量评价

由于存在会计噪声，因此，信息使用者需要对会计信息质量进行评价，以决定是否剔除。会计质量评价的目的是评价会计信息的可靠性、相关性，评价的内容涉及评价会计灵活性大小、评价企业选用的会计政策和方法是否恰当等。从信息使用者（尤其是外部人）视角看，会计质量评价可以按以下程序进行。

（一）评价会计灵活性

大凡一国会计灵活性越大，该国的会计准则和会计制度就越先进，也越合理。在会计灵活性较大的国家和地区，公司管理者可以选择最合适的会计政策、方法和估计来公允反映公司的财务状况、盈利能力和现金流量。

---

[1] 会计灵活性是指在会计处置上具有多种选择。

如果公司缺乏会计灵活性（仅仅考虑会计灵活性的正面效应），那么，会计信息可能会失真和失实，它对信息使用者了解公司真实的经营状况可能没有价值。比如，在中国，制造企业在存货计价方法、折旧政策、八项计提等方面具有灵活的处置空间，因此，企业的经营状况理应能够得到更加恰如其分的表述。但是，如果滥用会计灵活性，情况也许会更糟。

（二）评价公司的会计策略

会计灵活性为公司管理层采取适当的会计策略（包括会计政策和方法）提供了可能，在评价公司所采用的会计策略是否恰当时，通常考虑以下四个方面的问题。

第一，将公司的会计信息与行业标准进行比较，来考察公司会计政策的合理性。例如，一个公司目前的主营业务成本比行业平均水平高，至少存在两种解释。一种解释是该公司使用了一种不流行的计提方法，从而高估了生产或经营成本；另一种解释是该公司的生产成本或经营成本较高。如果公司高成本源于前者，那么，信息使用者需要评价相关会计政策的合理性。若公司出于会计政策一致性考虑，那也未尝不可。

第二，公司管理层有否利用会计灵活性进行盈余管理的动机。在多种情况下，公司会利用盈余管理来操纵利润。比如，在公司预期利润低于资本市场的最低要求时，公司管理层为了获得未来的配股机会，会通过盈余管理来高估当期利润，从而改变资本市场的看法。又如，当公司处于违反债务合约条款边缘时，为避免违约，公司管理层也通常利用会计灵活性进行盈余管理。

第三，公司是否改变了会计政策和方法。例如，公司突然将原先长期使用的先进先出法改成后进先出法。公司一旦改变会计政策和方法，就会造成会计政策和方法的不连续性，其直接的结果将造成公司利润和账面资产被高估或低估。因此，信息使用者需要了解公司会计政策和方法是否改变，改变的理由以及由此造成的影响。

第四，公司为达到一定的会计目的是否进行相应的经营业务结构调整。例如，公司目前处于成长期，需要融通长期资金来满足投资需要。通常，公司多以权益融资解决其资金不足。为了提高账面每股净收益，公司决定改变融资习惯，适当使用债务融资。理由是，债务融资具有利息税盾效应，同时，增资后没有增加股份数，有利于提升账面每股净收益。作为信息使用者，需要了解每股净收益增长的逻辑，是源于未来的良好预期，还是源于融资方式的改进。

（三）评价会计信息披露质量

通常，每个国家和地区都对会计信息披露的最低限度提出了要求。在成熟资本市场上，证券监管部门有严格的专门针对上市公司的信息披露制度。评价会计信息披露质量应该从以下两方面入手。

1. 会计信息披露数量评价

从数量要求看，公司披露的会计信息应该符合以下要求。

第一，公司是否充分披露了相关的会计信息。尽管存在国别差异，但基本要求是相同的。即这些会计信息能够帮助信息使用者对公司的经营策略和经济效果进行评价，否则，可能曲解被分析对象的竞争地位以及面临的竞争困难。比如，中国上市公司每年4月底之前，必须披露年报。目前,中国上市公司年报会计信息翔实,可以满足信息使用者的基本要求。

第二,会计信息是否完整。财务报表是会计信息的主要载体,财务报表由表首、表身和表尾(脚注)组成,不同公司的表首和表身不存在差异,但表尾的翔实程度存在较大国别差异。因此,会计信息披露数量评价就是表尾评价。其主要内容有:评价表尾的信息源是否足以解释公司所采用的主要会计政策和方法的理由,以及是否有助于理解和解释财务数据的基本逻辑关系。比如,公司的会计政策和方法发生变化时,表尾中应该有相应的解释,包括改变的理由和可能造成的影响。

第三,会计信息能否揭示公司当前的经营状况。比如,净资产收益率下降的原因不同,成本税收的增加、资产结构的变化、资产效率的降低、资本结构的变化都是可能的成因。如果我们能够从现有的会计信息中探源,那么,这种会计信息对揭示公司当前的经营状况就是有效的。

2. 会计信息披露质量评价

会计信息披露的质量要求表现为会计信息是否具有相关性、可靠性的质量特征,相关性[①]是指会计信息应该具有预测价值、反馈价值等特点,而可靠性是指财务信息的忠实表达、可核性和中立性。

相关性是会计信息披露质量特征中的最高要求,即便在成熟资本市场上,相关性也只是公司努力的目标。从相关性的内涵看,会计信息披露质量评价包括以下两项内容。

第一,会计信息应该具有可预测性。理论上讲,会计信息使用者可以根据会计信息可预测性来作出最佳判断。但是,由于财务报告提供的会计信息越来越多,因此,信息使用者在进行决策时,他们遇到了"集体困境",即无法从众多会计信息中甄别出与决策相关的会计信息。

第二,会计信息还应该具有反馈价值。反馈价值是指会计信息能够将过去决策所产生的实际结果反馈给决策者,使之与当初决策时的预期结果进行比较,作为将来相同决策的参考。由于会计信息的可预测性不乐观,因此,反馈价值在会计信息相关性评价中显得至关重要。

可靠性是最基本的会计信息质量要求,否则,会计信息必然误导信息使用者。从可靠性的内涵看,会计信息披露质量评价包括以下三项内容。

第一,忠实表达是指会计信息的计量或叙述,与其所要表达的现象或状况应该一致或吻合。要实现忠实表达,必须选用正确的计量方法或计量制度。如果所选用的计量方法不恰当,不管会计人员是否准确无误地计量,所得出的会计信息并不是一种"公允表述"。强调忠实表达旨在减少计量方法的偏差,使会计信息更能恰当地表达公司经济活动的真实情况,从而使会计信息可靠。值得注意的是,"忠实表达"具有一定的时效性,比如,一项设备在购买时,按历史成本计价确实能做到"忠实表达",但几年以后,该设备的重置价值将发生变化,原先的"忠实表达"(即按历史成本计价)则很难使人信服。

第二,可核性是指具有相同背景的不同个体,分别采取同一种计量方法,对同一事项加以计量,就能得出相同的结果。可核性能够确保会计人员无偏地、正确地使用其所选择的方法计量会计业务。可核性是可靠性最基本的特征,一旦缺失可核性,会计信息的可靠性就无从谈起。但由于众所周知的一些主观原因(比如人为作假)和客观原因(比如会计人员职业

---

① 在相关性的界定问题上存在分歧,此处的定义采用美国财务会计准则委员会的看法。

素养不够），即便采取同一种计量方法，对同一事项加以计量，也很有可能得出完全不同的结果。

第三，中立性是指在选择会计政策和方法，以及进行会计处置时，公司管理者应当主要关心由此形成的会计信息是否相关和可靠，而不应该将目光仅停留在此举是否对特定利益者（比如公司管理者）的影响上。也就是说，中立性要求会计人员不偏不倚，不能为了达到预期结果，歪曲会计信息或选择不适当的会计原则。

（四）确定潜在的危机

会计质量分析和评价的目的是发现并剔除会计噪声，常用方法是寻找会计质量存在问题的危机信号，常见的危机信号有五种。

1. 在表尾中未加注释的会计变化

如果表尾中存在未加注释的会计变化，就表明公司管理层可能利用会计灵活性来随意甚至恣意"粉饰"其会计信息。比如，当公司经营状况较差时，公司管理层可以通过改变存货计价方式、改变折旧计提方式、停止无形资产减值等来实现阶段性利润。

2. 引起销售增长的其他项目的非正常增长

尽管销售收入与存货和应收账款有很大关联，但是，应收账款的非正常增长以及库存的非正常增长很可能是两种常见的危机信号。应收账款非正常增长的可能解读是：公司管理层故意放松商业信用政策，或人为塞满销售渠道，虚抬当期经营收入。但是，过度放松商业信用政策后，公司可能在随后的日子里将面临更多的客户违约局面，以及承受大量的催账费用。存货非正常增长的可能解读是：在公司销售增幅不大的背景下，如果存货非正常增加是源于产成品增加，可能表明该公司的产品需求量下降。如果存货非正常增加是源于在产品和原材料的增加，可能意味着生产和采购的效率低下。

3. 公司披露的净收益与相关项目之间不匹配

公司披露的净收益与经营活动所产生的现金净流量（OCF）之间差距拉大，以及与应税收益之间的差距拉大是两个重要的危机信号。

在公司会计政策和方法保持不变的条件下，公司披露的收入与经营活动所产生的现金流入之间的关系通常是稳定的，因此，公司披露的收入与经营活动所产生的现金流入之间的关系发生变化时，可能表明该公司所选择的会计政策和方法发生了变化。比如，某公司一直选用后进先出法计量存货，现改用先进先出法，在通胀环境下，此举会高估公司的净利润，但是，公司的经营活动现金净流量并未受到影响。因此，一旦公司披露的净收益与经营活动所产生的经营活动现金净流量不匹配，我们应该多给出一条可能的解释，即公司账面收益的提高不全是经营成果的真实反映，有些收益是会计师"做"出来的。

4. 未预计到的大量资产注销

未预计到的大量资产注销可能存在多种解读，本处仅列举两种解读方式：一是公司管理层对经营环境的变化未能充分预计，因此，在资产被大量注销之前没有披露任何相关信息,致使大量资产注销信息的披露变得突兀;二是公司管理层缺乏现金流入,被迫将公司部分资产变卖套取现金,增加公司支付能力。后一种可能性是非常有害的。

5. 公司在第四季度进行大幅调整

若公司在第四季度进行大幅调整,信息使用者可将此行为解读为公司"粉饰"其财务状况、经营成果和现金流。"粉饰"包括故意美化和故意低估两种情形。比如,公司计划来年进行配股,但是,公司受累于当年销售不佳,故在第四季度大幅调高当期收益,故意美化公司的盈利能力以满足资本市场的最低配股要求。

由于信息不对称,因此,会计信息使用者(尤其是外部人)在评价会计信息质量并据此剔除会计噪声的过程中,会遇到很多无奈,一是难识别,二是难剔除。

第三节 财务报表分析方法

在会计分析完成之后,信息使用者可以进行财务报表分析。财务报表分析有两种主要方法,分别是比率分析法和现金流量法。前者是一种非常接近用户的方法,如果有行业标准可供参考,该方法是一种非常简便有效的方法;后者则为信息使用者了解和把握公司流动性提供了很好的手段。在这两种基本方法的基础上,又衍生出其他的一些方法,比如趋势分析法、综合分析法、总量分析法、结构分析法等。

一、财务报表分析框架

由于信息使用者的目的不同,因此,财务报表分析没有统一的分析框架,信息使用者可以根据自己的要求和偏好去概括分析公司的财务状况、经营成果和现金流量。为了便于讨论,我们分别从融资者和供资者(投资者)的角度去梳理财务报表分析的框架。

(一)融资者的视角

预测资金缺口以及选择合适的融资方式是融资者的基本要求,因此,融资者将关注自身的融资可得性和融资灵活性。

第一,公司未来的融资灵活性。融资者需要预测公司未来的资金缺口究竟有多大?这些资金缺口属于什么性质,是季节性需求还是长期需求?如果是长期需求,那么,融资者是否有足够的融资灵活性?这些问题的分析手段包括财务报表分析以及财务规划。

第二,公司目前的融资可得性。融资者需要了解其自身财务状况、经营成果以及现金流量的现状,正确评价公司当下的财务状况、盈利能力以及支付能力,进而判断自身的融资可得性。

第三,公司面临的经营风险。经营风险涉及公司运营中的内部风险,因此,融资者需要分析公司业务是否多变,利润和经营现金流是否稳定,是否接近盈亏平衡点。

(二)供资者(投资者)的视角

从资金供给者的角度看,它们的基本要求与融资者有不少共同之处,但也不尽相同。

第一,流动性和盈利性要求。从股东和债权人这两类最重要的供资者角度看,如果融资者的资产流动性越强以及盈利能力越强,就越符合供资者的要求,融资者的融资灵活性也就越强,就越有条件采用较高风险的融资方式。

第二,经营风险要求。相比于股东,债权人对经营风险非常敏感,理由是它们对融资者的要求权仅限于本金和利息,显然,它们会拒绝远高于其期望收益率的风险。因此,如果融资者经营风险水平越高,它们举债的能力就越弱。

从融资者的需求和供资者的要求看,财务报表分析的框架中至少包括偿债能力分析、盈利能力分析、市场号召力评价等内容。

二、财务比率分析

财务比率分析是最常见的财务报表分析法,它是指用一系列财务指标来描述并诊断公司"健康"状况的分析方法。不管出于何种目的,信息使用者都需对公司的"健康"状况进行全面检查,财务比率分析是一种重要的检查工具。我们在下文将重点介绍各种财务比率的经济意义以及财务比率之间的关系。至于财务比率计算,读者可以根据本章表13-1、表13-2和表13-3中的相关财务数据,试着计算下文所介绍的诸多财务比率。

(一) 偿债能力评价

公司偿债能力往往以债务保障程度、资产效率和支付能力等来衡量,因此,公司偿债能力评价可理解为对公司债务保障程度、资产效率和支付能力等方面的综合评价。

1. 债务保障程度

(1) 短期债务保障比率

公司的债务有短期和长期之分。短期债务(流动负债)是流动资产的主要资金来源,流动资产是公司变现能力最强的资产,因此,流动资产越多,流动负债就越安全。主要比率有:

$$流动比率 = 流动资产 / 流动负债 \qquad (13-1)$$

$$速动比率 = 速动资产 / 流动负债 \qquad (13-2)$$

在式(13-1)和式(13-2)中,分子和分母的会计数据均直接取自资产负债表,速动资产表示变现能力极强的流动资产,其计算口径为流动资产减去存货和待摊费用。

流动比率越高,说明公司短期债务保障程度越高,但流动资产的效率越低。一般而言,我们期望流动比率至少应该大于1。如果一家公司拥有超强的融资灵活性,那么,较低的流动比率未必是坏信号。但如果一家运转良好公司的流动比率低于1,则至少可以说明该公司的流动性不太正常。在美国,流动比率的行业平均标准值为2,这是短期债权人与短期债务人长期均衡的结果。

如果公司存货占流动资产的比重过高的话,短期债权人就会对公司的速动比率提出要求。速动比率也是反映公司短期债务保障程度高低的重要指标,同样在美国,速动比率行业平均标准值为1。

值得注意的是,由于流动资产和流动负债的结构多变,因此,短期债务保障程度比率常常会被误读。

(2) 长期债务保障比率

就长期债务而言，由于它是长期资产及部分流动资产的资金来源，因此，全部资产是其保障。又由于长期债务需支付利息，因此，长期债权人对债务人除了有偿还本金的要求外，还有支付利息要求。因此，这类保障程度有两个层次，即本金保障程度和利息保障程度。

$$资产负债率 = 负债总额 / 资产总额 \qquad (13-3)$$

$$利息倍数 = 利息前税前收益 / 利息 \qquad (13-4)$$

资产负债率是刻画本金保障程度的重要比率，也是同类比率中使用频率最高的比率。但不同的国家在该比率高低的认同上存在差异，在成熟市场国家，非金融企业一般不超过50%，如果超过60%，则被认为超过了警戒线，公司通过债务融资将变得困难。就公司而言，资产负债率的高低取决于其资本结构与公司价值之间的关系[①]。

资产负债率还有另两个表述：一是负债权益比（负债权益比＝总负债/总权益）；二是权益乘数[权益乘数＝总资产/总权益＝1＋负债权益比＝1/（1－资产负债率）]。

利息倍数是刻画利息保障程度的重要比率，该比例越高，对长期债权人而言，就越安全。然而，对债权人来说，债务保障程度的高低并不意味着一切，不同类型的公司其债务保障程度的经济意义不尽相同，某种意义上说，债务保障程度的高低仅仅在公司破产时才会对债权人有所差别。

利息倍数也可以表述为现金对利息的倍数。其表达式为

$$现金对利息的倍数 = (EBIT + 折旧) / 利息 \qquad (13-5)$$

2. 资产效率

在实际操作中，债务保障程度的高低只有在公司破产时才能真正发挥作用。因此，从这个意义上说，资产效率和支付能力对考察公司偿债能力更具有意义。

(1) 流动资产效率

流动资产效率的评价和考察可以归结为考察应收账款和存货的效率，理由是应收账款和存货是流动资产中流动性相对较弱的资产项目，并且这两个项目是流动资产的主体。如果这些项目具有较高的流动性，那么，可以推断公司流动资产整体上具有较高的流动性。因此，可使用不同的比率分别考察应收账款和存货的效率。

$$应收账款周转率 = 年赊销净额 / 年均应收账款 \qquad (13-6)$$

$$存货周转率 = 年销货成本 / 年均存货 \qquad (13-7)$$

应收账款周转率显示公司在一年内或一个经营周期内应收账款周转的次数。该比率越大，说明公司应收账款的变现时间越短。式(13-6)中，年均应收账款是年初余额和年末余额的算术平均数[②]，若会计信息中没有告知信息使用者年赊销额，信息使用者就只能用年销售收入替代，但是，这种做法会高估该比率。应收账款周转速度还可以用应收账款周转天数表

[①] 读者可以回顾本书中与资本结构相关的内容。
[②] 若年内应收账款波动很大，就需要用其他方法计算年均应收账款。比如，可以根据月末应收账款余额来推算年均应收账款。该做法对下文年均存货和年均总资产的计算同样适用。

示。其表达式为

$$应收账款周转天数 = 365 / 应收账款周转率 \tag{13-8}$$

存货周转率显示公司在一年内或一个经营周期内存货的周转次数。同样,该比率越高,存货的变现时间越短。式(13-7)中,年均存货是年初余额和年末余额的算术平均数。只要不是因关门歇业而出清存货,存货周转率越高,表示存货效率越高。然而,该比率存在方法论上的缺陷。理由是:该比率分子表示已销商品或产品的成本,而分母既包括库存商品或产品,也包括库存在产品、半成品和原材料,即分子和分母的内涵并不一致。存货周转速度还可以用存货周转天数表示。其表达式为

$$存货周转天数 = 365 / 存货周转率 \tag{13-9}$$

(2) 长期资产效率

长期资产效率是指公司所有资产的效率或流动性,之所以将流动资产纳入其中,理由是公司账面上的流动资产具有相对稳定性,即具有长期性的特征。最常用的比率为总资产周转率:

$$总资产周转率 = 年销售收入 / 年均总资产 \tag{13-10}$$

式(13-10)中,年均总资产是年初余额和年末余额的算术平均数。总资产周转率是重要的"全景图"比率,显示在一年内或一个经营周期内公司总资产的平均周转速度。该比例越高,公司总资产的周转速度就越快。

3. 支付能力

短期债务和长期债务期满的清偿取决于公司的支付能力,公司的支付能力有即期和远期支付能力之分。关于长期债务支付能力强弱的考量应该基于公司远期支付能力,而非即期支付能力,但是,远期支付能力的评价有赖于预期财务数据。此处的支付能力比率仅仅涉及即期支付能力。

$$\Delta 现金 / \Delta 流动负债 \tag{13-11}$$

$$销售商品、提供劳务所收到的现金 / 主营业务收入 \tag{13-12}$$

$$购买商品、接受劳务所支付的现金 / 主营业务成本 \tag{13-13}$$

在不考虑负数的情况下,式(13-11)的结果有大于1、等于1和小于1等三种可能,如果该比率大于1,表明公司新增支付能力大于新增的短期债务,因此,从静态角度看,该比率大于1意味着公司的即期支付能力较强。但是,该比率存在缺陷,尤其在该比率为负数时缺乏解释力。

式(13-12)是现金收付制下的收入和权责发生制下的收入之比,也存在三种情况。当该比率大于1时,表明公司除了将当年的货款收回外,还将以前未收货款也收回,因此,支付能力也同时增强。当该比率小于1时,表明公司没有将以前的应收款收回,同时又形成了新的挂账。

式(13-13)是现金收付制下的成本与权责发生制下的成本之比,如果该比率大于1,表明公司除了将本期购货款足额付清外,还归还了以前的欠款,公司表现了较强的支付能力。

如果该比率小于1,表明公司的支付能力可能存在问题。

(二) 盈利能力评价

通常,公司的利润表反映了其盈亏情况,但是,仅仅基于利润表的盈利能力评价不足取。公司盈利能力还应该更多地从盈利质量角度加以评价,现金流量表为我们了解盈利质量提供了可能。

1. 传统盈利能力指标

公司的财务总目标存在多种表述,利润最大化、股东财富最大化和公司价值最大化是三种主要的说法,其中股东财富最大化的表述在股份公司这一现代企业制度占优的国家和地区被广为推崇。我们的分析也基于这种财务目标。

(1) 净资产收益率

净资产收益率(简称 ROE)也称股东权益收益率,表示每一单位货币的股东权益所能带来的净收益,因此,该比率是最能表达股东财富最大化的比率。该比率的表达式为

$$净资产收益率 = 年净收益 / 年均股东权益 \qquad (13-14)$$

净资产收益率可以全面反映公司经营活动,是综合性最强的盈利性指标。对公司尤其是上市公司而言,净资产收益率是一个约束力很强的指标。在中国,它与上市公司能否增发股票融资挂钩。比如,中国上市公司配股的门槛条件之一是,前三年平均净资产收益率不得低于 10%,且每年不得低于 6%。

(2) 资产收益率

资产收益率(简称 ROA)表示一单位货币资产所能带来的净收益,它的传统表达式为

$$资产收益率 = 年净收益 / 年均总资产 \qquad (13-15)$$

尽管式(13-15)是一个被广泛使用的传统盈利比率,但是,该比率分子和分母之间不对称,分母包括公司股东和债权人所拥有的资产,而分子是仅仅归股东所有的净收益。为此,可将分子的内涵扩大,将净收益扩大为扣息前的利润[即 $EBIT(1-t)$],用公式表示为

$$资产收益率(扣息前) = [年净收益 + 利息支出(1-税率)] / 年均总资产 \qquad (13-16)$$

式(13-16)在某些情况下也会出现偏差,比如,公司或多或少存在无需计息的债务(即无息负债),因此,将公司所有的资产作为资产收益率的分母会低估该比率。为此,建议使用以下比率:

$$资产收益率 = [年净收益 + 利息支出(1-税率)] / (年均股东权益 + 年均有息债务) \qquad (13-17)$$

式(13-17)是有息债务和权益资本的加权平均成本,公司的价值取决于该标准资产收益率的状况。

在综合反映能力方面,资产收益率是仅次于净资产收益率的重要比率。该指标对金融企业,尤其是商业银行具有较强的约束力,在分业经营时,按照国外大银行的盈利要求,如果资产收益率低于 1%,往往被认为盈利未能达标。

(3) 销售利润率

销售利润率(简称 ROS)是指每获得一单位货币的销售收入所产生的净收益,其表达式为

$$销售利润率 = 年净收益 / 年销售收入 \tag{13-18}$$

净资产收益率、资产收益率和销售利润率这三个用来衡量公司盈利能力的比率具有内在逻辑关系,在财务报表分析中被广泛运用。

2. 盈利质量评价

评价公司盈利质量是盈利评价的又一个重要内容。现金流量表的推出,为这种评价提供了可能。盈利质量评价有两大内容:一是分析净利润与经营活动所产生的现金净流量之间的关系;二是分析公司危机"信号"与净利润信息的质量。

从净利润与经营活动所产生的现金净流量的关系看,如果净利润远高于同期经营活动所产生的现金净流量,我们可以认为公司当年的盈利质量不高,理由是公司不能新增与账面净利润一样多的支付能力,为此,公司在按时支付股利、偿还到期债务方面可能会存在一些问题。那么,如何来度量公司盈利质量呢? 可以参考传统的盈利比率,并加以修改,以此来评价公司的盈利质量。它们分别是

$$净资产收益率 = 经营活动现金净流量 / 年均股东权益 \tag{13-19}$$

$$资产收益率 = 经营活动现金净流量 / 年均总资产 \tag{13-20}$$

$$销售利润率 = 经营活动现金净流量 / 年销售收入 \tag{13-21}$$

这些修正后的盈利比率与传统盈利比率的差异在于用不同的计量单位表达,这两类比率由于记账基础不同而导致在相同的时间内不可能完全一致,也正是由于这两类比率之间存在差异,使得我们能够利用这种差异来解读公司的盈利质量。若这些修正后的盈利比率均偏低,则说明公司当期的盈利质量不高。

从公司危机信号与净利润信息的质量看,会计信息有失公允或失真将极大影响公司的盈利质量。事实上,会计信息有失公允并非是小概率事件,公司管理层有对公司盈利进行粉饰的动机和手段,以达到低估或高估公司利润的目的。因此,我们可以基于会计信息有失公允的成因和逻辑去判断净利润信息是否被扭曲。如果公司频繁出现未加注释的会计变化、未加注释的提高利润的业务、引起销售增长的应收账款或存货的非正常增加等,那么,公司的盈利质量往往存在较大的问题。

(三) 市场号召力分析

对上市公司而言,比率分析还可以刻画公司市场号召力,即公司在股票市场上的地位。通常,在一个运转良好的股票市场上,可以用一定的比率来描述公司的市场号召力。市盈率、股利发放率、股利实得率等是常用的几个比率。

市盈率(简称 P/E)是指每股市价与每股净收益的比率,反映投资者对每 1 元净收益所愿意支付的价格。在一个运转良好的股票市场上,该比率越高,说明公司未来成长的潜力越大,公众对该股票的评价越高。但是,在一个充斥投机成分的股票市场中,股票价格常常被扭曲,公司也表现为高市盈率。因此,在这样的投机市场中,用市盈率来衡量公司的市场号

召力往往失灵。

股利发放率(DPS/EPS)是指公司普通股每股现金股利与每股净收益的百分比,该指标反映了公司股东从每股净收益中所能分得的部分。就单个投资者而言,这一比率较能体现出当前的投资收益。该比率高低取决于公司股利政策。公司往往根据经营策略、财务风险高低、最佳资本结构来决定支付股利的比例。在成熟市场国家,由于股利政策具有黏性特征,因此,"好"公司执行和实施持续稳定的股利政策,表现为稳定的股利发放率或每股现金股利。但是,在新兴市场国家,股利政策缺乏信号效应,我们无法轻易用股利发放率的高低或平稳性来判断公司的"好"与"坏"。

股利实得率(DPS/P)是指每股现金股利与每股市价之比,是衡量普通股股东当期股息收益率的重要比率。在不考虑资本利得的情况下,股利实得率可以视为股东的投资回报率。但在新兴市场国家,公司的股利实得率通常偏低,甚至低于近5年或10年平均一年期存款利率。在计算该比率时,股票每股市价有多个选项,进而有不同的解读和作用。在分析和评价股东投资者的投资收益时,建议分母采用投资时的股票市场价格,如果对准备投资的股票进行分析,则采用当前价格。这样做的目的是为了揭示投资该股票可能获得的股息收益率,也表明出售或放弃投资这种股票的机会成本。为确保股票价格的公允性,也有采用年报披露截止日(如中国上市公司年报披露截止日为4月30日)的股票市场价格。

显然,在新兴市场国家,我们尚无法用这些指标来恰当地评估上市公司的市场号召力。此外,当公司的盈利水平低或者无利润可言时,其股利发放率和股息实得率对股票投资者而言将失去其应有的作用,或者说失灵。

(四) 综合分析方法

比率分析方法存在三大"先天性"缺陷:静态、比率之间缺乏内在逻辑性和缺乏评判标准。值得庆幸的是,这些缺陷可以通过使用恰当的方法[①]予以弥补或"医治"。下文逐一介绍这些方法。

1. 杜邦分析法

(1) 杜邦分析法的理念和思路

杜邦分析法由美国杜邦公司创立并首先使用,它是在研究了各种财务比率之间的内在逻辑性的基础上,试图对公司的财务状况和经营成果进行综合评价的方法。根据杜邦分析法,公司的财务活动和财务指标是一个大系统,它们之间是相互联系和相互影响的,必须结合起来研究。

第一,杜邦分析框架的主要内涵。基于"股东至上"理念,公司的财务总目标是追求股东财富最大化,净资产收益率是反映财务总目标实现或完成情况的最好财务比率。因此,可以这么说,净资产收益率是杜邦分析框架的核心指标,是一个综合性极强、极具代表性的财务比率。为寻求财务指标之间的相关性,可通过层层分解净资产收益率指标来寻找财务比率

[①] 综合分析法是消除比率之间缺乏内在逻辑性的有效方法,此外,可以采用趋势分析法解决比率缺乏动态的缺陷,建立行业标准为比率分析提供判断依据。

之间的逻辑关系。首先,对净资产收益率进行分解后,得到两个重要的比率,即资产收益率和权益乘数,然后,对资产收益率再进行分解,得到销售利润率和总资产周转率,于是,基本的杜邦分析框架由这些分属不同类型但又具有相关性的财务比率所组成。其框架参见图13-1。

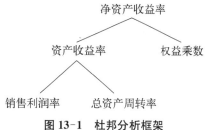

图 13-1 杜邦分析框架

由图13-1可知,杜邦分析框架给出了两个恒等式。

$$净资产收益率 = 资产收益率 \times 权益乘数 \tag{13-22}$$

$$净资产收益率 = 销售利润率 \times 总资产周转率 \times 权益乘数 \tag{13-23}$$

从式(13-23)中,我们可以得出这样的结论,影响公司净资产收益率的财务比率有三个,借助于这些财务比率背后的经济意义,可以分析公司盈利上升或下降的原因以及可能存在的问题。

第二,杜邦分析法的主要思路。信息使用者可以对杜邦分析框架中具有关联的比率进行分析和研究,来揭示公司盈利能力以及解释成因。在实际操作中,首先对净资产收益率进行横向和纵向比较,据此衡量和判断公司的总目标是否实现。如果完成情况令人满意,则通过分析比较下一层级的其他比率,来寻找公司是否存在不足。如果公司没有完成目标,也可以通过分析比较下一层级的其他比率来探究主要原因。因此,这种比较分析最终归结为比较分析销售利润率、总资产周转率和权益乘数。

(2) 杜邦分析法举例

例 13-1 A公司近三年一些重要财务指标见表13-4,试分析该公司最近三年盈利下降的可能原因。

表 13-4 A公司近三年重要财务指标

年 份	2018	2019	2020
流动比率	4.2	2.6	1.8
速动比率	2.1	1.0	0.6
资产负债率	23%	33%	47%
存货周转率	8.7 次	5.4 次	3.5 次
应收账款平均收账期	33 天	36 天	49 天
总资产周转率	3.2 次	2.6 次	1.9 次
销售利润率	2.34%	1.47%	1.5%
资产收益率	7.49%	3.82%	2.85%
净资产收益率	9.7%	5.7%	5.4%

由表13-4可知,A公司最近三年盈利性指标均逐年下降,根据杜邦分析框架,我们可以分别得到2018年、2019年、2020年净资产收益率,见表13-5。

表 13-5　A 公司近三年净资产收益率及相关比率

年　份	净资产收益率	销售利润率	总资产周转率	权益乘数
2018	9.7%	2.34%	3.2 次/年	1.29
2019	5.7%	1.47%	2.6 次/年	1.49
2020	5.4%	1.5%	1.9 次/年	1.89

由表 13-5 可知,净资产收益率逐年下降,原因何在？我们可以从销售利润率、总资产周转率和权益乘数三个比率的高低变化入手进行分析。

表 13-5 显示,销售利润率逐年下降,显然,销售利润率的下滑对净资产收益率产生了负面作用。由于缺乏更详细的资料,我们只能分析可能的原因。销售利润率与净资产收益率存在正相关关系,而销售利润率的高低取决于价格溢价、公司成本水平以及税收环境。

第一,就价格溢价而言,公司的产品或服务在市场上应该得到的价格溢价将决定公司销售收入,进而影响公司的利润。价格溢价受竞争程度和产品独特程度的影响大,如果公司市场集中度高,或者公司的产品和服务具有差异化特点,那么,公司就能够获得较高的价格溢价。

第二,就成本而言,几乎所有经营活动都会影响公司的成本。公司采购以及生产过程中的效率会直接影响公司的成本。如果公司的采购成本较低,生产效率高于竞争对手,那么,公司的产品销售成本相对较低。公司实施的竞争策略也会影响公司的成本水平。例如,在研发支出方面,采取差异化竞争策略的公司,比依靠低成本参与竞争的公司所花的成本高。另外,销售方式也会影响公司的成本水平。比如,提供全套服务的零售和分销方式需要提供售后服务,但是,批发商或直接销售方式无须为顾客提供此类服务,因此,前者的销售方式将花费更多的销售和管理费用。

第三,就公司税收环境而言,公司的税负存在差异。严格意义上讲,税负也是公司总费用的一部分。应该从两方面切入。一是公司的纳税政策是否持续。不同的纳税政策将使得公司的税后利润产生较大波动,例如,公司现在尚处于免税阶段,在其他条件不变的情况下,公司一旦不能享受免税政策,其税费将迅速增长。二是公司的避税策略是否产生其他的经营费用。由于多样化的避税技巧使得公司可以减少税费,分析者应该注意公司采用一定的避税策略后,将对其销售利润率以及资产运作产生什么样的负面影响,避税策略实施后,公司由此获得的收益是否大于由此增加的成本。

如何解读总资产周转率的影响？表 13-5 显示,总资产周转率也逐年下降,它对净资产收益率同样产生了负面影响。总资产周转率与净资产收益率成正相关关系,总资产周转率的增加将对公司盈利能力产生正效应。总资产周转率受公司资产效率和资产结构变化的综合影响,就资产效率而言,由于长期资产(除长期投资①)具有定期折旧和摊销的特点,这些资产的变现能力是确定的,对公司而言,流动资产变现能力存在很大的个体差异,因此,所谓资产效率影响公司总资产周转率,事实上就是流动资产的效率变化对公司总资产周转率的影响,而流动资产变现能力的核心是应收账款和存货变现力。为此,我们可以通过观察公司应收账款周转率和存货周转率来考察资产效率对公司总资产周转率的影响程度。就资产结构

---

① 在发达的资本市场上,长期投资的内涵主要是指股票投资和债权投资,由于存在发达的二级市场,因此,其变现能力较强。

而言，在总资产一定的情况下，公司流动资产的比重越高，公司的总资产周转率就越快。因此，我们需要观察、对比公司流动资产与长期资产或总资产之间的比例关系，进而判断资产结构的变化对总资产周转率的影响程度。相比重资产企业，轻资产企业的总资产周转率较高。

如何解读权益乘数的影响？表13-5显示，权益乘数逐年上升，它对净资产收益率产生了正效应。权益乘数可以用资产负债率来理解，如果杠杆增大，或者说公司的资本结构中的债务资本比重增加，公司的权益乘数将放大，从而增加公司的净资产收益率。因此，高杠杆并非一无是处，由此就引出了一个话题，即应该如何看待公司的资本结构问题。

由此可见，借助杜邦分析框架进行分析，我们将清晰地看到成本、税负、资产结构、资产效率和资本结构等是影响公司盈利的重要因素。

2. 趋势分析法

趋势分析法是一种动态分析方法，可以弥补传统比率分析法的"静态"缺陷。根据趋势分析法，分析者可以选取几组时间序列的财务比率，从这些财务比率的趋势变化中发现背后可能存在的经济意义。

例13-2 A公司近三年一些重要财务指标见表13-6，假设公司近三年的销售额没有明显增长。试分析该公司最近三年负债逐年增长的可能原因。

表13-6 公司最近三年重要财务指标表

	2018年	2019年	2020年
流动比率	4.2	2.6	1.8
速动比率	2.1	1.0	0.6
资产负债率	23%	33%	47%
存货周转率	8.7次	5.4次	3.5次
应收账款平均收账期	33天	36天	49天
总资产周转率	3.2次	2.6次	1.9次

由表13-6可知，资产负债率由2018年的23%上升至2020年的47%，整整翻了一番。那么，负债水平的增加究竟主要由长期债务增加所致，还是短期债务增加所致呢？

从存货周转率和应收账款平均收账期的变化趋势看，在销售收入没有明显增加的情况下，存货和应收账款账面额逐年增加，致使流动资产账面额逐年增加。

从流动比率和速动比率的变动趋势看，它们均不同程度地逐年下降。上文的分析已经告诉我们，该公司的流动资产和速动资产逐年增加，因此，流动比率和速动比率的逐年下降意味着该公司流动负债的增长速度快于流动资产或速动资产的增长速度。于是，我们可以得出这样的结论，公司资产负债率上升的主要原因是流动负债快速增长所致。

3. 雷达图表法

雷达图表法是指将主要的财务比率进行汇总，绘制成一张直观的财务分析图，从而达到综合反映公司总体财务情况的一种方法。因此，它也是一种综合分析法。该财务分析图因状似"雷达"屏,故得此名。雷达图表法的基本思路包括以下内容。

第一,将主要财务比率进行分类。通常可将财务比率分成五类,即收益性比率、安全性比率、流动性比率、生产性比率和成长性比率。收益性比率主要包括资产收益率、销售利润率和流动资金利润率;安全性比率涉及资产负债率、流动比率、速动比率;流动性比率包括总资产周转率和流动资金周转率;生产性比率包括全员劳动生产率和人均利润率;成长性比率包括利润增长率、销售增长率和总产值增长率。

第二,绘制雷达图。雷达图有三个圆,最小的圆代表最低水平,或者是平均水平(行业标准)的 1/2;中间圆代表行业平均水平,或称标准线;最大的圆代表行业先进水平,一般为行业平均水平的 1.5 倍。将雷达图分成五块扇面,分别表示公司的收益性、安全性、流动性、生产性和成长性(见图 13-2)。

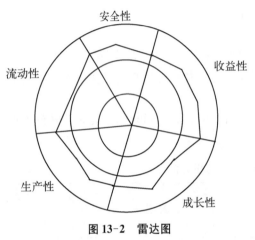

图 13-2 雷达图

第三,绘制各财务比率在雷达图中所处的位置。在图中分别标出公司五个方面的主要财务比率所处的位置,通过目测的方法进行初步判断。如果公司的财务比率接近或处于最小圆之内,说明该比率的水平极差;如果公司比率接近标准线,说明该指标的水平与同行业平均水平相当;如果公司的财务比率处于最大圆边缘,说明该指标水平较高,是较为理想的状态。通常可以用符号(+)和(-)表示收益性、安全性、生产性、流动性和成长性的实际情况处于标准线以外和以内。

第四,判别和评价财务状况。用线条将图中各指标的位置连起来,然后,根据公司收益性、安全性、流动性、生产性和成长性比率在图中的位置,即各类比率是否在标准线以外,将公司财务状况划分为八种类型。

A. 保守型。当公司的收益性、安全性和流动性等三性均为(+),即其位置在标准线之外,而生产性和成长性为(-)时,则公司为保守型企业。老企业会出现这种情况,公司应该开发新产品、开拓新市场,争取向稳定理想型公司发展。

B. 稳定理想型。这类公司表现为收益性等五性均为(+),如图 13-2 所示。这类公司可以寻求更大的发展,比如,扩大公司规模,研究开发新产品,利用这一发展良机,使公司能够在保持优势的前提下,争取在各个方面均能上一个台阶。

C. 成长型。这类公司表现为除安全性为(-)外,其余方面的比率均为(+)。这是新建公司在其财务不能适应急剧发展需要的情况下经常出现的状态,这类公司急需资金来满足其发展的需要。

D. 积极扩大型。这类公司表现为安全性、生产性和成长性为(+),但是,收益性和流动性表现为(-)。公司扩大经营范围初期或开发新产品时经常出现此状况。因为扩大经营范围首先必须增加投资,由此改变了资产结构,造成流动性下降。开发新产品将引起研发费用的上升,将对公司盈利能力造成负面影响。

E. 特殊型。这类公司表现为收益性、流动性和生产性为(+),安全性和成长性表现为(-)。处于此类的公司应注意增加销售收入,积累资金,争取摆脱现状,向成长型发展。

F. 活动型。这类公司表现为生产性和成长性为（＋），收益性、流动性和安全性为（－）。当公司处于复苏期时，常常出现这种情况。由于复苏期伴随有销量的剧增，因此，公司应设法融资，注重长远考虑，提高流动性和收益性。

G. 消极安全型。这类公司表现为安全性为（＋），其余均为（－）。处于这种类型的公司可能财力充盈，但消极经营，因此，它们应设法用好用足自己的资源，开发新产品，走出经营困境，尽快适应市场。

H. 均衡缩小型。这类公司表现为收益性等五性均为（－），公司所有的比率均在标准线以下。此时的公司可能处于面临全面整顿或改善的境地，因此，应该研究公司的外部因素，明确未来的目标。

三、现金流量分析法

比率分析法的信息源是公司的利润表和资产负债表，现金流量分析法的信息源则是现金流量表。

（一）现金流量的特征

公司可以运用两种报告格式列示和反映其现金流量，即直接格式和间接格式，这两种格式的不同点在于经营活动所产生的现金流量的列示方式。在直接格式中，公司经营活动所产生的现金流入和流出是直接报告的，并据此给出现金净流量；在间接格式中，公司经营活动所产生的现金净流量是通过税后利润调整过来的。由于间接格式将现金流量表与利润表和资产负债表联系在了一起，因此，这种格式深受财务分析人士和公司管理层的青睐。在现金流量表中，不管格式是否存在差异，经营活动、投资活动和融资活动所产生的现金流量的特点是一致的。

在经营活动所产生的现金流量中，现金流入和现金流出具有经常性和持续性的特点，在现金流入中，最主要的项目是销售商品、提供劳务所收到的现金，在现金流出中，购买商品、接受劳务所支付的现金是主要的现金流出项目。现金流入与现金流出的差量，即现金净流量可以理解为公司在现金收付制下的净利润，表示公司新增的支付能力。从一个较长时间段来看，正常经营的公司其所产生的现金净流量在个别年份可能小于零，但总体上应该大于零。

投资活动的现金流特征为：一次性、大量的现金流发生在流出，而流入则是少量的、持续性的。因此，在不进行追加投资的情况下，公司投资活动所产生的现金净流量在出现负数后，会连续几年产生正的现金净流量。从这个意义上讲，当投资活动所产生的现金净流量小于零时，我们切不可误读。

与投资活动相反，融资活动的现金流特征为：一次性、大量的现金流发生在流入，而流出则是少量的、持续性的。在不进行追加融资的情况下，公司融资活动所产生的现金净流量出现正数后，会连续几年产生负的现金净流量。因此，融资活动所产生的现金净流量是否大于零也并无实质性意义。

（二）总量分析法

1. 总量分析法的基本流程

总量分析法是主要的现金流量法之一，该方法为财务报表分析者提供可从一个充满活力、运转良好的公司中获得其支付能力等信息的手段。总量分析法的基本步骤有三步。

步骤一：分析经营活动所产生的现金流。

分析者可以循着以下问题寻求答案：经营活动的现金净流量（OCF）是正数还是负数？如果是正数，那么，公司内部现金流量产生能力有多强？如果是负数，是不是因为公司无利润可言，或公司正处于成长过程中？如果公司 OCF 和 NI 之间的差异大，那么，公司对经营性应收账款、经营性应付账款、存货等进行正常管理是否存在异常和困难？公司是否有能力用经营活动所产生的现金净流量（OCF）来履行偿还短期债务的义务？

步骤二：分析投资活动所产生的现金流。

分析者可以逐一回答以下问题来一探究竟：公司为追求成长投入了多少资金？这些资本性支出（固定资产和无形资产投资）是否符合公司的整体经营策略？投资所需资金主要通过外源还是内源资金加以解决？扣除投资之后的自由现金流（FCFF）是否大于零，如果有盈余，是否为长期趋势？

步骤三：分析融资活动所产生的现金流。

分析者可以逐一回答以下问题来了解公司的融资压力：在支付现金股利时，主要运用外源资金还是内源资金？如果不得不运用外源资金来支付现金股利，那么，这种股利政策是否可持续？公司的外源资金融通主要运用哪一种？是否符合公司的整体经营风险策略？

有时，信息使用者可以借助现金流量表中的数据直接回答这些问题，但是通常没有那么简单和幸运。

2. 对经营活动的现金流进行分析

在采用直接格式的现金流量表（如中国上市公司的现金流量表）中，会在现金流量表的表尾资料（即附注）中披露经营活动所产生的现金净流量（OCF）与账面净利润（NI）之间的关系。为了与我国公司现金流量表的列示方式契合，本书以直接格式的现金流量表为例予以说明。

事实上，公司每年的净利润（NI）和经营活动所产生的现金净流量（OCF）都存在差异。这里有两大类影响因素：一是流动资金投资前的因素；二是流动资金投资后的因素。为了明确两类因素分别对净利润（NI）和经营活动所产生的现金净流量（OCF）之间的差异所造成的影响，可按以下程序进行。

第一，计算和观测公司流动资金投资前的经营活动所产生的现金净流量，看看公司是否能够创造出经营活动的现金盈余。以净利润（NI）为基础，加（或减）固定资产折旧、无形资产摊销、财务费用、投资损益等非现金性费用项目，得到流动资金投资前的经营活动所产生的现金净流量。如果公司从客户手中得到的现金大于其费用，则公司应该获得稳定的正值的经营活动净现金流，反之，公司将只能得到负值的经营活动净现金流。

第二，观测流动资金投资之后经营活动所产生的现金净流量，评价公司在流动资金管理方面的作为。公司每年都会或多或少进行营运资本投资，那么，公司为什么会进行此类投资呢？这与公司的信用政策、付款政策、增长策略以及行业特点有关。如果公司为促销而采用宽松的信用政策，其应收账款周转时间或变现时间就会拉长，公司当期的经营活动所产生的净现金流量（OCF）将下降，反之，将增加。如果公司调整付款政策，集中清理经营性应付款，其经营活动所产生的净现金流量将大幅度下降。如果公司预计未来的销售将增加，这时，它的存货量便会增加。因此,我们应该针对净利润(NI)与经营活动所产生的现金净流量(OCF)之间的不一致性,分析和评价公司的增长策略、公司信用政策等的适当性和合理性。

例 13-3 假如 A 公司当年现金流量表的表尾资料见表 13-7,试解释公司 NI 和 OCF 之间出现巨大差异的可能原因。

表 13-7 A 公司现金流量表的表尾资料

单位:元

净利润(NI)	150 000 000
加:固定资产折旧	540 000
无形资产及其他资产摊销	600 000
处置固定资产、无形资产及其他长期资产的损失	100 000
财务费用	200 000
投资损失(减:收益)	(250 000)
存货的减少(减:增加)	3 400 000
经营性应收项目的减少(减:增加)	(49 000 000)
经营性应付项目的增加(减:减少)	(58 000 000)
预提费用的增加(减:减少)	(100 000)
增值税增加净额(减:减少)	(410 000)
其他	(1 400 000)
经营活动产生的现金流量净额(OCF)	45 680 000

由表 13-7 可知,净利润(NI)为 1.5 亿元,但是,同时新增加的支付能力(OCF)不足 4 600 万元。因此,本年度该公司的盈利质量较差。流动资金投资前的现金净流量为 1.511 9 亿元,说明净利润和经营活动所产生的现金净流量之间的巨大差异,主要是由公司流动资金投资引起。例如,公司经营性应收项目增加了 4 900 万元,经营性应付项目减少了 5 800 万元,将当期 OCF 拉低了 1.07 亿元。很显然,公司流动资金投资可能存在一些值得商榷的问题。前者和公司信用政策有关系,可从公司信用政策入手进行分析;后者可以从公司的付款政策中寻求答案。

3. 分析与长期投资有关的现金流

投资是公司增长的驱动因素,其重要性不言而喻。分析与长期投资有关的现金流的目的是观测股利支付前现金流,这个现金流就是自由现金流(FCFF),分析者可以据此评价公司内源资金支持其投资的金融灵活性。公司经营活动的净现金流(OCF)存在正值和负值两种可能,如果为正值,公司可以使用内源资金寻求投资机会,为避免管理者因过度投资造成严重代理问题,分析者可以对投资是否符合公司整体经营策略进行评价。如果在满足了投资之后,自由现金流大于零,那么,公司在执行股利政策以及履行短期财务责任时就多了几分底气。反之,公司只能依赖外源资金来为固定资产投资、并购等长期投资提供资金支持,公司追求投资机会的灵活性将大大降低。尽管公司使用内源资金的成本可能因为是"免费的午餐"[①]而大于外源资金的成本。但是,在资金完全依赖资本市场进行融通时,公司管理者若无法将"好消息"告知资本市场的话,公司的外部融资将变得非常困难。

4. 分析与融资活动有关的现金流

分析与融资活动有关的现金流的目的是观测股利支付后的现金流,评价公司的股利政策是否可持续,并观测外源资金融通后的现金流,评价公司的财务政策的持续性。具体而言,分析者将满足了投资后的现金流量(也称自由现金流)与公司现金股利支付额相比较。如果支付现金股利后的现金净流量为负值,那么,公司支付现金股利所需要的资金将部分依赖于外源资金。但这并非长久之计,不具有可持续性。因此,公司应该考虑是否需要改变其股利政策。如果支付股利后的现金净流量为正值,那么,公司还可以据此偿还到期债务[②]。

(三) 结构分析法

结构分析法是对现金流量表进行分类,分成现金流入、现金流出和净现金流三类。通过对一组时间序列的分类现金流进行趋势分析,来了解公司现金流入、流出以及净现金流的变化,进而解读公司支付能力的变化。结构分析法包括现金流入结构分析、现金流出结构分析和现金净流量结构分析三部分。

1. 现金流入结构分析

建立现金流入结构表,反映经营活动、投资活动和融资活动三类活动所产生的现金流入占总流入的比重,引入趋势分析方法将公司现金流入的变化态势展示出来。分析者可以了解公司经营活动所产生的现金流入的变化,也就是说公司支付能力的变化。比如,经营活动产生的现金流入所占比重逐年提高,而融资活动产生的现金流入所占比重逐年下降,则说明公司内源资金的产生能力增强,同时,对举债和发新股等外源融资的需求下降。

2. 现金流出结构分析

建立现金流出结构表,反映经营活动、投资活动和融资活动三类活动所产生的现金流出占总流出的比重。再引入趋势分析方法,将公司现金流出的变化态势展示出来。分析者可以了解公司经营活动所产生的现金流出的变化,也就是说公司支付能力的变化。例如,经营活动产生的现金流出所占比重逐年下降,而融资活动产生的现金流出所占比重逐年上升,则说明公司内源资金的产生能力增强,同时,对外清偿所欠资金的力度加强。

3. 现金净流量结构分析

建立现金净流量结构表,反映其背后的经济含义。由于净现金流量为零的可能性很小,因此,我们在现金净流量分析上可以剔除这种情况,仅仅考虑大于零或小于零两种情况。从

---

① 国外研究认为,内源资金没有还款的压力,因此,企业管理层在使用这些资金时的态度比较随意,可能会更多地进行一些无利润的投资。

② 作为债务人的企业,它们在现金支付程序上依次为:经营活动所需资金支出、投资所需支出、支付股利、偿还债务。这一顺序与债权人的期望完全相反。

静态看,公司现金净流量的搭配可能出现 8 种类型,见表 13-8,每个公司均可以在这八种类型中对号入座。

表 13-8 现金净流量搭配图

类 型	经营活动净现金流	投资活动净现金流	融资活动净现金流
1	＋	＋	＋
2	＋	＋	－
3	＋	－	－
4	＋	－	＋
5	－	－	－
6	－	＋	＋
7	－	＋	－
8	－	－	＋

每种类型均有其经济意义,现仅给出最可能的解读。第一种类型意味着公司内源资金产生的能力很强,外源资金又很充沛,但是盈余的资金缺乏投资机会。第二种类型意味着公司内源资金产生的能力强,对外源资金的需求下降,也可以理解为公司目前存在较大的还款压力。第三种类型意味着公司存在投资机会,同时面临还款压力,公司内源资金充分,能够满足其投资和还款的资金需求。第四种类型意味着公司有内源资金,同时公司具有较大的投资机会,除了内源资金外,还需要大量的外源资金来满足其投资之需。第五种类型意味着公司缺乏内源资金,同时存在还款压力,值得庆幸的是,公司还有投资机会。第六种类型意味着公司经营活动的资金缺口较大,需要通过投资所得以及外源资金融通才能解决。第七种类型意味着公司可能处于较为糟糕的境地,公司可能面临双重困难,一是经营活动存在资金缺口,二是存在还款压力,公司为了应付这一情况,存在变卖资产增加支付能力之嫌。第八种类型意味着公司经营活动和投资活动均存在资金缺口,需要外源资金来解决,成长型公司的财务特征比较符合该种情况。

但值得注意的是,现金净流量结构分析不能仅仅局限于静态分析,何况我们的确无法完全准确地描述每一种类型的经济含义。因此,合适的分析方法应该是动态分析方法,应该从这八种类型的逻辑关系中寻求答案。比如,如果一家公司去年的现金净流量属于第一种类型,但今年处于第七种或第五种,很显然,这种逻辑关系的背后意味着公司经营上可能存在某种不和谐,财务报表分析者应该更关注这种不和谐的成因及其后果。

本章小结

财务报表分析是公司金融的重要工具或手段之一,公司管理者、股东、债权人以及其他利益相关者都是这种分析方法的倡导者和受益者。就公司管理者而言,这种工具为他们进行投资决策、融资决策以及资产管理提供决策手段。因此,为了做出符合公司目标的理性决策,公司管理者需掌握这种分析手段。从公司内部控制的角度看,为了有效地进行财务规划,财务报表分析是一项必不可少的前期工作。为了使公司的财务状况、经营成果以及现金流状况更好地符合金融市场的要求,财务报表分析可以使公司更好地迎合金融市场的要求,安全地融到资金,顺利地捕捉到投资机会。

在财务报表分析的框架中,财务资料的阅读与理解是一个重要的内容,财务资料的阅读技巧和能力将影响投资者对投资对象的评价。财务资料又可细分为会计资料与非会计资料两部分。但是,由于信息不对称,存在内部人和外部人,因此,会计信息是非常复杂的,对大多数信息使用者而言,还是有读不懂、读不透的会计信息存在。

由于会计信息在形成过程中受很多因素影响,致使会计信息出现一些噪声。从这个意义上讲,在使用会计信息进行财务分析之前,应该进行会计分析,尽可能剔除对决策产生误导的会计信息,但是这个过程非常困难。

财务报表分析的两种主要方法是比率分析法和现金流量法。比率分析法是一种非常接近用户的方法,但是该方法有一些缺陷,例如,静态、不能展示各比率之间的联系、需要行业标准辅助。如果有行业标准可供参考,该方法的确是一种非常有效的方法,至于前两个缺陷,仅仅是方法上的缺陷,可以弥补。现金流量法在为分析者把握公司流动性方面提供了很好的支持,可以了解公司支付能力和盈利质量。

关键词

资产负债表、利润表、现金流量表、表尾、会计信息、财务报表分析、会计噪声、会计分析、还债能力、盈利能力、市场号召力、盈利质量、经营活动现金净流量、比率分析法、现金流量法、杜邦分析法、趋势分析法、雷达图表法、总量分析法、结构分析法

习 题

1. 如何理解会计报表的粉饰行为?
2. 如果你是下面几种人员,你最可能关注哪个财务比率?
(1) 考虑为某公司季节性生产提供短期银行贷款的银行家。
(2) 消费品公司的总裁。
(3) 权益投资人。
3. 2020年,A公司的销售净利润率为5%,资产周转率为1.6,权益乘数(账面价值)是1.1。
(1) 运用杜邦等式计算A公司的ROE。
(2) 若A公司的管理者想将ROE提高一个百分点,则资产周转率需提高多少?
(3) 若A公司的销售净利润率降低1个百分点,要维持ROE不变,资产周转率需提高多少?
4. 2020年B公司的总收入为100亿元,净利润是11亿元,公司总资产为70亿元,股东权益总额为45亿元。
(1) 先直接计算ROE,然后再运用杜邦等式计算ROE。

(2) 与题3中A公司的数据相比,运用杜邦分析体系来解释两家公司ROE的差异。

5. 设C公司销售利润率为4%,总资产周转率为1.7,总资产为4 300万元,股权账面价值为1 600万元。

(1) 公司当前的ROE是多少?

(2) 如果销售净利润提升至5%,则ROE为多少?

(3) 如果公司收入提升15%(在不改变资产和负债前提下仍维持其较高的利润率),则ROE将变为多少?

6. 在上海证券交易所或深圳证券交易所任选一家上市公司,找出其最近一年年报,回答下列问题:

(1) 哪家会计师事务所对其财务报表做的审计?

(2) 哪些主管核证过该公司的财务报表?

7. D公司2020年财务数据如下。

资产负债表

2020年12月31日   单位:元

资产	期初	期末	负债和股东权益	期初	期末
现金	810 000	1 000 000	应付票据	3 300 000	4 000 000
应收账款	?	5 000 000	应付账款	1 300 000	2 000 000
存货	6 490 000	7 000 000	应付工资	1 300 000	2 000 000
流动资产	?	13 000 000	流动负债	5 900 000	8 000 000
固定资产净值	?	12 000 000	长期债券	15 300 000	7 000 000
			普通股	6 000 000	6 000 000
			留存收益	2 600 000	4 000 000
资产合计	29 800 000	25 000 000	权益合计	29 800 000	25 000 000

2020年利润表

单位:元

销售净额	
赊销	16 000 000
现销	4 000 000
小计	20 000 000
减:成本	
销售成本	12 000 000
销售和管理费用	2 200 000
折旧	1 400 000
利息	1 200 000
EBT	3 200 000

续表

减：所得税	1 200 000
EAT	2 000 000
加：上年末留存收益	2 600 000
小计	4 600 000
减：股利	600 000
年末留存收益	4 000 000

2018年、2019年相关指标及行业标准值

	2018年	2019年	行业标准	2020年
流动比率	2.5	2.0	2.2	
速动比率	1.0	0.9	1.1	
应收账款周转率	5	4.5	5	
存货周转率	4	3	4.1	
长期负债与总资本比率	35%	64%	35%	
销售利润率	17%	15%	15%	
ROE	15%	20%	20%	
ROA	15%	12%	12%	
总资产周转率	0.9	0.8	1.0	
利息倍数	5.5	4.5	5.8	

问：

(1) 根据有关资料完成资产负债表中和上表中2020年栏中的数据；

(2) 利用2018年、2019年、2020年有关比率分析、评价该公司盈利情况；

(3) 当公司希望以现行利率12%要求银行提供一笔8个月期限的贷款，用来支付先前的货物欠款时，指出你对哪个比率最感兴趣，并做出你的决定。

8. F公司2020年现金流量表中经营活动产生的流量有关数据如下。

现金流量表

单位：元

净利润	150 000 000
加：固定资产折旧	540 000
无形资产及其他资产摊销	600 000
处置固定资产、无形资产及其他长期资产的损失	100 000
财务费用	200 000
投资损失(减收益)	(250 000)

续表

存货的减少(减增加)	3 400 000
经营性应收项目的减少(减增加)	(49 000 000)
经营性应付项目的增加(减减少)	(58 000 000)
预提费用的增加(减减少)	(100 000)
增值税增加净额(减减少)	(410 000)
其他	(1 400 000)
经营活动产生的现金流量净额	45 680 000

要求：

(1) 请分析甲公司在流动资金管理上是否存在问题。

(2) 根据上述资料，请从会计分析的角度分析现金净流量与净利润存在较大差异的可能原因。

重要文献

1. Altman, Edward I. Financial Ratios, Discriminant Analysis and the Prediction of Corporate Bankruptcy[J]. *Journal of Finance*, 23, September 1968.

2. Chen, Kung H. and Thomas A. Shimerda. An Empirical Analysis of Useful Financial Ratios[J]. *Financial Management*, 10, Spring 1981.

3. Fraser, Lyn M. *Understanding Financial Statements* (4th Edition)[M]. Englewood Cliffs, NJ: Prentice Hall, 1995.

4. Gombola, Michael J. and J. Edward Ketz. Financial Ratio Patterns in Retail and Manufacturing Organizations[J]. *Financial Management*, 12, Summer 1983.

5. Helfert, Erich A. *Techniques of Financial Analysis* (9th Edition)[M]. Burr Ridge, IL: Irwin, 1997.

6. Stone, Bernell K. The Payments-Pattern Approach to the Forecasting of Accounts Receivable[J]. *Financial Management*, 5, Autumn 1976.

7. 詹姆斯·范霍恩等.现代企业财务管理(第10版)[M].郭浩等译.北京：经济科学出版社,1999.

8. 克雷沙·帕利普等.经营透视[M].李延珏等译.沈阳：东北财经大学出版社,1998.

9. 郭惠云等.公司财务分析[M].上海：上海财经大学出版社,1997.

第十四章 公司价值评估

> 【学习要点】
> 1. 什么是基本面投资者?
> 2. 公司基本面的内涵。
> 3. 公司财务预测的基本框架。
> 4. 收益法和市场法。

公司价值评估属财务估值范畴,但是,它是很复杂的一种估值,其重要性不言而喻。投资者有不少类型,比如基本面投资者、被动投资者和直觉投资者,不同类型投资者的投资理念不同。在基本面投资者看来,他们之所以投资(比如购买公司股票),是因为能够从这项投资中获得未来收益。于是,他们需要对未来可能的收益进行预测和评价,然后,根据这些预测结果来评估公司股票的价值,据此判断目前的交易价格是否合理。因此,从基本面投资者的视角看,公司价值评估的基本框架由公司背景分析、财务预测、定价等组成,缺一不可。

第一节 公司背景分析

好的公司估值应该从全面阅读一家企业开始,要真正了解一家企业,需要从多个维度进行分析,俗称"公司背景分析"。公司背景分析包括一般宏观环境分析、行业环境分析、公司资源分析、公司能力分析以及公司竞争策略分析等。通过公司背景分析,可以确定公司成长的主要动力、公司价值增值的主要驱动因素以及存在的主要风险,有助于公允描述和准确评估公司的预期收益和预期现金流。

一、一般宏观环境分析

一般宏观环境分析主要涉及公司所处的政治因素(political)分析、经济因素(economic)分析、社会因素(social)分析和技术因素(technological)分析,故简称 PEST 分析。也可在分析框架中增加环境因素(environmental)和法律因素(legal)分析,简称 PESTEL 分析。分析者据此明确公司自身面临的机遇和挑战,梳理出它们对公司经营战略所产生的影响。下文以 PEST 分析法为例略做说明。

(一)政治因素分析

政治因素是指对公司生产经营活动具有实际与潜在影响的政治力量,其中政治稳定、政府管制、许可权制度、限制外商投资、进出口限制等是对公司战略起重要影响的一些具体政治因素。

为了便于读者理解政治环境对公司的影响,我们从政府管制、许可证制度、外商投资限制等视角进行说明。以乳制品企业为例,为避免三聚氰胺事件(即原奶污染事件)重演,我国采取严格的市场准入和严厉的监管,采取严格的许可证制度,并限制外商进入该行业。这些做法对现有乳品企业的健康成长应该是有利的,可以减少许多不确定性。但是,一旦取消外商投资限制,那么,对现有乳品企业来说,竞争会产生很大不确定性。乳品企业将会渐渐感受到寒意,投资者预期会发生改变。

但是,不同企业对政治环境变化的敏感度是不同的,这一点需要特别注意。

(二)经济因素分析

经济因素是指直接影响公司生存和发展的国家经济发展状况及趋势、经济体制及其运行状况、国家的经济政策和措施等,其中财政政策、货币政策、经济增速、预期通胀、汇率变动等具体的经济因素会对公司战略起重要影响。

第一,关于财政政策和货币政策。由于财政政策和货币政策对某一行业及其公司的影响是双面的,或鼓励和保护,或限制和排斥。因此,公司应该密切关注国家经济政策的变化,以及对公司经营活动可能产生的正面或负面影响。

第二,关于GDP增长率。相较成长型公司,成熟型公司对整个实体经济增长的敏感性较低;顺周期和逆周期公司的敏感度不同,顺周期企业对GDP增长敏感,逆周期企业则相反。

第三,关于预期通胀率。通胀是把双面刃。从资产层面来看,当通胀率上升时,重资产较多的企业如钢铁、房地产的资产估值就会提升,因为其拥有的资产价值较容易随着通胀上升;而传媒、科技等轻资产企业的价值与物价关系不大,其估值就不易跟随通胀上涨。

第四,关于汇率。经营跨越国界的企业受汇率变动影响较大。

显然,这些经济因素的变化都会对公司产生影响,但是,不同企业对它们的敏感度是不一样的。

(三)社会因素分析

社会因素是指公司所处地区在社会与文化方面所具备的基本条件,包括民族特征、文化传统、价值观、教育水平、社会结构、习俗等,其中人口规模、年龄结构、消费观念、购买行为、生活方式、对休闲的态度、道德观念等是对公司战略起重要影响的具体社会因素。

为便于理解,我们从人口规模和年龄结构、消费观念、购买行为、生活方式来进行说明。随着年龄结构、消费观念、购买方式以及生活方式的变化,相关企业会随之产生巨大改变。

以我国改革开放后经历的三次消费升级为例。第一次消费升级是20世纪80年代,改革开放初期,老百姓热衷于购买手表、自行车和缝纫机,受益企业为制表、自行车等企业。随着老百姓收入的增加,20世纪90年代发生了第二次消费升级,老百姓热衷于冰箱、彩电和洗衣机,供不应求,催生了一大批相关企业的成长。目前中国仍处于第三次消费升级中,住房、汽车、医疗保险、教育、娱乐、文化、交通、旅游已成为增长最快的领域。显然,第三次消费升级正在驱动相关行业及其企业的快速成长。可见,社会因素对公司经营战略的影响是间接的、潜在的和持久的。

(四) 技术因素分析

技术因素是指公司所处的环境中科技要素及与该要素直接相关的各种社会现象的集合,包括国家科技体制、科技政策、科技水平和科技发展趋势等。例如,5G 移动通讯网络技术商业化运作后,IT、娱乐、传媒等许多行业及其企业必将发生重大变化。因此,公司应该关注所在行业的技术发展动态和竞争者技术研发、新产品开发的动向,及时了解是否有替代技术和新产品出现,及时发现能提升公司竞争力的新技术、新材料和新工艺。

二、行业环境分析

行业环境分析有两大内容:行业生命周期分析和行业竞争状况分析。行业的差异性很大,成长机会和盈利空间各异,但是,相对于公司而言,行业的发展路径是有规律的,并且是可预测的。在会计信息披露不充分的情况下,行业分析有助于了解公司的发展前景。

(一) 行业生命周期分析

除时装等特殊行业具有非典型性生命周期之外,几乎每个行业都要经历一个由初创到衰退的生命周期。行业生命周期通常可分为四个阶段:初创阶段、成长阶段、成熟阶段和衰退阶段。

1. 初创阶段

在这一阶段,行业初步形成,涉足这个新行业的公司为数不多。由于初创阶段的初创投资额较高,产品研究、开发费用不菲,而产品尚未被消费者广泛接受,市场需求小,销售收入低,单位产品成本高,大多处于亏损状态。因此,在行业初创期,新公司普遍面临"双高",即高经营风险和高财务风险,随时可能因财务困难而倒闭。

2. 成长阶段

在这一阶段,行业的产品经过高强度的营销以及消费者的试用,逐渐以其自身的特点赢得了消费者的喜爱,市场需求不断上升,单位产品成本降低,销售收入增加。由于市场前景良好,该行业的公司大量增加,产品也逐步从单一、低质、高价向多样、优质和低价方向过渡。因此,在行业成长期,公司之间开始出现相互竞争的局面,这种状况会持续数年或数十年。

行业成长阶段充满投资机会,公司之间竞争激烈。公司增长较快,但公司需维持较高的资本性支出,利润较低甚至亏损、自由现金流也不充裕,因此,公司仍面临较高的经营风险和财务风险。在行业成长阶段后期,竞争强度渐渐下降,行业开始稳定下来。

3. 成熟阶段

在这一阶段,经过惨烈竞争后生存下来的少数大公司瓜分了行业的市场,每个大公司都占有可观的市场份额,且市场份额占比发生变化的程度较小。公司之间的竞争手段开始由价格手段转向各种非价格手段,例如,提高产品质量、改善产品性能和加强产品售后服务等。此时,行业的经营风险和财务风险较低,公司的利润和自由现金流充裕,违约风险小,对外源资金的需求降低。为了获取利息税盾效应,公司可以适当举债,或实施高股利政策。

在行业成熟阶段,投资机会不多,新公司难以进入,行业增长速度平缓。在某些情况下,行业增长可能会完全停止。行业的成熟阶段可维持相当长的一段时期。

4. 衰退阶段

在这一阶段,由于新产品和大量替代品的出现,行业的市场需求开始逐渐减少,产品的销售量也开始逐渐下降,为寻求出路,部分公司开始考虑向其他行业转移资金,整个行业进入了生命周期的最后阶段。在这一阶段,公司数目逐步减少,市场逐渐萎缩,整个行业渐渐淡出。

(二) 行业竞争状况分析

美国学者迈克尔·波特教授认为,现有的竞争强度、消费者的议价能力、供应商的议价能力、新公司的进入难度、产品的替代性等是影响行业利润的五个重要因素,竞争强度决定了行业中的公司能否创造出超常利润,一个行业能否保持其利润水平取决于该行业的集中度、消费者(下游行业)和供应商(上游行业)的议价能力。下文基于"波特五力分析法"进行说明。

1. 实际和潜在的竞争强度分析

行业的竞争强度决定了公司获取超额利润的潜力。现有公司之间的竞争、新加入公司的竞争威胁和替代产品或服务的威胁等三个潜在的因素(即"波特五力分析法"中的前"三力")将对行业利润产生影响。为便于理解,我们结合中国乳品行业予以说明。

(1) 现有公司之间的竞争

行业现有公司之间的竞争程度受多方面影响,主要表现在行业增长空间、行业集中度、差异程度、剩余生产能力和退出障碍等诸多方面。

第一,行业增长空间。行业增长迅速,公司发展空间大,发生市场份额争夺战的概率大大降低,反之,公司为寻求自身发展的途径只有一条,即进行惨烈的市场份额争夺战。第二,行业集中度。行业集中度的高低将直接影响公司调整其定价策略和其他竞争策略的力度。在一个被两三家公司垄断和分割的行业中,公司之间将达成默契,以避免实施破坏性的价格战而导致两败俱伤。但在集中度不高的行业中,公司之间的竞争可能非常残酷。第三,差异程度。行业中的公司在提供产品和服务上的差异程度将决定这些公司在多大程度上会进行正面的竞争。如果公司的竞争策略定位于追求差异,那么,该公司将在行业竞争中凭其产品和服务的独特性而处于有利地位。第四,剩余生产能力和退出障碍的大小。剩余生产能力是指行业的生产能力大于消费者的需求。如果出现剩余生产能力,公司可能被迫降低产品价格来刺激销售,以尽可能确保其满负荷生产。如果公司退出行业的成本高,那么,它们将被迫留在行业内讨生活。因此,剩余生产能力和退出障碍将加剧行业的竞争程度,甚至会引发恶性竞争。

以中国乳品行业为例,截至2015年,中国居民乳制品年均消费量仅为24千克/人,低于亚洲年人均水平75千克/人,远低于欧洲和北美的年人均消费量258千克/人和270千克/人。显然,中国乳制品行业的增长空间大。

目前中国乳制品行业集中度较高,已形成龙头企业,市场份额主要集中在几家头部企业(伊利、蒙牛、光明等)手里。

为打造竞争优势,几大乳品企业各显神通,实施差异化战略,比如,伊利推行全品类策略,且努力开拓新的销售渠道,光明乳业则深耕巴氏奶和高端奶。

(2) 新加入公司的竞争威胁

这类因素将对现有公司产生潜在的影响,但其影响大小取决于新公司进入行业的难易程度。

第一,规模经济障碍。如果某行业(比如钢铁业和石油业)由大公司构成,那么,新公司的进入门槛高,即新公司必须进行大量投资以达到规模效应后才能在行业中站稳脚跟。即便如此,在新公司进入行业之初,它们在同现有大公司竞争时往往处于成本劣势。

第二,先发优势障碍。早先入市的公司具有先发优势,它们参与制定行业标准,或与优质原材料供应商签订独家协议,或获得在某些受管制的行业从事经营活动的许可证。因此,先发优势可以确立其在行业中的有利地位。所有这些现有公司的先发优势均构成了新公司进入的障碍。

第三,分销渠道和关系网障碍。现有分销渠道的有限空间和发展新渠道的高成本是新公司进入的又一个巨大障碍,同时,现有公司与消费者之间的现有关系网也是新公司进入的不利因素。对新公司而言,打造新的分销渠道以及构建新的关系网代价不菲。

第四,法律障碍。有些行业的法规限制新公司的进入,尤其在一些受政府管控的行业中,许可证制度(如银行业、证券业和保险业的牌照制度)使得新公司无法随意进入某行业。

中国牛奶产量从1997年开始,经历了快速增长的过程,但是,2008年,发生了"三聚氰胺事件",中国乳制品业遭受重创,产量停滞了好几年,2014年才缓过劲来。因此,该行业目前进入门槛高,监管严。于是乎,市场份额开始转向品牌知名度高、实力强、规模效益显著的大公司,并进入全产业链竞争。目前,中国大乳品公司具有资金优势和成本管控能力,新公司进入威胁不大。

(3) 替代产品和服务①

此类因素是第三方面的威胁。这种威胁的程度取决于参与竞争的产品和服务的相对价格和效用,以及消费者使用替代产品的主观意愿。

从消费者角度看,他们在考察两种产品和服务能否相互替换时,一定程度上取决于在价格基本一致的前提下,它们的效用是否相同。比如,两种巧克力味饼干的效用相同,消费者很难单从价格上区分其对产品的偏好。此时,消费者的替代意愿将成为关键因素,健康安全、品牌忠诚、新体验等都会影响消费者的替代意愿。

2. 投入市场和产出市场上相对议价能力分析

一个行业的上游行业和下游行业的议价能力决定了该行业的实际利润水平以及行业利润稳定性。一个行业的整体利益会深受上游行业和下游行业议价能力的影响。

(1) 下游行业的议价能力分析

从下游行业(买方)的议价能力看,价格的敏感度以及相对议价能力是决定买方议价能力的两类重要因素。买方的价格敏感度取决于所购产品对买方的成本构成是否重要,如果所购产品占买方成本的大部分甚至绝大部分,买方的价格敏感度就高,它们很可能转而购买

---

① 相关的替代产品并不一定是形式相同,而是那些具有相同效用的产品。某些情况下,替代产品不是来自消费者主动转向另一种产品,而是利用科技使他们不用或少用现有产品。

成本较低的替代品。反之,买方可能不会努力寻找低成本的替代品。因此,可以将这个敏感度理解为衡量买方讨价还价意愿大小的标尺。买主数量和单个买主购买量决定了买方的议价能力,买主越少,单个买主购买量越多,买方议价能力就越强。

(2) 上游行业的议价能力分析

上游行业(卖方)的议价能力受供应商(卖主)数量、单个买主的购买量、买方选择替代产品的数量等若干因素影响。通常认为,当上游行业供给不足,即供应商较少时,若买方可选择的替代产品较少,上游行业的议价能力就比较强。若单个买主购买量越多,其可选择的替代品越多,则上游行业的议价能力越弱。

案例 14-1

基于"波特五力分析法"视角的中国乳制品行业

中国牛奶产量从 1997 年开始,走上了快车道,但是,2008 年,发生了"三聚氰胺事件",中国乳制品业遭受重创,停滞了几年,2014 年才得以恢复。因此,监管部门抬高了乳品行业的进入门槛,实施严格的监管。市场份额开始转向品牌知名度高、实力强、规模效益显著的大企业,并进入全产业链(涵盖牧业、乳品生产和销售)竞争。目前,中国大乳品企业具有资金优势和成本管控能力,新企业进入威胁不大。

乳制品是一种特殊的快速消费品,具有健康、营养和安全的特质,迄今为止,尚没有性价比相当的替代品,因此,中国乳制品企业无须担心替代品威胁。

经过近四十年的发展,中国乳品行业对下游(消费者市场)的议价能力较强,主要表现在三个方面。

第一,行业集中度较高。形成了一定的产业集中度,一批龙头企业成长起来了,这些龙头企业具有较强的定价能力。

第二,产品差异化。在乳品行业增速稳定以及消费者消费水平和选择标准提高的背景下,几家龙头企业推行产品差异化策略,不断推出高端乳品,为公司寻求高价格溢价提供了可能。

第三,资金优势和成本管控能力加强。

值得注意的是,中国乳制品行业的奶源不足问题凸显,有两条解决途径:一是进口原奶和大包粉;二是自建奶源基地,但是,受饲料价格等因素影响,通过自建奶源基地远水救不了近火。因此,仍需大量进口原奶和大包粉,但无法掌握定价权,也就是说,对上游议价能力较弱。

问:运用"波特五力分析法"给出中国乳品业的行业利润是否稳定的基本逻辑是什么?

三、公司分析

熟悉公司特质是公司估值的逻辑起点,因此,需要把握公司细节,对公司有一个清晰的了解和解读。

(一) 公司产品细节

第一，公司为市场提供了哪些类别的产品或服务？消费者是否喜欢这些品类的产品或服务？公司是否拥有这些产品或服务的定价权？

第二，每类产品或服务是否存在替代品？对现有产品或服务的威胁有多大？替代品是否存在差异化？其差异主要体现在价格还是品质上？

第三，每类产品或服务是否具有品牌优势？品牌效应能否为公司带来价格溢价以及是否提升了客户忠诚度？品牌效应是否可持续？

第四，每类产品或服务具有哪些技术、工艺等优势？是否得到了有效的专利保护？专利保护期有多长？

分析者通过对公司产品细节的了解，可以知晓公司价值增值的驱动性因素，是源于产品的独特性，还是客户的忠诚度，抑或产品的独特技术。

(二) 产品推向市场的技术细节

第一，公司的产品生产过程评价。对公司产量预测、生产设施和设备筹划、生产日程安排进行分析和评价，判断公司是否达到最佳生产能力。

第二，公司的产品营销过程评价。评价公司市场定位的能力和营销组合的有效性。市场定位的能力主要取决于以下四个方面的能力：一是市场调查和研究的能力；二是把握市场细分标准的能力；三是评价和确定目标市场的能力；四是占据和保持市场位置的能力。市场营销组合的有效性主要取决于两个方面：一是营销组合是否与目标市场中的需求一致，二是营销组合是否与目标市场中的产品寿命周期一致。

第三，公司的产品分销渠道评价。评价公司的供应商网络以及供应链的运作情况，是否存在运作成本高、效率低下等情况。

事实上，公司产品在推向市场的过程中，形成了一整条价值链，公司应该加强与价值链中相关利益方之间的相互影响和凝聚力，牢牢控制住这些外部资源，形成独特的、不可仿效的、相对固化的核心竞争力。

(三) 公司研发能力和创新力

第一，公司已有的创新能力。评价公司在产品开发方面的创新能力，以及在生产技术方面的创新能力。

第二，公司已有的创新基础。公司研发人员数量和结构是创新的基础，它们决定着公司的研发能力和水平，据此可以了解公司能否开发出新产品以及是否有能力改进设备的生产工艺。

第三，未来技术变革的方向和速度。评价与公司产品或服务相关的技术未来变革的方向和速度，公司对此的把握情况如何？是否做好了迎接技术变革的准备？

持续的研发能力和创新能力可以确保公司维持差异化竞争优势，腾讯、苹果、微软等受投资者追捧的公司均受益于突出的研发能力和创新力。

(四) 公司竞争力

第一，公司的竞争地位。评价公司在行业中所处的位置，是领先者还是跟随者？是一枝独秀还是齐头并进?

第二,公司的竞争策略。公司究竟采取成本策略还是差异化策略?定位是否合情合理?执行情况如何?效果如何?

第三,公司的竞争优势。公司的竞争性优势主要体现在成本优势还是差异化优势上?是否具有可持续性?

分析者可以通过企业在行业中所处的位置来识别其竞争力,同时,可以通过了解企业的竞争策略来判断公司的竞争优势是否可持续。

(五) 公司治理

第一,公司管理层。公司管理层的任职经历和业绩如何?管理层是否具有企业家意识?管理层对股东的重视程度如何?

第二,道德风险。公司在经营中涉及哪些道德条款?管理层有否违反这些条款的情形?公司是否有约束管理者行为的机制?

第三,公司治理机制。公司董事会制度是否健全?独立董事是否具有独立性?激励机制是否合理以及能否发挥激励效应?控股股东是否存在欺负非控股股东的情形?

公司治理很重要,其中激励机制对中国企业尤其重要,分析者不应忽视它对公司估值的影响。回顾中国改革开放四十年,我们会发现一个现象,在关键时刻施以合理激励机制的公司大概率会成长为一个受人尊敬的公司。

(六) 公司的政治法律环境

第一,公司的产权属性。公司是国有企业还是民营企业?它们在获得各类资源的能力上存在哪些差异?它们承担的社会责任又有哪些不同?

第二,公司的政治影响力。公司高管(包括董事长、CEO、CFO以及独立董事)是否在政府、军队中担任过重要职务?公司高管是否有政治身份(如人大代表或政协委员)?他们能否发挥出有利于公司的政治影响力?

第三,公司的法律约束。公司受哪些法律法规约束?公司需要面对的监管约束如何?公司是否承受着较重的税负?

公司产权属性、政治影响力等因素会导致公司出现异质性。例如,相比于民企,国企具有两面性。一方面,它获得资源的能力相对较强;另一方面,它承担的社会责任往往更多。这些异质性已经被学者的研究结果所证实,分析者应该关注异质性对公司估值的影响。

(七) 公司财务能力

第一,公司的还款能力。评价公司现金流是否充沛?是否可持续?公司是否具有较强的融资灵活性?

第二,公司的盈利能力。评价公司的盈利水平,从公司价格溢价、成本结构、资产效率和资本结构等角度分析公司盈利的原因,以及评价公司的盈利质量。

第三,公司的市场号召力。评价公司在资本市场上的地位,通过考察公司股利发放率、股利实得率等显示其市场号召力的指标来判断。

公司财务能力是公司实施持续性竞争战略(比如,公司实施需持续、高强度发生资本性支出的差异化竞争战略)的基础,也是公司实施持续、稳健财务政策(如公司实施持续性高股利政策)的保障。

四、公司竞争策略分析

公司的主要利润和主要风险源于其所奉行的竞争策略,成本领先和追求差异是两种重要的竞争策略。

(一)成本领先策略

成本领先策略是指以低成本提供同样品质产品或服务的竞争策略。公司奉行低成本策略的目的是为了获得超额利润以及在行业内取得竞争优势。在传统行业中,行业成长空间有限,因此,成本领先可能是公司取得竞争优势的唯一出路。

从成本领先策略的实施路径来看,公司的选项很多。规模经济、高效生产、较低融资成本、低成本销售、严格的成本控制等都是公司成本领先策略的可选择方式。也就是说,成本领先策略可以体现在经营过程的不同环节以及多个环节上:在投资环节,进行高效率投资,购置先进的规模化的生产设施;在生产环节,对产品进行有效设计,实施严格的成本管控,降低单位产品的生产成本;在研发和销售环节,最大限度地减少研发、服务、推销、广告等方面的成本和费用。

(二)追求差异策略

追求差异策略是指以顾客乐意接受的价格提供独特产品或服务的竞争策略。提供优质产品,提供品类齐全产品,提供良好服务,满足顾客个性化的送货方式,提升和维护品牌形象等是追求差异的可选择路径。

显然,追求差异的内涵也很丰富。公司在确定其追求差异策略时,其决策顺序为:

第一,了解消费者对产品和服务的需求,尤其需重视消费者的特殊需求。

第二,确定公司能够满足消费者哪些特殊的需求。

第三,公司以消费者能够承受的价格为消费者提供差异化的产品和服务,并使消费者获得新的消费体验。

追求差异策略贵在创新,需要在研发、技术革新、市场开拓、销售渠道等方面投入大量的资金,因此,以"追求差异"为竞争策略的公司,为了维持其差异化竞争优势,它们的资本性支出通常规模大,且持续发生。在中国,各行业的龙头企业,如腾讯、格力、伊利、京东等,差异化竞争优势是它们傲视群雄的"本钱"。

> **案例 14-2**
>
> **格力电器的"渠道合伙人"模式**
>
> 格力电器的"渠道合伙人"模式堪称供应链合伙的典范,开了先河。1997年,格力电器的第一家区域股份制销售公司在武汉成立,专营格力电器品牌。此后两年,10家相同模式的销售公司在全国其他地区成立。
>
> 所有区域股份制销售公司,都由格力电器控股(格力电器持股51%),区域内的多家

一级经销商参股。每家区域股份制销售公司的财务总监由格力电器派驻,总经理、副总经理等核心管理层成员由格力电器任命。但是,格力电器不参与销售公司的利润分红,全部经营利润由销售公司其他股东根据出资比例和贡献大小进行分红。

这11家区域股份制销售公司按照一定的规则,共同持有格力电器(上市公司)总股份的10%左右,11家销售公司持有的这部分股份全部由河北京海担保投资有限公司代持。河北京海担保投资有限公司曾经是格力电器的第三大股东。

显然,格力电器的"渠道合伙人"模式的本质是格力电器与外部经销商的合伙,他们之间形成了共生共荣的关系,在格力电器开疆拓土的年代,这种外部合伙模式立下了汗马功劳。1998年以来,格力电器一直稳居行业龙头地位,与该外部合伙模式有着很大的关系。

这种外部合伙模式形成了格力电器特有的差异化优势:一是防止了同一区域内的各大经销商互相倾轧;二是有助于产生协同效应,去开拓更大的经销网络;三是区域销售公司在专心致志做格力的同时,敢于为这一品牌的未来进行投资。

问:2020年,"直播带货"大火,你认为是否会影响"渠道合伙人"模式带给格力电器的竞争优势?

(三) 如何评价公司的竞争策略?

竞争策略的目标是确立公司在行业内的竞争优势,但是,要取得竞争优势,公司必须具备实施并保持所选定的竞争策略的能力,这种能力是确保其所选定的竞争策略发挥效应的重要条件。

实施竞争策略的基本能力、价值链整合效应以及竞争对手的模仿能力决定了公司能否长期保持竞争优势。因此,在确立自身竞争策略或评价竞争策略时,可以从探讨以下问题开始。

1. 公司所选的竞争策略的优势和风险分别有哪些?

成本领先策略要求公司在管理上给予成本高度重视,使成本低于竞争对手,当别的公司在竞争中已失去利润时,该公司依然可以收获利润。公司一旦获得这种竞争优势,就可以用所获得的较高边际利润去购置更高效率的新设备和现代设施,而这种再投资有助于公司维持成本优势。显然,维持成本优势是需要花钱的,而且需要花巨资更新设备,以取得比竞争对手更低的单位生产成本。因此,在公司普遍存在融资约束的情形下,公司的成本优势往往不可持续,这是成本领先策略的最大风险。

追求差异策略是将公司产品或服务差异化,形成行业内独具特性的东西。若该策略成功实施,那么,它将获得价格溢价,赢得高水平收益或超额收益,成为行业翘楚。同样,公司差异化优势往往也需要通过持续投入大量资本性支出来实现和维持的,投入力度远在成本领先策略之上。然而,未来存在巨大的不确定性,因此,大量的资本性支出并不一定会带给或维持公司差异化优势,比如,高研发投入为公司维持差异化优势提供了必要的技术储备,但这些技术储备最终能否转化为差异化的产品和服务却是个未知数,这是差异化策略的最大风险。

2. 公司奉行这些竞争策略的条件是否成熟?

在实施成本领先策略时,通常要求公司具备较高的市场份额或其他优势,比如与原材料供应商建立良好的合作联系,或要求产品设计更便于生产,或保持一个较宽的相关产品线以摊薄固定成本等。

在实施公司差异化战略中,总是伴随着高成本,因此,为确保该战略得以实施,并形成差异化优势,公司需要拥有很强的融资灵活性,便于公司为持续资本性支出进行融资。尽管差异化可以带给产品高定价,并由此带给公司超常收益。然而,不是所有客户都愿意或有能力支付公司所要求的高溢价。

3. 公司是否有能力或创造条件来适应这些竞争策略?

以成本领先战略为例,成本领先策略需要一定的路径来实现:一是可以扩大市场或通过营销活动来增大销售规模,摊薄成本;二是可以通过改造或更新生产设备等取得成本优势;三是可以利用一些有效的生产方式,如在需求高峰时让出市场,在需求低落时再重新夺回市场的方式,来提高平均生产能力利用率;四是可以与协作单位共同进入新领域,降低相对成本;五是可以与供应商和销售渠道合作,利用纵向关系,优化各自的价值链,从中获益;六是根据公司的偏好来进行技术改造,扭转成本颓势。

显然,我们可以对照这些路径,来判断公司是否有能力或创造条件来适应成本竞争策略。

4. 公司是否按照选定的竞争策略开展包括研发、设计、生产、销售、服务等活动?

以追求差异策略为例,追求差异策略需要选择一定的路径来实现。广义上讲,公司常常通过重构或重塑价值链以谋取差异化优势,具体而言:一是采用不同的生产工艺;二是采用不同的营销方式;三是积极开拓新的分销渠道;四是开发新型原材料;五是选择新的向前、向后和纵向整合的模式;六是选用新的广告宣传媒介等。

我们可以对照这些路径,来判断公司是否按照选定的竞争策略开展包括研发、设计、生产、销售、服务等活动。例如,苹果公司的差异化策略颇受推崇,其差异化竞争策略体现在设计、生产、营销等方方面面,不管是硬件、软件,还是营销模式(比如线下体验店),都带给消费者独特的消费体验。

5. 公司的竞争优势是否形成以及是否可持续?

公司一旦确立了竞争优势,我们需要评价这种优势的可持续性。以成本优势为例,成本优势是否具有持续性可以基于成本驱动因素来考察。比如,规模经济不易被竞争对手模仿,理由是仿效代价太高,因此,建立在规模经济上的成本优势是可持续的。再比如,公司一旦与供应商和销售渠道联手,充分利用纵向关系优化各自的价值链后,公司竞争对手若想和重构的价值链抗衡,几乎无一例外地将承受高昂的代价。因此,价值链重构后形成的成本优势也是可持续的。

6. 在公司所处的产业结构中,是否存在有抵消公司竞争优势的潜在因素?

我们可以从新技术、新销售模式、来自国外的竞争、相关法规变化、消费者需求变化等诸多方面进行观察,来分析公司是否拥有适应这些变化的灵活性和基本能力。

上文提及的格力电器"渠道合伙人"模式无疑是格力电器重要的差异化竞争优势,但是,从 2016 年开始,格力电器开始感受到来自电商渠道的冲击。竞争对手奥克斯空调利用电商渠道稳扎稳打,市场份额迅速增长,2019 年一度成为国内第三大空调品牌。线上空调市场的飞速膨胀引起了格力电器的高度重视,公司于 2019 年"双十一"加码线上空调市场,2020 年 6 月,董明珠直播带货大火。格力电器渠道差异化优势究竟该如何维持,我们拭目以待。

第二节 公司财务预测

公司估值基于未来,因此,需要进行财务预测。如何预测,从什么地方开始呢? 由于公司是永续经营的,因此,我们首先需要将公司未来漫长的经营期进行分段。比如,根据"竞争性均衡假说",如果公司的超额利润在第 5 年年底消失或公司在第 5 年年底进入稳定期,那么,我们可以将公司未来漫长经营期分成前 5 年和后 $n-5$ 年两段,然后分别进行财务预测。公司进入稳定期的时点被称为"终年"。一旦确定"终年"(比如第 5 年年底),那么,前 5 年财务预测可理解为短期财务预测,即以公司财务目标为基点,通过对市场需求的研究和分析,以销售预测为主导,进而对未来若干年(即公司进入稳定期①之前)的生产、成本和现金收支等方面进行预算,据此编制未来若干年每年的预计财务报表,得到税后经营收益(NOPLAT)、自由现金流(FCFF)等预测值。后 $n-5$ 年财务预测是长期财务预测,即对未来若干年之后(即公司进入稳定期之后)影响公司价值的驱动性指标(投入资本回报率 ROIC、收益增长率 g 等指标)进行估计。显然,长短期财务预测的重点不同。

一、短期财务预测

(一)公司财务预测的起点

财务预测一般的做法是从收入预测开始做起,然后进行短期财务报表预测,以及驱动性指标预测,最后预测自由现金流。理由是,财务报表的所有会计分项都与收入有着直接或间接的关系。因此,收入预测是整个预测的第一步。对大多数公司而言,销售预测是财务预测的起点,也是关键的"驱动轮",其他预测工作可以围绕它来展开。销售预测的方法很多,可视情况而定。根据有无历史销售数据划分,销售预测有两类方法。

1. 基于销售历史数据的预测

我们在将销售历史数据视为预测基础时,通常有三种做法:

第一,以上一年销售额为基础;

第二,以上一年销售额为基础,并将近期的趋势考虑在内;

---

① 稳定期是指公司的再投资、增长率处于稳定状态,通常将公司进入成熟期视为公司进入稳定期。

第三，以前几年平均销售额为基础。

这些做法的共同点是为销售预测提供了一个有用的基点。尽管以销售历史数据为基点的做法招致了一些批评，但事实证明，在没有特殊情形出现的情况下，销售历史数据还是比较接近具体分析后的预测值。

当然，在进行销售预测时，还要充分考虑销售渠道的增加和变更对销售额的正面（叠加效应）和负面（替代效应）影响，以及顾客对新产品的接受度、营销计划、价格策略的变化、竞争对手的行为、预期经济状况等对销售增长的影响。

2. 基于目标市场的预测

如何预测收入？就方法而言，有"由上而下"和"由下而上"两种做法。我们先看"由上而下"。

(1)"由上而下"收入预测

这类方法适合成熟市场产品的销售预测，如光明乳业的巴氏奶产品属于成熟市场产品，因此，可以用"由上而下"法进行收入预测。其基本逻辑是：预测市场规模；确定公司市场占有率；预测价格；预测收入。

如何了解市场规模呢？可以参考一些权威数据，例如，农业部数据显示，中国城乡居民的年人均奶制品消费量（含乳饮料、冰淇淋、蛋糕等食品中奶制品消费量）将继续增加，2024年预计将达到39.56千克/人；2024年，奶制品国内总消费规模预计将达到6 303万吨。

如何确定市场占有率呢？在没有销售历史数据可供参考的情形下，可以先对目标市场的大小（即目标市场总需求）进行分析和判断，根据既定的竞争战略来预测公司的市场渗透能力，即究竟是以低成本还是以差异化，抑或两者兼得的竞争战略寻求市场份额，然后推算达到某个市场占有率需要的时间。

此外，还需考虑一些其他问题：价格变化趋势？公司能否提供获取市场份额所需的优质产品和服务？其他竞争对手是否具有能够代替自己公司在市场上的产品和服务？

(2)"由下而上"收入预测

它适用于新产品市场的销售预测。"由下到上"的基本逻辑是：了解公司已有客户需求；了解产品渗透速度；预测客户流失率和潜在新客户；收入预测。

但是，新产品市场收入预测很难。主要难点有：客户偏好可能发生巨变；公司战略不断变化（不可预知性）。因此，此类产品市场更需要背景分析，这有助于降低不确定性。

应该看到，销售预测绝非易事。销售预测不仅仅是一个方法论，更重要的是，它需要分析人员熟悉分析对象所处的宏观经济环境以及所处行业现状和发展前景，熟知被分析对象的竞争策略，这样有助于分析者将被分析对象视作一个整体加以分析和预测。同时，还要求分析者善于利用来自供应商、竞争对手、销售渠道、研究部门等各种渠道的信息，以便更加详尽地了解各种不同产品的特征、分销渠道以及根据竞争和被分析对象的品牌决定的价格，并据此对单个产品进行销售预测。

(二) 编制预计财务报表

在收入预测结束之后，需进行短期财务报表预测。由于财务报表的所有会计分项都与收入有着直接或间接的关系，因此，我们需要根据以往的历史数据以及背景分析，确定一系列运营假设。也就是说,确定报表中所有会计分项的驱动性因素(会计分项究竟由什么因素决定,如收入、成本、净资产),以及相关关系(如现金占收入的比重、折旧占固定资产净值的比重)。

1. 编制预计利润表

(1) 识别和确定利润表各分项的驱动性因素

预计利润表反映公司在未来某个时期内,收入、成本以及预计的盈亏等情况。由于公司的损益是收入与成本费用相抵后的差额,因此,编制预计利润表的关键是对销售收入(营业收入)和成本费用的预测。以中国为例,公司主要的成本费用项目有营业成本、销售费用、管理费用、其他费用(包括财务费用、研发费用、税费等),其中前三项是占比最大的成本费用项目。为此,我们可以从研究、观察营业收入与成本费用之间的关系入手来编制预计利润表。

由表14-1可知,我们先确认利润表中各项目的驱动性因素,并据此确定预测比率,然后,结合销售预测额来匡算各项成本和费用。

表14-1 利润表各分项的预测驱动性因素及预测比率

分项预测	预测驱动性因素	预测比率
营业成本	营业收入	营业成本/营业收入
销售费用	营业收入	销售费用/营业收入
管理费用	营业收入	管理费用/营业收入
当期折旧	固定资产净额	当期折旧/固定资产净额
利息费用	有息债务	有息债务×债务利息率
有息债务	营业收入	有息债务/营业收入
利息收入	富余现金	富余现金×利息率
经营税收	经营税率	EBIT×经营税率
商誉摊销	商誉净投资	商誉摊销/商誉净投资
确认收入	营业收入	确认收入/营业收入
利润总额	营业收入	利润总额/营业收入

(2) 预计利润表的编制原理

尽管大多数成本费用项目与营业收入有关,但各项成本费用与营业收入的相关程度存在差异,有的甚至与营业收入之间的关系甚微,因此,为增加可信度,还是进行分项预测为好。

第一,主要由销售引起的成本费用项目预测。营业成本与销售收入(营业收入)密切相关,销售费用、管理费用也与销售非常相关。显然,与销售密切相关的成本费用项目可根据目前或过去各项成本费用在营业收入中的占比、销售预测额以及其他一些因素来估算。

第二,研发费用预测。研发费用有两种会计处置方法,即资本化和费用化。就费用化而言,研发费用与公司采取的竞争策略直接有关,比如,奉行差异化策略的公司,其研发费用就非常高。因此,从结果看,研发费用并不一定会增加未来销售,尤其不会增加当前销售,同时,研发费用也不一定由销售活动引起。为此,分析者应该主要根据公司已有的竞争策略以及可能的变化来推算研发费用。

第三,其他费用预测。其他费用与自身发生的原因有关,但与销售没有多大关联,或没有直接联系。例如,利息费用与公司举债规模和利率水平直接相关,折旧费用与折旧政策和上期固定资产净额有关,税收与现有税制有关等。因此,与销售无关或没有太大关联的成本费用项目则需要视情况而定。

2. 编制预计资产负债表

(1) 识别和确定资产负债表各分项的驱动性因素

预计资产负债表反映了公司在未来某个时间点,各有关资产、负债和股东权益的预计执行结果。除受到销售影响之外,资产负债表项目还可能由其他不同的因素决定,因此,在编制预计资产负债表之前,需对资产负债表项目进行逐项分析,识别和确定各分项的预测驱动性因素(见表14-2)。

表14-2 资产负债表各分项的预测驱动因素及比率

分项预测	预测驱动性因素	预测比率
营业现金	营业收入	营业现金/营业收入
应收账款	营业收入	应收账款/营业收入 应收账款周转天数
存货	营业成本	存货/营业成本 存货周转天数
预付款项	营业收入	预付款项/营业收入
其他应收款	营业收入	其他应收款/营业收入
应收票据	营业收入	应收票据/营业收入
交易性金融资产	不确定	若交易性金融资产较为平稳,可直接用最近几年的均值作为预测值
长期应收款	营业收入	长期应收款/营业收入
应付账款	营业成本或营业收入	应付账款/营业成本 应付账款/营业收入
应付职工薪酬	营业收入	应付职工薪酬/营业收入
应交税费	营业收入或应税利润	营业税/营业收入 所得税/应税利润
预收款项	营业收入	预收款项/营业收入
其他应付款	营业收入	其他应收款/营业收入
长期股权投资	不确定	与公司未来发展潜力、投资策略有关
在建工程	营业收入	在建工程占营业收入比重存在波动性,但激增是不可持续的,故可取历史中位数作为预测值
生产性生物资产	不确定	若生产性生物资产占营业收入比率走势平稳,可取历史均值作为预测值

续表

分项预测	预测驱动性因素	预测比率
无形资产	营业收入	若无形资产占营业收入比率走势平稳,可取历史均值作为预测值
固定资产投资(占比)	不确定	若固定资产净额占营业收入的历史比重比较平稳,可取历史均值作为预计值
短期债务增长率	营业收入	营业收入增长率
长期债务增长率	营业收入	营业收入增长率
其他长期负债增长率	不确定	其他长期负债主要包括长期应付款、专项应付款、递延所得税负债和其他非流动负债

由表 14-2 可知,我们首先需要确认资产负债表各项目的驱动性因素,并据此确定预测比率,然后结合销售预测额来估算各资产和负债项目。

(2) 预计资产负债表的编制原理

第一,主要由销售引起的流动资产项目预测。本质上讲,经营性现金资产、应收账款、存货等流动资产项目几乎无一例外由销售引起。在公司销售政策、商业信用政策、资产利用率等不变的情况下,经营性现金、应收账款等项目与营业收入(销售收入)之间存在着近乎正向的线性关系。例如,由于经营性现金与营业收入呈近乎正向线性关系,因此,可以根据未来预计销售收入和预测比率(经营性现金/营业收入)来预测未来某一时点的经营性现金。存货与销货成本(营业成本)之间也存在着近乎正向线性关系。

第二,主要由销售引起的流动负债项目预测。应付账款、应计费用、应交税金等是最常见的流动负债项目。在赊销这一现代销售方式下,应付账款是公司数量最大的"自发负债",在商业信用政策一定的情况下,其规模大小取决于赊购数量。此外,应计费用和应交税金与销售收入也呈正向关系。因此,这些流动负债项目由销售引起,在付款政策不变的情况下,它们与销售收入之间也具有近乎正向线性关系。为此,与销售密切相关的负债项目可根据目前各项负债在销售收入中的占比、销售预测额来估算,并将能够预见得到的付款政策的变化考虑在内。

第三,长期资产项目预测。资本性支出形成长期资产。从长期看,固定资产也由销售活动引起,但它与销售收入的关联程度比不上流动资产。如果预计销售收入增长幅度很大,产量也将有大幅增加,当现有设备的生产能力无法满足产量的急速增长时,就需要添置新设备,增加资本性支出。此时,在建工程、固定资产就与销售收入有关。如果现有设备的生产能力能够满足产量的有限增长时,就无须对固定资产进行追加投资。此时,固定资产与销售收入的关系不大。无形资产能够带来超常收入,但是,账面无形资产常常只是公司无形资产的一部分甚至一小部分,比如,尽管品牌、客户忠诚度等会带来超常收入,但它们的价值在账面上无法寻觅。因此,无形资产与销售的真实关系不易被识别和确认。长期股权投资主要与公司未来发展潜力、投资策略有关,并非由销售直接引起。可见,长期资产项目的预测比较费时费力,需结合公司背景信息(比如宏观环境、行业环境、公司竞争策略等信息)逐项进行分析后给出预测值。

第四,长期负债和股东权益预测。长期负债和股东权益为公司提供了长期资金,从长期看,公司对这些长期资金的总需求也和销售有关,但是这些长期资金的配置又具有独立于销售的特点。公司资金缺口可用以下公式估算:

$$EF = \frac{A}{S_0}(\Delta S) - \frac{L}{S_0}(\Delta S) - S_1 \times m \times b \tag{14-1}$$

式(14-1)中,A 为与当期销售收入成正向线性关系的当期资产,L 表示与当期销售收入成正向线性关系的当期自发负债(比如应付账款、应计费用等),S_0 表示当期销售收入,S_1 表示下一期预期销售收入,ΔS 表示销售收入增量,m 表示税后利润占销售收入的百分比(即销售利润率),b 表示留存收益占净利润的百分比。

显然,在不动用外部融资的情况下,公司的资金缺口可以通过减少现金股利或增加留存收益解决一部分,但是,从长远看,更多的资金缺口需要用发行新股或举债等外部融资方式解决。因此,长期融资计划多少会影响公司的股利政策和资本结构政策。如果公司采取低股利政策,公司的留存收益将增加;如果公司采取高杠杆政策,则公司长期负债比重加大。至于长期负债如何在公司债券和长期信贷之间配置,则与公司所处的融资环境、公司的融资习惯和偏好等有关。因此,在预测长期负债和股东权益项目时,应综合考虑销售、资本结构政策变化、股利政策变化、融资环境等因素。

(三)估算"终年"之前(可预测期间)各年的 NOPLAT、FCFF

公司资产可分成经营资产和非经营资产两大类,公司价值由这两大类资产所产生的现金流或收益决定,前者决定公司的经营价值,后者决定公司的非经营价值,因此,公司价值＝经营价值＋非经营价值。富余现金和交易性金融资产是公司最常见的非经营性资产,它们的估值比较简单,因此,本章主要介绍公司经营价值的估算。

1. 投入资本估算

由于公司的资产可分为经营资产和非经营资产两大类,因此,需要对经营资产和非经营资产进行识别和分类。在我国,富余现金和交易性金融资产是公司最主要的非经营性资产,表14-3归纳了资产和负债分类的基本依据。

表14-3 经营资产和经营负债的识别依据

项 目	经营资产	金融资产	项 目	经营负债	金融负债
资产			负债和股东权益		
流动资产:			流动负债:		
货币资金		1. 全部列为经营或金融资产 2. 根据行业或企业历史平均的货币资金/销售收入百分比以及本期销售收入推算经营活动所需的货币资金金额,多余的计入金融资产	短期借款		√

续表

项　目	经营资产	金融资产	项　目	经营负债	金融负债
交易性金融资产		√	交易性金融负债		√
应收票据	无息应收票据	计息应收票据	应付票据	无息应付票据	计息应付票据
应收账款	√		应付账款	√	
预付账款	√		预收账款	√	
应收利息	经营性资产投资所形成	短期债权投资所形成	应付职工薪酬	√	
应收股利	经营性资产投资形成	短期权益性投资所形成	应交税费	√	
其他应收款	√		应付利息		√
存货	√		应付股利	普通股应付股利	优先股应付股利
一年内到期的非流动资产	√		其他应付款	√	
其他流动资产	若附注或其他披露中无所指,可判为经营资产		一年内到期的非流动负债		√
流动资产合计			其他流动负债	若附注或其他披露中无所指,可判为经营负债	
			流动负债合计		
非流动资产:			非流动负债:		
可供出售金融资产		√	长期借款		√
持有至到期投资		√	应付债券		√
长期应收款	√		长期应付款	经营租赁形成	融资租赁形成
长期股权投资	√		专项应付款	√	
固定资产	√		预计负债	√	
在建工程	√		递延所得税负债	√	
固定资产清理	√		其他非流动负债	若附注或其他披露中无所指,可判为经营负债	
无形资产	√		非流动负债合计		
开发支出	√		负债合计		
商誉	√		股东权益:		
长期待摊费用	√		股本		
递延所得税资产	√		资本公积		

续表

项　目	经营资产	金融资产	项　目	经营负债	金融负债
其他非流动资产	若附注或其他披露中无所指，可判为经营资产		减：库存股		
非流动资产合计			盈余公积		
			未分配利润		
			股东权益合计		
			其中：优先股		从普通股股东看，优先股可视为金融负债
资产总计			负债和股东权益总计		

(1) 经营资产

首先需要识别经营资产和非经营资产，可根据表14-3中的判断依据进行识别和分类，然后，将全部资产扣除非经营资产后的差额视作经营资产，即

$$经营资产(OA) = 负债(D) + 股东权益(E) - 非经营资产(NOA) \quad (14-2)$$

(2) 投入资本

负债有经营负债和非经营负债之别，因此，可根据表14-3的判断依据对经营负债和非经营负债进行识别和分类。会计恒等式可变换为

$$经营资产(OA) + 非经营资产(NOA) = 经营负债(OL) + 非经营负债(D) + 股东权益(E) \quad (14-3)$$

投入资本是指经营资产和经营负债的差额，为正确理解投入资本，需从会计恒等式入手，即

$$经营资产(OA) - 经营负债(OL) = 非经营负债(D) + 股东权益(E) - 非经营资产(NOA) \quad (14-4)$$

根据投入资本定义，可将式(14-4)变换为

$$投入资本(OA - OL) = 非经营负债(D) + 股东权益(E) - 非经营资产(NOA) \quad (14-5)$$

2. NOPLAT 计算口径

NOPLAT 是指公司的税后经营收益，由经营资产引起。如果不考虑递延税项，NOPLAT 可用 $EBIT(1-t)$ 表示。根据预计利润表，我们可计算预计 NOPLAT，即

$$NOPLAT = (营业收入 - 营业成本 - 销售费用 - 管理费用) \times 经营税率 \quad (14-6)$$

式(14-6)中，经营税率 = [预计利润表中的税金 + 财务费用 × (1 - 企业所得税税率) - 非营业收入税金] / $NOPLAT$。

3. FCFF 计算口径

FCFF 是指公司的自由现金流,即在满足了经营和投资需要之后,归股东和债权人共同所有的价值增值,即

$$FCFF = NOPLAT + D - CE - \Delta WC \qquad (14-7)$$

由于净投资 $= CE + \Delta WC - D$,因此,式(14-7)可转换成式(14-8),即

$$FCFF = NOPLAT - 净投资 \qquad (14-8)$$

由于再投资比率(IR)=净投资/NOPLAT,因此,式(14-8)又可变换成式(14-9),即

$$FCFF = NOPLAT - NOPLAT \times IR \qquad (14-9)$$

由于收益增长率(g)=再投资比率(IR)×投入资本回报率(ROIC),因此,可将式(14-9)变换为

$$FCFF = NOPLAT(1 - g/ROIC) \qquad (14-10)$$

式(14-10)中,投入资本回报率(ROIC)=NOPLAT/投入资本。

二、中长期预测

专业人士对终年之前(即可预测期间)各年的 NOPLAT、FCFF 预测是有信心的,投资者也会认可。但是,由于未来充满未知和不确定,因此,基于预计财务报表来估算遥远未来(即终年之后,也称可预测期后)的 NOPLAT、FCFF,会变得不可思议,极不靠谱,难以让人信服。对未来,投资者更愿意接受影响公司价值的驱动性指标,而非具体的 NOPLAT、FCFF 等的预测值。

(一)中长期预测的驱动性指标

从长远看,一家公司终年价值取决于新投入资本回报率(RONIC)和公司收益增长(g)的能力。以贴现现金流量法(DCF)为例,通过集中考察 RONIC 和 g,我们就可以将预测置于合理的大环境中。假设 RONIC 和 g 在未来保持不变,则:

$$连续价值_{终年} = \frac{FCFF_{终年+1}}{WACC - g} = \frac{NOPLAT_{终年+1}(1 - IR)}{WACC - g} = \frac{NOPLAT_{终年+1}(1 - g/RONIC)}{WACC - g}$$

$$(14-11)$$

式(14-11)中,IR 表示投资率(净投资/NOPLAT),若公司投资所需资金仅靠内源资金加以解决,IR 也可理解为留存比率(b)或(1-股利发放率)。NOPLAT 表示税后经营收益,可用 $EBIT(1-t)$ 替代。RONIC 表示新投入资本回报率,其计算公式是 NOPLAT/投入资本。净投资=(投入资本[①]$_{t+1}$-投入资本$_t$),是指这一年和下一年投入资本的增加额,也可以理解为是 Δ 资本性支出(CE-D)[②]与 Δ 营运资本支出(ΔWC)之和。g 可表示为收入或利润的平均增长率。

由式(14-11)可知,公司终年价值的决定因素或驱动因素为收益增长率(g)、RONIC 和

---

① 投入资本是指公司在核心经营活动(主要是指房屋、厂房、设备以及营运资本)上已投资的累计数额。
② 可理解为当期新增资本性支出与当期折旧之差。

资本机会成本(WACC)。

(二)稳定期(终年)后的驱动性指标估计

1. 稳定期后 ROIC

由于竞争原因,几乎所有公司的投入资本回报率(ROIC)都会发生衰减,只是程度不一而已。因此,当公司进入稳定期后,公司的投入资本回报率通常会出现两种情形:

第一,公司的 ROIC 渐渐趋近于行业平均的 ROIC;

第二,公司的 ROIC 渐渐趋近于公司的加权平均资本成本 WACC。

显然,公司进入稳定期意味着其失去了获取超额利润的机会,公司进入稳定期后的 ROIC 就可以使用行业平均 ROIC 或者 WACC。

2. 稳定期后的 g

同样,竞争也会使公司收益增长率(g)发生衰减。通常,其衰减速度超过 ROIC 的衰减速度。因收益增长率(g)由再投资率(IR)和投入资本回报率(ROIC)决定,故有

$$g = IR \times NOPLAT / 投入资本$$
$$= IR \times (1-t) \times (EBIT/收入) \times (收入/投入资本)$$
$$= IR \times 销售利润率 \times 平均资本周转率 \quad (14\text{-}12)$$

由式(14-12)可知,收益增长率(g)受制于很多因素,未来具有很大的不确定性,发行新股或增加债务、降低或提高股利发放率、提高销售利润率、降低或提高资产效率等都会对财务目标产生影响。

公司进入稳定期后,公司收益增长率一般不会超过经济增长速度,因此,从长远看,可将经济增速(比如 GDP 增速)视为公司收益增长率。

第三节 贴现现金流量法

在完成预计财务报表编制,获得终年之前(可预测期间)每年 NOPLAT 和 FCFF 的预测值,以及稳定期后(可预测期间之后)驱动型因素 ROIC 和增长率之后,我们可借助特定的定价方法对公司进行估值。公司价值估值模型有许多,有些适用于上市公司,有些则适用于非上市公司,或两者皆可。尽管在适用性方面的争论由来已久,但是,为大家所普遍接受的方法有:收益法(income approach)、市场法(market approach)和资产基准法(assets-base approach)。本节介绍收益法中的贴现现金流量法,并假定公司没有非经营性资产。

一、贴现现金流量法的表达式

收益法在对收益进行不同界定的基础上衍生出多种具体方法,主要有市盈率法(price earnings ratio,简称 P/E)、市净率法(price-to-book ratio,简称 P/B)和贴现现金流量法(discounted cash flow market,简称 DCF)。文献表明,DCF 方法是应用很广的公司估值方

法,该方法适用上市或非上市公司的价值评估。

(一) 公司价值估值的特点

根据估值原理,公司价值是公司在未来存续期内所有现金流量的贴现值。但是,公司价值评估是很复杂的一种估值。其主要特点有三个。

第一,公司永续经营假设。在没有破产、收购威胁的情况下,公司的经营期是永续的,也就是说,公司未来存续期内所产生的现金流是无止境的。

第二,公司未来现金流形态不定。在未来漫长的经营期内,公司拥有扩张期权、转换期权等机会,因此,公司现金流分布并不一定呈稳定或单边上升或下降趋势。

第三,公司现金流不对称分配。由于所有权和经营权两权分离,以及现金流权和控制权两权分离,因此,公司广大股东没有自由处置自由现金流的绝对权利。事实上,公司管理者和控股股东决定了现金流的分配。

显然,以上关于公司的主要特点放大了两项估值工作(即未来现金流估计和贴现率估计)的难度。

(二) 公司价值估值模型

广义上讲,公司投资者有两类,即债权人和股东。因此,公司价值有两种表述:一种表述是公司价值是债权价值和股权价值之和,俗称"公司价值";另一种表述是扣除债权价值后的股权价值。

1. 公司价值估值模型

公司价值估值模型的表达式为

$$公司价值 = \sum_{t=1}^{\infty} \frac{公司自由现金流量_t}{(1+税后加权平均资本成本)^t} \tag{14-13}$$

式(14-13)中,公司自由现金流量(FCFF)是指在一段时间内提供给债权人和股东的可以自由裁量的现金流,税后加权平均资本成本是公司全部资本的平均税后期望收益率。

公司每年(期)自由现金流量的计算口径为

$$FCFF = NOPLAT + D + A - CE - \Delta WC \tag{14-14}$$

式(14-14)中,NOPLAT 表示税后经营收益,可以用 $EBIT(1-t)$ 表示,是全体投资者(包括债权人和股东)的投资回报,CE 表示年资本性支出,t 表示公司经营税税率,ΔWC 表示年营运资本投资,D、A 分别表示年折旧和摊销(最重要的非现金性费用)。

2. 股权价值估值模型

股权价值估值模型的表达式为

$$股权价值 = \sum_{t=1}^{\infty} \frac{股权自由现金流量_t}{(1+股权资本成本)^t} \tag{14-15}$$

式(14-15)中,股权自由现金流量(FCFE)是指在一段时间内可以提供给股东的现金流

(＝公司自由现金流量－税后利息费用)，股权资本成本是公司权益资本的期望收益率。

FCFE 是指在调整利息支付、借款以及偿还债务后剩余的自由现金流，即

$$FCFE = NI + D - CE - \Delta WC + 新借债务额 - 偿还债务额 \tag{14-16}$$

式(14-16)中，NI 表示税后净利润，CE 表示年资本性支出，ΔWC 表示年营运资本投资，D、A 分别表示年折旧和摊销（最重要的非现金性费用）。

由式(14-13)和式(14-15)可知，公司价值与债权价值和股权价值存在以下关系，即

$$公司价值 = 债权价值 + 股权价值 \tag{14-17}$$

贴现现金流量法从现金流和风险角度来考察公司的价值，在风险一定的情况下，被评估公司未来能产生的现金流越多，公司的价值就会获得越高的评价。公司内在价值与未来预计现金流成正比。而在现金流既定的情况下，公司价值与风险成反比。

二、贴现现金流量估值模型相关变量的估计以及公司价值评估

贴现现金流量法的评估机制由多个步骤组成，首先预测目标公司未来预计现金流，然后用资本成本作为贴现率来计算出未来现金流的现值，最后进行累加后得出公司的价值。该方法存在三大难点：一是永续经营假设的适当处理；二是各年现金流量的估计；三是合适贴现率的确定。

（一）永续经营和竞争性均衡假设

根据永续经营假设，只要没有破产和接管威胁，公司会一直经营下去，因此，预测期应该是一个很长的时间段。然而，未来充满不确定性，我们能够预测公司未来若干年里的现金流，但没有把握甚至无法预测若干年后的现金流。因此，我们需要对永续经营期进行分段，便于估算未来各年预计现金流量。

1. 永续经营期的两阶段

我们通常可以根据"竞争性均衡假设"来确定可预测期间，可预测期间的长短和"终年"的位置有关。终年通常是指公司失去超额利润的时间点（即公司实现竞争性均衡的时点），标志着公司进入稳定期。"竞争性均衡假设"认为，一个公司不可能在竞争性环境中长期取得超额利润，其 ROIC 会渐渐回归于行业平均利润率，一个公司的 NOPLAT 增长率也不可能长期超过宏观经济增长速度，其增长率会渐渐接近宏观经济增长率。终年意味着公司的 ROIC、g 等指标开始趋稳。

若一个公司预计在第 6 年年底实现竞争性均衡，那么，第 6 年年底就是终年，可以据此判定可预测期间为 6 年，以此类推。幸运的是，"竞争性均衡假设"得到了实证的支持。可见，"竞争性均衡假设"将公司永续经营期分成两阶段。

第一阶段被称为可预测期间，时间跨度不太大，通常为 5—10 年。在这个阶段，"好"公司超常增长，增长率明显快于正常增长率或行业平均水平。

第二阶段是指可预测期后的无限时期，称为"后续期"或"持续期"。在此期间，可以假设公司进入了稳定状态。在该阶段，增长率处于正常水平，具有永续增长特点。

2. 竞争性均衡的判定

那么,如何判定公司实现了"竞争性均衡",并开始进入第二阶段呢?有以下一些标杆性指标可作参考。

第一,公司的销售增长率和 NOPLAT 增长率稳定了下来,大致接近于宏观经济的名义增长率。在稳定状态下,公司自由现金流、股权自由现金流的增长率和销售增长率基本相同。因此,后续期的平均销售增长率大体上等于宏观经济的名义增长率。比如,在不考虑通胀的情况下,宏观经济的增长率大多在 2%—6%。

第二,公司投入资本回报率稳定了下来,不再能够获得超常回报,其回报率与行业平均收益率接近,甚至与公司资本成本比较接近。

(二)可预测期间各年现金流的估计

估算可预测期间各年预计现金流量很重要,但绝非易事,需要对预测期间各年的财务报表进行预测(请参考本章第二节相关内容),然后,据此估算可预测期间各年的自由现金流。可预测期间各年自由现金流的计算方式有两种,即无杠杆法(debt-free method)和杠杆法(leveraged method)。

1. 无杠杆法

无杠杆法假设公司在可预测期间不承担债务,因此,在现金流计算中无须考虑利息成本对现金流的影响,仅有股东对该现金流拥有要求权。可按式(14-18)计算,即

$$年自由现金流 = EBT(1-t) + D + A - CE - \Delta WC \tag{14-18}$$

式(14-18)中,EBT 是指税前利润,t 表示所得税税率,D 表示年折旧,A 表示年摊销,CE 表示资本性支出,ΔWC 表示营运资本增量。

2. 杠杆法

杠杆法假设公司在可预测期间承担债务,因此,在现金流的计算中考虑了债务利息成本对现金流的影响,股东和债权人对该现金流均有要求权。可按式(14-19)计算:

$$年自由现金流 = EBIT(1-t) + D + A - CE - \Delta WC \tag{14-19}$$

(三)选用相应的贴现率

在现金流贴现法中,将未来各年现金流和终值转换成现值所使用的贴现率通常是公司的资本成本[①]。

按杠杆法计算的自由现金流归股东和债权人共同所有,因此,应该用税后加权平均资本成本(公司投资者的平均期望收益率)为贴现率。

按无杠杆法计算的自由现金流仅归股东所有,因此,应该用股权资本成本(公司股东的期望收益率)为贴现率。

---

① 相关计算参见本书第四章和第八章中的相关内容。

(四) 后续期现金流量估计以及公司价值计算

1. 后续期(可预测期间之后)价值的估计

如何估算后续期价值？后续期价值(也称预测期末终值)的估算方法有永续法(perpetuity method)和乘数法(multiples method)(乘数法可参见本章第四节的相关内容)。永续法是建立在一定的假设条件之上，它或假设从可预测期间的最后一年年底开始，公司每年的现金净流量保持不变，或假设从可预测期间的最后一年年底开始，公司每年预期的现金净流量以一个固定的比率增长。下文以杠杆法为例予以说明。

在第一种假设条件下，由于可预测期间最后一年之后的年现金净流量为年金，故公司可预测期期末的终值为后续期各年现金流的贴现。其公式为

$$S = \sum_{t=1}^{n} \frac{R}{(1+WACC)^t} \tag{14-20}$$

式(14-20)中，S 为预测期期末公司价值，R 为后续期第 t 年的现金净流量，$WACC$ 为投资者最低可接受的报酬率，通常以资本成本替代。

当 $t \to \infty$ 时，以上公式可转变为

$$S = \frac{R}{WACC} \tag{14-21}$$

在第二种假设中，由于后续期各年的现金净流量以固定的比率增长，因此，公司预测期期末的终值为后续期各年现金净流量的贴现值。其公式为

$$S = \sum_{t=1}^{n} \frac{R_0(1+g)^t}{(1+WACC)^t} \tag{14-22}$$

式(14-16)中，R_0 为预测期最后一年年底的现金净流量。当 $WACC > g$，$t \to \infty$ 时，式(14-22)可以转换为

$$S = \frac{R_0(1+g)}{(WACC-g)} \tag{14-23}$$

2. 对预测期现金流和后续期价值进行贴现并汇总

由于公司永续经营期被分成了两阶段，因此，公司的价值由两部分组成：一是可预测期间各年现金流的贴现值；二是可预测期间之后(后续期)各年现金流的贴现值。因此，公司价值可用式(14-24)表达：

$$\text{企业价值} = \text{可预测期间现金流量现值} + \text{后续期价值的现值} \tag{14-24}$$

在无债法下，应该按照股权资本成本对可预测期间每年权益自由现金流和可预测期期末终值分别进行贴现，加总后即可得出公司股权的价值。

在杠杆法下，应该按照加权平均资本成本对可预测期间每年公司自由现金流和可预测期期末终值进行贴现，加总后即为公司价值，包括股权价值和债权价值。

值得注意的是，上文使用贴现现金流量法评估的只是公司的经营价值。若公司拥有非

经营性资产,那么,就该进行估值,并计入公司价值之中。庆幸的是,非经营性资产估值相对比较简单。

第四节 市 场 法

由于未来具有不确定性,因此,为了最终获得一个合乎情理的估值结果,还需进一步做一些工作。有两个重要选项:一是检测公司价值对 ROIC、g、WACC 等价值驱动性因素的敏感度(敏感度分析方法可参见本书第六章的相关内容);二是使用市场法,对 DCF 的估值结果进行印证。市场法是指以二级市场上交易的同类股票作参照物来评估目标公司价值的一种方法,金融分析师和金融机构在与投资者沟通过程中,常常将市场法视为一种快捷的估值工具以及估值合理性的检验工具。

一、市场法的原理

(一)方法论

市场法可以细分为可比公司法(comparable company method)、可比收购法(comparable acquisition method)和可比首次公开发行法(comparable IPO method),每一类的评估依据有所不同。

可比公司法以交易活跃的同类公司股价以及相关财务数据为依据,计算出一些主要的财务比率,如股东权益与公司价值比率等,然后用这些比率作为资本乘数来推断同类型非上市公司和交易不太活跃的上市公司的价值。

可比收购法是从类似的收购事件中获得有用的财务数据来求出一些相应的收购价格乘数,如股东权益与收购价比率,据此推算目标公司价值。

可比首次公开发行法是收集其他上市公司上市前后的财务数据和上市之初的股价表现,计算出一些乘数,来预测即将上市的公司的价值。

市场比较法的评估程序大同小异,通常由多个步骤组成。本节仅介绍可比公司法。乘数有两大类:以公司价值为基础的总资本乘数模型和以股票市场价格为基础的股权乘数模型。

(二)总资本乘数模型

在总资本乘数模型计算中,分子是参照(比照)公司的股票市场价格和债务之和,分母是 EBIT,或销售收入、或账面净资产等。由于总资本(股权资本和债务资本之和)乘数同时考虑了权益资本和债务资本对公司价值的影响,因此,分析人员对总资本乘数尤为偏好。

设未来收益增长率(g)、股利发放率($1-b$)、加权平均资本成本(WACC)保持不变,三种总资本乘数(总资本/盈利比率、总资本/收入比率、总资本/账面净资产比率)模型分别表示为

$$\frac{V_0}{EBIT_0} = \frac{EBIT_0(1-t)(1+g)(1-b)/EBIT_0}{WACC-g} = \frac{(1-t)(1+g)(1-b)}{WACC-g}$$

(14-25)

$$\frac{V_0}{S_1} = \frac{EBIT_1(1-t)(1-b)/S_1}{WACC-g} = \frac{RBIOS_1(1-b)}{WACC-g} \tag{14-26}$$

$$\frac{V_0}{E_0} = \frac{EBIT_0(1-t)(1+g)(1-b)/E_0}{WACC-g} = \frac{RBIOE_0(1+g)(1-b)}{WACC-g} \tag{14-27}$$

式(14-25)、式(14-26)和式(14-27)中，S_1 表示第 1 年销售收入，E_0 表示第 0 年的账面净资产，$(1-b)$ 表示股利发放率，$RBIOS_1$ 是指第 1 年含息销售利润率，$RBIOE_0$ 是指第 0 年的含息净资产收益率。

式(14-25)显示，总资本/盈利比率的驱动性因素是增长率、股利发放比率、加权平均资本成本。若选此乘数模型，那么，我们应该根据这三个价值驱动因素来选择参照公司。

式(14-26)显示，总资本/收入比率的驱动因素是增长率、股利发放比率、加权平均资本机会成本、含息销售利润率。若选此乘数模型，那么，我们应该根据这四个价值驱动因素来选择参照公司。

式(14-27)显示，总资本/账面净资产比率驱动因素是增长率、股利发放比率、加权平均资本机会成本、含息净资产收益率。若选此乘数模型，那么，我们应该根据这四个价值驱动因素来选择参照公司。

(三) 股权乘数模型

在股权乘数的计算中，分子是参照(比照)公司的普通股每股股价乘以其发行在外的普通股股数，即权益资本(V_E)，分母则为 NI、销售收入、账面净资产等。股权乘数未考虑债务资本对公司价值的影响，设未来增长率(g)、股利政策($1-b$)、资本成本(WACC)保持不变，三种股权乘数(市盈率、市价/收入比率、市净率)模型分别表示为

$$\frac{V_{E0}}{NI_0} = \frac{NI_0(1+g)(1-b)/NI_0}{r_E - g} = \frac{(1+g)(1-b)}{r_E - g} \tag{14-28}$$

$$\frac{V_{E0}}{S_1} = \frac{NI_1(1-b)/S_1}{r_E - g} = \frac{ROS_1(1-b)}{r_E - g} \tag{14-29}$$

$$\frac{V_{E0}}{E_0} = \frac{NI_0(1+g)(1-b)/E_0}{r_E - g} = \frac{ROE_0(1+g)(1-b)}{r_E - g} \tag{14-30}$$

式(14-28)、式(14-29)和式(14-30)中，V_{E0} 表示第 0 年公司权益资本价值，S_1 表示第 1 年的销售收入，E_0 表示第 0 年的账面净资产，ROS_1 是指第 1 年的销售利润率，ROE_0 是指第 0 年净资产收益率。

式(14-28)显示，市盈率的驱动性因素是增长率、股利发放比率、权益资本机会成本。若选此乘数模型，那么，我们应该根据这三个价值驱动因素来选择参照公司。

式(14-29)显示，市价/收入比率的驱动因素是增长率、股利发放比率、权益资本机会成本、销售利润率。若选此乘数模型，那么，我们应该根据这四个价值驱动因素来选择参照公司。

式(14-30)显示，市净率的驱动因素是增长率、股利发放比率、权益资本机会成本、净资产收益率。若选此乘数模型，那么，我们应该根据这四个价值驱动因素来选择参照公司。

二、市场法的运用

(一) 选择参照公司

参照(比照)公司应该在营运上和财务上与目标公司具有相似之处,这是选择参照公司的基本原则。选择参照公司的步骤有两步。

第一,考察目标公司所处行业,从营运角度,即从产品、销售渠道、商业模式方面选出在营运上相似的参照公司。

第二,从财务角度,即从公司收入增长率、投入资本回报率、股利发放比率、研发支出以及关键财务指标等方面进行再次筛选,最终选定营运和财务均相似的参照公司。

(二) 选用乘数计算目标公司的多种价值

选定乘数之后,将该乘数与目标公司经调整后的对应的财务数据相乘后就可得出目标公司的一个市场估计值。根据多个乘数得出的公司估值越接近,说明评估的准确度越高。用股权乘数得出的是目标公司股东权益市场价值的估计值,而用总资本乘数得出的则是包含股权和债权在内的目标公司市值估计数。

(三) 对公司价值的各个估计数进行加权平均

运用不同乘数得出的公司价值估计值是不同的,为客观起见,分析人员应该对各个公司估值赋以权重,至于权重大小则要视乘数对公司市场价值的影响大小而定,然后,使用加权平均法算出目标公司的价值。

(四) 乘数调整

如果难以寻找到与目标公司的财务特征匹配的参照公司,那么,分析人员可以通过修正乘数的方法来应对。现以市盈率乘数修正为例予以说明。

市盈率的驱动性因素是增长率、股利发放比率、权益资本成本。增长率是最重要的驱动因素,因此,可以用增长率来修正实际市盈率,将增长率不同的同行业公司改造成真正的参照公司。具体步骤为:

步骤一:在同业内选取一定数量的备选公司,这些公司的增长率存在差异。

步骤二:计算这些备选公司实际市盈率和预期增长率的算术平均值,然后,根据式(14-31)计算备选公司修正平均市盈率。

$$修正平均市盈率 = 实际平均市盈率 \div 平均预期增长率 \div 100 \quad (14-31)$$

步骤三:在目标公司预期增长率和 EPS 确知的情况下,根据式(14-32)计算目标公司价值。

$$目标公司每股价值 = 修正平均市盈率 \times 目标公司预期增长率 \times 100 \times 目标公司 EPS \quad (14-32)$$

市场法的估值结果反映了当下资本市场的看法,可以据此对 DCF 的估值结果进行印证。如果两者的契合度较高,说明 DCF 的估值结果具有一定的合理性,增强了可信度;反之,须给出产生差异的原因。

本章小结

公司背景分析包括一般宏观环境分析、行业环境分析、公司资源分析、公司能力分析以及公司竞争策略分析等。通过公司背景分析,可以确定公司成长的主要动力以及存在的主要风险,有助于描述和推定公司的预期收益和预期现金流。

财务预测是指通过宏观经济分析、行业分析、企业竞争策略分析、会计分析和财务分析得到的综合结论。财务预测也称长期财务计划,广义的财务预测是指全面预测,即以公司财务目标为出发点,通过对市场需求的研究和预测,以销售预测为主导,进而进行生产、成本和现金收支等方面的预算,最后编制预计财务报表。

公司价值本质是一个估值问题,为此,学者们陆续推出了许多有价值的公司价值估值模型,有些适用于上市公司,有些则适用于非上市公司,或两者皆可。尽管在适用性方面的争论由来已久,但是,为大家所普遍接受的方法有:收益法、市场法和资产基准法。

研究表明,DCF方法是目前最科学的公司价值估值方法,该方法适用上市公司或非上市公司的价值评估。

关键词

宏观分析、行业分析、公司分析、财务预测、预计资产负债表、预计利润表、税后经营利润(NOPLAT)、投入资本、投入资本回报率、增长率、差异化策略、低成本策略、收益法、贴现现金流量法、竞争性均衡、终年、市场法

习 题

1. 一般宏观环境分析的基本内容有哪些?
2. 行业分析的基本内容有哪些?
3. 公司竞争战略的主要内涵是什么?
4. 在资产负债表和利润表中,影响应收账款、存货、固定资产、长期债券、营业成本、折旧、管理费用等会计分项的驱动性因素分别是什么?
5. A公司是一家去年年初新成立的公司,刚好运作了1年。现聘请一家咨询公司对公司的股权价值进行评估。咨询公司给出的相关资料如下:
    (1) 去年销售收入为300万元,未来3年,预计销售增长率分别为10%、9%和8%。
    (2) 第4年开始,公司进入后续期,公司销售收入按固定比率4%增长。
    (3) 公司去年资产收益率(ROA)为15%,负债/权益资本比率为1:2,公司税后债务成本为5%,权益资本成本为9%,经营性长期资产周转率为2,经营性营运资本周转率为5。

设以上指标在未来保持不变。

(4) 公司未来不准备增资扩股,也不准备回购股份。为保证经营和投资的资金需要,公司采取剩余股利政策。

(5) 假定公司没有非经营性资产。

要求：

(1) 计算可预测期间各年的股权自由现金流。

(2) 计算后续期的股权价值。

6. B公司是一家非上市公司,公司目前发行在外的普通股股数为1亿股,预计2020年销售收入为20亿元,净利润为6亿元。现已经找到两家参照公司,它们均为上市公司,相关资料见下表：

比照公司名称	预计销售收入	预计净利润	普通股股数	当前股价
甲	25亿元	7.5亿元	1亿股	18元/股
乙	27亿元	5.4亿元	1.2亿股	17元/股

要求：

(1) 选择合适的乘数,估算B公司股权价值。

(2) 基于不同乘数的公司股权价值估计值为什么会存在差异？

7. 在中国A股市场中,找一家你感兴趣的且处于成长过程中的上市公司。在一般宏观环境分析、行业分析和企业分析之后,运用"竞争性均衡假设",大致判断该公司是否趋于终年。

8. 从中国A股市场中任选一家上市公司上年度财务报表,要求如下：

(1) 请将公司的非经营资产和非经营负债分离出来。

(2) 计算该公司当年年底的投入资本。

(3) 计算该公司当年的NOPLAT。

(4) 计算该公司当年的ROIC。

重要文献

1. 黄亚钧等.资产重组与并购[M].上海：立信会计出版社,1998.
2. 埃斯瓦斯·达莫达兰.估值[M].李必龙等译.北京：机械工业出版社,2013.

第十五章 收购与兼并

【学习要点】

1. 并购协同效应。
2. 并购程序。
3. 并购过程中的主要公司金融问题有哪些？
4. 在杠杆收购中投资银行扮演的角色。
5. 并购行为的理论解读。

收购与兼并（简称并购①）已有 100 多年的历史。以美国为例，第一次并购高潮出现在 1895—1905 年，其特征是以横向并购为主的"强盗式并购"，产生了一批包括美国钢铁、美孚石油公司在内的大型公司。第二次并购高潮出现在 1920—1933 年，以纵向并购为特点，美国的汽车制造业、石油工业、冶金业以及食品工业都在此间完成了产业集中。1946—1964 年，美国发生了第三次并购高潮，这次并购以混合并购为主，由此出现了一批竞争力强、兼营多种业务的集团。第四次并购高潮发生在 1974—1985 年，并购规模达到了前所未有的水平，产业结构调整开始波及一些新兴的部门。20 世纪 90 年代中期以来，美国出现了更大规模的第五次并购浪潮。在中国，2013 年以来，并购的标的每年平均高达 3 万亿元，并购案每年平均 4 000 起。当今世界，并购活动向更深、更广的领域发展。并购涉及的面很广，仅从公司金融角度看，并购是一项投资，投资规模巨大，需进行大量的资本运作。此外，并购市场（外部控制权市场）有助于改善公司治理机制。

第一节 并购创造价值的源泉

公司②发起并购的具体动因各异，或追求规模经济，或觊觎目标公司的资质和牌照，或试图获取目标公司的知识产权，或与目标公司达成战略合作，或满足自身多元化战略，或为了获得新的增长机会等，但是，并购的最根本动因是追求利润和迫于竞争压力。显然，并购能够产生协同效应，它是公司价值增值的源泉。因此，我们就不难理解，收购方为什么愿意按高于目标公司股价的收购价格（如溢价 30%）发起收购。那么，我们又该如何理解并购协同效应呢？

---

① 并购（merger and acquisition）是兼并与收购的简称。从行业角度看，并购可以分为横向、纵向和混合并购三种。从并购策略、方式看，并购可分为公开、直接收购、间接收购、杠杆收购、善意收购和恶意收购。

② 事实上，除公司之外，财务投资者（比如并购基金、PE）也会发起并购，我们在本书中仅从公司视角讨论并购。

一、并购协同效应[①]

从"股东至上"的角度看,只有产生协同效应的并购才值得做。形象地说,并购的协同效应就是"1+1>2"。并购协同效应似乎有些抽象,那么,我们该如何准确解读并购协同效应呢?并购协同效应具体表现:一是并购可以摊薄成本;二是并购可以增加收入;三是并购有助于公司流程优化;四是并购可以节省财务费用;五是并购可以降低经营风险。因此,并购协同效应的本质是改善公司未来现金流,进而增加公司价值,为股东创造财富。

(一)收入协同效应

收入协同效应是指并购能够产生比两个单一公司更大的经营成果或更多的经营收入,增加的收入来自营销、或战略、或市场权力等方面。

第一,并购能带来额外的增长。凭借收购方或目标公司在营销、技术、战略等方面的优势,并购可提高公司每种产品的峰值销售水平,有助于公司更快地达到销售峰值以及延长每种产品的生命周期。

第二,并购可以增加那些在两家公司保持独立状态下无法开发出的新产品。例如,1987年美国烟草叶巨头菲利普·莫里斯公司收购通用食品公司后,就充分利用了其在塑造万宝路香烟中获得的经验和它在市场营销方面的专长,成功地推出了低脂肪食品。

第三,并购可以避免直接投资带来的因产能过剩而引发的行业供需关系失衡。例如,宝洁公司最初收购查明造纸公司时,将它视作进入新行业的"桥头堡",而后开发出了一组高度相关的纸产品,即一次性婴儿纸尿布、女性卫生纸巾等产品[②],成功进入相关的细分市场。此举既大获成功,又没有造成纸制品供需失衡。

第四,并购减少了过度竞争,形成了一定的集中度。如果并购在一定程度上提高了行业集中度,那么,公司就可以获得一定的垄断优势,就有可能从产品价格的提升中受益。但是,任何价格上升的直接原因必须是消费者所获得的价值的增加,而不是因为他们所拥有的选择减少。

(二)成本协同效应

成本协同效应是指并购可能比两个单个公司更有效率。通过并购,公司可以在许多方面获得更高的经济效益。

第一,并购产生规模经济效应。以制造业为例,并购完成后,公司可大大节约研发、采购、制造、销售和营销、配送等环节的相关费用。在研发环节,可以终止多余项目、消除重叠的研发人员;在采购环节,可实现共同采购;在制造环节,可消除过剩产能;在营销环节,可使用共同渠道;在配送环节,可整合仓库和货运线路。由此产生的规模经济使得分摊到单位产品上的折旧费用、管理费用、销售费用等相应减少。

第二,资源互补。更好地利用现有资源是并购的另一个原因。公司在技术、市场、专利、

[①] 所谓协同效应是指企业通过并购,使企业总体的效果大于两个独立企业效益的算术和。协同效应有经营协同效应和财务协同效应之分。

[②] M. Porter. *Competitive Advantage*[M]. New York: Free Press, 1985.

产品、管理以及企业文化等方面各有所长,通过并购,可以实现互补效应。在营销环节,可使用对方有优势的营销手法来实现互补效应。例如,1988年,菲利普·莫里斯公司以130亿美元收购了世界第二大软包装食品公司——卡夫食品公司,之后,它有效利用了卡夫食品公司在包装和食品保鲜方面的专长,并利用先前收购的通用食品公司的良好分销渠道,大大降低了整个公司的销售费用。

(三) 流程改善的协同效应

流程优化是一项策略,是指通过不断发展、完善、优化业务流程保持公司的竞争优势,因此,流程优化可以改善公司未来现金流。并购是流程改善的路径之一,其协同效应主要体现在两方面。

第一,高效率经营方式的输出。如果收购方的经营方式更有效率,那么,并购完成后,收购方会向目标公司输出高效的经营方式,有助于目标公司提高效率,改善未来现金流。

第二,并购后新实体可以实现更广泛的流程改善。收购方与目标公司合并后,通过优势互补或资源合理整合,可能有助于新实体流程的改进和优化,产生相应的效果。例如,提升了新实体经营方式的效率、提高了新实体营销和分销体系的效率。

(四) 财务节省的协同效应

1. 税负协同效应

避税和税盾效应是并购协同效应的又一个重要来源。由并购产生的税收效应主要有三种:一是经营亏损所形成的税收抵免;二是使用尚未动用的举债能力;三是使用多余的资金。

第一,合理避税。并购可以实现避税。比如,美国税法中对不同类型的资产征收的税率存在差异,另外,美国税法中有亏损递延条款[①],为此,通过收购亏损目标公司,公司可以利用其潜在的纳税亏损,达到合理避税的目的。

第二,债务融资的利息税盾效应和财务困境成本。根据资本结构权衡理论,最佳的债务权益比率是这样理解的,公司债务所导致的边际利息税盾效应等于增加债务所导致的边际财务困境成本。因此,公司使用尚未动用的举债能力从事并购活动之后,一方面,可以带来利息税盾效应;另一方面,多元化效应使公司并购后的财务困境成本会小于两个单个公司财务困境成本之和。

第三,资金溢余[②]和税负。公司的多余资金有多种用途,除了购买可以获得固定收益的证券之外,还可以用来支付现金股利、实施股票回购以及收购目标公司股票。并购具有明显的税收效应,表现在两个方面。一方面,购买目标公司的股票可以使收购方股东避开他们本应缴纳的股利所得税;另一方面,公司从目标公司得到的股利几乎不用缴纳公司所得税。

2. 资本成本协同效应

资本成本协同效应是指当两家公司合并后,可以获得融资规模效应。融资规模效应表

---

① 美国联邦税法允许时赢时亏的企业通过向前追溯3年,以及向后结转15年的方式平衡其各年税负。1986年美国的税法修正案认为,如果公司股票在3年内换手率超过50%,则公司向后结转能力将受到限制。

② 资金溢余是指企业自由现金流量,是企业支付了税收并为有潜力的投资项目投足资金后的剩余资金。

现为：公司并购后的融资规模大于并购前单个公司的融资规模，包括发行成本在内的融资成本将会下降。例如，公司的银行借款规模与利率水平有关，大规模借款可能或可以获得利率方面的优惠。

（五）风险降低的协同效应

并购后，收购方的经营可能更趋多元化，或提升了竞争优势。显然，通过并购，收购方通常可以降低作为一个独立实体存在的风险。当公司风险降低后，会带来许多益处，比如，可以降低资本成本，增加融资灵活性，减少经营风险。

二、并购后公司价值的估算原理

（一）并购协同效应的表达式

并购产生的协同效应有多种表达方式，比较直观的方式是，并购后公司的价值与两个单一公司价值之和的差额即为并购产生的协同效应，可用式(15-1)表示：

$$P = V_{AB} - (V_A + V_B) \tag{15-1}$$

式(15-1)中，P 表示协同效应，V_{AB} 表示公司合并后的市场价值，V_A、V_B 分别表示公司A、公司B的市值。

（二）并购后公司价值的理论模型

理论上讲，在并购协同效应确定之后，并购后公司价值的估计会迎刃而解。根据估值原理，并购协同效应可以采用以下模型确定。

$$P = \sum_{t=1}^{n} \frac{\Delta CF_t}{(1+r)^t} \tag{15-2}$$

式(15-2)中，ΔCF_t 表示公司完成并购后第 t 年所产生的现金流量和两个单个公司第 t 年所产生的现金流量之和的差额，即并购后第 t 年的净现金流量[①]，r 表示公司净现金流量应该承担的风险调整贴现率，被认为是目标公司所要求的收益率（期望收益率）。因此，并购协同效应是未来现金净流量（ΔCF_t）的贴现值。

值得注意的是，并购后公司价值估算并非易事。主要有三个理由。

第一，究竟使用何种方法对完成并购后的公司进行估值。尽管备受争议，但是，贴现现金流量法（DCF）是目前估算公司价值的主要方法之一，也是金融机构与咨询公司力荐的价值评估方法[②]。

第二，并购所产生的净增现金流量（ΔCF_t）的测算较为困难。究其原因，一是这些现金流量具有不确定性；二是在公司净现金流量中究竟有多少来自并购更不易识别和界定。

第三，贴现率的选择很困难。贴现率有多种选择：一是目标公司的要求收益率；二是收

[①] 净现金流量由四个部分组成，即 $\Delta CF_t = \Delta$ 收入 $- \Delta$ 成本 $- \Delta$ 税负 $- \Delta$ 资本需求。其中，Δ 收入表示并购净增收入，Δ 成本表示并购净增成本。

[②] 市场价值法也是一种常用的价值评估方法，在贴现现金流量法无法使用时，市场价值法不失为一种有效的替代。在有效市场条件下，由于价格基本反映价值，因此，市场价值法是合理和有效的。

购公司的加权平均资本成本。从理论上讲，第二种选择似乎比较合理。但由于并购涉及大量的资本运作，因此，不能简单地将收购公司的加权平均资本成本作为贴现率，需根据资本运作的情况进行适当调整。但贴现率的调整很困难。

（三）并购协同效应的认识误区

我们在谈论并购协同效应的同时，也不能否认并购协同效应存在的几个误区。这对并购双方以及其他利益相关方充分认识并购的协同效应有好处。

第一，收益增长可能被收购方用作愚弄投资者的砝码。比如，市盈率高的公司收购市盈率低的公司之后，会使合并后公司的每股净利润（EPS）高于这两家公司不合并前的每股净利润（EPS）。如果市场是"精明"的话，合并后公司的市值等于合并前两家独立公司的市值之和，为此，收购公司的市盈率将下降。如果市场是"愚蠢"的话，可能会将合并后 EPS 的增加视作一种真实的增长。这就是所谓并购收益增长的魔法，它将给公司投资者带来一种幻觉。

第二，多元化不该是并购的主要理由，也不会产生协同效应。混合并购遵循的理念是"不要将所有的鸡蛋放在一个篮子里"，并购可以实现多元化经营，但并不一定能够产生协同效应。理由是：如果仅仅为了化解非系统性风险，那么，公司进行组合投资就能实现，无须进行费时、费力、费钱的并购。此外，大量的实证研究并不支持多元化效应，即基于多元化要求的并购既不能够消除公司收益的波动性，又不能够增加公司价值。

第三，并购协同效应被夸大。收购公司之所以愿意支付给目标公司高溢价，是基于并购协同效应。也即是说，只有并购协同效应足够大，收购公司股东才会同意支付高溢价。然而，并购实践证实，许多并购案的协同效应被夸大，收购方当年所支付的高溢价并没有获得预期的并购协同效应。

第二节　并购过程中的公司金融问题

并购是一项极其复杂的交易，该交易过程涉及经济、政治和法律等诸多方面。并购往往是在并购双方的财务顾问（通常由投资银行扮演）的积极参与下进行的，投资银行对并购的接洽方式、出价策略、支付方式以及融资安排等提供必要的专业服务。本节仅介绍并购过程中所涉及的公司金融问题。

一、物色并购目标

目标公司的搜寻并不是一件容易的事情，除非公司自愿要求被收购，或某公司有意洽售其旗下子公司或部门。一般情况下，收购方及其财务顾问须积极主动地获取信息，具体而言，先从外部取得资料进行初步分析，然后进行实际接触，在取得更详尽资料后，再作进一步分析评估。

（一）目标公司的选择标准

选择目标公司所采用的标准往往基于并购动因，这些标准可以从以下三个方面来理解。

1. 基于商业因素的考虑

收购方的商业目的不同,其所选择的并购标准就不尽相同。收购方的商业目的主要包括多元化战略、横向整合、垂直整合、战略合作、获取知识产权、获取资格牌照、避税、业务转型、借壳上市等。如果并购的商业目的是为了扩大市场份额(比如战略合作),那么,同行业中的佼佼者就是理想的备选目标公司。如果并购用意仅仅是为了带来一般意义上的公司增长时(比如垂直整合),其他行业的佼佼者也可以纳入其选择范围。如果收购方致力于获得营运上的协同效应(比如获取知识产权),那么,它会非常在意自身的业务、优势能否与目标公司协调和互补。如果收购方想通过多样化来减少非系统性风险(比如多元化战略),那么,收购方的经营领域与目标公司的业务相关程度越小越好。

为了降低收购阻力,减少收购成本,在商业因素中还要考虑目标公司管理层与职工的态度。为此,对目标公司管理层的善意和笼络,对目标公司员工的妥善安置是公司并购成功的重要条件。

2. 基于财务因素的考虑

目标公司杠杆、并购资金安排等是收购方在确定选择标准时需充分考虑的第二类因素。

第一,收购方应该在乎目标公司的杠杆水平。高杠杆公司通常不会成为备选的目标公司,理由有两点:一是目标公司的杠杆一旦超出收购方债务承受力,收购方将承受较大的财务风险;二是收购方有通过选择合适目标公司改善自身财务结构的需求。

第二,收购方应该权衡获取并购资金的便利性和代价。例如,如果收购方资金安排困难或成本过高,那么,它会选择那些愿意接受换股的公司作为其备选目标公司。又如,如果收购方预计在资金安排后其杠杆大大提升,那么,为避免承受更大的财务风险,它会选择杠杆较低的目标公司。

3. 基于目标公司规模的考虑

通常,目标公司的规模不宜过大。如果目标公司太大,收购方所承担的并购风险就会增大,尽管"小鱼吃大鱼"的并购现象屡见不鲜。如果目标公司规模过小,收购方所付出的相对成本就较高。理由是收购方在选择和评估目标公司时,所耗费的许多费用是固定的,与公司规模大小无关。可见,收购方经常会设定目标公司的规模下限,并会同财务顾问就收购价格、目标公司的主营业务收入、市场份额、盈利能力、市场分散化程度与经营领域宽度等方面进行衡量和评估。比如,在2016年圆通速递借壳大杨创世上市这个案例中,大杨创世的壳资源为20多亿元。之前的分众传媒借壳上市以及之后的360借壳上市时,它们所选择的"壳"的价值大约也是20多亿元。显然,20多亿元的"壳"价值是当时业界认同的大小合适的目标公司的规模。

(二)并购可能性分析

目标公司最终能否被成功收购,主要由目标公司自身的特质、要约人承受力等决定。

1. 目标公司特质分析

一家公司是否是一个很好的收购标的,很大程度上取决于其具备的特质,我们可以从以下五个方面来考察目标公司的特质。

第一,公司股权结构。股权结构不合理的目标公司,越有可能遭到收购。比如,创业前期公司创始人可能都不介意股权问题,但是,公司慢慢做大后,原本平等的"兄弟"自然有了老大、老二、老三之分。如果公司股权结构设置不合理,那么,小矛盾就会被放大,很容易陷入抛售股份、一拍两散的境地。

第二,是否存在稳定大股东。如果目标公司缺乏稳定大股东,那么,其反收购意愿不强烈,易给收购方造成可乘之机。

第三,目标公司的发展潜力。如果目标公司的发展潜力巨大,或坐拥可观的发展前景,那么,它们易吸引众多的"掘金者"。

第四,目标公司的股价。如果目标公司股票价值被低估甚至严重低估,那么,它将成为收购方(尤其是套利者)的备选目标,套利者将趋之若鹜。

第五,目标公司的意愿。如果目标公司不愿被收购,它们就会启动反收购程序,增加收购成本,吓退竞购者。

2. 要约人的实力

要约人(收购公司)的实力决定了其是否有实力吞下猎物(目标公司)。如果目标公司的出价高于要约人所能承受的最高价格,收购的可能性就不大。

尽管20世纪80年代流行的杠杆收购已经使"小鱼吃大鱼"不再是天方夜谭,但要约人在收购过程中最先遇到的大难题是资金安排。虽然对专事并购的要约人(如黑石集团、KKR)来说,资金已不再是并购中最大的问题,但对大多数要约人来说,如果目标公司出价太高,要约人会不堪巨大的债务压力(理由是在资金安排中债务资金占比很高)。在欧美国家中,要约人高价实施并购之后,最终因债务压力导致破产的案例屡见不鲜。

(三) 目标公司的审查与财务评价

一旦选定目标公司后,为进行合理定价,收购方应对目标公司进行审查。这也是并购财务顾问尽职调查的主要内容①。审查的重点一般包括公司法律、财务等诸多方面。

1. 法律方面的审查

第一,审查公司章程。为减少不必要的收购成本,收购方必须审查目标公司章程中的条款,尤其要对章程中的反收购条款加以特别关注。公司章程中常见的反收购条款有:更换董事比例、董事提名权的限制、毒丸、白衣骑士、降落伞等,但存在国别差异。

第二,审查目标公司财产。为了确认、保全目标公司财产,收购方须审查目标公司主要财产清单,了解这些财产的所有权、使用限制、抵押情况和重置价格,并了解目标公司财产投保的范围。

第三,审查目标公司与外界的书面合约。为了确认目标公司是否存在或有事项及其潜在影响,收购方须审查目标公司所有书面合约的合法性,以及目标公司控制权改变后这些合约是否继续有效,考察履行继续有效的合约对要约人可能产生什么影响以及产生多大的影响。

---

① 以中国为例,较为完整的尽职调查内容包括公司概况、所有权、历史与预期财务信息、产品和服务、销售与推广、工艺和其他(即合同、协议等法务)。

第四,审查目标公司是否有未了却的诉讼。除详细审查目标公司对外的相关合约、凭证、公司法律文件外,还应该对目标公司过去的诉讼案件加以了解,确认是否存在尚未了结的案件。

2. 财务方面的审查

财务审查是一项艰巨的工作,最重要的是尽可能剔除目标公司对财务报表进行的粉饰,展现一个真实的目标公司。在审查时,应该特别注意以下三个事项。

第一,在资产审查方面,确认资产的初始计量、会计处置以及后续计量是否存在高估或低估的可能性。例如,应收账款的审查重点包括是否计提了适当的坏账,是否对逾期应收账款有足够的估计。又如,固定资产的审查重点包括是否为折旧提供了充足的计提,固定资产残值是否有不能变现的可能等。

第二,在债务审查方面,应该查明是否有未记录的负债。比如,审查是否存在表外负债以及或有负债情况,并建立"防火墙",要求目标公司开立证明,独立承担未查明的表外负债以及或有负债。

第三,在收益审查方面,审查收入的确认和计量是否合理,费用和成本的计量、分摊、列支是否符合规定。例如,为防止目标公司高估当期收益,应该重点审查目标公司是否有利用会计灵活性,低估了当期成本、高估了当期收益,以确保收益的公允性和真实性。

二、目标公司的估价与出价

收购方总希望能以合适的价格收购目标公司。为了最大限度地避免对一家有吸引力的目标公司支付过高的价格,收购方将会同其财务顾问对目标公司进行估价,然后,确定目标公司的价值区域以及可以接受的价格上限。

(一) 目标公司的评估基础

在对目标公司进行评估,确定其内在价值的过程中,第一步也是最重要的工作是分析和了解目标公司的运作、财务、市场以及在同行业中的竞争地位和发展前景。

第一,目标公司的特征。目标公司的特征包括:近年来运营状况,所有权变更情况,目前股东和股东权益,净资产收益率,公司在历史上曾经发生的业务变更情况,主要产品以及服务对象,客户以及供应商的情况,公司过去以及现在的财务状况、盈利状况、流动状况、组织结构,过去和现在的投资以及融资情况等。此外,还有许多收集目标公司信息的其他渠道,其中,实地走访目标公司这一直接接触形式为众多收购方及其财务顾问所推崇。

第二,目标公司所处的行业。根据宏观经济景气度对行业的影响程度进行划分,行业可以分为周期性行业、防卫性行业和成长性行业等几种。在对行业的考察中,应该关注行业的特征。行业的特征包括:所属行业和市场的定义,市场的规模和属性,市场增长情况,市场和子市场的演化趋势,市场进入的障碍,行业内的主要竞争者,以及地理分布、法律和环保等外部监督情况[①]。

[①] 每个国家的行业信息来源的渠道在数量上以及质量上存在很大差异,美国的这类信息渠道较多,重要的载体包括:各咨询公司编写的杂志、报告,投资银行所作的研究报告,各行业商会提供的信息和报告等。

第三,目标公司在行业中的竞争力。目标公司在行业中的竞争地位可从以下几个方面进行考察:市场占有率、公司的竞争策略、生产和销售布局、营销策略、潜在的机会。根据穆迪、标准普尔在进行信用等级评价时所选用的主要财务指标,公司规模、增长率、利润率、杠杆水平是决定公司在行业中竞争地位的关键指标,也是评估公司价值的主要依据。

(二)估价方法

财务评价应该关注两个问题:一是目标公司价值为多少?二是收购风险在哪里?为此,学者们陆续推出了许多有价值的估值模型,有些适用于上市公司,有些则适用于非上市公司,或两者皆可。估价方法有三大类,读者可回看本书第十四章的相关内容。现仅以贴现现金流量法和可比公司法予以说明。

1. 贴现现金流量法

贴现现金流量法从现金流和风险角度来考察目标公司的价值,在风险一定的情况下,目标公司预计未来产生的现金流越多,公司的价值就会获得越高的评价。目标公司内在价值与其未来预计现金流成正比。

贴现现金流量法的评估机制由多个步骤组成,首先预测目标公司未来预计现金流,然后选用合适的资本成本作为贴现率计算出未来现金流的现值,最后进行累加后得出公司的价值。该方法有两大难点:目标公司未来现金流的预测和资本成本的估算。如果一国拥有运转良好的资本市场以及经济环境稳定,那么,这两个问题比较容易克服。基于贴现现金流量法的评估机制的主要步骤有五步。

步骤一:选定预测期间。根据公司持续经营原则,将公司漫长经营期分成可预测期间和可预测期之后两段。

由于未来具有很大的不确定性,因此,受能力所限,分析人员往往以5—10年作为可预测期间,如7年。可预测期间的长短基于以下因素:市场前景、目标公司的增长率和竞争强度;目标公司的市场份额和为竞争而拟定的战略;预计目标公司将经历快速增长的年数;能够合理估计资本支出的年份;分析人员对目标公司未来各年财务和业绩表现所作的预测的自信度。

我们通常可以根据"竞争性均衡假设"来确定可预测期间,可预测期间的长短和终年有关,终年是公司失去超额利润的时间点(即公司实现竞争性均衡的时点或者说公司进入稳定期的拐点)。如果第7年底是终年,那么,可预测期间为7年,7年之后就是可预测期之后,以此类推。

步骤二:确定可预测期间各年预计自由现金流。预计自由现金流的计算方式有两种,即无杠杆法(debt-free method)和杠杆法(leveraged method)。

无杠杆法假设公司在可预测期间不承担债务,因此,在自由现金流计算中无须考虑利息成本对现金流的影响,仅有股东对现金流具有要求权。可按式(15-3)计算,即

$$FCFE = EBT(1-t) + D - CE - \Delta WC \qquad (15-3)$$

式(15-3)中,EBT是指税前利润,t表示所得税税率,D表示年折旧,CE表示资本性支出,ΔWC表示营运资本增量。

杠杆法假设公司在可预测期间承担债务,因此,在现金流的计算中考虑了债务利息成本对现金流的影响,股东和债权人对该现金流均有要求权。可按式(15-4)计算:

$$FCFF = EBIT(1-t) + D - CE - \Delta WC \tag{15-4}$$

步骤三：测定公司的资本成本。在贴现现金流量法中,将未来可预测期间各年自由现金流和可预期间之后的自由现金流转换成现值所使用的贴现率通常是公司的资本成本[①]。

按杠杆法计算的现金流(FCFF)归股东和债权人共同所有,因此,以税后加权平均资本成本为贴现率。

按无杠杆法计算的现金流(FCFE)都归股东所有,因此,以股权资本成本为贴现率。

步骤四：估算公司可预测期末的终值。目标公司价值由两部分组成：可预测期间各年自由现金流的贴现值；可预测期间之后(俗称后续期)各年自由现金流的贴现值。前者可以根据步骤二和步骤三实现。后者的估算顺序为：以终年预计自由现金流量为基准,计算可预测期间之后自由现金流的年平均增长率(g),用永续年金法(假定 $g=0$)或永续增长年金法(假定 $g>0$)估算公司可预测期期末(终年)的终值,然后,对该终值进行贴现。

步骤五：对可预测期间各年自由现金流和可预测期期末(终年)的终值进行贴现并汇总现值。在无杠杆法下,应该按照股权资本成本对可预测期间每年自由现金流和可预测期期末终值进行贴现,加总后即可得出公司股权的价值。在杠杆法下,应该按照加权平均资本成本对可预测期间每年预计自由现金流和可预测期期末终值进行贴现,加总后即为公司的市场价值,该市值包括股权和债权。因此,若按杠杆法计算属于股东的那部分公司价值,则应该扣除公司所承担的债务的现值。

例 15-1 崇德公司拟收购信达公司,两家公司在收购前的相关财务资料见表15-1。假设崇德公司的期望收益率为 10%,收购资金的债务比率与崇德公司的杠杆水平一致。又假设信达公司与崇德公司具有同样的风险。

表 15-1 崇德公司收购信达公司之前两家公司的相关财务资料

项　　目	崇德公司	信达公司
每股净收益	6元/股	2元/股
每股市价	30元/股	16元/股
税后利润	240万元	20万元
发行在外普通股股数	40万股	10万股
债务	……	30万元
市盈率	5	8
现金净流量	……	20万元

在崇德公司看来,收购信达公司是一个有利可图的投资机会。假如信达公司的终年发生在第5年年底,可预测期间为5年。又假定在可预测期间内,信达公司每年年末的自由现金流分别为20万元、20万元、20万元、20万元、10万元。终年以后每年自由现金流参照终年(可预测期期末)自由现金流。

根据题意,信达公司在终年之后自由现金流的年增长率(g)等于零,可预测期期末(第5

---

① 参见本书第四章、第八章、第九章中的相关内容。

年年底)的终值为 10/10%。因此,对前 5 年预计自由现金流和第 5 年年底终值进行贴现,并扣除债务后,信达公司最终的股权收购价格为

$$V_0 = \frac{\frac{10}{10\%}}{(1+10\%)^5} + 20\,\frac{(1+10\%)^4-1}{(1+10\%)^4 10\%} + \frac{10}{(1+10\%)^5} - 30$$
$$= 62 + 63 + 6.2 - 30$$
$$= 101.2(万元)$$

2. 可比公司法

可比公司法以交易活跃的同类公司股价与相关财务数据为依据,计算出一些主要的财务比率,如股东权益与公司价值比率等,然后用这些比率作为资本乘数来估计非上市公司和交易清淡的上市公司的价值。

步骤一:选择参照公司。参照公司应该与目标公司具有相似的营运和财务特征,这是选择参照公司的基本原则。如果难以寻找到与目标公司具有相似特征的参照公司,那么,分析人员可选出一组参照公司,其中一部分公司在财务上与目标公司相似,而另一部分公司在营运上与目标公司具有可比性。这种变通的方法具有很强的实用性。

步骤二:选择及计算乘数。公司价值与业绩之间的关系称为"市场/价格乘数"。市场/价格乘数可以分为"股权乘数"和"总资本乘数"。在股权乘数的计算中,分子是参照公司的普通股每股股价乘以其发行在外的普通股股数,分母则为 EBIT 或息税前净现金流量。在总资本乘数计算中,分子是参照公司的股票市场价格和债务之和,分母是 EBIT、息税前净现金流量等。由于总资本乘数同时考虑了债务资本对公司价值的影响,因此,分析人员对总资本乘数尤为偏好。

步骤三:选用乘数计算被评估公司的多种价值。选定市场/价格乘数之后,将该乘数与目标公司经调整后的对应的财务数据相乘后就可得出目标公司的一个市场估计值。根据多个乘数得出的公司估值越接近,说明评估的准确度越高。用股权乘数得出的是目标公司股东权益市场价值的估计值,而用总资本乘数得出的则是包含股权和债权在内的目标公司估计值。

步骤四:对公司价值的各个估计数进行加权平均。运用不同乘数得出的公司价值估计数是不同的,为客观起见,分析人员应该对各个公司估值赋以权重,至于权重大小则要视乘数对公司市场价值的影响大小而定,然后,使用加权平均法算出目标公司的价值。

例 15-2 承例 15-1,又假定与信达公司具有相似财务和经营特征的公司有两家,它们的相关财务资料见表 15-2。设信达公司 EBIT 为 40 万元。

表 15-2 财务和经营特征相似公司的财务资料

项 目	A公司	B公司
息税前收益	20 万元	30 万元
债务	40 万元	50 万元
发行在外普通股股数	8 万股	10 万股
每股价格	10 元/股	14 元/股

由表 15-2 可知,如果我们用总资本与 EBIT 之间的比率作为乘数,那么,可以得到 A 和 B 两家公司的总资本乘数,它们分别为 $6[6=(10\times8+40)/20]$ 和 $6.3[6.3=(14\times10+50)/30]$。

根据 A 公司的总资本乘数,我们可以得到信达公司价值的近似值:

$$40\times6=240(万元)$$

同理,根据 B 公司总资本乘数,我们可以得出信达公司价值的另一个近似值:

$$40\times6.3=252(万元)$$

如果分析师对基于 A 公司的估值更加偏好,并认为基于 B 公司的估值可信度差些,那么,他将给予基于 A 公司的估值较高的权重(比如 2),而给予基于 B 公司的估值较低的权重(比如 1)。于是,信达公司价值的加权平均近似值为

$$\frac{240\times2+252\times1}{2+1}=244(万元)$$

因此,信达公司全部股权的估计值为

$$(244-30)=214(万元)$$

对比例 15-1 和例 15-2,你会发现,两种估值方法给出的目标公司估值结果大相径庭。在业界,这种情况比比皆是,因此,出于职业谨慎,分析师会同时使用两种甚至三种方法进行估值,然后给出目标公司的估值区间。

(三) 出价策略

1. 股东从并购中获益了吗

若目标公司股东获得超过并购公告发布前股价 100% 的溢价,我们可以肯定地说,并购为目标公司股东创造了价值。

对于收购方股东来说,只有并购协同效应现值超过收购目标公司时所多付出的 100% 溢价时,并购才会给收购方股东创造价值。但是,未来充满不确定性,并购带给收购方股东的价值创造证据并不确定,高溢价收购尤甚。学界和业界认为,只有少数并购交易的价值创造是可期待的,实力超强的收购者、较低收购溢价、唯一竞购者是有利于收购者的几种情形。

由此可见,为确保并购交易成功,且能为交易双方都带来财富增值,收购方应该非常审慎地制定出价策略,三思而后行。

2. 价格上下限的确定

收购方在出价时,应该明确出价的上下限。出价的上限和下限之间的落差由并购协同效应的强弱决定。理论上讲,收购方的出价有三种,即高于上限、在上下限区域内和低于下限。收购方的要约价格不得超出目标公司价值的上限,否则,收购公司很难收回高溢价(即并购协同效应现值小于高溢价)。财务顾问应该提醒收购方,出价不要贸然超出上限。

3. 首次要约价格的确定

收购方的要约价格应该介于上下限之间,价格上下限的落差越大,出价的余地就越大,成

交的可能性也就越高。最终的成交价格究竟是在上下限之间的哪一位置,则由谈判决定。出价越接近上限,目标公司的股东分配到的协同效应就越多,收购方股东的所得就越少。因此,从理论上讲,对收购方股东而言,要约价格越低越好,但首次要约价格不宜过低。理由有三种。

第一,目标公司的大部分股东因分配到的协同效应过少而惜售。目标公司股东不愿意让售股份的行为使要约人在规定的时间内不能吸足"筹码",直接导致要约收购失败。

第二,过低的要约价格会导致其他公司参与竞价。竞价的结果是,目标公司价格水涨船高,增加了收购成本,降低了交易的成功率。

第三,要约人过低的出价极易被目标公司误解成敌意收购。一旦收购方的出价被误读,目标公司董事会将启动反收购机制或进行反收购布防,例如,启动毒丸,引入白衣骑士竞购等。

4. 协商和价格修正

最终形成的交易价格是并购双方不断磋商的结果。目标公司希望高溢价出售其所持股票,而收购方希望低价收购股票。为此,双方会经过多次艰苦的谈判,最终找到一个彼此都能够接受的公平合理的价格。双方的谈判要点有三项。

第一,要约价格的上下限。对要约价格的上下限,双方都有其心理价位,它是双方进行价格协商的依据。

第二,要约价格与目标公司价值之间的落差。要约价格往往高于目标公司价值,此项差异就是"溢价",可以理解为对目标公司股东出让控制权的补偿,也是对目标公司股东让售其股份的激励。但由于目标公司估值困难,因此,双方会在是否存在落差以及落差大小上"扯皮"。

第三,相关的收购条件。交易双方会顾及并购过程中以及并购完成之后的一些问题,如商议支付方式、原目标公司管理层和员工的安置问题、目标公司债务的归属和履约问题、税负问题等。

在协商期内,交易双方应该充分利用自身优势,增加谈判的筹码,形成一个有利于自己的交易价格。

(四)支付方式的选择

收购方自出价策略确定后,还将选择合适的支付方式。收购方的支付工具有现金、股票、债券,或以上支付工具的混合形式。

1. 基本原则

选择合理的支付工具应该兼顾收购方股东、目标公司股东和目标公司管理层的要求,并以收购公司资本结构的特点为依据。

第一,优化收购方的资本结构。如果收购方资本结构中的长期债务比重过高,那么,它会考虑以普通股为支付手段来调低杠杆;反之,则会以债务类证券为支付手段调高其杠杆。

第二,迎合收购方股东的意愿。支付方式会影响收购方的控股权以及每股净收益(EPS)。如果收购方股东不希望其控股权旁落以及 EPS 遭稀释的话,他们会阻挠收购方的换股收购行为。在这种情况下,现金、债券类证券是收购方优先考虑的支付工具。反之,普通股将成为首选支付工具。

第三,收购方对前景的预期。如果并购大概率是一件包赚不赔的投资机会,那么,收购方会选择使用现金支付方式,以独享并购的好处。如果并购存在较大风险,那么,收购方会选择使用普通股作为支付方式,让目标公司股东分担一部分风险。

第四,关注目标公司股东的税负要求。目标公司股东承担的税负会因不同的支付工具而各异。如果目标公司股东不愿在并购完成时承担资本利得税,而是想将税负递延,那么,收购方应该以股票为支付工具。反之,则以现金为支付工具。

第五,重视证券市场的消化能力。如果债券市场低迷,那么,收购方只能通过现金或换股方式取得目标公司;如果市场对债券和股票有足够的消化能力,那么,收购方可以选择的支付方式具有较大的余地。

2. 现金支付方式的适用情形

现金支付方式是收购方支付给目标公司股东一定数额现金以达到收购目的的一种支付方式。例如,2018年,阿里巴巴联合蚂蚁金服以95亿美元对饿了么完成全资收购。现金支付方式的适用情形有三种。

第一,保持收购方股权结构的稳定性。一旦目标公司的股东收到现金,就失去了对原公司的权益和要求权。因此,以现金收购目标公司后,收购方股东的权益不会被"稀释"。

第二,提高并购交易的速度。收购方可以凭借现金支付方式速度快的优势,使有敌意情绪的目标公司董事会和管理层措手不及,无法有效地进行反收购布防。这也是现金支付多见于恶意收购的原因。同时,与收购方竞购的对手公司或潜在对手公司也因一时难以筹集大量的现金而难以与收购方抗衡。

第三,未来预期良好。用现金支付时,收购方需独自承担无法实现协同效应的风险和过度支付溢价的风险,目标公司股东则无需承担任何风险。因此,若收购方对并购交易持乐观态度,意味着并购协同效应现值大于并购交易溢价,收购方就会选择现金支付方式,独自享受协同效应超过交易溢价所带来的所有好处。

现金支付方式主要缺陷有:一是纳税时间提前。世界上绝大多数国家都奉行这样的税务准则,即公司股票的出售是一项潜在的应税事件。目标公司股东通过出售股份实现了资本利得,因此,他们在出售所持股份后就该缴纳资本利得税。二是现金往往不能有效地诱使目标公司大股东出让股份。由于目标公司股东在出售股份之后不再拥有公司的要求权,因此,对目标公司大股东或控股股东来说,现金支付方式的诱惑力不大。

3. 普通股支付方式适用情形

普通股支付方式是指收购方通过向目标公司股东定向增发股票,来替换其所持有的目标公司股票的一种支付方式。目前,它是一种重要的支付方式,比如,美国克莱斯勒公司与德国梅赛德斯-奔驰公司的合并就采用这种支付方式,中国美的集团2018年吸收兼并小天鹅公司也采用这种支付方式。其适用情形通常有三种。

第一,无须受资金方面的限制。虽然普通股收购会稀释股权并有可能使并购后的每股净收益出现暂时性回落[①],但却无须安排实质性融资,减少了融资成本,减轻了还款压力。同

[①] 普通股收购还有一个有趣的规律,即市盈率高的公司并购市盈率低的公司之后,公司每股净收益会高于收购方并购前的每股净收益。在美国,这种效应被称为"皮靴效应"。

时，完成收购后，目标公司的股东并未失去他们的所有权和要求权，只是这种权利转移到了并购后的公司内，他们成为并购后公司的新股东。收购方通过换股收购扩大了规模，并购后的公司股东由收购方和原目标公司的股东共同组成，但是，收购方的原来股东应该在控制权[①]上占主导地位。

例 15-3 承例 15-1，假定崇德公司以股票支付方式收购信达公司，那么，如何确定换股率是重中之重。两种主要的换股率见表 15-3。

表 15-3 换股率表

项　　目	崇德公司	信达公司	交换率
以并购双方的每股净收益为基础	6 元/股	2 元/股	1/3
以并购双方的每股市价为基础	30 元/股	16 元/股	16/30

由表 15-3 可知，如果以并购前双方每股净收益之比作为换股率，则意味着崇德公司 1 股股票相当于信达公司 3 股股票。因此，如果 100% 收购信达公司股权，崇德公司需增发的新股数量为

$$100\ 000 \times \frac{1}{3} = 33\ 333(股)$$

如果以并购前双方每股股价之比作为换股率，则意味着 16 股崇德公司股票相当于 30 股信达公司股票。因此，如果 100% 收购信达公司股权，崇德公司需增发的新股数量为

$$100\ 000 \times \frac{16}{30} = 53\ 333(股)$$

两种换股率得出的需定向增发的新股数量存在差异，至于哪一种换股率更适合成为换股的基础，则取决于并购双方的态度。此外，换股率仅仅是并购双方谈判的依据之一。换股收购多见于善意收购。当收购方和目标公司在规模、实力等方面旗鼓相当时，换股收购的可能性较大。收购公司往往在其股价高涨时发动并购，因为以股价为换股率时，它可以利用股价的优势，以较少的本公司股票换取目标公司股票。

第二，对并购交易的价值创造没有足够把握。用普通股支付时，目标公司股东没有退出，因此，收购方无须独自承担无法实现协同效应和过度支付溢价的风险。若收购方对并购交易的价值创造没有足够把握，就应该选用普通股支付。

第三，收购方和目标公司的价值是否被高估。如果收购方和目标公司价值都被高估，那么，为分担市场修正的结果（价值回归），收购方会倾向于用普通股支付。

普通股作为支付工具存在四个缺陷。一是耗时费力。例如，美国的收购方为并购而发行普通股受证券交易委员会监督，完成发行的法定手续至少耗时 2 个月以上。二是手续繁琐。比如，在美国，上市公司为并购而增发的普通股数量超过已发行股票数量的 18.5% 时，收购方须获得其股东批准，否则，证券交易所有权将其摘牌。三是收购成本不易把握。股价波动使收购方不能固化其收购成本，从而无法确定收购的收益。四是收购风险较难预计。

---

① 借壳上市是一个例外，它其实是一种反向收购。比如 360 公司借壳江南嘉捷，借壳后，被收购方 360 公司成为实际控制者。

普通股收购常常会招来套利者,套利造成的抛售压力可能使一次大规模并购中的收购方的股价滑落5%—10%。

案例 15-1

美的集团通过换股吸收兼并小天鹅公司

美的集团是我国全品类家电的龙头企业,小天鹅公司则是洗衣机细分市场的龙头企业。2018年9月9日下午,美的集团和小天鹅公司同时发布公告称,美的集团正在筹划重大资产重组。经综合考虑,以定价基准日前20个交易日交易均价为基础,加上10%的溢价,美的集团与小天鹅A的换股比例为1∶1.211 0,即每1股小天鹅A股股票可以换得1.211 0股美的集团股票。同时,以定价基准日前20个交易日交易均价为基础,加上30%的溢价,美的集团与小天鹅B的换股比例为1∶1.000 7,即每1股小天鹅B股股票可以换得1.000 7股美的集团股票。

本次并购采用换股吸收兼并方式,因此,小天鹅公司失去了上市资格并注销了法人资格,美的集团或其全资子公司承接了小天鹅公司的全部资产、负债、业务、人员、合同及其他一切权利与义务。

事实上,美的集团在吸收兼并小天鹅公司之前,经过一系列资本运作,已经直接和间接持有小天鹅A和小天鹅B的股权比例高达52.67%,显然,它已经是小天鹅公司的实际控制者。业界普遍认为,美的集团此举可以彻底解决与小天鹅公司可能存在的潜在同业竞争问题,可以全面消除合并双方的关联交易。

问:小天鹅公司失去上市资格是无奈之举还是有意为之?为什么小天鹅A股和B股的换股比例不同?

---

4. 优先股方式适用情形

优先股支付方式是指收购方以优先股作为支付工具完成收购的一种支付方式。在实践中,支付可转换优先股在优先股收购中最常见。就收购方而言,支付优先股不挤占营运资金,且优先股通常可换取更多的目标公司普通股,因此,优先股是一种成本低、效率高的支付工具。就目标公司而言,优先股尤其是可转换优先股具有普通股的大部分特征,同时又有固定收益证券的特征,因此,较易为目标公司股东所接受。

在美国,优先股收购在20世纪80年代早期较为流行,当时存在的合理性是基于这样的情形:普通股的价格低迷,市场消化能力较差,同时,垃圾债券市场尚未成气候。目前,优先股已经较少成为并购支付工具。理由是,优先股兼有普通股和固定收益证券的弱点。

5. 综合证券方式适用情形

综合证券支付方式是指收购方对目标公司提出收购要约时,向目标公司股东同时支付现金、股票、可转换债券等的一种支付方式。例如,2013年,大唐电信以16.99亿元的对价收购广州要玩娱乐网络100%股权。其中,65%的对价以发行股份的方式支付,35%的对价以现金支付。

将多种支付工具组合在一起,能够集各种支付工具之长处而避其短。其优点可从两方面来理解。

第一,收购方可以最大化其利益。公司债券的资本成本较低;可转换债券有着比普通债券更低的利率和较宽松的合约条款。

第二,目标公司股东可以最大化其财富。公司债券的利息可以"省税"。可转换债券具有债券的安全性以及股票可使本金增值的双重性质。

值得注意的是,在使用综合证券支付方式时,最大的困惑是各种支付工具的合理搭配。若搭配不当,非但不能扬长避短,还会徒增风险。因此,收购方及其财务顾问在设计综合证券支付工具时,应该慎重考虑。

三、融资安排

收购方的并购资金有赖于投资银行提供服务,在整个并购资金融通过程中,投资银行应该深度介入。相关内容可参见本章第三节中的"杠杆收购的融资体系"。

第三节 杠杆收购

20世纪80年代,出现了一种新的并购形式——杠杆收购(leveraged buyout,简称LBO)。这种并购方式的特点是,由投资银行、专事并购的投资公司(如美国黑石集团和KKR)、目标公司管理层等积极推动,且多为敌意收购。我们通常将由目标公司管理层参与的杠杆收购称为管理层收购(MBO)。杠杆收购引发了美国第四次并购浪潮,且影响深远,主要表现为:一是引起了美国公司融资的革命,在此期间,债务融资量之巨、融资品种之多前所未有;二是引发了公司治理的革命。杠杆收购显著提高了相关公司的价值,并且改变了我们对待债务、公司治理以及价值创造方式的态度和看法。

一、杠杆收购的历程

杠杆收购是指收购方利用杠杆完成并购交易,最终实现套利的一种并购方式,它始于20世纪70年代的美国。相较于公司,财务投资者更热衷于杠杆收购,涌现了一批知名的财务投资者,比如KKR、高盛等。

(一) 初起

杠杆收购始于20世纪70年代末和80年代初。它在美国的最初兴起有其特殊的原因。

第一,混合并购潮后出现的投资机会。20世纪60年代,美国的第三次并购浪潮[①]出现了负效应,产生了大量价值被严重低估、亟待剥离的子公司和业务。因此,可以说"遍地是黄金",为杠杆收购提供了大量的目标公司。

第二,税制的变动促成了杠杆收购。20世纪70年代,美国调低了所得税税率,而调高了

[①] 第三次并购浪潮以混合并购为主要方式。

资本利得税税率的上限。这种税制的变化阻碍了股票市场的进一步繁荣,因此,公司的融资偏好转向举债,这为以高债务为特征的杠杆收购提供了资金保证。

第三,税收优惠。在杠杆收购的融资安排中,债务资本所占比重很高,甚至高达公司全部资本的 90%。债务资本可以产生利息税盾效应,因此,税法的变动会使杠杆收购的融资安排趋于债务化。

第四,金融机构的积极参与。20 世纪 70 年代末和 80 年代初,美国政府放松了金融管制,金融机构之间竞争加剧。金融机构为减轻资金成本上升所带来的压力,努力寻求放款渠道,它们设置了专门的并购部门,策划杠杆收购交易。这样,并购交易所需资金得到了保障。据估计,并购交易所需资金的 80%—90% 来自举债。

可以说,杠杆收购在 20 世纪 70 年代末至 80 年代初的兴起适逢其时,杠杆收购的双方以及资金的提供者都愿意接受这种方式。对收购方而言,杠杆收购能使他们以较小的自有资金获得目标公司全部或部分产权。对目标公司股东而言,杠杆收购极有可能为他们提供一笔溢价,对目标公司管理层而言,他们通过杠杆收购也能成为公司的所有者。因此,目标公司股东和管理者都乐意为之。对资金供给方而言,他们以高风险为由提高贷款利率,作为风险补偿或直接参股分享杠杆收购效应,因此,资金供给者也能从为杠杆交易提供的资金中得到更高的收益。

(二) 兴盛

从 1982 年开始,美国杠杆收购迅速活跃起来,在 1982—1989 年,杠杆收购的次数从 1982 年的 146 起上升至 1989 年的 371 起,收购金额则由 3.4 亿美元上升为 66.8 亿美元。20 世纪 80 年代是杠杆收购的兴盛期,其原因有以下四点。

第一,投资银行深度介入。投资银行通过金融创新,推出了垃圾债券,它改变了收购资金的结构,垃圾债券市场为杠杆收购提供了约 30% 的收购资金。投资银行提高了杠杆收购交易的成功率,大大缩短了收购时间。

第二,杠杆收购高回报率的诱惑。高回报率使投资银行(比如美林证券、摩根士丹利)和投资公司(比如 KKR)纷纷从保险公司、商业银行、公司以及个人投资者处融资,建立专事杠杆收购的基金。人们称他们为"门口野蛮人"。

第三,桥式贷款进一步提高了杠杆收购的速度。投资银行为收购方提供了桥式贷款,杠杆收购者可以据此抢在目标公司反对报价之前或采取反收购策略之前完成交易,增加交易成功的可能性。

第四,杠杆收购的交易环境和条件良好。杠杆收购市场的扩大,竞争的加剧,致使收购价格对目标公司息税前收益的比率逐年上升,至 1986 年,这一比率已高达 8—12 倍。收购成本的大幅度提高以及传统的还本付息方式使收购方难以承受。于是,投资银行又创新出了多种递延付款信用工具,如实物支付债券(payment in kind)和递延息票债券(deferred-coupon bond),这大大减缓了杠杆收购者的还款压力,减少了它们陷入财务危机的可能性。

(三) 受阻

成功的杠杆收购的确为收购方股东创造了额外收益,且并购后公司的经营也更趋完善,但是，20世纪80年代过热的杠杆收购为20世纪90年代杠杆收购的受阻埋下了伏笔。

20世纪80年代后期，美国杠杆收购所积聚的问题开始显现出来。例如，过多的资金追逐过少的合格目标公司，收购价格和收购成本急剧上升；债券融资成本全面上升；过度的杠杆收购热掩盖了不少杠杆收购后公司的效率不升反降的情况。20世纪80年代末美国大牛市终结时，市场终于急转直下。特别是垃圾债券之王米尔肯因涉嫌操纵垃圾债券于1990年被捕后，其所在的投资银行破产了，其他投资银行也纷纷收缩杠杆收购业务，保险公司等金融机构亦纷纷从杠杆收购中撤资。在这种情况下，杠杆收购严重萎缩。

1995年之后，随着整个收购兼并活动的复苏，杠杆收购的境况有所改观。杠杆收购开始回归理性。

二、杠杆收购的特点和流程

（一）杠杆收购的特点[①]

杠杆收购的本质是收购方大量利用杠杆（包括垃圾债券、高级债务等）获取目标公司的控制权，之后，用目标公司的资产或未来现金净流量完成"去杠杆"。杠杆收购有其独特之处，主要表现在两个方面。

第一，高杠杆的资本结构。实施杠杆收购的公司，收购资金的结构呈倒三角状（见图15-1）。在倒三角的顶端，是对公司具有最优先求偿权的银行借款（也成高级债务），约占收购资金的60%；中间层是垃圾债券（junk bond）或夹层债券（mezzanine bond），约占收购资金的30%。最下端的资金是权益资本，仅占收购资金的10%左右。公司在杠杆收购中使用的杠杆主要由目标公司的资产或现金流量来支持和偿还。

图15-1 杠杆收购的资金结构

第二，极高的净资产收益率（ROE）。杠杆收购使公司债务比重大幅上升，净资产收益率相应大大提高。在杠杆收购实现后的头两年，杠杆收购效应使净资产收益率高企，但随着公司用每年产生的自由现金流偿还债务，公司的债务比重逐年下降。尽管债务比重的回落减弱了资本结构的杠杆效应，但总体而言，杠杆收购下的净资产收益率还是高于普通资本结构下的净资产收益率。

（二）杠杆收购的流程

杠杆收购是一项复杂、高难度的交易，它需要投资银行、目标公司管理层和其他中介机构参与其中。杠杆收购的基本流程包含四个步骤。

步骤一：选择目标公司。一般而言，目标公司应具备的基本条件为：管理层有较高的管理技能；经营比较稳定；负债较少、现金流量比较充裕、资产的变现能力强；在偿还并购所借资金期间，目标公司资产不必进行大规模更新改造；目标公司价值被低估。其中，收购方尤其关注目标公司价值是否被低估。目标公司一旦被认可，投资者就会向目标公司举牌收购，但通常会遭到其他收购者的竞购，最后的赢家通常将付出不菲的代价。

[①] 黄亚钧等.资产重组与并购[M].上海：立信会计出版社，1998：124-125.

步骤二：筹划并购交易，为并购安排资金。首先，由一群投资者（投资银行、专事并购的机构等）发起成立一家空壳公司，其注册资本约为收购标的的10%，用以吸第一批筹码；然后，以空壳公司名义发行夹层债券（包括垃圾债券）筹集资金（约占收购标的的30%），用以吸第二批筹码；最后，在通过前两批吸筹成功取得目标公司控制权之后，另外50%—60%的收购资金则以目标公司资产为抵押向商业银行申请抵押借款（高级债务）予以筹集，用以吸最后一批筹码，该抵押贷款由数家或数十家商业银行组成的银团提供，也可由包销公司或风险投资公司等提供。通过三次吸筹，达到获得目标公司的控制权或将目标公司私有化的目标。

步骤三：改善和调整目标公司经营。由于实施杠杆收购的公司债务压力巨大，加之杠杆收购具有高风险的特性，债务资本的供给者均要求有较高的利率作补偿，收购方极有可能被债务压垮。为此，在杠杆收购后，收购方会选派管理者（也可沿用目标公司原管理层）入驻目标公司，并在公司重组和经营方面提供必要的指导。改善和调整目标公司经营的过程需要持续一段相当长的时间，比如5—10年。公司重组的核心内容是出售一些不适当的资产、部门和子公司，经营的核心内容是迅速提高公司的销售收入、净收益，增加公司的现金流，从而加快偿还债务的速度。

步骤四：股权投资套利。对财务投资者而言，杠杆收购的最终目的主要是套利。在成熟市场经济体国家或地区，杠杆收购者拥有灵活的退出机制。主要有两条退出路径：一是公开招股上市或重新上市，借助运转良好的证券市场，他们可以以其投资额的数倍甚至数十倍套现；二是私下出售给另一买家，通过分拆出售和经包装后整体售出等方式实现股权投资套现。在股市低迷致使杠杆收购所获目标公司不能上市或重新上市的情况下，私下出售快捷和方便的优势便显露无遗。

三、杠杆收购的融资体系

杠杆收购引发了公司融资的革命，大量债务被引入（通过发债获得的资金占收购资金的比重高企），因此，杠杆收购改变了我们对债务融资的看法。在杠杆收购融资体系的设计上，投资银行做了开拓性的工作，它们设计了多层次的融资体系，并为这个体系创新出许多新的融资工具。

(一) 融资体系的特征

杠杆收购的融资体系有共性，具体表现在四个方面。

第一，杠杆收购的融资渠道多元化。主要的融资工具有银行借款、夹层债务和股权资本等。其中：银行借款是杠杆收购融资体系中最上层的融资工具（可参见图15-1），该工具的投资者多为商业银行，其他金融机构有时也参与；夹层债务是杠杆融资体系中内容和形式最为丰富的一族，包括垃圾债券和延迟支付债券等；股权资本包括优先股和普通股。

第二，债务资本所占比重大。尽管债务资本和权益资本的比重并不确定，且事实上随债券市场景气度、整个经济的繁荣度、投资者对风险的态度的变化而不断改变，但债务资本一直是杠杆收购融资体系中的主角。20世纪80年代末，在美国中型规模（比如0.5亿美元）的杠杆收购中，债务资本占95%左右；到了20世纪90年代初，债务资本的比重有所下降，约占总资本的80%。

第三，融资体系的财务风险大。由于融资体系中的债务资本比重大，因此，债务还款压力大。在成熟经济体国家或地区，杠杆收购后因不堪债务重压而申请破产的公司不在少数。正是杠杆收购融资体系存在巨大的财务风险，为规避风险，许多杠杆收购者适当提高了股权资本比重。

第四，创新工具大量使用。在杠杆收购融资体系中，使用了大量的创新融资工具，如垃圾债券、桥式贷款、零息债券、延迟支付债券等。这些创新融资工具的出现体现了投资银行的独具匠心和良苦用心。

(二) 杠杆收购融资体系形成的环境

杠杆收购融资体系具有很强的国别差异，以美国为例，其杠杆收购融资体系的形成是经济和金融等因素综合作用的结果。

第一，通货膨胀的影响。通货膨胀减轻了公司的实际债务成本。理由是，以不变价格计算，通货膨胀减少了公司财务报表中的实际债务量和偿债成本。公司可以通过举债获得通胀带来的部分收益，减轻实际债务负担。

第二，税制变动的影响。20世纪五六十年代，美国联邦所得税税率与资本利得税税率之间的差距较大，所得税税率大大高于资本利得税税率，极大地刺激了股市的发展。20世纪70年代后，美国调低所得税税率、调高利得税税率。此举一定程度上抑制了股票一级市场和二级市场的活跃度，美国公司转而进行大量举债，刺激了债券市场的发展。

第三，金融管制的放松。在美国，杠杆收购与美国政府放松金融管制相伴而生。政府放松金融管制之后，银行以及非银行金融机构会积极寻找放款渠道，这为杠杆收购融资体系高债务特征添了一把火。

(三) 杠杆收购融资体系的结构

在杠杆收购融资体系中，有高级债务、夹层债务和股权资本等三类资本，这些资本由投资者、商业银行、投资银行等提供。成熟经济体国家或地区杠杆收购融资体系的结构见表15-4。

表15-4　杠杆收购融资体系

层　　次	债权人/投资者	贷款/证券
高级债务层	商业银行 保险公司	抵押贷款
夹层债务层	保险公司 养老基金 风险投资企业	优先从属债券 次级从属票据 递延支付债券
股权资本层	保险公司 投资银行 风险资本 私人投资者 目标公司经理人员 专事杠杆收购的有限责任公司	优先股 普通股

1. 股权资本层

股权资本是杠杆收购融资体系中处于最下层的融资工具，股权资本包括优先股和普通股。优先股、普通股是整个融资体系中风险最高、潜在收益最大的一类证券。通常，由投资银行、投资公司、目标公司管理层等发起设立一家新公司（实施杠杆收购的法律主体），并由它们向该新设公司注资，成为公司股东。该新公司的这些股权资本是进行杠杆收购的第一笔资金。

2. 夹层债务层

夹层债务泛指介于股权资本层和高级债务层之间的债务，是杠杆收购融资体系中内容最丰富的一族，包括优先从属债券、次级从属债券等。

在使用股权资本收购一定数量（或比例）目标公司股份后，投资银行会安排发行夹层债务，作为收购目标公司的第二笔资金。通常，这一阶段结束后，杠杆收购者所持股份可以实现对目标公司的控制。

夹层债务可以私募，也可公开募集。私募常由少数投资机构如保险公司、养老基金以及其他投资者私下认购。由于债券期限长、流动性差，私募债券持有者一般会得到比公募债券持有人更高的利息收入。公募通过高风险债券市场完成募集，在公开发行过程中，投资银行提供自始至终的服务。在公开发行时，投资银行在公开市场上扮演做市商的角色，增强了债券的流动性。由于"创造"了债券流动性，因此，公募夹层债券购买者的风险比私募夹层债券购买者承担的风险更小，于是，发行者不必以赠送认股权为诱饵。

3. 高级债务层

高级债务也称一级（高级）贷款，是杠杆收购融资体系中最上层融资工具。高级债务之所以冠名"高级"，是在于其供资方所面临的风险最低。在成熟经济体国家或地区，由于杠杆收购的目的大多是私有化，因此，当杠杆收购者实现了对目标公司的控制后，它就可以将目标公司的资产用作抵押，向商业银行（或保险公司等其他金融机构）申请一级贷款，作为继续收购目标公司股份的第三笔资金。

高级债务在收购资金中所占比例颇高，20 世纪 80 年代为 65%，20 世纪 90 年代为 50%。它的供资者多为商业银行，其他非银行金融机构（如保险公司）等也时常介入。贷款需求量巨大，商业银行常采用一级辛迪加贷款或银团贷款的方式向杠杆收购者放贷。高级债务主要供资者通常以三种方式参与杠杆收购的供资。

第一，充当收购方一级辛迪加贷款（也称银团贷款）的牵头行。杠杆收购者及其财务顾问均愿意寻找著名的商业银行担任一级辛迪加贷款的牵头行。这些著名商业银行可以凭借其良好的信誉，吸引其他商业银行加入银团，一起供资，提高了杠杆收购的成功率。牵头行负责法律文件的签订，与杠杆收购者洽谈融资条款，吸引其他商业银行一起参与供资，牵头行也提供部分贷款。

第二，充当杠杆收购一级辛迪加贷款的参与行。大规模杠杆收购所需一级辛迪加贷款的规模巨大。因此，为分散风险，一级辛迪加贷款的牵头行会邀请其他商业银行一起组成银团，共同向杠杆收购者贷款。参与行仅仅提供部分贷款。

第三，购买其他商业银行转售的一级辛迪加贷款。对商业银行来说，它是一种介入不深、风险最低的杠杆收购供资方式。

不管商业银行以何种方式参与杠杆收购的供资,它在提供一级贷款时一般遵循以下规则:按基准利率计息;贷款期不超过一定期限(比如 7 年);设定贷款限度。

> **案例 15-2**
>
> **西王食品杠杆收购 Kerr 的融资结构**
>
> 2016 年 10 月 17 日,中国西王食品(000639SZ)召开了股东大会,审议通过斥资 7.3 亿美元(折合人民币约为 48.7 亿元)控股加拿大科尔(Kerr)公司(全球最大运动保健品企业)。这是当年颇为轰动的中国第一起杠杆收购案。
>
> 对当时总资产规模仅为 17.4 亿元的西王食品而言,48.7 亿元的收购标的不可谓不大。那么,它是如何安排资金的呢?
>
> 首先,先行收购 Kerr 80% 的股权,合计需支付人民币约 39 亿元。为此,通过引入 PE、向银行贷款、向股东借款以及动用自有资金来筹集 39 亿元收购资金。
>
> 其次,在未来三年逐步收购 Kerr 剩余 20% 的股权。将 Kerr 20% 的股份进行留存,以类似业绩对赌的 Earn-out 方式分三年支付(依次为 5%、5% 和 10%),此举大大缓解了上市公司的筹款压力。
>
> 西王食品通过几大融资手段连环嵌套,最后仅用区区 8 775 万元,就撬动了首期 39 亿元的支付款,进而撬动总交易对价 48.75 亿元的跨境交易。
>
> 问:我国用于并购的银行贷款有何规定?我国是否存在"垃圾债券"?
>
> 资料来源:凯夫.一波三折,西王食品 50 亿跨国并购[J].英才,2017(1).

四、杠杆收购与公司治理

杠杆收购之后,公司面临高杠杆,为确保公司安全运行,需要重新构建目标公司控制者与管理者之间的新型关系。可以说,杠杆收购对公司治理的影响是其他并购方式不能望其项背的。

第一,杠杆收购重新协调了目标公司所有者和管理层的利益。通常的做法是,鼓励目标公司管理层动用相当数量的个人财富购买其所服务的公司的股份,管理者身份的转变可以确保其有足够的"利益动机"关心目标公司。例如,著名投资公司 KKR 在 1976—1989 年实施的杠杆收购案中,管理层对目标公司的持股比例约在 2%—25%。如果管理层持股比例过低,它们的"利益动机"就不高。KKR 采取的办法是,当管理层所持股份未达到目标持股水平时,KKR 会用股票期权补充其持股水平,以提升管理层的"利益动机"。

第二,杠杆收购改变了公司的绩效评估和权力分配。杠杆收购之后,还债压力巨大,因此,目标公司控制者对公司的绩效评估必然会发生变化。公司管理层必须关注公司的长期利益,不能将目光仅仅停留在每股净收益、市盈率等指标上,而更应该关注公司产生自由现金流的能力、控制债务的能力以及改善经营状况的潜力。

第三,杠杆收购重塑了目标公司控制者和管理层之间的关系。在大量的杠杆收购中,目标公司管理层和公司控制者是"合伙人"关系,他们共同收购了目标公司。在收购完成之后,许多目标公司仍旧由原管理层经营。例如,KKR极少撤换目标公司的管理层,并将并购后撤换目标公司管理层视为不吉利。因此,在成功的杠杆收购中,收购者会认同目标公司管理层的价值观,着眼未来,指望长期利益。

第四节 并购的理论解释

前文已述,并购已有100多年历史。现在,并购已经成为公司重要的金融行为。学界对公司实施并购的目的、动因以及逻辑的理论解释一直未曾停止过。

一、效率理论

效率理论认为,并购能够产生协同效应。这种效应来自管理协同效应,或来自其他形式的协同效应。

(一) 管理协同效应理论

管理协同效应理论认为,在现实经济中,公司效率总是存在差异的。有些公司的效率高于行业平均水平,有些则低于平均水平,其潜力未曾发挥出来。在这种情形下,为了充分利用过剩的优质管理能力,拥有高效率管理的公司自然有了收购低效率公司的冲动。收购方通过配置多余的高效率管理资源,目标公司的效率会得以提升,慢慢接近收购公司的高效率。此举不仅能够最大化全体股东财富,满足管理层私人收益,还能带来社会效益。

管理协同效应理论是横向并购的理论基础。该理论的基本假设条件为:具有相似经营模式的高效率公司最有可能成为潜在的收购者,它们更了解目标公司的经营状况,更懂得改善目标公司业绩的路径;收购公司拥有高效率的管理层,即拥有一支高效率的管理团队;收购公司的管理能力超出了公司日常管理需要,即拥有过剩的、高效的管理资源;收购公司的高效管理资源不具有可分性,即收购公司的管理资源是一个整体,不能够出售过剩的管理能力或人力资源。

(二) 无效率管理理论

无效率管理理论认为,如果公司的管理层根本就是一群低效率、不称职的管理团队,那么,此类无效率公司极易成为收购者的目标公司。一旦被接管,目标公司的管理团队将被更有效率的管理团队替代,收购方通过提供更有效的管理帮助目标公司股东实现价值最大化,收购方也能获得相应的回报。

该理论假设目标公司股东无法更换其无效率的管理层,因此,需借助并购市场(或称控制权市场),用高昂的代价来更换无效率管理者。但是,无效管理理论不能作为并购的一般性解释。理由是,很少有将替换不称职的管理者作为并购唯一理由的案例发生。事实上,大量的并购案例显示,许多目标公司管理者并未因公司被收购而遭到解职。相反,在大多数情况下,目标公司的高管都被保留了下来。

(三) 经营协同效应理论

经营协同效应理论认为,如果行业中存在规模经济,那么,任何经营活动水平尚未达到规模经济潜在要求的公司就可以通过并购实现规模经济的要求。收购方可以借此摊薄成本,提升利润率。横向、纵向和混合并购都能够实现规模效应。

任何公司在要素投入时,有些要素给予了足够的投入,但未充分利用,而有些则投入不足。因此,通过并购,收购公司和目标公司能够在生产、市场营销、研发等方面取长补短,实现规模经济。

(四) 多元化经营理论

多元化经营理论认为,多元化经营可以降低经营风险,所谓"不要将所有鸡蛋放在一个篮子里"说的就是这个道理。并购是公司实现多元化经营的捷径,公司的经营领域可以迅速得以扩展。多元化经营理论可以解释混合并购。

公司通过对广告、研发等的长期投入,积累了大量的声誉资本,如公司拥有一批稳定和忠实的顾客、供应商以及雇员。公司通过人员培训等方面大量投入,积累了关于公司管理者和雇员的大量的专属资源,如管理者与雇员之间建立起了良好的协作关系、雇员有了特定工作的经验,但这些人力资源具有专属性。因此,一旦公司因经营不善而破产,公司的声誉资本、特定的人力资源会随着公司的破产清算而消失。

可见,基于多元化经营的并购目的之一是为了分散风险,降低公司破产概率,保全声誉资本和人力资源,以及在税收方面寻求好处。

(五) 财务协同效应理论

混合并购可以形成一个多元化的企业集团,从资金配置角度看,一个多元化企业集团相当于一个内部资本市场,可以提高资金配置效率。

财务协同效应理论认为,在一个多元化的企业集团中,现金流量不会由产生这些资金的部门自动留存,而是按照收益前景进行配置。比如,当收购公司拥有较大现金流量而目标公司仅拥有较小现金流量时,并购可以使公司现金从边际利润率较低的生产活动向边际利润率高的生产活动转移。也就是说,并购可以将通常属于资本市场的资金供给职能内部化,形成一个资金的内部市场,从而提高公司资本配置的效率。

二、信息理论

在信息不对称条件下,并购可以使目标公司的真实价值被发现,并购本身还可以作为反映目标公司未来预期的信号。

(一) 信息假说

信息假说认为,由于信息不对称,并购会传递出目标公司股票被低估的信息,市场会对这些股票进行重新估价,并且,目标公司和其他利益相关者无须采取特别行动就能促成目标公司股票价值的重估。例如,当收购公司宣布收购消息时,意味着发现了一个价值被低估的好公司,于是,目标公司的股价将会上扬。

有学者认为,信号假说成立的主要条件为:收购者拥有适用于目标公司的某些资源;收购公司和目标公司的资源可以融合和互补。

(二)信号理论

信号理论认为,在信息不对称情况下,并购可以成为一种有效的信号,它会向市场传递这样的信息,即目标公司拥有尚未被发现或认识的额外价值,或者有着良好的未来预期。

值得注意的是,当收购者用换股的方式实施并购时,目标公司以及利益相关者对此可能的解读是,收购公司的股价目前被高估。

三、代理理论

公司面临诸多代理问题,比如股东与管理者之间的代理问题、股东和债权人之间的代理问题等。根据代理理论,并购对公司具有接管威胁,因此,对管理者的自利行为可以起到一定的约束作用。同时,并购是管理者实现"做大"公司的一种手段,这种"做大"并非一定能最大化股东财富,因此,并购同时又是代理问题的一种表现形式。

(一)代理权争夺理论

代理权争夺理论认为,当公司的内部治理手段不能有效抑制管理者行为,无法最大化股东财富时,控制权市场是解决代理问题的一种非常重要的外部治理手段。并购事实上就是代理权争夺,目标公司一旦被接管,外部管理者将实现对目标公司的控制,目标公司现有管理者和董事会将被更迭。

对股权较为分散的公司而言,收购公司可以较为轻而易举地对目标公司进行代理权更替。因为受到接管威胁,目标公司管理者不敢懈怠。

(二)管理主义理论

管理主义理论认为,公司管理者具有做大的动机,即有扩张公司规模的冲动。理由是,在管理者薪酬制度设计中,管理者的报酬与公司规模有关联。比如,公司的信用等级与公司规模大小、杠杆水平以及盈利能力有关。因此,如果管理者的薪酬是公司规模的函数,那么,管理者会偏好并购或其他项目投资,即便 NPV 小于零也在所不惜。

显然,按管理主义理论理解,并购并不能解决代理问题,恰恰相反,并购是代理问题的另一种表现形式,它加大了公司的代理问题。

(三)自大假说

自大假说认为,公司管理者过于自信,在评估并购机会时会犯过于乐观的错误。常识告诉我们,在没有或不考虑协同效应或其他接管收益的情况下,目标公司的平均值接近于其当前的市场价值。因此,当目标公司估值很高时,就意味着目标公司有不菲的协同效应,才会有公司提出收购要求。

不幸的是,在并购案中,真正有协同效应或接管效益的案例并不多,那么,为什么还有那么多的收购者趋之若鹜呢?该理论给出的解释是:一部分毫无接管价值的并购是收购公司管理者自大的结果,他们自以为是地认为存在协同效应或接管效益。收购公司管理者在评估并购机会时会犯过于乐观的毛病,所谓的协同效应或接管溢价只是一种幻觉。可悲的是,收购公司管理者非但不能从过去的错误中吸取教训,还自以为是。

> **案例 15-3**
>
> **上市公司分拆业务上市的逻辑?**
>
> 事实上,资产重组有两大内容:收购兼并和资产剥离,前者是指公司实现外延扩大(即所谓"做大"),后者是指公司外延缩小(即所谓"做小")。从股东至上的角度看,不管是"做大"还是"做小",都是为了实现价值增值。上市公司分拆业务上市(简称分拆上市)是资产剥离的一种重要形式,近年来,颇受我国上市公司追捧。在中国,上市公司分拆上市有四类。
>
> 第一类是境内上市公司分拆业务在境内上市。例如,主板上市公司康恩贝分拆佐力在创业板上市。
>
> 第二类是境外上市公司(中概股)分拆业务在境外上市。例如,新浪分拆微博上市、百度分拆爱奇艺上市、腾讯分拆迅雷上市、搜狐分拆搜狗上市、金山软件分拆猎豹上市。
>
> 第三类是境外上市公司分拆业务在境内上市。例如,亚翔工程股份有限公司 2016 年分拆亚翔集成在上交所上市、鸿海精密 2018 年分拆工业富联在上交所上市。
>
> 第四类是境内上市公司分拆业务在境外上市。例如,杉杉股份 2018 年分拆杉杉品牌在香港联交所上市。
>
> 显然,实现价值增值应该是分拆上市的逻辑起点,但是,与并购相比,其价值来源是不同的。
>
> 问:你认为,与收购兼并相比,分拆上市所形成的价值增值从何而来?

本章小结

并购活动已经持续了 100 多年。以美国为例,前后经历了五次并购浪潮。第一次并购高潮出现在 1895—1905 年,其特征是以横向并购为主。第二次并购高潮出现在 1920—1933 年,以纵向并购为特点。1946—1964 年,美国发生了第三次并购高潮,这次并购以混合并购为主。第四次高潮发生在 1974—1985 年,以杠杆收购为主,收购标的都达到了前所未有的水平,产业结构调整开始波及一些新兴的部门。20 世纪 90 年代中期以来,更大规模的第五次并购浪潮出现了。尽管没有哪一种并购方式占主导地位,但是,当今世界的并购活动正在向更深、更广的领域发展。

并购的最根本动因是追求利润和迫于竞争压力,它已经成为一种常见的经济活动。其主体和客体的并购活动必然是一个追逐利润的过程,作为并购中介机构(如投资银行)受高额佣金的驱使,极力促成并购的成功。但就单个并购案而言,其具体的并购动因各异,例如,规模效应动机、寻求冗资出路动机、避税动机、管理者私利动机、追求目标公司资金和技术的动机等。

并购交易过程很复杂,涉及经济、政治和法律等诸多方面。收购方通常将投资银行选作其财务顾问,参与并购的整个过程,在目标公司搜寻、与目标公司接洽、出价策略、支付方式选择以及融资安排等诸多并购环节中提供必要的专业服务。

杠杆收购的出现改变了先前并购的理念,在企业界和金融界产生巨大影响,使得"小鱼吃大鱼"成为现实。杠杆收购对并购机制、资本结构、金融活动等多方面产生了影响。杠杆收购使并购活动产生了革命性的变化。

关键词

并购、收购方、目标公司、协同效应、横向并购、纵向并购、混合并购、杠杆收购、现金支付、普通股支付、换股率、投资银行、夹层债务、高级债务、垃圾债券、效率理论、信息理论、代理理论

习 题

1. 并购协同效应的概念是什么?
2. 换股和现金收购的不同点有哪些?
3. 有意进行收购的公司是否总能发现目标公司? 如果可能的话,为何其他收购公司没有如此眼光?
4. 杠杆收购方式已被广泛使用,这是件好事情吗?
5. A 公司拟收购 B 公司,两家公司在收购前的相关财务资料见下表。

A 公司并购 B 公司前相关的财务资料

项 目	A 公司	B 公司
税后利润	240 万元	20 万元
发行在外普通股股数	60 万股	10 万股
市盈率	5	8

假如 B 公司目前的每股净收益为 2 元,将每年永续增长 4%。

(1) B 公司的价值为多少?
(2) 如果 A 公司为 B 公司每股发行在外的股票支付 14 元,则这一收购的 NPV 为多少?
(3) 如果 A 公司按每股净收益为换股率换取 B 公司发行在外的全部股票,那么,这一收购的 NPV 为多少?
(4) 如果这一方式可取,则应该选择现金收购还是换股收购?
6. 请你在中国 A 股市场上,找一家最近 5 年曾发起过并购的上市公司,从定价、支付方式、协同效应来源等方面对其并购进行评价。

7. 请你在中国 A 股市场上,找一家曾分拆业务上市的上市公司,分析其分拆的动因和效果。

重要文献

1. Alexander, Gordon J., P. George Benson and Joan M. Kampmeyer. Investigating the Valuation Effects of Announcements of Voluntary Selloffs[J]. *Journal of Finance*, 39, June 1984.

2. Betker, Brian L. An Empirical Examination of Prepackaged Bankruptcy[J]. *Financial Management*, 24, Spring 1995.

3. Franks, Julian R. and Robert S. Harris. Shareholder Wealth Effects of Corporate Takeover: The UK Experience[J]. *Journal of Financial Economics*, 23 August 1989.

4. Rappaport, A. *Creating Shareholder Value: The New Standard for Business Performance*[M]. New York: Free Press, 1986.

5. Stein, J.M. and D.H. Chew, eds. *The Revolution in Corporate Finance*[M]. New York: Basil Blackwell, 1986.

6. 黄亚钧等.资产重组与并购[M].上海:立信会计出版社,1998.

7. 帕特里克-高根.兼并、收购和公司重组[M].顾苏秦等译.北京:中国人民大学出版社,2010.

第十六章 公司治理

【学习要点】
1. 公司管理层究竟需要什么?
2. 管理层的薪酬激励是高了还是低了?
3. 小股东如何控制公司?

当今世界,公司所有权与经营权分离、公司现金流权与控制权分离的情况比比皆是。前者会引发管理者和股东之间的冲突,后者会引发终极控股股东与非控股股东之间的冲突。于是,人们会思考这样的问题:究竟是谁控制了公司? 在崇尚"股东至上"的理念下,公司必须进行针对性的公司治理,保护公司全体股东的利益,对公司管理者和终极控股股东滥用权力的行为进行监督和管束。

第一节 代理问题

早在 1932 年,伯利和米恩斯(Berle and Means)就对美国公司所有权和经营权两权分离后所产生的公司治理问题进行了研究。他们发现,股权分散会导致管理者滥用剩余控制权。公司治理的动因在于保护外部投资者利益不受掌握控制权的内部人员的侵害,使得外部投资者的投资得到公平的回报。在讨论相应的公司治理机制之前,首先对代理问题进行一下梳理。

一、公司制企业的弱点

我们在本书开头,曾对公司制企业组织形式流行的原因进行了分析,并列数了公司制企业的种种优点。但是,公司制企业的最大弱点在于公司管理层和股东之间的利益冲突。由于公司的所有权和经营权相分离,因此,股东必须通过选举产生公司董事,再由董事组成的董事会聘用管理者(代理人),管理者代表股东行使公司经营权,董事会受托监督管理者并保护股东利益。然而,在所有权和经营权高度分离的情况下,股东与管理者之间的冲突在所难免。

(一) 剩余控制权

如果公司股东和管理者之间能够签订一份完备的合同,对管理者所面临的未来可能出现的任何情况应该采取的态度和行为都进行详细约定,那么,双方在资源分配、决策权等方面将不会存在争议,也就不会发生代理冲突。然而,未来是不确定的,资本支出的边界是模糊的,许多花费往往会超出先前制定的预算,因此,订立完备合同是不可行的,公司股东和管理者在一些不确定事件的决策权上存在争议。例如,研究开发支出、营销开支、培训与人才开发等常常不在资本预算的范围之内。通常,资本支出或投资对公司成功经营至关重要,但是,这些支出何时发生、发生额是多少则具有不确定性。如果公司股东的决策能力处于下风,管理者将获得这些支出的决策权(即剩余控制权)。

(二) 所有者和管理者之间的冲突

公司管理者一旦拥有了剩余控制权,他们就可以根据自己的判断分配和处置股东的资本。在处置股东资本的过程中,不排除管理者给自己订立高额额外津贴的可能性,或成立一家属于管理者自己的公司,采用不正当划拨价格将其任职公司的现金和其他财富转移至其私有公司中;也不排除管理者为了谋取自身利益,承揽一些净现值为负值的项目,损害股东利益;或为了一己私利进行反收购,使得其私人利益能够永远延续下去。在这些情况下,公司股东会质疑其是否得到了公平的回报,于是,便会产生冲突。根据詹森的"自由现金流假说",自由现金流越多的公司,其代理问题越发突出。在一些成熟行业中,公司内部产生的现金流入超过了经营和所有有利可图的投资机会所需要的现金流出,形成了大量的自由现金流(FCFF)[①]。在拥有超额自由现金流的公司中,管理者很可能会想方设法侵占自由现金流,例如,为扩大管理者声望而进行一些无利可图的并购,此举将大大损害股东利益。

尽管股东、董事会可以对管理者行为进行监督,但是,在很多情况下,公司股东处于弱势地位。首先,分散的股东没有足够的动机和力量来单独监督管理者行为。因为监督所带来的收益由全体股东分享,但监督所发生的巨额成本则由单一股东独立承担,因此,"搭便车"现象以及巨额的监督成本会打消股东单独监督管理者行为的积极性。其次,董事会可能受到管理者操纵。如果与管理者关系非同一般的董事控制了公司董事会,那么,董事会就无心帮助股东去监督管理者行为,也保护不了股东的利益。大凡丑闻缠身的公司,其管理者与董事的关系都很暧昧。

二、代理问题的主要表现

公司股东和管理者的利益冲突几乎发生在所有公司金融活动中,例如,为了追求好的"政绩",管理者乐意投资回收期短的项目,而宁愿牺牲正值 NPV 的项目。为了避免还款压力,他们偏好内部资金,宁愿放弃低成本的外部借款。为了粉饰账面利润,对有助于抬升会计利润的做法乐此不疲。因此,公司股东和管理者的利益冲突会导致公司的投资决策、融资决策、资产管理发生扭曲,即不再最大化股东财富或最大化公司价值。

(一) 消极懈怠

消极懈怠也称不作为或卸责。管理者的消极懈怠表现在多个方面。例如,缺乏监督下属的热情,在本职工作上投入的精力太少或专注于一些与公司无关或无关紧要的活动。

管理者非常关心其自身的职业规划,他们不会满足于固定薪酬。如果没有股票期权激励制度,没有额外红利(bonus),那么,除了消极怠工之外,管理者寻求新项目这样的创造性

[①] 自由现金流是指公司内部所产生的现金在满足了正常经营需要以及可获利的投资需要后的现金留存,自由现金流可用于履行公司短期财务责任、发放现金股利。自由现金流是一个非常有趣的研究对象,有学者认为,自由现金流越多,代理问题越突出;也有些学者认为,自由现金流越多,被收购的威胁越大。

活动的激情将会下降,这对公司股东来说可能是致命的。正如詹森所描述的那样,管理者可能尽量避免寻求高风险但高收益的项目,因为这些创造性活动会给管理者带来很大的麻烦,他们需为此付出努力去学习新技术,并承担高风险。显然,管理者很可能不会找寻和从事这些既费时又费力的"好"项目,以避免承担学习成本和焦虑成本。詹森还认为,这种消极懈怠可能根植于人性的弱点,与激励没有太大关系。

(二) 自我交易

当管理者获得剩余控制权之后,他们会通过各种各样的自我交易行为来为自己谋取私人利益。他们可以给自己很高的额外津贴或额外收益。例如,公司管理者为自己设计诱人的薪酬制度,或享受其他非现金性特权,如占用装修奢华的办公室、举办高规格的公司会议、享受度假名胜地的休闲旅游、享受超额的娱乐支出等。更有甚者,管理者可以成立一家属于自己名下的公司,运用权力以不合理的划拨价格(转移价格)将其任职公司的财富转入管理者的私人公司[①]。例如,以低于市场价格的划拨价格从管理者任职的公司购置商品或劳务,管理者任职公司的利润便转给了管理者的私人公司,或以高于市场价格的划拨价格向管理者任职的公司出售商品或劳务,也能达到同样的效果。

相比于其他代理问题,自我交易行为更容易被发现和证实。

(三) 过度投资和营造王国

詹森(1988)、安德雷斯(Andrade et al., 2001)等学者的研究发现,一些公司管理者出于私利,会选做自己喜欢的项目,但此举是以损害股东利益为代价的。例如,在20世纪70年代,美国的真实利率上升,致使石油期货价格预期升幅减少,购买石油的代价大大低于开采石油成本,但令人不可思议的是,石油行业中的不少公司管理者却还在热衷于在石油开采上投入巨资。

大公司的管理者享有很高的社会地位和声誉,例如,苹果公司、微软公司、阿里、腾讯等公司的CEO受人瞩目。因此,公司管理者往往有通过扩大其所在公司的规模来提升其社会地位和声誉的动机和冲动,以满足其个人成就感。在这种情况下,公司管理者可能沉迷于并购或多元化经营,而不在乎这些投资项目的净现值是否为负值,于是滥用公司的自由现金流,花费高额的代价实施并购,损害了股东的利益。例如,20世纪80年代,福特汽车公司的自由现金流高达150亿美元,福特公司最高管理层首先想到的是如何成立金融服务公司、飞机公司或进行其他多元化经营,而不是考虑如何有效地将自由现金流给股东分红或进行再投资[②]。

(四) 逃避风险

在没有额外红利、股票期权的情况下,仅凭固定薪酬,公司股东很难激励管理者去寻求和从事高风险、高收益的项目。公司管理者通常不愿从事超出其风险承受力的项目。如果高风险项目投资成功,他们无权分享高风险项目的巨额利润,然而,一旦项目失败,他们将承

---

① 切奥尔·尤恩等.国际财务管理(第3版)[M].苟小菊等译.北京:机械工业出版社,2005:371.
② 同上。

担巨大的责任,甚至面临被解雇的危险。因此,为了避免在经理人市场上声名扫地,管理者愿意从事安全的或者跟他所获得的薪酬匹配的项目,而排斥风险大但收益也大的项目。可见,管理者逃避风险的态度无法最大化股东财富或最大化公司价值。

(五) 滥用反收购策略

并购市场(控制权市场)可以倒逼和激励管理者努力工作,理由是管理者稍有懈怠,其所在公司的价值就会被低估,于是,公司就有可能成为猎物公司。一旦公司被收购,损失最大的是管理者,管理者极有可能被收购公司解雇,而股东可能因为新进入者拥有良好销售渠道、超强无形资产、优良技术等而受益,也就是说,股东会因为原管理者被解雇而受益。

公司管理者为了保全其在公司中的长期地位,非常反感其所服务的公司被对手公司收购,他们会滥用反收购策略阻止对股东来说颇有吸引力的收购提议。例如,管理者可以预设"毒丸"。"毒丸"的埋设增加了收购方的收购成本,可以有效阻止来自外部的收购。这一反收购策略常常被怀有私利的管理者滥用,使得绩效差、前景黯淡的公司仍可以行走江湖。其结果是,虽保全了管理者的位置,但却损害了股东的利益。为此,在美国,"毒丸"因易于被滥用而曾经受到监管部门的限制。在日本,管理者设计了交叉持股的股权结构,在这一复杂的结构中,一些股票享有双重投票权,从而使得外部人很难获得公司控制权[①]。

(六) 垂涎自由现金流

公司管理者愿意保留充沛的自由现金流,除了以上提及的一些原因外,其垂涎自由现金流还基于以下两个原因:一是管理者可以怀着轻松心态使用自由现金流,他们可以避免因举债或发新股而受到资本市场的审查和监督,还可以避免还本付息压力或支付现金股利的压力,因此,使用自由现金流进行的投资常常是不够用心的或不能最大化股东财富的;二是追求管理绩效奖励。管理者的绩效往往与公司规模的扩大以及收益的增加挂钩,通过保留自由现金流而不是增发现金股利能够增加公司的资产规模。公司规模扩大后,管理者可能获得更多的管理绩效奖励,但此举却无助于最大化股东财富。显然,公司管理者保留充沛的自由现金流必然伴随着代理冲突。

可见,以上种种代理问题的核心是管理者与股东之间的利益冲突。20 世纪末 21 世纪初,公司管理者的不良行为以及公司面临的道德风险又一次引起学界和业界对问题重重的公司治理的担忧。公司缺乏透明度[②]、公司高层管理者报酬大幅增长[③]、会计造假[④]等现象成了热议的话题。如果公司管理者得到了恰当的激励或受到有效的监督,那么,是否可以减缓或减少代理问题呢?公司治理的实践表明,设计有效的公司治理机制能够收到一定的效果。

---

① 让·梯若尔.公司金融理论[M].王永钦译.北京:中国人民大学出版社,2007:24.
② 公司高层管理者的报酬、拥有的期权以及额外收益不为外界所知。前 GE 公司 CEO 杰克·韦尔奇的退休收益一直不为人知,人们在其离婚时才略知一二。
③ 20 世纪末开始,美国公司高层管理者得到的奖金和股票期权越来越多,收入成倍增长。例如,1997 年,美国有 20 位 CEO 的年报酬超过 2 500 万美元。旅行者集团和可口可乐公司 CEO 的年报酬分别高达 2.3 亿美元和 1.11 亿美元。而且,他们的报酬与其工作绩效极不成比例,即便在业绩不好的年份,他们也照样能够获得高额的报酬。例如,2002 年,业绩糟糕的时代华纳 CEO 仍旧赚得盆满钵满。
④ 会计造假可以确保漂亮的账面,从而增加管理层报酬,或确保其地位的安然无恙,或免于违反债务合约。在美国,20 世纪末开始出现的会计造假现象影响深远,世通、安然、安达信等的破产无一例外与会计丑闻有关。此外,这一时期会计造假的特点是:投资者、交易伙伴、分析师、会计师积极配合。

第二节 剥夺问题

公司成长需要资金，或使用留存收益，或发行新股，或举借资金。因此，公司的资金（尤其是长期资金）来源呈现多元化的特点。如果公司越来越多地依赖于外部融资，那么，就很有可能出现拥有控制权的股东剥夺没有控制权的股东，或大股东压榨小股东的情形。我们通常将此类问题称为"剥夺问题"。

一、现金流权和控制权

若用现金流权（cash flow rights）来定义股东的所有权，那么，公司股东只能按照现金流量的一定比率来分享公司利益，或者说，股东只能按其出资比例分享公司利益。如果公司的现金流权和控制权是匹配的，那么，股东之间（包括大股东和小股东之间）就不会发生冲突。

公司的现金流权和控制权真的匹配吗？显然不是。事实上，存在两类公司控制者。一类是拥有控股权的大股东，其持股数超过51%，他们是公司的终极控制者；另一类是控制权超过现金流权的小股东，尽管持股数不多，但他们也是公司的实际控制者。对于后者，小股东（实际控制者）的现金流权和控制权是高度不匹配的，小股东对公司的控制权远大于现金流权。

（一）大股东控制

大股东（控股股东）主要是指显赫的家族（如墨西哥的家族企业）、国家（如新加坡的国有企业）、商业银行（如德国的由银行控股的公司）、权益股东（如美国由分散的权益股东控股的公司）。此类公司的现金流权和控制权能够实现形式上的匹配，但是，由于大股东存在私人利益，因此，在所有权分散化程度不高的公司中，大股东（控股股东）往往能够有效地控制管理者行为，可以按照自己的设想制定公司战略，并使得公司按大股东的设想和意愿进行运作，满足大股东利益最大化，损害或侵占弱小股东的利益。尽管许多国家的公司治理制度正在向以资本为基础的治理制度转变，资本市场的发展减弱了国家、家族以及商业银行这些大股东对公司的控制力，但是，在新兴经济体市场国家和一些成熟市场经济体国家，家族和国家对公司的控制力还是占有重要位置的。

在大股东控制的公司里，大股东和小股东在资源分配、决策权等方面会存在争议，但大股东通常拥有充分话语权，公司小股东的各项能力均处于下风。因此，大股东将最终获得这些决策权。

（二）小股东控制

小股东控制是指公司被持有较少股份的小股东控制。比如，和记黄埔是中国香港知名的上市公司，它由李嘉诚家族实际控制。从股权结构看，李嘉诚家族对和记黄埔仅有15.4%的现金流权（股权），但通过构建金字塔式的股权结构，其最终的实际控制权高达43.9%[①]。

---

① R. La Porta, F. Lopez-de-Silanes, A. Shleifer, and R. Vishny. Corporate Ownership around the World[J]. *Journal of Finance*, 54, 1999: 438.

显然,李嘉诚家族是和记黄埔实际控制者。相较于43.9%控制权,李嘉诚家族持股比例仅为15.4%,因此,小股东控制有一个显著特点,就是实际控制人的控制权远远超过其所持有的股份或现金流权,公司的现金流权与控制权高度分离。

一旦获得远远超过现金流权的控制权,那么,拥有控制权的股东就能获取建立在其他股东利益基础之上的私人利益(其他股东按照平均分摊原则无法得到的利益)。一方面,控股股东的利益与非控制股东的利益存在一致的地方;另一方面,控股股东可以从公司中获得非控制股东无法得到的利益。

那么,小股东是如何获得远大于其持股比例的控制权的呢?常见的途径有:构建金字塔式的股权结构;实施公司之间交叉持股;设置二元或双重股权结构。

(三)现金流权和控制权分离的途径

现金流权和控制权分离是小股东控制的重要标志。小股东成为公司终极控制者的途径有许多,构建金字塔股权结构、实施交叉持股、设置双重股权结构是几种主要的途径。金字塔股权结构和交叉持股在日本、韩国非常流行,双重股权结构和金字塔股权结构在欧洲很流行。

1. 金字塔股权结构

金字塔股权结构(pyramid structure)是指多层次、多链条的股权结构。它是一种形似金字塔的纵向层级控制权增长方式,公司终极控制者位于金字塔的顶端,由其控股第一层级公司,再由第一层级公司控股第二层级公司,第二层级公司再控股第三层级公司,依此延续到目标公司,且终极控制者对目标公司的投票权达到一定的临界标准①。也就是说,终极控制者通过控制金字塔中间公司,向下发散出一张可观的网络,最终控制处于金字塔最末端或最底层的公司。

金字塔股权结构非常复杂,实际控制者(终极控制者)处于塔尖,它们通过构建金字塔股权结构,可以达到融资和控制并举的效果②。

第一,以少量资金控制更多的财富。终极控制者通过直接控制处于金字塔中间的公司,就能够控制中间公司下端的公司。因此,金字塔股权结构具有融资放大功能,能够使实际控制者以较少资金"撬动"大资本。并且,金字塔股权结构越复杂,层级越多,融资的放大功能越大。

第二,实现现金流权和控制权分离。金字塔股权结构意味着终极控制者的控制权与现金流权高度分离,终极控制者通过金字塔中间公司的所有权链条,可以实现对所有权链条最末端目标公司的实际控制,使得终极控制者能够使用较少的资本来控制目标公司,其对这些目标公司的现金流权远小于控制权。比如,以单链式金字塔股权结构为例,A公司持有B公司60%股份,B公司持有C公司60%股权,那么,A公司就拥有C公司60%的表决权(控制权),但A公司拥有的现金流权(股权)仅为36%(36%=60%×60%)。小股东就是这样成为公司终极控制者,并导致公司现金流权和控制权高度分离。因此,金字塔式的股权结构使得终极控股股东能够凭借较小的投资就可获得特定企业较大甚至绝对控制权。

通过构建金字塔股权结构,终极控制者有动机将目标公司利润(股利)向位于上方的公

---

① 张祥建,刘建军,徐晋.大股东终极控制和掠夺行为研究[J].当代经济科学,2004(5).
② 宁向东.公司治理[M].北京:中国发展出版社,2008:91.

司转移,即从拥有的现金流权较少的公司向拥有较多现金流权的公司转移。这种做法被称为"隧道效应",引发了终极控制者和非控股股东之间的利益冲突。

2. 交叉持股

交叉持股(intersect holdings)也称互相持股,是指在不同公司之间互相持股。比如,互为交叉持股,A公司持有B公司股份,同时B公司持有A公司股份。再比如,循环交叉持股,A公司持有B公司股份,B公司持有C公司股份,C公司持有A公司股份。

通过交叉持股,可以产生少数股权控制结构(controlling-minority structure)或小股东控制结构。假设集团内部n个公司相互持股,用S_{ij}代表第j个公司持有第i个公司的股份比例,用S_i表示控制者直接持有第i个公司的股份比例。那么,为了获得第i个公司的控制权,终极控制者只需保持或持有:

$$S_i + \sum_{j=1}^{n} S_{ij} > 0.5 \tag{16-1}$$

终极控制者就实现了对第i个公司现金流权和控制权分离,即实现了小股东控制①。终极控制者只要对每个i公司都采取这种策略,就能够对整个集团实现小股东控制。

公司之间相互参股的目的各异。例如,为了保持与商业银行的密切关系,将与商业银行相互持股视为获得资本的一种策略。又如,为防止下属公司或子公司被收购而相互持股,培育公司稳定股东,保持股权结构的相对稳定②。

与金字塔股权结构相比,交叉持股的股权结构关系更为复杂。事实上,企业集团在设计其股权结构时,会将金字塔股权结构和交叉持股结合起来。因此,在这样兼具金字塔和交叉持股的股权结构下,外人很难厘清成员公司相互之间的关系,企业集团的实际终极控制者"深藏不露"。

3. 非一股一票

所谓非一股一票是指终极控制者通过设置双重股权结构,或通过特殊的制度安排来实现小股东控制。在双重股权结构安排下,公司发行具有不同表决权的两类股票,持有者同股不同权。例如,根据京东集团披露的2018年年报,截至2019年2月28日,京东集团CEO刘强东持有京东集团15.4%股权,但拥有79%的投票权。显然,同股不同权,刘强东实现了小股东控制。

在欧洲,不少家族企业就是通过设置双重股权结构实现小股东控制。例如,伊莱克斯家族仅拥有7%的现金流权,但拥有95%的投票权;又如爱立信家族,仅持有4%现金流权,但持有40%投票权。

即便在美国,我们也能够看到双重股权结构现象。在美国,此类制度安排最初兴起于媒体行业,对于那些控制着众多报纸公司的家族而言,他们以新闻的真实和客观不容干涉为理由,进而要求通过设置双重股权结构避免公司被资本操控。后来,双重股权结构作为创始人追求权力、实现小群体目的的一种手段在高科技企业中流行起来。例如,脸书公司(Facebook)的

---

① 在此处,我们假定对第i个企业实现控制的前提是,实际控制者和关联方的持股比例之和须大于50%。
② 日本企业集团交叉持股严重,它们的股权结构稳定,因此,控制权市场对管理者无激励。

股票分 A 和 B 两类,它们的投票权存在差异,1 股 A 股拥有 1 票表决权,而 1 股 B 股则拥有 10 票表决权,马克·扎克伯格就是通过持有公司 B 股而控制了脸书公司 50% 以上的表决权。在美国上市的中概股大多采用双重股权结构,如爱奇艺、搜狗、迅雷等。

特殊的制度安排包括颇受争议的阿里巴巴合伙人制度。马云创建合伙人制度是为了坚守和传承阿里巴巴开放、创新、承担责任和推崇长期发展的文化。为了将这种理念得以传承,上市公司董事会的大多数董事人选由阿里巴巴内部老人组成的合伙人集体提名,而不是按股份多少分配董事席位,以确保马云等合伙人能够控制阿里。

二、控制者的私人利益

公司终极控制者的目标不是公司利益最大化,而是其所控制的所有资源的利益最大化。这种追求私人利益的动机将会影响控制者的行为。公司终极控制者的私人利益有许多表现形式,限于篇幅,我们仅介绍两类。

(一) 非最优决策

公司终极控制者的利益由两部分组成:一是所有股东都能够得到的正常收益;二是终极控制者的私人收益。因此,终极控制者会倾向于选择收益(正常收益和私人收益)总和最大化的项目,而非选择仅能够使得公司全体股东价值最大化的项目。

例 16-1 设某公司有 A、B 两个备选投资项目,该公司终极控制者对公司的现金流权为 6%。项目 A 的预计价值为 1 000 万元,其中包括现金流价值 800 万元以及终极控制者的私人收益 200 万元。项目 B 的预计价值为 1 100 万元,其中包括现金流价值 1 000 万元以及终极控制者的私人收益 100 万元。

如果选择项目 A,那么,公司终极控制者的利益为

$$6\%(1\,000-200)+200=248(万元)$$

如果选择项目 B,那么,公司终极控制者的利益为

$$6\%(1\,100-100)+100=160(万元)$$

显然,在扣除终极控制者的私人利益后,对全体股东来说,项目 B 具有更大的价值,但是,由于项目 A 中包含更大的私人利益,终极控制者会选择项目 A,而放弃能够最大化全体股东利益的项目 B。终极控制者的现金流权越小,他们就会越义无反顾地选择私人利益更大的项目,做出次优甚至无效率的投资决策。

(二) 偏好对外扩张

根据"自由现金流假说",公司终极控制者不愿将公司自由现金流作为现金股利分配给股东,而更愿意进行投资,如热衷于收购兼并等。

例 16-2 设某公司拥有自由现金流,计 2 000 万元。设公司终极控制者持有的现金流权为 5%。公司有两种处置自由现金流的做法:一是将自由现金流全部以现金股利方式分配给股东;二是将自由现金流进行投资,预计投资价值为 2 100 万元,其中包括所有股东参与分配的价值 1 900 万元以及终极控制者的私人利益 200 万元。

公司终极控制者面临两种选择：

方案一：参与分配公司自由现金流。

终极控制者可获益：$5\% \times 2\,000 = 100$（万元）

另95%股东可获益：$95\% \times 2\,000 = 1\,900$（万元）

方案二：寻求扩张，进行再投资。

终极控制者可获益：$5\% \times (2\,100 - 200) + 200 = 295$（万元）

另95%股东可获益：$95\% \times (2\,100 - 200) = 1\,805$（万元）

显然，只要自由现金流的投资价值不低于2 000万元（即$NPV>0$），公司终极控制者都会选择扩张。此举能够确保公司终极控制者的私人利益，但可能损害了另外95%股东的利益，他们的价值可能没有达到最大化。

设自由现金流为C，自由现金流的投资价值为V，终极控制者的私人利益为P，终极控制者的持股比例为α。我们可以根据例16-2的逻辑得到更一般的结论：只要自由现金流C介于$[V, V+P(1-\alpha)/\alpha]$区间之内，那么，为最大化终极控制者的利益，公司终极控制者就不会将自由现金流以现金股利方式分配给股东。

值得注意的是，这个区间的大小主要由终极控制者的私人利益和持股比例决定，私人利益越大或终极控制者持股比例越小，该区间也就越大，公司终极控制者不分红的意愿就越大。因此，我们就不难理解，为什么终极控制者的持股比例越低，他们越不愿意分红，更愿意选择保留盈余，伺机进行投资。

第三节　公司治理机制

如何减缓或者减少代理问题和剥夺问题？20世纪50年代以来，各种监管措施、激励方案纷纷付诸公司金融实践，但是，所有公司治理机制仅仅能够减轻或者减少代理问题和剥夺问题，而无法从根本上解决这些问题。

一、针对代理问题的治理机制

（一）内部治理机制

1. 董事会监督

（1）董事会的职责与权力

对大型公司来说，对管理者的监管可以委托公司董事会来执行。董事由全体股东选出，代表广大股东的利益。董事会是负责执行公司业务的常设机构，也是公司重大事项的决策和执行机构。

公司股东（剩余索取权的拥有者）除了保留公司兼并收购、新股发行等重大事项的最终决策权[1]之外，将其他决策权委托给了董事会。董事会负有受托责任，它会将大多数决策权转授给公司管理者（代理人），但保留对公司管理者的最终控制权，包括关注公司战略的制定

---

[1] 公司的最高权力机构是股东大会，股东通过召开股东大会行使这些决策权。

和实施、审查公司内部控制体系、选聘公司高级管理者、制定薪酬制度、解聘不合格高级管理者、影响并监督公司股利政策的形成和实施、监督信息披露、监督公司重大重组等。

(2) 董事会进行内部治理的路径

董事会运用股东授予的一部分最终控制权行使董事会监督职能，进而实现公司内部治理，主要路径有以下五条。

第一，关注公司战略的制定和实施。公司战略关乎公司未来，好的公司战略描绘出了公司的发展前景，并能带给公司价值增值。因此，关注公司战略的制定和实施是董事会的职责。若董事会将更多的精力投放在关注公司战略的制定和实施上，公司管理层的机会主义行为就会被遏制。

第二，选聘、奖励和解聘高级管理者。选聘和解聘高级管理者是为了在很难识别管理者能力的情况下，尽可能确保有能力的人成为公司高管的一种制度安排。在公司 CEO 的选聘、评价以及解聘中，董事会的主要工作有：首先，根据候选者的经历、能力和人品，董事会为公司聘用最优秀的 CEO，并协助 CEO 确定公司的经营目标；其次，对 CEO 的工作绩效进行评估，并设计最合适的薪酬形式和薪酬结构；再次，根据需要及时更换 CEO。

第三，影响并监督公司股利政策的形成和实施。公司股利政策关乎管理者、股东等多方利益，在股利政策的制定和实施过程中，股东和其他利益相关者的诉求不同。例如，根据"自由现金流假说"，为了追求自身人力资源价值最大化，公司管理者具有过度投资的冲动，且扩张的目的仅仅是为了从规模上最大化公司，而不是最大化股东价值或最大化公司价值。董事会通过施加影响，并实施有效监督，能够协调公司管理者、股东等相关利益者在公司股利政策上的诉求。

第四，监督公司的重大重组。公司在面临恶意收购等公司重大重组时，公司管理者和股东之间会出现利益不一致情况。比如，为了谋取私利或保住位子，公司管理者可能热衷于反收购，防范和拒绝效率更高的外部投资者接管公司。因此，董事会参与和监督公司重大重组，比如，董事会出面成立特别委员会或聘请财务顾问来进行评估，给出专业意见，以维护股东(尤其是小股东)的利益。

第五，确保信息披露的真实性和公允性。董事会可以雇用独立审计公司对公司财务报表进行审计，审计师根据审计结果出具审计报告。在中国，审计报告有标准无保留意见、带强调事项段的无保留意见、保留意见、无法表示意见、否定意见五类。如果审计没有发现问题，审计师将出具无保留意见审计报告，声明财务报表公允地反映了公司财务状况、盈利水平以及现金流状况，且与公认会计原则相符。如果发现了问题，审计师会要求改变财务报表的假设或程序，公司管理者一般都会积极予以配合。否则，审计师会出具保留意见审计报告或无法表示意见审计报告或否定意见审计报告。董事会为了使管理者公允地、真实地披露会计信息，花费了巨额的审计费用。

在中国，《公司法》和《上市公司治理准则》要求上市公司设立"三会制度"，即同时设置股东大会、董事会和监事会。为提升董事会的独立性，上市公司董事会下设战略、审计、提名、薪酬、考核等专门委员会，独立进行决策。

2. 独立董事制度

为进一步提升董事会的独立性，20 世纪七八十年代，美国的公司董事会首先引入了独立董事制度,公司董事由内部董事、有关联的外部董事、无关联的外部董事(独立董事)构成,并要求独立董事在董事会中占多数。

公司通常选聘知名人士和资深人士担任独立董事。一般认为,独立董事发挥作用的动力源于对他们的激励制度。一方面,激励来源于声誉机制。独立董事的特殊身份决定了他们会珍爱自己的"羽毛"。对于他们来说,声誉高于一切。一旦独立董事在上市公司中表现出应有的独立性和客观性,形成良好的口碑,那么,就可以极大地提升他们在独立董事市场的价值。另一方面,激励来源于薪酬制度。为了使独立董事能够为公司尽心尽力服务,避免激励不足,需要建立一套针对独立董事的薪酬制度,给予适当的津贴和车马费补贴,以示对他们工作和付出的足够尊重。

2001年,我国开始要求上市公司引入独立董事制度,并规定了董事会成员中独立董事的占比。上市公司董事会成员中应当至少有1/3为独立董事,但管理层收购(MBO)中的被收购上市公司,董事会中独立董事的比例应当达到或超过1/2。如果上市公司董事会下设薪酬、审计、提名等委员会的,独立董事应当在委员会成员中占1/2以上的比例。

3. 股票期权激励制度
(1) 传统激励制度的局限性

在公司实践中,管理者虽掌握了剩余控制权,但他们通常只持有公司少量股份或没有任何股份。在传统的激励制度下,工资和奖金是公司高级管理者的报酬,其中,奖金基于公司超额利润的一定百分比计付。

传统激励制度是否存在激励不足?詹森在20世纪90年代初的研究发现,在美国,股东财富每增加1 000美元,公司管理者的收益(此处的收益可以理解为奖金)仅仅增加约3美元,管理者的收益对股东财富的变化不敏感[①],这么低的敏感度不足以激励管理者为最大化股东利益而付出更多努力,从而产生严重的代理问题。尽管詹森的判断在学界存在争议,但是,因激励不足产生的代理问题确实是有目共睹的。为此,从20世纪90年代开始,越来越多的美国公司向管理者提供基于股票的激励合同,这样的激励合同将管理者的财富与股东财富联系了起来。

(2) 长期激励制度

由于传统激励制度仅仅与公司过去、当下的业绩挂钩,而与公司未来关联不大。因此,从20世纪70年代开始,为数不多的美国公司开始尝试长期激励制度,试图改变传统激励制度激励不足的局限性。常见的长期激励制度包括股票期权激励合同[②],它是一种看涨期权。根据股票期权激励合同,管理者的报酬包括三部分,即固定年薪(基础年薪)、按超常利润的一定百分比提取的年度奖金(bonus)以及按约定价格在未来购买一定数量公司股票的股票期权。

股票期权激励制度的目标:事实上,股票期权激励制度始见于20世纪50年代的美国。

---

① 切奥尔·尤恩.国际财务管理(第3版)[M].苟小菊等译.北京:机械工业出版社,2005:373.
② 事实上,长期激励性报酬形式多元化,并不仅仅局限于股票期权激励合同,例如,给予公司高管高额的福利计划或某种形式的津贴等。在20世纪70年代之后,不断有创新性的长期激励性报酬形式推出。值得注意的是,在公司管理者的总报酬中,长期性报酬的数量增长令人咂舌,所占比例逐年上升,占比甚至高达90%以上。例如,可口可乐CEO在1997年的长期性报酬超过1亿美元,占其全部报酬的96.4%。

美国辉瑞制药公司是第一个吃螃蟹者,但其使用这一制度的初衷是避税。所有权和经营权两权分离后出现了严重的代理问题,迫使美国公司寻求对策。股票期权激励制度可以实现与家族企业或夫妻老婆店不一样的"两权合一"。在新的"两权合一"下,激励效应的基本逻辑是,管理者除了为获得当下的固定薪酬而付出劳动之外,也为自己是该公司潜在的所有者(股东)而辛勤付出,按最大化股东财富的原则行事。因此,股票期权激励制度被渐渐用来解决代理问题,此举可以使得公司所有者和管理者的目标尽可能一致。

股票期权激励制度的机制:严格意义上讲,股票期权激励合同是指公司所有者赋予其管理者按某一执行价格在未来购买一定数量公司股票的期权。例如,公司给予其管理者一份以每股10元的价格购买20万股本公司股票的5年期股票期权。在股票期权激励制度下,激励与股票价格挂钩。在未来的5年里,当公司的股票价格低于10元/股时,管理者失去了行权机会;当公司股票表现良好,超过10元/股时,管理者会考虑行权并获益。在有效资本市场上,公司股票价格能够反映公司的业绩、管理水平等,因此,只有表现出众的管理者才能赢得行权机会。

股票期权激励合约是一个总称或集合,包括固定数量股票期权激励合同、固定价值股票期权激励合同、巨奖股票期权激励合同、限制性股票激励合同①、影子股票(phantom shares)激励合同②等。从操作层面上讲,它们在行权的数量和时机、行使股票期权的方式等方面可以灵活多变。

第一,关于行权数量和时机。在行权数量上,有些股票期权合约规定在合约有效期内给予管理者固定数量股票购买权利(比如固定数量股票期权激励合同),有些合约则没有此规定。在行权时机上,有些合约要求管理者必须在一定时间之后才能行权(如限制性股票激励合同)。

第二,关于行使股票期权的方式。有些合约只允许现金行权(如固定数量股票期权激励合同),有些则允许无现金行权(如影子股票激励合同、限制性股票激励合同)。1980年,美国100强大公司中,绝大部分采取股票期权激励合同,少数大公司采取限制性股票激励合同,几乎没有公司采取影子股票激励合同。

然而,与股票价格挂钩的股票期权激励制度引发了一连串的问题。首先,股票价格可能反映不了公司管理者的特殊贡献。如果资本市场有效性不够,那么,管理者出色的工作、公司优良的业绩并不能完全、及时地反映在股价上。其次,管理者可能滥用股票期权激励制度。管理者可以通过恣意篡改会计信息,与外部独立审计师串通等方式粉饰公司业绩、人为推升公司股价非法获益。安然、世通等丑闻已经引起业界高度重视,越来越多的公司董事会更加严格地设计和审查股票期权激励制度。

我国一直关注上市公司管理者的激励不足问题,尝试过不同的激励制度,例如,股票期

---

① 限制性股票激励合同不是给予管理者股票认购期权,而是给予管理者一定数量股票的权力,管理者最终获得这些股票有一定的限制性条件,例如必要的等待时间和业绩等限制性条件。只有公司实际业绩好于双方约定的水平或在一定时间之后,管理者才能够获得公司授予的一定数量的真实股票。

② 从本质上讲,影子股票(phantom stock)激励合同属于股票认股期权。但是,它的特点在于,在一定时间内,当公司股票升值时,管理者无须花钱购买股票,就可以得到一笔与参照股票(影子股票)的市场价格相关的收入。这笔收入按合同中的相关约定计算。例如,某影子股票激励合同规定,如果股票价格超过某一约定价格(比如50元/股),那么,当股票价格上涨(比如80元/股)时,只要管理者选择行权,公司就应该按一定数量股票(比如2万股)计算股票增值额(60万元)。管理者就可以获得60万元的现金性长期性报酬。影子股票激励合同需借助股票,但通常不实际发放股票,影子股票也由此得名。

权激励制度、影子股票激励制度等。2016年《上市公司股权激励管理办法（试行）》颁布后，越来越多的上市公司积极实施限制性股票激励计划和股票期权激励制度。例如，为弥补激励不足，国泰君安于2020年6月实施限制性股票激励计划。

4. 所有权集中

(1) 所有权集中的方式

前文已述，在所有权分散的公司中，由于"搭便车"问题，单一股东监督公司管理者行为的意愿不足，因此，代理问题与所有权分散程度成正向关系。从这个意义上讲，将所有权相对集中，有助于减少或遏制代理问题。

理论上讲，"搭便车"问题往往在下列情况下消失：如果一个或少数几个投资者拥有公司很大一部分甚至绝大部分股票，那么，他们非常愿意监督公司管理者的行为，以确保管理者的行为符合最大化股东财富的目标。

所有权集中的公司比比皆是，但所有权集中的手段和形式在各国的表现不尽相同。在美国和英国，所有权集中往往可以通过管理者持股或管理层收购①来实现。在中国，政府通常是由国有企业改制后的上市公司的大股东，持股比例通常超过50%。在德国、日本，由于金融资本和产业资本融合的程度高，商业银行等金融机构往往是上市公司的大股东。基于德国、日本的研究表明，大股东事实上扮演了监管人的角色，有助于实现股东财富最大化。在中国，由于所有者缺位等问题，所有权集中是否有助于减少公司代理问题一直是一个颇具争议的话题。

(2) 所有权集中能否改善公司治理

以美国为例，伴随着杠杆收购(LBO)，20世纪80年代开始出现了管理者持股。所谓管理者持股是指管理者购买其任职公司的股票，追逐利润是管理者持股的根本动因。

在管理者持股与公司价值的关系研究方面，已有一些实证结论。主要有两种观点，即无关论(内生论)、有关论。

Demsetz(1985)②等人对股权分散化将导致对公司管理者监督降低，进而降低公司价值的说法提出了质疑。他们认为，公司股权结构可能是公司价值最大化的内生结果。也就是说，美国公司之所以选择分散化的股权结构，是各种优势和劣势相互平衡（均衡）后的产物。而且，他们的实证研究发现，公司股权集中程度与公司业绩（用会计利润计量）之间无关，也就是说，公司股权越分散，不意味着管理者损害股东利益的行为越放肆，也不说明公司价值就越低。因此，他们进一步暗示，公司股权结构可能由公司规模、行业的竞争性等因素决定。

Morck(1988)③等人选取了1980年美国《财富》500强中的371家公司，考察内部人持股（董事会成员总持股比例）与业绩（托宾Q）之间的关系。研究表明：随着管理者持股比例上升（在0%—5%），管理者与公司其他股东之间的利益冲突减少，管理者和股东利益一致效应增加，分离效应减少，公司价值随之增加；但是，当管理者持股比例上升至某一比例（5%—

---

① 此外，向公司管理者推行股票期权激励制度、推行"目标所有权计划"（即要求公司管理者拥有不低于某一数量的本公司股票）等，也能实现所有权相对集中。

② Demsetz, Harold. and Lehe, Kenneth. The Structure of Corporate Ownership: Causes and Consequences[J]. *Journal of Political Economics*, 93, 1985: 1155-1177.

③ Morcrk, Randall, Andrei Shleifer, and Robert W. Vishny. Management Ownership and Market Valuation: An Empirical Analysis[J]. *Journal of Financial Economics*, 20, 1988: 293-316.

25%)时,管理者与公司其他股东之间的摩擦将会增多,管理者分离(管理者离心离德)效应增大,例如,管理者会出于私利滥用反收购策略拒绝优秀的竞购者,力保公司不落入他人之手,损害了公司其他股东的利益。显然,管理者的行为并不能最大化全体股东利益。当管理者持股比例达到控股地位(25%之上)以后,一致效应将重占上风,管理者会以能否最大化股东财富为准则行事,因此,公司价值又会随着管理者持股比例的上升而增加。

20 世纪末,为了明晰产权以及激励公司管理者,中国也开始了管理者持股的探索,推行管理层收购(MBO)。尽管中国 MBO 的过程曲曲折折,但是,确实解决了许多企业家激励不足问题,并产生了一大批受人尊重的公司。比如,美的集团、TCL、宇通客车等上市公司在 20 世纪末完成 MBO 后,股价一路上扬。

5. 内部治理的无奈和内部控制

在美国,上文提及的内部治理机制无法从根本上减缓公司代理问题,相反,20 世纪末的公司代理问题有愈演愈烈之势,出现了一大批惊世骇俗的会计丑闻。于是美国在 2002 年被迫推出《萨班斯—奥克斯利法案》,该法案对美国《1933 年证券法》《1934 年证券交易法》做出大幅修订,在公司治理、会计职业监管、证券市场监管等方面做出了许多新的规定。

该法案的一个主要内容是:明确公司管理阶层责任(如对公司内部控制进行评估等)、尤其是对股东所承担的受托责任,同时,加大对公司管理阶层及白领犯罪的刑事责任。例如,强化公司高管层对财务报告的责任,公司高管必须对财务报告的真实性宣誓,提供不实财务报告将获 10—20 年的刑事责任。

该法案的另一个主要内容是:由于公司会计人员以及外部审计人员在会计丑闻中曾扮演了负面角色,因此,法案要求提高公司财务报告的可靠性。例如,为保证会计公司(即注册会计师事务所)的独立性,限制会计公司对其审计客户同时开展咨询服务。

时隔两年,美国证券交易所于 2004 年引入该法案,要求上市公司执行。但是,执行内控规定的成本高昂,例如,GE 公司 2005 年的执行成本高达 3 000 万美元。

中国的监管部门积极跟进,2006 年,上交所和深交所推行《企业内部控制评价指引》,2010 年,五部委(财政部、审计署和三会)推行《企业内部控制应用指引》和《企业内部控制审计指引》。目前,上市公司被要求提供内部控制评价报告,并披露经外部审计的内控审计报告。

(二) 外部治理机制

外部治理机制是指利用外部市场,通过倒逼机制(即"负向"激励方式)来规范公司管理者行为。外部市场包括股票市场、债务市场、控制权市场等。

1. 来自股票市场的激励

(1) 海外上市的方式

股票跨国上市主要包括多重挂牌上市(multiple listing)和股票存托凭证(depository receipts)。

多重挂牌上市是指国内上市公司同时在某一外国股票市场挂牌上市或在数个外国股票市场挂牌上市,例如,日本索尼公司同时在东京、纽约等证券交易所挂牌上市;中国银行同时在上交所和香港联交所挂牌上市。

股票存托凭证（简称DR）是指公司运用股票存托凭证在外国存托凭证市场进行融资的一种融资方式，发行股票存托凭证也能够实现在海外股票交易所上市的目的。在世界范围内，美国的股票存托凭证市场最大。股票存托凭证市场有一级市场和二级市场之分，一级市场专为外国公司提供服务，以美国为例，美国股票存托凭证一级市场禁止美国公司通过该市场进行融资。越来越多的中国公司（比如中石油）或中国概念公司（比如阿里巴巴）在美国通过发放股票存托凭证融通了资金，实现了股票跨国上市。

(2) 为什么海外上市可改善公司治理？

在上市门槛最高的海外股票市场上挂牌的代价不菲。例如，中国某国内上市公司拟在纽约证券交易所发行股票存托凭证上市，它除了必须遵循美国证券管理委员会的相关规定外，公司财务报表的制作也必须符合美国公认会计原则，且必须按照美国的要求披露会计信息。因此，无论是会计信息的制作、审计还是披露，拟海外上市的公司将为此承担高额的成本。那么，为什么越来越多的公司心甘情愿在一个监管更为严格的海外股票市场上挂牌呢？基本逻辑是：让公司在严格保护投资者利益的成熟市场经济体国家或地区的股票市场上市，相当于"外购"或"引进"了一种先进的公司管理制度。在监管严格的股票市场上挂牌，尽管会多承担一些成本，但是，公司能够在短时间内按现代企业要求完成对公司的改造。

于是，我们就不难理解这样一个事实。在2006—2007年中国股价高企的时期，如果中国公司在国内上市，无论是融资规模，还是融资成本，均胜于远赴海外上市。但是，还是有很多中国公司反其道而行之，同时，中国政府也积极鼓励中国公司海外上市。其理由是，除了融资成本和融资规模之外，还有更多的东西在吸引中国公司远赴海外上市。例如，增加公司在外国的知名度，改进产品的国际形象，期盼规范、有序的资本市场，完善公司治理等。

2. 来自债务市场的激励

如果公司公开举债，那么，债权人会对借款公司进行监督。来自债务市场的监督和压力会改善公司的代理问题。

第一，债权人会主动跟踪借款公司的资产、利润和现金流。例如，在借出资金之前，他们与借款公司签订债务契约，对举债公司在债务期内的流动性、债务保障度、利润分配、资产处置等进行约定。在资金借出之后，进行信用追踪，通过全过程监督来保全其债权。债权人极力保全其债权的做法能够抑制公司管理者低效甚至无效的借款行为，间接地保护了股东的利益。

第二，债务具有硬约束的特征。与发放新股融资不同，债务还本付息具有硬约束特征。如果举债人不能按照约定还本付息，他可能会陷入破产境地，因此，为了保住饭碗，举债公司的管理者不敢懈怠，他们会尽心尽力地工作，想方设法提高公司的流动性，审慎对待自由现金流，而非恣意侵占。

3. 来自公司控制权市场的激励

公司控制权市场也称并购市场，活跃的公司控制权市场可以有效遏制一些特殊的公司代理问题，例如，某公司长期经营不善，但公司现有的内部管理机制又无法解雇公司平庸无能的高管。公司控制权市场可以解决这一难题，理由是这类公司通常价值被低估，容易成为收购公司的"猎物"。

收购公司会向目标公司股东发出收购要约，如果要约价格高出目标公司股价许多，则目标公司股东愿意让售其所持股票。如果一切顺利,收购公司将控制目标公司并予以重组,目标公司原平庸无能的管理者大概率被弃用。因此,并购市场的存在可以对公司管理者起到威慑作用,倒逼管理者用心经营,努力提高公司效率,避免成为"猎物"公司。

美国的公司控制权市场早在19世纪末、20世纪初就已经兴起了第一次高潮,至今已经持续了100多年,其间经历了五次并购浪潮。美国100多年的并购历史表明,控制权市场是重要的公司外部治理手段,管理者在敌意收购的威胁下随时都有可能丢掉饭碗。随着各国资本市场的日渐开放,并购数量以及并购规模都呈现快速增长趋势,并购已经成为公司普通的经济行为。但值得注意的是,控制权市场并不能从根本上消除公司的代理问题。其原因是多方面的,对所有权集中的公司以及拥有超额自由现金留存的公司而言,管理者可以进行反收购布防,轻松地瓦解收购公司的敌意收购。

在美国,由于公司股权分散、股权结构不稳定,因此,公司控制权市场能够对公司现任管理者产生压力。在日本和德国,由于股权结构复杂且股权结构非常稳定,控制权市场的接管威胁对公司现任管理者起不到足够的威慑作用。

案例 16-1

证监会出动北斗卫星寻觅獐子岛"扇贝"事件真相

2020年6月24日下午,上市公司獐子岛(002069,SZ)终于收到了来自证监会的终结审理和行政处罚决定。至此,围绕着獐子岛的"扇贝跑路""扇贝死亡"等离奇事件也终于真相大白。

"扇贝跑路""扇贝死亡"事件回顾

2014年10月,獐子岛的扇贝"突然跑了",震惊整个A股市场。獐子岛集团公告称,公司在进行秋季"底播虾夷扇贝"存量抽测时,发现存货异常,主要原因是受北黄海异常冷水团等影响。最终,即将进入收获期的虾夷扇贝颗粒无收,公司2014年亏损近12亿元。

2018年2月,獐子岛的扇贝又因"饵料短缺,长期处于饥饿状态"而大量"饿死"。獐子岛特此发布公告称:对"底播虾夷扇贝"进行2017年末盘点时,发现存货异常。经海洋牧场研究中心分析判断,降水减少导致扇贝的饵料生物数量下降,养殖规模的大幅扩张更加剧了饵料短缺,加上海水温度异常,造成高温期后的扇贝越来越瘦,品质越来越差,长时间处于饥饿状态的扇贝没有得到恢复,最后诱发死亡,当年亏损超7亿元。

2019年4月27日,獐子岛发布一季报,公司一季度亏损4 314万元,理由依然是"底播虾夷扇贝"受灾,俗称"扇贝跑路"。

证监会动用北斗还原了獐子岛的造假过程

一而再,再而三,终于惊动了监管层。证监会走访渔政监督、水产科研等部门寻求专业支持,依托科技执法手段开展全面深入调查。獐子岛每月虾夷扇贝成本结转的依据为当月捕捞区域,但是,无逐日采捕区域记录可以核验。于是,证监会借助卫星定位数据,对公司27条采捕船只数百余万条海上航行定位数据进行分析,委托两家第三方专业机构运用计算机技术还原了采捕船只的真实航行轨迹,复原了公司最近两年真实的采捕海域,进而确定实际采捕面积,并据此认定獐子岛成本、营业外支出、利润等存在虚假。

獐子岛遭证监会顶格处罚

根据证监会披露的信息:獐子岛在2014年、2015年已连续两年亏损的情况下,客观上利用海底库存及采捕情况难发现、难调查、难核实的特点,不以实际采捕海域为依据进行成本结转,导致财务报告严重失真;2016年通过少记录成本、营业外支出的方法将利润由亏损披露为盈利;2017年将以前年度已采捕海域列入核销海域或减值海域,夸大亏损幅度。公司2016年度虚增利润13 114.77万元,2017年度报告虚减利润27 865.09万元。此外,公司还涉及《年终盘点报告》和《核销公告》披露不真实、秋测披露不真实、不及时披露业绩变化情况等多项违法事实,违法情节特别严重。

对此,证监会依法对獐子岛信息披露违法违规案做出行政处罚及市场禁入决定,对獐子岛给予警告,并处以60万元罚款,对15名责任人员处以3万元至30万元不等罚款,对4名主要责任人采取5年至终身市场禁入。

问:若一家公司无法确保其财务真实性,你认为该公司是否有上市资格?从公司治理的视角看,有哪些方面值得我们反思?

资料来源:李诗琪.证监会出动北斗卫星:獐子岛"扇贝"事件真相大白,董事长请辞[J].每日经济新闻,2020-06-24.

二、针对剥夺问题的治理机制

针对剥夺问题,目前有效的治理机制还不多。增强对股东尤其是小股东的法律保护以及提高董事会的有效性是两种可行之道。

(一) 订立累积投票条款

公司章程是股东在自由交易过程中建立起来的一种权利和义务关系,其目的是为了最大化自身经济利益。股东仅需根据公司外部环境和经营情况订立或修改章程的主要内容,就可以达到目的。

法玛(1980)认为,大股东拥有多数投票权,并同时拥有用手和用脚投票的激励,小股东只拥有少数投票权和用脚投票的权利。不同的情境会导致不同的冲突:若公司存在大股东,小股东的表决权会流向大股东,形成终极控股股东,致使控制权和现金流权出现分离,进而产生剥夺问题。若不存在大股东,小股东的表决权将流向公司管理者。无论出现何种情境,小股东都会受到损害。

如何加强对小股东的保护?一个行之有效的办法是在公司章程中增设关于表决权的救济条款,比如委托代理投票、信托投票和累积投票。累积投票救济条款[①]能够显著增强小股东用手投票的激励,这种方式可以将有限多次的投票过程集中起来,投向小股东中意的董事

---

① 根据累积投票机制,在选举董事时,股东所持的每一股股份拥有与当选董事总人数相当的投票权,股东可以将这些投票权集中投向一名董事候选人,也可以分散投向多位董事候选人,最后按得票多寡决定董事候选人能否当选。

候选人,这大大增加了他们的得票数和当选概率。比如,某公司的总股份为1亿股,有一个大股东,持股比例为70%,小股东合计持股比率为30%。该公司拟从6名候选人中选出5名董事,其中只有1名候选人是小股东中意的,愿意为小股东出头。在累积投票机制下,大股东的累积票数为3.5亿票(3.5=1×70%×5),小股东的累积票数为1.5亿票(1.5=1×30%×5)。为了确保该候选人当选董事,小股东可以将所有票全部投给其中意的候选人,那么,该候选人将得到1.5亿票,该候选人将顺利当选公司董事。因此,累积投票救济条款可大大增强小股东用手投票的激励,减轻控制权和剩余索取权错配程度。

从实践看,中国2002年开始有条件地实行累积投票制度。2002年,证监会颁布实施的《上市公司治理准则》第三十一条就有对累积投票机制的表述,即"在董事选举过程中,应充分反映中小股东的意见。股东大会在董事选举中应该积极推行累积投票制度。控股股东持股比例在30%以上的上市公司,应当采用累积投票制。采用累积投票制度的上市公司应该在公司章程里规定该制度的实施细则"。2004年,中国证监会下发了《关于加强社会公众股股东权益保护的若干规定》,第四条要求"上市公司应切实保障社会公众股股东的意见,积极推行累积投票制"。2005年,新修订的《公司法》第106条规定:"股东大会选举董事、监事,可以依照公司章程的规定或者股东大会的决议,实行累积投票制度。"2006年1月20日,深交所颁布了《中小企业板投资者权益保护指引》,其中第20条规定"上市公司应当在公司章程中规定选举两名及以上董事或监事时实行累积投票制度"。

根据这些法规的指引,只有控股股东持股在30%以下的A股上市公司(沪深主板市场),以及2006年之前在深圳中小板挂牌的控股股东持股比例在30%以下的公司,才可以自由决定是否将累积投票条款加入公司章程。从逻辑上讲,上市公司引入累积投票机制之后,小股东就有可能选出愿意替自己说话的董事。即便不能如愿,该制度至少可起到抑制公司控股股东寻求私人利益的行为。

(二) 提高董事会的有效性

建立董事会制度是基于相关法规(比如公司法、上市公司监管条例等)的要求,也是协调公司相关利益者之间矛盾和冲突,并有效进行监督,防范代理问题的要求。如何进一步提高董事会有效性? 以美国为例,为提高有效性,董事会制度历经了三个重要阶段。

第一阶段是内部人控制阶段。该阶段的特点是,公司董事会成员由大股东和公司高管担当,公司由内部人控制。显然,在这一阶段,公司的决策控制权和决策管理权[1]都由内部人操控,管理者的行为不受约束。这一阶段持续时间很长,截至20世纪70年代初,随着美国公司不再"独步天下"[2],社会上充斥着对公司董事会和高层管理者的不信任。

第二阶段是外部董事为主的阶段。这一阶段的特点是,公司迫于社会压力开始引入外部人,构建以外部人占主体的董事会。20世纪末,大多数公司的董事都是独立董事[3],独立

---

[1] 根据设计,公司决策控制权归董事会,公司决策管理权归管理层。

[2] 二战之后的很长一段时间内,在许多领域,美国企业"一枝独秀",因此,公司董事会对管理层非常信任,董事会"一团和气"。

[3] 在美国,独立董事是指外部无关联的董事(外部有关联的董事是指公司关联企业的雇员,或为公司提供服务的中介机构的顾问),一般由其他上市公司在任或退休总裁、大学知名教授、退休的高级政府官员、律师等担任。在独立董事激励方面的研究尚不充分,已有的研究表明,独立董事的激励来自"要建立专业监督者的这样一个声誉"。至于独立董事人数占优的公司是否会有更好的业绩,以及"独立董事人数"是否与"董事会的独立性"成正相关关系等,已有的研究并不能给出令人信服的结论。

董事成为美国公司(尤其是大型公司)董事会中的主体。独立董事不代表股东,也不代表公司管理者,力求体现证券市场所要求的独立性。但是,独立董事制度并不一定能够增加董事会的独立性。在美国公司的权力结构框架下,董事长通常兼任CEO[①],"一团和气"的董事会文化仍在延续,独立董事的意见和评价作用有限。

第三阶段是实施委员会制度的阶段。这一阶段的特点是,在现代大型公司的董事会中,一般设置审计委员会、提名委员会、薪酬委员会、战略委员会等专门委员会[②]。这些专门委员会的成员由独立董事组成,各行其责。各委员会在独立地完成讨论和决议之后,再交由董事会全体会议进行审议。因此,在董事会中下设委员会的目的,是增强独立董事的独立性,提高决策效率。

显然,董事会监督的有效性有赖于其独立性。在美国,由于大型公司股权非常分散,公司控制者常常会选择与其关系密切的董事会成员。例如,若公司CEO选择其朋友出任董事一职,那么,该董事的独立性就受到了质疑,这种做法有董事会被管理者操控的嫌疑。保持董事会独立性刻不容缓,它关系到投资者的投资信心。如果董事能保持独立,那么,就能够有效防止代理和剥夺问题。然而,董事会离真正意义上的独立性还有距离。

本章小结

在投资决策、融资决策和资产管理中,净现值法则始终贯穿其中。如果公司真正能够按照净现值法则进行投资决策、融资决策以及资产管理,那么,公司就会实现价值最大化。然而,如果公司管理层顾及其自身利益最大化,那么,他将以牺牲企业价值为代价。例如,安然、世通公司等丑闻事件事实上就是被"自私"的管理层给害了,这些事件给其股东和其他相关利益方造成了极大的伤害。因此,公司必须进行治理,使得公司管理层的目标与公司所有者的目标尽可能保持一致,保护公司所有者利益,控制管理层滥用权力的行为,重树资本市场信心。

公司治理的动因在于保护外部投资者利益不受掌握控制权的内部人员的侵害,使得外部投资者的投资得到公平的回报。公司治理与股东财富、公司资源分配、资本市场发展以及经济增长有着很大的关联。公司所有者和管理层的冲突几乎发生在投资决策、融资决策、资产管理等所有公司金融领域。

20世纪50年代以来,各种监管措施、激励方案纷纷出现在公司金融实践中,但是,所有公司治理机制仅仅能够减轻或者遏制代理问题,无法从根本上解决代理问题。

除了代理冲突,公司还存在另一类冲突,即控股股东与非控股股东之间的冲突,具体而言,就是拥有控制权的股东剥夺没有控制权的股东,或大股东压榨小股东的情形。我们通常将此类问题称为"剥夺问题"。针对剥夺问题,目前有效的治理办法还不多。增强对股东尤其是小股东的法律保护以及提高董事会的有效性是两种可行之道。

---

① CEO是公司首席执行官,拥有公司经营大事的决策权。该职位的设置是为了解决董事长和总裁谁是公司第一把手的争论。如果董事长兼任CEO,那么,公司的重大决策权归董事长。

② 20世纪末,美国公司大爆丑闻后,有些公司加设了"公司治理委员会",强调公司治理的职能。

关键词

剩余控制权、公司治理、所有权分散化、控股股东、董事会监督、董事会制度、独立董事、债权人监督、股票期权激励制度、所有权集中、公司控制权市场、股票跨国上市、搭便车、管理者持股、小股东控制、金字塔股权结构、交叉持股、双重股权结构、终极控股股东、现金流权、控制权、累积投票救济条款

习 题

1. "代理问题"为何不可避免？
2. 何为"剥夺问题"？
3. 请列举实现小股东控制的主要路径。
4. 请分述债权人监督的优点和缺陷。
5. 请你在中国A股市场（包括主板、中小板、创业板和科创板市场）上，分别找出一家大股东控制和小股东控制的上市公司。
6. 某企业集团的股权结构为：最上层的公司A持有处于第二层的B和C两家公司的股份分别为51%和60%，B公司持有处于第三层的D公司股份30%，C公司持有处于第三层的F公司股份40%。D和F公司持有处于最底层的G公司股份分别为20%和15%。

问：A公司对G公司的现金流权和控制权分别是多少？

7. 假定A公司2020年利润表和2020年年底资产负债表见下表。假设A公司加权平均资本成本为12%。

A公司2020年利润表

单位：万元

销售收入	100
变动成本	20
固定成本	20
税前利润	60
所得税率	50%
净利润	30

A公司2020年年底资产负债表

单位：万元

资　产	金　额	负债和股东权益	金　额
净营运资本	20		
固定资产原价	100	长期负债	20

续表

资　　产	金　　额	负债和股东权益	金　　额
减：累计折旧	30	股本	30
固定资产净值	70	留存收益	40
资产合计	90	负债和股东权益合计	90

要求：如果A公司以净利润来设计其高级管理者的薪酬制度，那么，你会如何评价？

8. 从上交所或深交所中，找一家实施限制性股票激励计划的公司。

要求：

(1) 该计划的"限制性"表现在哪些方面？

(2) 公司股票价格与该计划实施前后的关系？

值得参考的网站

1. http://www.brt.org：专门谈论公司治理的网站
2. http://www.worldbank.org/privatesector/cg/：世界银行网站（讨论公司治理改革）

重要文献

1. 切奥尔·尤恩等.国际财务管理(第3版)[M].苟小菊等译.北京：机械工业出版社，2005.

2. 科特·巴特勒等.跨国财务[M].赵银德等译.北京：机械工业出版社，2005.

3. 理查德·布雷利等.公司财务原理(第8版)[M].方曙红译.北京：机械工业出版社，2007.

4. 宁向东.公司治理理论[M].北京：中国发展出版社，2006.

5. 汤姆·科普兰等.价值评估：公司价值的衡量与管理(第3版)[M].郝绍伦等译.北京：电子工业出版社，2002.

6. 让·梯若尔.公司金融理论[M].王永钦等译.北京：中国人民大学出版社，2007.

附录
部分习题参考答案

第二章

7. (1) 145 398.31 元，(2) 183 160 元。

8. 744.03 万元。

9. 61.84 万元。

10. (1) 8%，(2) 20%，(3) 3%。

11. (1) 不高于 20 万元，(2) 不高于 55 万元。

12. (1) 121 123.8 元，(2) 231 100 元，(3) 44 403.6 元。

13. (1) 28.3 万元/35.6 万元/42 万元/31.68 万元/44.82 万元/35.25 万元/53.2 万元。

    (2) 270.85 万元。

    (3) 70.85 万元。

    (4) 可接受。

14. (1) 80 万元。

    (2) 78.4 万元。

    (3) $PV = \dfrac{100}{\left(1+\dfrac{5\%}{12}\right)^{5\times 12}}$

    (4) $PV = \dfrac{100}{\left(1+\dfrac{5\%}{360}\right)^{5\times 360}}$

    (5) $PV = \dfrac{100}{e^{5\%\times 5}}$

15. 设债券到期收益率为 r，令 $NPV=0$，则：

    $980 = 1\,000\times 5\%/(1+r) + 1\,000\times 5\%/(1+r)^2 + 1\,000(1+5\%)/(1+r)^3$

16. (1) 溢价，到期收益率＜票面利率。

    (2) 折价，到期收益率＞票面利率。

17. (1) 33.33 元/股，100 元/股，28.44 元/股。

    (2) 50 元/股，无法用股利持续增长模型计算，44.75 元/股。

18. (1) 180 元/股，(2) 47.37 元/股。

第三章

8. (1) A 股(10%，6%)/B 股(7%，4%)。

    (2) 各持 A 股和 B 股 20% 和 80%（组合期望收益率 7.6%，组合标准差 3.528%）。

9. (1) 13%/18.03%。

(2) D股票的标准差大于组合标准差,但期望收益率小于13%,故组合无效。

11. (1) 9.6%/7.8%。

(2) 11.467%/7.72%。

(3) 协方差 0.004 013/相关系数 0.453 32。

(4) 贝塔系数 0.673 3。

12. 对一个分散化投资者来说,H公司的贝塔系数较低,是一个更安全的投资。

13. (1) 12%,(2) 11.4%,(3) 0.75。

14. (1) 系统性风险,(2) 非系统性风险。

15. (1) 6.32%,(2) 0.316。

16. (1) 0.009 6,(2) 3.86%。

17. (1) 0.000 017 5,(2) 0.000 11,(3) 0.159 1,(4) 更高。

第四章

5. (1) −15%/−14.5%。

(2)

年 份	市场超额收益率	股票超额收益率
2019	20.5%	25%
2020	−20.5%	−25%

贝塔系数为 1.22。

(3) 9.1%。

6. (1) 11.5%,(2) 10.71%,(3) 10.71%,(4) 9.428%。

7. (1) 5%,(2) 4.65%。

8. 9.7%。

9. 10.2%。

10. (1) 7.25%,(2) 9.5%。

12. (1) 6.3%/4.06%,(2) 18.98%,(3) 9.8%,(4) 7.49%/12.08%。

第五章

3.

	NPV	PE	IRR	PI
项目 A	−8.5 万元	>5	<10%	0.915
项目 B	1.9 万元	4.923 5	>10%	1.019
项目 C	9.35 万元	4.696 9	>10%	1.093 5

4. $NPV=3.199$ 万元。

5. (1) 17.5%/33.3%,(2) B项目,(3) 小于84%。

6. (1) 8.3%，(2) WACC 6.98%，(3) 6.98%，(4) 10.7%。

7. (1) 400 万/年。
   (2) 120 万/年。
   (3) 240 万元/120 万元/60 万元/60 万元。
   (4) 双倍余额递减法。
   (5) 不会改变。

8. (1) 不妥。IRR 高并不意味着能最大化股东价值。
   (2) NPV(A 项目)=75.2 万元/NPV(B 项目)=75.2 万元。

9. 设大修和年运营成本不考虑税收影响,使用较新机器的约当年均成本为 2.29 万元,使用较旧机器的约当年均成本为 2.72 万元,因此,应保留较新机器。

10. (1) NI=62.96 万元/$FCFF$=212.96 万元(1—3 年),412.96 万元(第 4 年)。
    (2) 15.5%。
    (3) −285.72 万元。

第六章

4. (1) 13.4%,1 152.99 万元。
   (2) 370.37 万元/428.67 万元/476.29 万元。
   (3) 92.59%/85.73%/79.38%。
   (4) 现金中积累的不确定性随时间推移而增大。

5. (1) 6.48,(2) 48 000 元。

6. (1)

	正常变量	正常 NPV	比预期差	比预期差 NPV	敏感度
销量(万个)	8	3.196	7	−0.97	10.428
单价(元)	5.5	3.196	5	−3.46	22.91
单位变动成本(元)	3	3.196	3.5	−3.46	−12.49
除折旧外固定成本(元)	5	3.196	6	1.53	−2.61

   (2) 好于预期 NPV=29.86,比预期差 NPV=−14.29。

9. (1) 贝塔系数 1.2,(2) 11.69%。

10. (1) 7.762 5%。
    (2) 11 186.38 万元。
    (3) 13 170.57 万元/9 210.81 万元。
    (4) 敏感度 2.33。

第七章

2. (1) NPV=0,(2) NPV=0。

3. (1) 延迟期权,(2) 扩张期权,(3) 转换期权,(4) 延迟期权。

4. (1) 上涨概率 56%/下跌概率 44%,(2) 期权价值 2.745 元。

6. (1)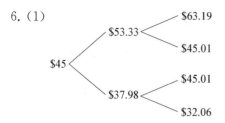

根据风险中性定价,上涨概率和下跌概率分别为53%和47%。

期权价值为4.076元。

$u=e^{0.24\sqrt{0.25}}=1.127$；$d=1/u=0.887$

(2)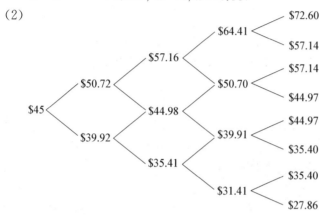

根据风险中性定价,上涨概率和下跌概率分别为52%和48%。

期权价值为4.21元。

8. (1) −2 082.53万元,(2) 关闭。

9. (1) 不延迟：项目净现值=12/12%−100=0

(2) 延迟1年：

上行项目价值=13/12%=108.3

下行项目价值=7/12%=58.3

上行期权价值=8.3

下行期权价值=0

上行报酬率=(13+108.3−100)/100=21.3%

下行报酬率=(7−41.7)/100=−34.7%

风险中性：

上行概率×21.3%+(1−上行概率)×(−34.7%)=6%

上行概率=72.7%

延迟期权价值：

(8.3×72.7%+0×27.3%)/(1+6%)=5.7元

第八章

5. (1) 13.3%,(2) 至少借入1 250万元。

6. 10.5%。

7. WACC 6.562 5%,股东期望收益率为 12.75%。
8. (1) 8 元/股,(2) 存在套利机会,可参见无税 MM 理论的假设条件。
9. (1) 无影响,(2) 1 666.67 万股,(3) 27 000 万元,(4) 无人损失或获利。
10. (1) 7.4%,(2) 高出约 1.01%。
11. (1) 11.69%,(2) 11.308%。

第九章

5. (1) 洗衣机厂,(2) 证券公司。
6. 不同意。
7. 交易成本和财务困境成本。
8. (1) 7 453.4 万元,(2) 7 111.18 万元。
9. 芯片投资项目具有较高的经营风险,因此,财务风险较小的无杠杆公司对该项目会更有好感。
10. IT 公司
11. (1) D 公司的杠杆水平高,股权和债务的贝塔系数都很大,公司面临较高的财务风险,很可能已处于财务困境。因此,若投资项目的资金由 D 公司股东承担,那么,他们可能会放弃这些 $NPV > 0$ 的投资项目。
    (2) 投资不足引发代理成本。

第十章

7. (1) 9.5%,(2) 1.809 3 亿元,(3) $NPV = 0.809\ 3$ 亿元。
8. (1) 5.33%,(2) 6.67%,(3) 杠杆增加后,权益资本成本开始高于无杠杆资本成本。
9. (1) 2.5 亿元,(2) 31.7%。
10. (1) 债务水平 5 000 万元时最为合理。
    (2) 边际利息税盾效应大于边际破产和代理成本,因此,股价总体上呈上升趋势。

第十一章

6. (1) 30 元/股,(2) 24 元/股,(3) 30 元/股。
7. (1) 0.1 元/股,0 元/股,0.05 元/股。
    (2) 1 400 万元/1 500 万元/1 450 万元。
    (3) 800 万元/900 万元/850 万元。
8. (1) 除息日,(2) 0.5 元/股,(3) 0.473 65 元/股。
9. (1) 10.08 元/股,(2) 10.91 元/股。
10. (1) 7.71 元/股,(2) 7.87 元/股。
11. (1) 当前股价 25 元/股,宣布前股价 20 元/股。
    (2) 43.75 元/股,18.75 元/股。
    (3) 35 元/股,15 元/股。
12. (1) 0.6 元/股,0.63 元/股,0.54 元/股,0.66 元/股,0.69 元/股。
    (2) 1 元/股,1.05 元/股,0.9 元/股,1.1 元/股,1.15 元/股。

(3) 0.7元/股,0.735元/股,0.63元/股,0.77元/股,0.805元/股。

(4) 第二种股利政策能确保股利发放水平更平稳。

13. (1) 23.07元/股,(2) 12元/股,(3) 120元/股。

第十二章

8. 方案一10%,方案二7.5%,方案三10.5%,建议选方案二。

9. (1) 96.95万元,(2) 39次。

10.

单位:万元

	A信用政策	B信用政策
利润增量	32 000	72 000
坏账增量	1 200	5 000
增量投资	48 000	112 000
机会成本	9 600	22 400
差　量	21 200	45 400

应该选择B信用政策。

第十三章

3. (1) 8.8%,(2) 0.182,(3) 0.4。

4. (1) 24.43%。

(2) B公司ROS高,杠杆高,它们带来的好处超过了周转率较低带来的劣势。

5. (1) 13.71%,(2) 18.278%,(3) 18.278%。

7. (1) 流动资产=11 800 000元,应收账款=4 500 000元,固定资产=18 000 000元。

(2) 1.625/0.75/3.368/1.779/28%/10%/21.5%/7.29%/58.4%/3.67,建议与行业标准进行比较,用杜邦分析法进行分析。

(3) 短期还债能力指标。

8. (1) 流动资金投资前的OCF=150 990 000元,与净利润比较接近,因此,流动资金投资可能存在一些值得关注的问题。

(2) 经营性应收款增加49 000 000元,经营性应付款减少58 000 000元,它们是造成当期NI远高于OCF的源头,具体原因可以从应收账款管理、付款政策中去寻求可能的答案。

第十四章

5. (1) 三年FCFE分别为34.65万元/37.77万元/40.79万元。

(2) $\dfrac{40.79(1+4\%)}{9\%-4\%} \times \dfrac{1}{(1+9\%)^3} = 655.15(万元)$

6. (1) 根据P/E进行预测,分别为14.4亿元/22.68亿元,根据ROS进行预测,分别为20亿元/30亿元。

(2) 每家比照公司特质不同，g、ROIC 等均不同。

第十五章

5. (1) 16 元/股，公司股权价值为 160 万元。

(2) $NPV = 20$ 万元。

(3) $NPV = 60$ 万元，意味着目标公司股东的财富缩水 60 万元。

(4) 收购方会选择换股。

第十六章

6. (1) 6.66%，(2) 35%。

图书在版编目(CIP)数据

公司金融/朱叶编著. —5版. —上海：复旦大学出版社, 2021.4 (2024.11重印)
(创优. 经管核心课程系列)
ISBN 978-7-309-15507-5

Ⅰ.①公… Ⅱ.①朱… Ⅲ.①公司-金融学-高等学校-教材 Ⅳ.①F276.6

中国版本图书馆 CIP 数据核字(2021)第 021875 号

公司金融(第五版)
朱　叶　编著
责任编辑/鲍雯妍

复旦大学出版社有限公司出版发行
上海市国权路 579 号　邮编：200433
网址：fupnet@ fudanpress.com　http://www.fudanpress.com
门市零售：86-21-65102580　团体订购：86-21-65104505
出版部电话：86-21-65642845
上海新艺印刷有限公司

开本 787 毫米×1092 毫米　1/16　印张 26.5　字数 645 千字
2024 年 11 月第 5 版第 8 次印刷

ISBN 978-7-309-15507-5/F·2780
定价：66.00 元

如有印装质量问题,请向复旦大学出版社有限公司出版部调换。
版权所有　侵权必究